Iring Fetscher

Von Marx
zur Sowjetideologie

Darstellung, Kritik und Dokumentation
des sowjetischen, jugoslawischen und
chinesischen Marxismus

Verlag Moritz Diesterweg

7363   Frankfurt am Main · Berlin · München

ISBN 3-425-07363-X

18. Auflage 1973

Umschlaggestaltung: Hetty Krist-Schulz, Frankfurt am Main
Satz und Druck: Druckerei Georg Appl, Wemding
Bindearbeiten: Münchner Industriebuchbinderei

Vorwort
zur erweiterten und ergänzten Neuauflage

Die vorliegende Arbeit erschien zum ersten Male im Jahr 1956. Der zwanzigste Parteitag der KPdSU kam gleichsam als Bestätigung für die Richtigkeit der ihr zugrunde liegenden These vom „Verfall der großen Methode" unter Stalin. Absicht war es dabei, die Identifikation von Marxismus und Stalinismus zu kritisieren und durch einen historischen Abriß der Theorie-Entwicklung nachzuweisen, wie sich die kritische Theorie von Marx in der Stalin-Ära bis zur Unkenntlichkeit verändert hat. Aus einer Kritik der politischen Ökonomie in revolutionärer Absicht wurde eine Apologie der bestehenden Verhältnisse im bürokratisch-zentralistischen Sowjetstaat; aus einer kritischen Analyse der kapitalistischen Wirtschaft und Gesellschaft ein umfassendes weltanschauliches Denksystem; aus einer Anweisung zum revolutionären Handeln eine Anweisung zum führungskonformen Denken; aus einer antidogmatischen Theorie eine dogmatische Doktrin. Die Geschichte dieser Transformation ist nicht ohne Berücksichtigung der sozioökonomischen und politischen Verhältnisse verständlich, die sie geprägt haben. Die thematische Konzentration auf *Theorie* aber bringt es mit sich, daß diese Bedingungen in der vorliegenden Arbeit nur angedeutet werden konnten. Oft freilich werden die veränderten Bedingungen – indirekt oder direkt – von der Theorie selbst politisch-sozial reflektiert. In den kritischen Auseinandersetzungen zwischen den verschiedenen Richtungen im zeitgenössischen Marxismus-Leninismus kommen jeweils Einsichten in die spezifischen Bedingtheiten der gegnerischen Position zum Ausdruck.

Die Ansätze zu einer kritischen Erneuerung des Marxismus im Westen, die in den letzten zehn Jahren zutage getreten sind, waren nur möglich, weil das Bewußtsein des Gegensatzes zwischen Marx und Stalin, zwischen kritisch-revolutionärem und dogmatischem „Marxismus" wuchs. In dem Maße, wie die offen terroristischen Züge des Stalinismus in Vergessenheit geraten, wird es aber notwendig, an die prinzipielle Unverändertheit der soziopolitischen Strukturen zu erinnern, denen der Stalinismus seine Entstehung und seine Dauer verdankte. Gegen eine unmarxistische und zugleich unrealistische Verharmlosung der Stalinschen Gewaltherrschaft als Konsequenz von dessen individuellem Charakter muß untersucht werden, welchen permanenten Struktureigenschaften der Sowjetgesellschaft sie entsprang. Die Kategorien, mit denen chinesische Kommunisten die Sowjetgesellschaft kritisch beschreiben, sind gewiß unzulänglich, aber in ihrer Polemik wird doch immerhin deutlich, wie weit sich diese Gesellschaft und ihre offiziellen moralischen Standards vom Marxschen Sozialismus entfernt haben.

Kritik an der Sowjetideologie ist nicht gleichbedeutend mit einer Apologie der bestehenden Verhältnisse in den kapitalistischen Gesellschaften und Staaten. Diese Gleichsetzung wird zu Unrecht von sowjetischen Anti-Kritikern meiner Arbeiten immer wieder versucht. Meine Überzeugung ist vielmehr, daß es möglich ist – inmitten ideologischer und dogmatischer Vernebelung –, sowohl die

„westlichen" als auch die „östlichen" Gesellschaften an ihrem eignen Anspruch kritisch zu messen, und daß Karl Marx für eine solche kritische Messung noch immer wertvolle Ansätze und Methoden zur Verfügung stellen kann. Die Fehler der einen Seite dürfen nicht gegen die der anderen „aufgerechnet" worden. Die Grausamkeiten und Verbrechen des Vietnamkrieges heben die Greuel der Stalinschen Gewaltherrschaft nicht auf, und das gleiche gilt auch umgekehrt. Entrüstung ist politisch legitim, aber für sich allein noch keine Erkenntnis. Wer die kapitalistische Gesellschaftsordnung verteidigen will, muß mehr noch als der sozialistische Revolutionär gegen ihre Mängel kämpfen; wer dem Sozialismus eine weltweite Chance geben möchte, muß auch die Mängel des existierenden Quasi-Sozialismus kritisieren und bekämpfen. Wer diese Mängel für unkorrigierbar hält, muß resignieren. Die allmählich zahlreicher werdenden Anhänger einer pessimistischen Konvergenztheorie haben das getan. Sie glauben, daß die Entwicklung in Ost wie West unvermeidlich in Richtung auf eine technokratisch-bürokratische Gesellschaftsordnung geht, auf eine Gesellschaftsordnung, die zwar allen ausreichende Güterversorgung gewährt, aber demokratische Partizipation immer mehr zu ineffizientem Schein degenerieren läßt. Der Versuch, diese Entwicklung zu verhindern, ist oft schon gescheitert, aber nichts spricht dafür, daß er endgültig aufgegeben werden muß. Demokratisierung würde den Quasi-Sozialismus der „östlichen" Gesellschaften zu wirklichem Sozialismus machen, Demokratisierung der Betriebe, Verbände, Parteien könnte „westliche" Gesellschaften vermenschlichen; ob es Demokratisierung ohne Sozialismus geben kann, ist eine offene Frage, fest steht aber schon, daß es wirklichen Sozialismus ohne Demokratisierung nicht geben kann.

Bei der längst fälligen Neubearbeitung meines Buches habe ich eine Menge Details geändert. Eine Anzahl von Formulierungen, die von der Atmosphäre des Kalten Krieges geprägt waren, sind korrigiert worden, Statistiken wurden durch neuere ersetzt. An der Anlage und Argumentationsweise des Buches aber wurde nichts geändert. Die eigenständige Entwicklung des chinesischen Kommunismus, die immer deutlicher sichtbar wurde, ließ es notwendig erscheinen, ihm einen eignen Teil zu widmen, der im übrigen genauso gegliedert ist wie die vorangehenden. Damit ist der Buchtitel streng genommen nicht mehr angemessen. Wenn er dennoch beibehalten wurde, so geschah das vor allem, weil er eingeführt ist und nicht der irreführende Eindruck erweckt werden sollte, es handele sich hier um ein ganz neues Buch.

Neben der historischen Darstellung, die in sich bereits eine Kritik enthält, wurde vor allem Wert auf eine möglichst saubere Trennung von Darstellung und Kritik gelegt. Die Darstellung wurde durch ausführliche Zitate ergänzt. Wenn diese Trennung nicht überall restlos gelungen sein sollte, so bitte ich das zu entschuldigen. Das Buch ist als Lesebuch gedacht, das zu eignem kritischen Denken anleitet; vielleicht können auch seine Schwächen dazu genutzt werden.

Frankfurt 1971

Inhaltsverzeichnis

Zweiter Teil

Vom Marxismus zum Leninismus

I. *Darstellung*

II. *Gesichtspunkte zur Kritik*

Dritter Teil

Vom Stalinismus zum Neo-Leninismus

Vierter Teil

Der Kommunismus in China

Einleitung

Der heutige Marxismus-Leninismus ist die einflußreichste politische Ideologie der Welt. Er stellt nicht nur die theoretische Grundlage der sowjetischen und volkschinesischen Politik dar, sondern zugleich die geistige Basis aller Schulungsarbeit in den kommunistischen Parteien der ganzen Erde, die obligatorische Richtlinie der philosophischen, wissenschaftlichen und überhaupt aller kulturellen Arbeit in den Ländern des sowjetischen Machtbereichs und damit nicht zuletzt auch in der DDR. Diese umfassende Weltanschauungslehre, die m. E. am besten als „Sowjetideologie" bezeichnet wird, ist aber keineswegs das Produkt einer „östlichen Mentalität", sie hat vielmehr ihre Wurzeln vor allem in der (deutschen) philosophischen, (englischen) nationalökonomischen und (französischen) sozialistischen Tradition des Westens und ist nur in ihrer Herkunft von diesen Wurzeln aus zu begreifen. In dem Schicksal dieser Traditionen im Rußland *Lenins, Stalins* und der heutigen sowjetischen Kommunisten spiegeln sich die politischen und sozialen Veränderungen wider, die aus einem feudalen Agrarstaat einen modernen zentralistischen Industriestaat mit einer hierarchischen Führungsschicht und dem absoluten Machtmonopol einer unkontrollierbaren Minderheit, der Parteibürokratie, gemacht haben. Damit wird schon die einfache historische Erkenntnis der Entwicklung der Theorie von *Marx* bis zur Gegenwart zur immanenten Kritik der Sowjetideologie. Tieferem Verstehen werden aber zugleich auch die Ursachen derartigen Verfalls sichtbar, die nicht in der menschlichen und persönlichen Unzulänglichkeit einzelner Exponenten gesucht werden dürfen, sondern in der gesellschaftlichen und politischen Struktur der sowjetischen Welt und den Entwicklungsbedingungen des Sozialismus in Rußland selber liegen.

Es gilt, die heutige Sowjetideologie aus dem Interesse der herrschenden Schicht heraus als eine Apologetik zu verstehen. Der Weg, der von der revolutionären Dialektik des *Karl Marx* zur reaktionären Apologetik der sowjetischen Parteiführung geht, ist zugleich konsequent und verhängnisvoll. Nur im Nachvollzug dieses Weges kommt der Außenstehende zugleich zum Bewußtsein der faszinierenden Dynamik und des furchtbaren Mißbrauchs der marxistisch-leninistischen Theorie. Allein aus der Kenntnis dieses Weges ist es aber auch möglich, die Versuche einer inneren Erneuerung, einer Reformation des im Stalinismus erstarrten und dogmatisch gewordenen Denkens zu verstehen, die seit dem XX. Parteitag der KPdSU (1956) zunächst in Polen und Ungarn, später (1968) auch in der ČSSR und während dieser Periode auch in kommunistischen Parteien des Westens (vor allem in der Kommunistischen Partei Italiens, vorübergehend und schwächer auch in der Frankreichs) unternommen wurden. In allen diesen Fällen spielte – neben der realistischen und kritischen Einschätzung der Stalinschen Ära und ihrer Rechtsunsicherheit – der Rückgriff auf den Humanismus des frühen Marx und die Interpretation des Sozialismus als einer Gesellschaftsordnung demokratischer Freiheit und Gleichheit eine entscheidende Rolle. Es ist aber bis jetzt in keinem der sozialistischen Länder gelungen, *institutionelle Garantien* gegen eine

Wiederkehr des Stalinschen bürokratischen Terrors zu schaffen. Bei aller Kritik an der Person Stalins (die in der Sowjetunion seit einigen Jahren auch wieder abgeschwächt worden ist) wurden die strukturellen Ursachen seiner Alleinherrschaft weder untersucht noch diskutiert. Die gegenwärtigen Herrschaftsverhältnisse kann man daher am ehesten als relativ „aufgeklärten", methodisch verfeinerten (weniger offen terroristischen) Stalinismus bezeichnen.

Ich habe den Weg von *Marx* zur Sowjetideologie in drei Etappen eingeteilt. Die *erste Etappe* führt von *Hegel* bis zur entfalteten Theorie von *Marx;* dabei wird gezeigt, wie *Marx* wesentliche Gedankengänge *Hegels* aufnimmt und im Zusammenhang mit dem Feuerbachschen Humanismus, mit ökonomiekritischen Einsichten und sozialistischen Impulsen umarbeitet. Die *zweite Etappe* schildert die Transformation dieses Marxschen Denkens zu Beginn des zwanzigsten Jahrhunderts in Rußland: wie der Marxismus unter diesen spezifischen Bedingungen zum Leninismus wird und wie die verstärkte Betonung des Weltanschauungscharakters in der russischen Partei im Gegensatz zu einer allmählichen Entideologisierung der westeuropäischen Sozialdemokratie steht. In der *dritten Etappe,* vom Stalinismus zum Neo-Leninismus, wird die dogmatisierte Sowjetideologie entwickelt, die unter dem Namen Stalinismus bekannt geworden, aber auch heute noch zum großen Teil gültig ist. Sie wird verstanden als der ideologische Ausdruck der vollständig etablierten Minderheitsherrschaft der bereits nach Vererbung ihrer Privilegien drängenden Führungsschicht der Sowjetgesellschaft. Die seit *Stalins* Tod und insbesondere seit dem XX. Parteitag im Februar 1956 eingetretenen Veränderungen werden wiederum in Zusammenhang gebracht mit sozialen Gewichtsverlagerungen, vor allem mit der Konsolidierung der politisch bislang relativ einflußlosen Schicht der technischen Intelligenz, wozu vor allem die Leiter der großen Industriewerke und Kombinate gerechnet werden, deren wirtschaftlicher Wohlstand in krassem Mißverhältnis zu ihrer politischen Macht und der Rechtsunsicherheit stand, unter der gerade sie zu leiden hatten. Dies gilt insbesondere auch für die Entwicklung in der DDR, die durch konsequente Förderung der Interessen der technischen Intelligenz und entsprechende Erweiterung ihres Handlungsspielraums (in „NÖS", d. i. dem Neuen Ökonomischen System, das 1963 beschlossen wurde) zur führenden Wirtschaftsmacht im Rahmen des Comecon geworden ist. Die relative Abwertung der abstrakten, reinen Ideologie zugunsten einer wirklichkeitsnäheren Politökonomie spiegelt diese Verlagerung des Schwergewichts wider. Es wäre aber verfehlt, wenn man annehmen wollte, damit werde auch die Rolle der Sowjetideologie eines Tages dahinfallen. Diese Ideologie ist im Gegenteil um so notwendiger, je lockerer sich der Zusammenhang innerhalb der sowjetischen Gesellschaft und zwischen den ‚sozialistischen Ländern' gestaltet. Auch dort, wo man nach neuen Wegen der Wirtschaftslenkung sucht und die kulturelle Sphäre weniger streng reglementiert, wird die Basis des Marxismus-Leninismus als „unerschütterliche Grundlage" festgehalten. Daß die Sowjetunion eine „Liberalisierung", die über diese Grenze hinausgeht, nicht anzuerkennen bereit ist, haben die Ereignisse in Ungarn (1956) und in der Tschechoslowakei (1968) gezeigt.

14

ERSTER TEIL

Von Hegel zu Marx

I. Darstellung

Seit Anfang der dreißiger Jahre eine Reihe von philosophischen Frühschriften von Marx erstmalig herausgegeben – beziehungsweise in der großen Gesamtausgabe und in der Auswahl von *I. P. Meyer* und *S. Landshut* neu ediert wurden –, hat sich die Erkenntnis durchgesetzt, daß Marx' gesamtes Werk bis hin zu seinen ökonomiekritischen Schriften in seiner Bedeutung nur von hier aus adäquat erfaßt werden kann. Wenn wir die Entwicklung von Hegel zu Marx darstellen, dann vollziehen wir den inneren Entwicklungsgang des Gründers des historischen Materialismus selbst nach, der dem ganzen neunzehnten Jahrhundert verborgen geblieben ist.

A. Die Anthropologie des jungen Marx und der Begriff der Entfremdung

1. Die Hegelsche Anthropologie

a) *Die Entwicklung des Menschen zum selbstbewußten Geistwesen mit Hilfe der Arbeit*

Marx' Menschenbild kann nicht ohne das Hegelsche gedacht werden. Für Hegel ist der Mensch in seinem Wesen gekennzeichnet durch seine „Geistigkeit". Der Mensch „ist subjektiver Geist", so lautet eine Definition bei Hegel. Geistsein, das bedeutet: der bloß biologischen Natur sowie der natürlichen Umwelt überlegen sein. Diese Überlegenheit des Menschen über die Natur muß von ihm immer erst *bewiesen,* durch seine Tat verwirklicht werden. In seinem genialen ersten großen philosophischen Werk, der „Phänomenologie des Geistes" (1807), kennt Hegel zwei Wege zur Verwirklichung und zum Beweis der Naturüberlegenheit und Geistigkeit des Menschen: einmal den *Kampf auf Leben und Tod um die „Anerkennung"* durch einen anderen Menschen – zum anderen die die Natur in ihrem Eigensinn überwindende und gestaltende *Arbeit.* Im Kampf auf Leben und Tod um die Ehre der Anerkennung durch den Gegner beweist der Krieger, daß ihm der Gedanke der Anerkennung, seine Ehre also, höher steht als das eigene (natürlich-biologische) Leben. Damit zeigt er, daß er ein Geistwesen ist. Aber auf diesem Wege kommt er nicht weiter, er kann nur immer wieder *im Kampf* sich als naturüberlegen erweisen, nach dem Kampf sinkt er auf eine mehr oder weniger tierhaft-natürliche Daseinsstufe zurück. Wenn er seinen Gegner im Kampf tötet, weil er nicht bereit war, ihn (den um die Anerkennung kämpfenden) anzuerkennen, fällt er auf den Ausgangspunkt zurück. Eine Weiterentwicklung ist nur dann möglich, wenn der eine der beiden Kämpfer sich dem anderen *unterwirft.* Das geschieht dann, wenn er ihn anerkennt, ohne auf die gleiche Anerkennung durch den anderen zu dringen. Auf diese Weise entsteht das Verhältnis von Herrschaft und Knechtschaft. Hegel zeigt aber, daß in diesem Verhältnis der Herr nur scheinbar sein Ziel erreicht hat. Er wird zwar anerkannt, aber der ihn Anerkennende ist ein *Knecht,* und die Anerkennung durch einen Knecht kann für ihn (den Herrn) keinen Wert haben. So wenig die Anerkennung eines Künstlers durch einen ignoranten Banausen ihm sein Künstlertum bestätigt, so wenig kann die Menschlichkeit (Geistigkeit, Naturüberlegenheit) des Herrn durch den (selbst keine Naturüberlegenheit, Geistigkeit usw. beweisenden) Knecht bestätigt werden. Dem Herrn bleibt daher nichts anderes übrig, als in ständig neuen Kämpfen seine „Menschlichkeit" (Geistigkeit, Naturüberlegenheit) zu beweisen. Seiner Menschlichkeit fehlt das „Element der Dauer", sie wird nur punktuell im Kampf und durch den Kampf erreicht.

Ganz anders sieht es auf der Seite des arbeitenden *Knechtes* aus, der durch seine Unterwerfung nur scheinbar auf seine Menschlichkeit (Naturüberlegenheit, Geistigkeit) verzichtet hatte. In der *Bearbeitung* der widerständigen Natur und ihrer Unterwerfung unter den ideellen Entwurf, dem sie angepaßt wird, erweist sich in höherer und beständigerer Art die Geisthaftigkeit des Menschen. Indem der Mensch der Knecht-Arbeiter der Natur (seinem Werkstück) ihre eigene Form nimmt und ihr eine fremde, menschliche Form aufzwingt, beweist er sichtbar seine Naturüberlegenheit. Im Resultat seiner Arbeit, dem geformten Gegenstand, erblickt er nicht mehr ein ihm Gegenüberstehendes, Fremdes, sondern seinen eigenen, gegenständliche Wirklichkeit gewordenen Plan, *sich selbst.* Da der von Menschenhand geformte Gegenstand dauert, kann der Mensch aus ihm ständig das Bewußtsein seiner Geistigkeit bzw. Naturüberlegenheit gewinnen.

Durch seine Arbeit und die bewußte Betrachtung ihres Produktes kommt also der Mensch zum Bewußtsein seiner „Geistigkeit". Mit anderen Worten, er wird sich durch die Arbeit seiner Menschlichkeit, seines menschlichen Wesens erst bewußt, wird durch sie ein selbstbewußter Mensch. Hegel „erfaßt die Arbeit als das Wesen, als das sich bewährende Wesen des Menschen" (*Marx, MEGA 1. Abt., Bd. 3, S. 157*).

Dieser Prozeß der Selbstbewußtwerdung des Menschen durch die sich vergegenständlichende Arbeit liegt nun bei *Hegel* letztlich auch dem spekulativen Weltschema zugrunde, das er in seiner Enzyklopädie der philosophischen Wissenschaften (1817) entwirft. Wie der Mensch, der sich noch nicht durch seine Arbeit zum Selbstbewußtsein seiner Menschlichkeit emporgearbeitet hat, ist „Gott vor der Schöpfung einer endlichen Welt" gewissermaßen noch ohne ein entsprechendes Selbstbewußtsein seiner Göttlichkeit. Deshalb „entläßt er sich" in die Natur und vergegenständlicht sich in ihr. Aus der von Gott, dem absoluten Geist, in die Natur gesetzten Dynamik entwickelt sich aber schließlich der geistige Mensch mit seinem sich selbst durchsichtigen Bewußtsein und der Fähigkeit der Vergeistigung des Universums. Wenn dieser Mensch schließlich vollkommen „Geist" geworden ist, ist er eine Art „*Spiegel*", in dem Gott (der absolute Geist) sein eigenes Wesen erblicken und so zum vollkommenen Selbstbewußtsein gelangen kann. Am Ende der Geschichte steht deshalb für Hegel das vollkommene Selbstbewußtsein Gottes (im Menschen, durch den Menschen). Die Formulierung dieses angemessenen göttlichen Selbstbewußtseins ist für Hegel in seiner Logik (Onto-Logik) erreicht.

Durch die Annahme dieses spekulativen Weltschemas wird bei Hegel das vernünftige Begreifen der Wirklichkeit zur eigentlichen Aufgabe und Tätigkeit des Menschen. Er erblickt in der „Arbeit des Philosophen" die eigentliche, wesentlich menschliche Arbeit. Denn, wie die konkrete Handarbeit den Gegenstand nach einem ideellen Plan verwandelt, so verwandelt ja auch unser Begreifen die äußere Wirklichkeit. Der „begriffene", „gedachte" Baum unterscheidet sich radikal von dem sinnlich-existierenden. Diese Verwandlung durchs vernünftige Begreifen des spekulativen Denkers ist aber nach Hegel kein Willkürakt und keine Gewaltsamkeit, durch die dem äußeren Gegenstand ein fremdes Wesen untergeschoben würde, im Gegenteil, da ja alle Wirklichkeit aus dem „absoluten Geiste" stammt, bringt die Vergeistigung durchs Begreifen die Dinge vielmehr gerade erst „zu sich zurück". Indem der Mensch begreifend die äußere Wirklichkeit verwandelt, bringt er sie zu ihrem Wesen, hebt er ihre unangemessene Erscheinung auf, macht sie zu dem, was sie „an sich" schon ist. Zugleich aber macht der Mensch sich durch solche Vergeistigung durchs Begreifen „frei". Denn frei sind wir, wenn wir von nichts Fremdem bedrückt und eingeengt werden. Wenn alle Wirklichkeit „Geist" und daher in ihrem Wesen mit uns identisch ist, sind wir frei. Nur solange die materielle Welt uns, weil wir auf einer niedrigeren Stufe der Erkenntnis (und der Verwandlung der Dinge) stehen, als „fremd" erscheint, sind wir unfrei gegenüber der Wirklichkeit. Erst der das Geistwesen des Alls mit seiner Vernunft vollkommen erfassende Weise ist wahrhaft frei.

b) *Die Entwicklung des Bourgeois zum Citoyen*

Wie der Philosoph (der Weise) von der gesamten Wirklichkeit dadurch frei wird, daß er sie „vergeistigt" und begreift, befreit sich auch der Mensch vom (scheinbaren) Zwang der *Staatsmacht* durch vergeistigendes Verstehen. Der Staat mit seinen Institutionen (Verfassung, Gesetze usw.) ist ein Produkt des überindividuellen (objektiven) Geistes und geht damit letztlich wiederum auf den einen (absoluten, göttlichen) Geist zurück.

Die Gestaltungen des politischen Lebens führt Hegel (mit Rousseau) auf einen Willen, den „substantiellen Willen", zurück, der ihnen zugrunde liegt. Dieser substantielle und vernünftige Wille, der sich immer schon institutionell realisiert hat, ist zugleich auch der Wesenskern des vernünftigen Geistmenschen. Menschen, die auf dem Standpunkt ihrer sinnlichen (tierischen) Besonderheit stehenbleiben und ihren engen egoistischen Interessen nachgehen, empfinden freilich den Ausdruck des substantiellen Staatswillens als bedrückend und ihre Freiheit beengend. Aber wer sich zur sittlichen Vergeistigung aufrafft und in die Tiefen seines eigenen vernünftigen Wollens hinabsteigt, wird finden, daß er dort mit dem Staatswillen durchaus einig ist. So vergeistigt sich der egoistische Bourgeois – mit Hilfe der Hegelschen Staatsphilosophie – zum sittlichen Citoyen, der den Staatswillen bejaht.

Das organische Staatsgebilde, das Hegel in seiner Rechtsphilosophie (1821) entwirft, ist aber keineswegs ein despotisches Gemeinwesen, sondern läßt durchaus Raum für die persönliche Freiheit des Bourgeois, die Hegel „Willkür" nennt und die ihm allerdings als eine niedrigere Erscheinungsweise eines isolierten Momentes des Willens erscheint. Der Realist Hegel war sich wohl darüber im klaren, daß es, auf absehbare Zeit wenigstens, unmöglich ist, alle Bourgeois in Citoyens zu verwandeln. Der in sich kräftige und gutorganisierte Staat läßt daher den partikulären Strebungen und Regungen ohne Schaden zu nehmen Raum und sucht nur durch weise und allen verständliche Anordnungen und Maßnahmen den Sinn fürs Allgemeine zu wecken (Öffentlichkeit der Rechtspflege, öffentliche Parlamentsverhandlungen, staatsbürgerliche Bildung durch Hegels Rechtsphilosophie usw.).

Es waren also zwei Grundgedanken der Hegelschen Philosophie, die wir kennengelernt haben: die Entwicklung des Menschen zum selbstbewußten Geistwesen mit Hilfe der vergegenständlichenden Arbeit und die Befreiung des Menschen durch vernünftiges Begreifen und damit Vergeistigen der gesamten Wirklichkeit – vor allem auch des Staates.

2. Die Marxsche Anthropologie

a) *Die Selbstentfremdung des Menschen in der (Lohn-)Arbeit*

Marx hat sein eigenes Menschenbild und seine Vorstellungen vom Verhältnis von Individuum und Gemeinschaft polemisch an diesen Hegelschen Gedankengängen entwickelt. Auch für ihn ist der Mensch wesentlich ein „gegenständliches Wesen", ein Wesen, das im Gegensatz zum Tier, das unmittelbar schon ist, was es ist, sich erst zu dem *machen muß,* was es sein soll. Mit anderen Worten, der Mensch ist das *arbeitende,* sich *durch* seine *eigene Arbeit produzierende Wesen.* Der spekulative Hintergrund, den Hegel seiner Anthropologie gegeben hatte, fällt bei Marx weg, doch ist der Ansatz dem Hegelschen verwandt. Aber da der Mensch bei Marx (im Anschluß an Feuerbach) als konkret-sinnlicher, lebendiger Mensch und nicht als Geistwesen verstanden wird, kann auch die Wiederaneignung seines vergegenständlichten Wesens (durch die Arbeit) keine einseitiggeistige (wie bei Hegel) sein:

Der Mensch eignet sich sein allseitiges Wesen auf eine allseitige Art an, also als ein *totaler Mensch* ... Jedes seiner menschlichen Verhältnisse zur Welt, Sehen, Hören, Riechen, Schmecken, Fühlen Denken, Anschauen, Empfinden, Wollen, Tätigsein, Lieben, kurz: alle Organe seiner Individualität ... sind in ihrem gegenständlichen Verhalten oder in ihrem Verhalten zum Gegenstand der Aneignung desselben *(MEGA a.a.O., S. 118).*

18

Dieser allseitigen Aneignung des sich notwendig durch die Arbeit vergegenständlichenden menschlichen Wesens stellt sich aber nun ein entscheidendes *Hindernis* entgegen: das Faktum der *Entfremdung*.

Die *Möglichkeit* der Entfremdung gründet in der Notwendigkeit der Vergegenständlichung des menschlichen Wesens. Diese Möglichkeit wird eine Wirklichkeit durch das *Privateigentum an den Produktionsmitteln*. So kommt es, daß

der Gegenstand, den die Arbeit produziert, ihr Produkt, ihr als ein *fremdes Wesen*, als eine von dem Produzenten *unabhängige Macht gegenübertritt* (MEGA a. a. O., S. 83).

Der besitzlose Lohnarbeiter, der seine Arbeitskraft auf dem Arbeitsmarkt als „Ware" anbieten und verkaufen muß, kann in dem von ihm produzierten Reichtum (dem „Kapital") sich nicht selbst ansehen und gegenständlich werden, weil dieses Kapital eine ihm fremde Macht ist, die ihn beherrscht. Das ist die erste, allen anderen zugrunde liegende Form der Entfremdung. Daraus, daß der Arbeiter sich nicht im Produkt seiner Arbeit anschauen und durch dessen Aneignung (im oben beschriebenen Sinne) verwirklichen kann, folgt aber zweitens, daß auch die Tätigkeit des Produzierens selbst ihm „fremd" und „äußerlich" wird:

daß die Arbeit dem Arbeiter *äußerlich* ..., d. h. nicht zu seinem Wesen, gehört, daß er sich daher in seiner Arbeit nicht bejaht, sondern verneint, nicht wohl, sondern unglücklich fühlt, keine freie physische und geistige Energie entwickelt, sondern seine Physis abkasteit und seinen Geist ruiniert. Der Arbeiter fühlt sich daher erst *außer der Arbeit bei sich* und *in der Arbeit außer sich* (a. a. O., S. 85).

Die Arbeit, die eigentlich *menschliche* Existenzweise, wird daher beim Arbeiter zu beinem bloßen *Mittel* für die *biologische* Existenzerhaltung. „Die freie bewußte Tätigkeit", die das Kennzeichen der menschlichen „Gattung" im Unterschied von der Tierheit darstellt, wird damit zu einem bloßen „Lebens-mittel" gemacht. Darin liegt die dritte Form der Entfremdung, daß das „Gattungswesen" des Menschen, seine Arbeit, zum Mittel des individuellen biologischen Daseins gemacht wird. Das bedeutet aber, daß der Mensch (als Gattungswesen, d. h. in seiner Eigenschaft als Mensch) *sich selbst* entfremdet ist. Hieraus wieder folgt die letzte Form der Entfremdung: die entfremdeten Beziehungen des Menschen *zueinander*.

Wir haben nacheinander folgende vier Formen der Entfremdung kennengelernt:

1. die Entfremdung des Arbeiters vom *Produkt* seiner Arbeit;
2. die Entfremdung des Arbeiters von seiner *Arbeit;*
3. die *Selbstentfremdung* des Menschen in der Lohn-Arbeit;
4. die Entfremdung des Verhältnisses *zwischen den Menschen*, die dann zum Ausdruck kommt, wenn die Menschen ihr eigenes Verhältnis zur „Gattung", d. h. zur „Menschheit" (zur Humanitas), nicht gegenständlich anschauen können, sondern einander nur als *Mittel* erscheinen (der Kapitalist erscheint dem Arbeiter als notwendiges Mittel zum Erwerb der Subsistenzmittel, der Arbeiter dem Kapitalisten als Mittel zum Zwecke der Produktion für den Markt und damit der Profitmaximierung):

Die Entfremdung umfaßt beide – den Arbeiter und den Nichtarbeiter, denn keiner von beiden kann sich in seiner Tätigkeit und ihren Produkten selbst gegenständlich werden und anschauen. Aber, während diese Entfremdung von seiten des Arbeiters als *„Tätigkeit ... der Entfremdung"* *(a. a. O., S. 94)* erscheint, hält sie der Nichtarbeiter (Kapitalist) für einen (unabänderlichen) *Zustand.*

Die Aufhebung der Entfremdung und die Aneignung des menschlichen Wesens durch den Menschen kann deshalb nur von den Arbeitern vollzogen werden, die durch ihre entfremdete Arbeit (freilich bislang ohne es zu wissen) die Entfremdung einst schufen. Voraussetzung für die Aufhebung der Entfremdung in allen ihren Formen ist die Aufhebung der *Lohnarbeit,* der uneigentlichen Arbeit, die bloßes *Mittel* für die Erhaltung des Lebens und nicht *Äußerung* des Lebens selbst, erstes *Lebensbedürfnis* ist. Den Zustand, in dem die Menschen sich wirklich in der Arbeit realisieren und die Wesenskräfte der Menschheit in ihrer Totalität allseitig aneignen können, nennt der junge Marx in einem *Humanismus, Naturalismus* und *Kommunismus.*

Nur durch die sozialistische Revolution und den Kommunismus könnte der totale, allseitige Mensch zur Wirklichkeit werden, der in der bestehenden Klassengesellschaft ein bloßes Ideal bleiben muß. Dieser allseitige Mensch spielt noch im *Kapital* eine Rolle, allerdings nicht als moralisches Postulat. Dort wird es nämlich als ein technisch-wirtschaftliches Problem hingestellt, ob es gelingt, anstelle der einseitigen Spezialisten, die bei der raschen Entwicklung der Produktivkräfte häufig arbeitslos werden müssen, allseitig ausgebildete und daher auch allseitig disponible Werktätige auszubilden: Die „große Industrie macht durch ihre Katastrophen selbst es zur Frage von Leben oder Tod, den *Wechsel der Arbeiten* und daher möglichste *Vielseitigkeit der Arbeiter* als allgemeines gesellschaftliches *Produktionsgesetz* anzuerkennen und seiner normalen Verwirklichung die Verhältnisse anzupassen. Sie macht es zu einer Frage von Leben oder Tod, die Ungeheuerlichkeit einer elenden, für das wechselnde Exploitationsbedürfnis des Kapitals in Reserve gehaltenen, *disponiblen Arbeiterbevölkerung* zu ersetzen durch die *absolute Disponibilität des Menschen* für wechselnde Arbeitserfordernisse" *(Kapital, Bd. I, S. 513). –* Diese Stelle gibt einen deutlichen Eindruck für die Akzentverlagerung, die seit den Frühschriften in Marx' Denken eingetreten ist. Dachte der junge Marx vom Menschen aus, so zwingt sich der Kritiker der politischen Ökonomie immer mehr zu nüchterner Sachlichkeit und zum Denken von den Erfordernissen der Praxis her. Beide Ansätze treten für Marx nur deshalb nicht auseinander, weil er überzeugt ist, das sachlich Notwendige, wirtschaftlich-technisch Nützliche werde letztlich auch das Sittliche und Menschliche sein. Was als eine humanistische Forderung begonnen hatte (der „totale, allseitige Mensch"), erweist sich nun zugleich als ein produktionstechnisches Postulat, dem die dem Untergang geweihte kapitalistische Gesellschaft nicht nachkommen, das allein der Sozialismus erfüllen kann. Diese Verlagerung des Akzentes hat sich im Verlauf der Entwicklung als verhängnisvoll erwiesen. Der weite Weg, der vom Protest gegen die Entfremdung des Menschen in der arbeitsteiligen kapitalistischen Welt bis zur Vergötzung der Produktionsstatistik in der heutigen Sowjetunion führt, ist in ihr schon als „Möglichkeit" angelegt. Vom Ideal der Befreiung des allseitig entwickelten totalen Menschen geht es zur optimalen Anpassung an „die Bedürfnisse der Entwicklung des materiellen Lebens der Gesellschaft" (Stalin). Die Verkürzung des Begriffs „Sozialismus", die von Stalin damit vorgenommen wurde, entsprach aber keineswegs der Marxschen Überzeugung. Für ihn war gewiß auch die Steigerung der materiellen Produktion und der Arbeitsproduktivität von größter Wichtigkeit, aber sie konnte nicht Selbstzweck, sondern lediglich ermöglichende Voraussetzung für die Schaffung einer freien Gesellschaft assoziierter, sich allseitig entfaltender Individuen sein. Das Studium der „Grundrisse der Kritik der politischen Ökonomie" (1857/58), die erstmals 1939/41 in der Sowjetunion und dann 1953 in der DDR publiziert wurden, verdeutlicht, daß es keinen Bruch in der Entwicklung vom „humanistischen frühen Marx" zum späteren Verfasser des „Kapital" gibt. Der ehemalige Hegelianer und der Anwalt nüchterner realistischer Einschätzung der Verhältnisse hielt es nur nicht für angebracht, ausführlich von moralischen Idealen zu sprechen, an deren rhetorischem Vortrag sich utopische Sozialisten berauschten.

b) *Die Befreiung des Menschen in der klassenlosen Gesellschaft*

Von diesem Menschenbild aus muß man auch die Marxsche Kritik an Hegels *Staatsphilosophie* deuten. Die von Hegel vorgeschlagene Befreiung des Bourgeois durch Vergeistigung zum Staatsbürger erscheint Marx als eine bloß illusorische, die in Wahrheit auf eine gewaltsame Unterdrückung des konkret-besonderen Menschen zugunsten des allgemein-geistigen hinausläuft. Genausowenig wie das *Kapital* kann man den *Staat* als eine den Bürgern gegenüberstehende fremde Macht *wirklich* aufheben, indem man ihn als ein Produkt des objektiven Geistes begreift. Es gilt vielmehr, auf die *Ursachen* der Entfremdung zurückzugehen und sie durch Aufhebung dieser Ursachen zu überwinden. Der Staat ist aber deshalb in der Geschichte als eine den Menschen gegenüberstehende Macht aufgetaucht, weil die die Gesellschaft bildenden Menschen einander entfremdet waren und die eine Klasse über die andere herrschte. Der Staat ist immer ein Herrschaftsinstrument der herrschenden Klasse zur Unterdrückung der übrigen. Solange es daher einen Staat gibt, kann es keine konkrete Freiheit geben. Mit Aufhebung der verschiedenen Formen der Entfremdung kann auch der Staat aufgehoben werden und in Wegfall kommen. Eine echte Identifizierung des lebendigen, sinnlichen, arbeitenden Menschen mit der Gesellschaft ist erst dann möglich, wenn in einer klassenlosen, homogenen Weltgesellschaft alle Herrschaft des Menschen über den Menschen (die letztlich stets auf ökonomischer Abhängigkeit, d. h. auf dem Verhältnis der entfremdeten Arbeit, beruht) abgeschafft ist. Erst dann, wenn sich der wirkliche konkret-sinnliche Mensch mit der produzierenden Weltgemeinschaft identifizieren kann, ist die von Hegel fälschlich schon in seiner Gegenwart und im „geistigen" Staat als verwirklicht angesehene Freiheit tatsächlich realisiert. Marx hält also an Hegels Freiheitsbegriff fest, verlegt jedoch dessen Verwirklichung in die Zukunft. Frei sind die Menschen dann, wenn sie sich ihr „Gattungswesen", ihre Menschheit (und Menschlichkeit) allseitig angeeignet haben und sich daher mit der menschlichen Gemeinschaft insgesamt identifizieren können.

Während man den eben beschriebenen Freiheitsbegriff als einen Versuch der Konkretisierung der *demokratischen* Identifikation von Individuum und Gemeinschaft (Citoyen und Staat – Mensch und Gesellschaft) ansehen kann, findet sich bei Marx ebenso eine Konkretisierung des *liberalen* Freiheitsgedankens. In diesem Sinne bedeutet Freiheit frei sein von jeglichem natürlichen Zwang und aller äußeren Abhängigkeit. Daß derartige Freiheit nur immer relativ realisierbar ist, hat Marx sehr wohl gewußt. Freiheit ist hier so viel wie Freizeit, Muße, Möglichkeit, spontan Zwecke zu setzen, die ihrerseits nicht Mittel sind oder jedenfalls nicht als Mittel gedacht werden. Es ist offenbar vor allem an die freischöpferische, in sich ihren Zweck habende Tätigkeit, zum Beispiel der Kunst, gedacht. „Das *Reich der Freiheit* beginnt in der Tat erst da, wo das Arbeiten, das durch Not und äußere Zweckmäßigkeit bestimmt ist, aufhört; es liegt also der Natur der Sache nach *jenseits der Sphäre der eigentlichen materiellen Produktion* ... Die Freiheit in diesem Gebiet [d. h. in der Produktion] kann nur darin bestehen, daß der vergesellschaftete Mensch, die assoziierten Produzenten, diesen ihren *Stoffwechsel mit der Natur rationell regeln,* unter ihre gemeinschaftliche Kontrolle bringen, *statt von ihm* als von einer blinden Macht *beherrscht zu werden;* ihn mit dem geringsten Kraftaufwand und unter den ihrer menschlichen Natur würdigsten und adäquatesten Bedingungen vollziehen. Aber es *bleibt* dies *immer ein Reich der Notwendigkeit. Jenseits* desselben beginnt die menschliche Kraftentwicklung, die sich als *Selbstzweck* gibt, das wahre Reich der Freiheit, das aber nur auf jenem Reich der Notwendigkeit als seiner Basis aufblühen kann. Die Verkürzung des Arbeitstages ist die Grundbedingung" (*Kapital, Bd. III, S. 873 f.).*

B. Die Marxsche Geschichtsphilosophie

(Historischer Materialismus)

1. Der Hegelsche Weltgeist und seine Rolle in der Geschichte

Am Ausgangspunkt der Hegelschen Geschichtsphilosophie steht die Überzeugung, „daß die Vernunft die Welt beherrscht, daß es also auch in der Weltgeschichte vernünftig zugegangen ist" (*Philos. der Weltgesch., Bd. I, S. 4).* Die geschichtliche Entwicklung *ist* aber nicht bloß vernünftig, der Mensch – oder jedenfalls Hegel – ist auch imstande, die „Vernunft in der Geschichte" zu *erkennen.* Der vernünftige Sinn der geschichtlichen Entwicklung enthüllt sich Hegel als *„Fortschritt im Bewußtsein der Freiheit"* oder – als Weg zum adäquaten Selbstbewußtsein Gottes im Menschen. Hegel begreift seine Gegenwart als wesentlichen Abschluß der geschichtlichen Entwicklung, und zwar in einem doppelten Sinne: einmal, weil in den „gebildeten Staaten" seiner Zeit die Verwirklichung der staatsbürgerlichen Freiheit in dem oben angedeuteten Sinne erreicht sei – zum anderen, weil in seiner Philosophie das adäquate Selbstbewußtsein Gottes im Menschen Gestalt angenommen habe. Die moderne konstitutionelle Monarchie, mit deren „Geist" (und Verfassung) sich der vergeistigte Staatsbürger identifizieren kann, so daß er sich frei fühlt, und die Logik Hegels bilden den Abschluß der Geschichte und stellen – sofern sie Produkte eben dieser Geschichte sind – deren *verwirklichten Sinn* dar. Beide Endresultate gehören aber zusammen: der sich mit dem Staate identifizierende Citoyen ist Hegelianer, und Hegel ist als Denker Citoyen. Ebenso gehören in der geschichtlichen Entwicklung beide Komponenten zusammen: Staatengeschichte einerseits und Religions- und Geistesgeschichte andererseits bilden eine umfassende Einheit, wobei freilich für Hegel die Religions- und Geistesgeschichte erst den eigentlichen Sinn auch der politischen Geschichte offenbart.

Das „Material" für die Verwirklichung dieses geschichtlichen Werdeganges sind die *welthistorischen Völker* und die welthistorischen *Individuen*. Nur die staatenbildenden Völker zählen in Hegels Weltgeschichte, und nur die, deren Staat ein neues, höheres Prinzip realisierte, haben *Epoche* gemacht. Den scheinbar willkürlichen Prozeß aber lenkt der „Weltgeist", der sich nacheinander in die verschiedenen Volksgeister inkarniert. Stets ist derjenige Volksgeist „führend", in den der Weltgeist gleichsam „gefahren" ist, und stets muß er von der Bühne der Weltgeschichte abtreten, wenn sich der Weltgeist aus ihm zurückgezogen hat. Die großen Individuen aber stehen als „Geschäftsführer des Weltgeistes" ohne es zu wissen in seinem Dienst. Geschickt spannt er ihre kleinen privaten Ziele und Wünsche, Leidenschaften und Begierden für seine höheren (allen unbekannten) Ziele ein. Hegel nennt das die „*List der Vernunft*".

Erst am Ende, nachdem die entscheidenden Etappen des welthistorischen Weges zurückgelegt sind, kann der Geschichtsphilosoph Hegel dem Weltgeist „in die Karten gucken", erst post festum wird die List der Vernunft durchschaut. Alles historische *Tun* war daher bislang blind, schicksalhaft, nachdem aber die Geschichte durchschaut worden ist, wird es keine mehr geben. „Wenn die Philosophie ihr Grau in Grau malt, dann ist eine Gestalt des Lebens alt geworden, und mit Grau in Grau läßt sie sich nicht verjüngen, sondern nur erkennen; die Eule der Minerva beginnt erst in der Dämmerung ihren Flug" – mit diesen Worten beschließt Hegel das Vorwort zu seiner 1821 erschienenen Rechtsphilosophie. Die aus ihnen sprechende resignierte Stimmung kommt vielleicht noch deutlicher in den Schlußworten der Religionsphilosophie zum Ausdruck. Dort heißt es: „Die Philosophie ist ... ein abgesondertes Heiligtum, und ihre Diener bilden einen isolierten Priesterstand, der mit der Welt nicht zusammengehen darf und das Besitztum der Wahrheit zu hüten hat. Wie sich die zeitliche, empirische Gegenwart aus ihrem Zwiespalt herausfinde, wie sie sich gestalte, ist ihr zu überlassen und ist nicht die unmittelbar praktische Sache und Angelegenheit der Philosophie" *(Werke Ausg. Glockner, Bd. XVI, S. 356).* Hegels Vorlesungen über Religionsphilosophie sind 1840 in den gesammelten Werken erstmalig erschienen, fünf Jahre später schreibt Marx seine berühmten Thesen über Feuerbach, deren elfte wie eine direkte Polemik gegen die zitierte Aussage Hegels anmutet: „Die Philosophen haben die Welt nur verschieden *interpretiert;* es kommt aber darauf an, sie zu *verändern.*"

2. Die Gesellschaftsklassen als Akteure der Geschichte

(Karl Marx)

Die Überzeugung, daß es in der Geschichte „vernünftig" zugegangen sei, teilt Marx bis zum gewissen Grade mit Hegel, wenn er sie auch nie klar ausgesprochen hat. Auch für ihn ist die Geschichte Fortschritt, zwar nicht primär im Bewußtsein der Freiheit, aber auf dem Weg zur *Vermenschlichung der Natur* und der *Vernatürlichung des Menschen.* Sinn der Geschichte ist die oben geschilderte Menschwerdung, die Aneignung des menschlichen Gattungswesens durch den Menschen. Dieses dem ganzen Entwicklungsprozeß seinen Sinn gebende Ende der Geschichte ist aber für Marx nichts bereits vollendet Vorliegendes, sondern ein theoretisch vorweggenommenes oder erschlossenes Ziel. Das *Wissen* ist zwar wie bei Hegel schon da, aber es ist jetzt nicht mehr ein Wissen, das erst post festum die geschichtliche Entwicklung (den Plan des Weltgeistes) durchschaut, sondern ein solches, das der entscheidenden geschichtlichen *Tat* der Zukunft die Wege weist. Der Sinn und damit die Vernunft der geschichtlichen Entwicklung liegen in der Heraufkunft der klassenlosen Weltgesellschaft, in der eine allseitige Aneignung der menschlichen Wesenskräfte durch den totalen Menschen möglich sein wird.

Das „Material" für die Verwirklichung dieses geschichtlichen Zieles, die eigentlichen Akteure der Geschichte, sind die *Gesellschaftsklassen.* „Die Geschichte aller bisherigen Gesellschaft ist die Geschichte von Klassenkämpfen" (Komm. Manifest). Wie für Hegel die *Volksgeister,* so sind für Marx die *Klassen* die Subjekte des fortschreitenden Geschichtsprozesses. Wie aber bei Hegel nur die Völker Epoche machen, die ein wesentliches neues Prinzip repräsentieren, so sind es bei Marx nur die Klassen, die Vertreter einer neuen, fortschrittlicheren Stufe der Produktion sind.

Wenn bei Hegel die eigentliche „Basis", der Träger des Geschichtsprozesses, der Weltgeist war, so ist es bei Marx die produzierende Gesellschaft oder die gesellschaftliche Produktion. Wir haben oben gehört, daß die Gattungseigenschaft des Menschen darin besteht, daß er sein Leben selbst produzieren, bewußt gestalten und erarbeiten muß. Das Urfaktum der Geschichte ist daher für Marx die *Produktion.* Die Produktion aber besteht ihrerseits aus den *Produktivkräften* und den Verhältnissen zwischen den gesellschaftlich produzierenden Menschen, den *Produktionsverhältnissen.* Zu den Produktivkräften gehören die Werkzeuge und Maschinen (Produktionsmittel) und die über entsprechende Fertigkeiten verfügenden Menschen. In ihrem Kampf mit der Natur sind die Menschen ständig bemüht, diese Produktivkräfte zu steigern und zu entwickeln. Mit jeder Stufe

24

der Entwicklung der Produktivkräfte hängt aber ein bestimmtes *Produktions-verhältnis* zusammen. Doch bedeutet dieser Zusammenhang keine unmittelbare Übereinstimmung. Vielmehr kommt es – infolge der ständigen Fortschritte der Produktivkräfte und des relativ stabilen Charakters der durch die Rechtsordnung (Eigentumsordnung) stabilisierten Produktionsverhältnisse immer wieder zu *Spannungen,* die durch revolutionäre Eingriffe beseitigt werden müssen.

Diesen revolutionären Aktionen liegt folgendes Schema zugrunde: Im Zusammenhang mit jedem Zweig der Produktion entwickelt sich eine bestimmte Klasse. Innerhalb der Gesamtgesellschaft aber ist diejenige *Klasse führend,* die den ausschlaggebenden und *„fortschrittlichsten" Zweig der Produktion* vertritt. Z.B. war das ganze Mittelalter hindurch der Feudaladel deshalb die führende Gesellschaftsklasse, weil er über den entscheidenden Produktionszweig (die Landwirtschaft) verfügte. Mit dem massenhaften Aufkommen neuer, progressiverer Produktionsweisen (in der Manufakturperiode und vor allem im industriellen Zeitalter) wurde der Feudaladel durch die im Zusammenhang mit diesen neuen Produktionsweisen stehende Klasse der Kapitalisten (Bourgeois) verdrängt. Den neu entstandenen industriellen (maschinellen) Produktivkräften waren aber die alten (feudalen) Produktionsverhältnisse nicht mehr angemessen, sie mußten beseitigt werden. Diese revolutionäre Aktion übernahm selbstverständlich die Klasse, welche an dem weiteren Wachstum der neuentstandenen Produktivkräfte am meisten interessiert war: Diese hätte jedoch *allein* die revolutionäre Umgestaltung der Gesellschaft nicht durchführen können, sie bedurfte hierzu der Unterstützung der gesamten übrigen Gesellschaft (mit Ausnahme der bislang führenden, an der Aufrechterhaltung der alten Produktions- und Eigentumsverhältnisse interessierten Klasse). *Im Augenblick der Revolution* repräsentiert die aufsteigende Klasse aber auch tatsächlich das *Interesse der Gesamtgesellschaft,* die ja insgesamt an der Entwicklung der Produktivkräfte interessiert sein muß und durch deren Stagnation leidet. Wie die siegreichen Volksgeister die Unterstützung des Weltgeistes, so haben die erfolgreichen Klassen die Unterstützung der Gesamtgesellschaft und können nur dank dieser Unterstützung siegen. Indem aber die siegreiche Klasse nach vollendeter Revolution ihren eigenen Herrschaftsapparat aufbaut, werden blad Gegensätze zwischen ihr und ihren einstigen Verbündeten offenbar. Außerdem entwickelt sie – in ihrem eigenen Interesse – die Produktivkräfte weiter und schafft im Zusammenhang damit neue Klassen, die eines Tages mit revolutionären Forderungen der bislang führenden Klasse entgegentreten werden.

Hinter den aufeinanderfolgenden Rechtsordnungen (Verfassungen) und Eigentumsordnungen stehen also die jeweils führenden Klassen, und hinter diesen wiederum die jeweils fortgeschrittensten Zweige der Produktion. Infolge der Ungleichmäßigkeit der Entwicklung der Produktivkräfte, die sich kontinuierlich entfalten, und der Produktionsverhältnisse, die relativ stabil sind, kommt es immer wieder zu Revolutionen, „qualitativen Sprüngen", die den übergroß gewordenen Gegensatz beseitigen. Eine Zeitlang stellen die neuen Produktionsverhältnisse dann ideale *Entwicklungsbedingungen* für die Produktivkräfte dar (z.B. die bürgerliche Rechtsordnung im Frühkapitalismus), bis eines Tages diese Entwicklungsbedingungen ihrerseits wieder in *Fesseln* der Entwicklung umschlagen, die Gesellschaft stagniert und eine neue Revolution „fällig" wird. Muß das nun in alle Ewigkeit so fortgehen? Keineswegs, im Gegenteil, in der kapitalistischen Gegenwart haben sich die Klassengegensätze in entscheidender Weise vereinfacht und sind die Voraussetzungen für die Beseitigung der Klassenherrschaft überhaupt und damit für die Herstellung einer endgültigen Übereinstimmung zwischen dem Charakter der Produktivkräfte und dem der Produktionsverhältnisse im Entstehen. Infolge der inneren Dynamik der kapitalistischen Produktion wird sich die Gesellschaft in zunehmendem Maße um die beiden *Pole Kapitalisten und Proletarier* sammeln. Die selbständigen Mittelschichten (Bauern und Kleinbürger) werden verschwinden, das miteinander in unerbittlicher Konkurrenz liegende Großkapital aber in immer weniger Händen zusammenfließen, so daß schließlich der *überwältigenden Menge der Arbeiter* ein verschwindend *kleines Häufchen von Kapitalisten* gegenübersteht. So *produziert der Kapitalismus* notwendig (freilich ohne es bewußt zu wollen) seinen eigenen *Totengräber: das Proletariat.* Dieses aber repräsentiert nicht nur vorübergehend, sondern für immer die Interessen der Gesamtgesellschaft, die es der Tendenz nach umfaßt. Durch die fällig gewordene proletarische Revolution wird das kapitalistische Eigentum an den Produktionsmitteln beseitigt, der bürgerliche Staat – der letzte Ausbeuter- und Klassenstaat – verschwinden und endlich die klassenlose Zukunftsgesellschaft ermöglicht werden. Da das Proletariat alle fortschrittlichen Zweige der Weltproduktion vertritt und alle übrigen Klassen bis auf die wenigen „Kapitalmagnaten" in ihm aufzugehen bestimmt sind, kann nach dem Sieg des Proletariats keine neue unterdrückte Klasse entstehen. Mit der Machtergreifung durch das Proletariat ist die Geschichte der Klassenherrschaften beendet. Diese Revolution stellt die erste geschichtliche Tat dar, deren bewußt intendierter Sinn mit ihrer objektiven historischen Bedeutung zusammenfällt, die also nicht mehr von einer undurchsichtigen „List der Vernunft" bestimmt wird. Mit ihr endet – nach Marx – die „Vorgeschichte", d. h. die schicksalhaft erlittene Geschichte der Menschheit, und ihre eigentliche Geschichte kann beginnen. Die Menschheit hat sich von der ökonomischen Vorsehung emanzipiert.

Die Marxsche Geschichtsphilosophie wurde von *Engels* (besonders in *„Der Ursprung der Familie, des Privateigentums und des Staates"*) und anderen zu einem festen Schema weiterentwickelt, an dessen Anfang die klassenlose Urgesellschaft *(Urgemeinschaft)* steht, aus der – aufgrund des Wachstums der Produktivkräfte – die *Sklavenhaltergesellschaft* und aus dieser die *feudalistische* und schließlich die *kapitalistische* und *sozialistische* Gesellschaftsordnung sich revolutionär entwickeln. Der Frage nach der Entstehung der Sklaverei aus dem Zustand der klassenlosen Urgesellschaft (die der amerikanische Anthropologe Lewis Henry Morgan zuerst angenommen hat) ist, soweit ich sehe, unter den bekannten Marxisten nur *G. W. Plechanow* nachgegangen: Solange die einzelnen klassenlosen Gesellschaften noch so wenig entwickelte Produktionsmittel besitzen, daß sie außerstande sind, zusätzlich untätige Wachmannschaften zu ernähren, können sie auch nicht daran denken, Kriegsgefangene zu Sklaven zu machen und arbeiten zu lassen, diese werden daher getötet. Auf dieser produktionstechnischen Stufe der Entwicklung ist daher auch Anthropologie verbreitet. Erst auf einer höheren Stufe der wirtschaftlichen Entwicklung wird es möglich und sinnvoll, Arbeitssklaven zu halten. „,Hirtenvölker', sagt Ratzel, ,welche von Herden einer bestimmten Größe leben und weder Arbeit noch Nahrung genug für Sklaven haben, töten ihre Gefangenen, wie zum Beispiel die Massai in Ostafrika. Ihre Nachbarn, die Ackerbau und Handel treibenden Wakamba, können Sklaven gebrauchen, töten sie also nicht.' Die Entstehung der Sklaverei setzt also eine gewisse Entwicklungsstufe der gesellschaftlichen Kräfte voraus, die die *Ausbeutung* der Sklaven ermöglicht." (*G. W. Plechanow, Die Grundprobleme des Marxismus, Stuttgart 1910, S. 46f; Ratzel, Völkerkunde, Bd. I, S. 83*) Zwischen dem (freilich noch rohen und primitiven) Paradies der Urgemeinschaft und dem wiedergewonnenen (wahren) Paradies des Kommunismus liegen die sich bis zum Kapitalismus immer mehr vertiefende Arbeitsteilung, Entfremdung und Ausbeutung des Menschen durch den Menschen. Eine Entwicklung, die freilich für den ökonomischen Fortschritt unentbehrlich war. Ohne Arbeitsteilung, Klassenbildung, Ausbeutung und Entfremdung wäre es nie zu der für die vollkommene Vermenschlichung der Natur notwendigen Entfaltung aller menschlichen Kräfte und zur universellen Vergegenständlichung des menschlichen Gattungswesens gekommen. Wie bei Hegel vollzieht sich die dialektische Entwicklung in einer Art Spirale, die auf höherer Ebene zum Ausgangspunkt zurückkehrt.

In der kommunistischen Zukunftsgesellschaft werden – nach Marx – nicht nur die Ausbeutung des Menschen durch den Menschen und die Entfremdung, sondern auch die *Arbeitsteilung* selbst aufgehoben sein. Das heißt nicht, daß alle Tätigkeit gleichartig werden müßte, sondern, daß dann kein Individuum mehr an eine bestimmte Arbeit gebunden und lebenslang zu ihr verpflichtet sein wird. „Sowie nämlich die Arbeit *verteilt* zu werden anfängt, hat jeder einen bestimmten ausschließlichen Kreis der Tätigkeit, der ihm aufgedrängt wird, aus dem er nicht heraus kann; er ist Jäger, Fischer oder Hirt oder kritischer Kritiker, und muß es bleiben ... während in der *kommunistischen Gesellschaft,* wo jeder nicht einen ausschließlichen Kreis der Tätigkeit hat, sondern sich in jedem beliebigen Zweige ausbilden kann, die Gesellschaft die allgemeine Produktion regelt und mir eben dadurch möglich macht, heute dies, morgen jenes zu tun, morgens zu jagen, nachmittags zu fischen, abends Viehzucht zu treiben, nach dem Essen zu kritisieren, wie ich gerade Lust habe; ohne je Jäger, Fischer, Hirt oder Kritiker zu werden." (*Marx, Die deutsche Ideologie, MEGA, Erste Abteilung, Bd. 5, S. 22*) Außer an dieser Stelle in der „Deutschen Ideologie" (1846) hat sich Marx nirgends ausführlich über die konkrete Gestalt der kommunistischen Zukunftsgesellschaft ausgelassen. Im übrigen hat Marx diese Entwicklung keineswegs als eine *naturnotwendige* angesehen. Selbst im „Kommunistischen Manifest", das doch eine Kampfschrift, keine wissenschaftliche Abhandlung ist, spricht Marx davon, daß der Klassenkampf in der Geschichte „jedesmal mit einer revolutionären

Umgestaltung der ganzen Gesellschaft ... oder mit dem *gemeinsamen Untergang der kämpfenden Klassen"* endete. Die in die Zukunft verlängerte Theorie der historischen Entwicklung stellt daher keine Prophetie dar, sondern lediglich eine begründete Hypothese, zu der es allerdings nach Marx nur die eine alternative Möglichkeit: gemeinsamer Untergang der kämpfenden Klassen gibt. Rosa Luxemburg hat später diesen Gedanken in die einprägsame Formel gefaßt: Sozialismus oder Barbarei.

C. Die nationalökonomischen Grundbegriffe des Marxismus
(Kritik der politischen Ökonomie)

a) *Die kapitalistische Wirtschaft und ihre Entwicklung*

Die eben geschilderte Marxsche Geschichtsphilosophie bildet im Grunde mit seiner Kritik der politischen Ökonomie ein einheitliches System. Zum Zwecke einer vereinfachten Darstellung habe ich jedoch die eigentlich ökonomischen Grundbegriffe zunächst ausgeklammert, um sie jetzt nachzutragen. Im Gegensatz zum sogenannten „utopischen Sozialismus" (wie ihn die Franzosen Charles Fourier, Claude-Henri Saint-Simon und der Engländer Robert Owen vertraten), der die kapitalistische Gesellschaft moralisch verurteilte und ihr ein kommunistisches oder sozialistisches *Ideal* entgegenstellte, will Marx mit wissenschaftlicher Exaktheit die *Entwicklungsgesetze* der gegenwärtigen kapitalistischen Gesellschaft aufzeigen und aus ihnen die Notwendigkeit der Heraufkunft einer neuen, sozialistischen Gesellschaftsordnung ableiten. Seine Hauptarbeit hat er daher seit 1859 (Kritik der politischen Ökonomie) der Analyse der kapitalistischen Wirtschaft und ihrer inneren Dynamik gewidmet. Marx baut hier bewußt auf der „klassischen englischen Nationalökonomie" (Adam Smith, David Ricardo, J.B. Say usw.) auf, um freilich in wesentlichen Punkten und vor allem methodisch über sie hinauszugehen.

Die kapitalistische Gesellschaft ist gekennzeichnet durch *freie Verfügung über das Eigentum* (im Gegensatz zur feudalen Gebundenheit desselben), *freie Lohnarbeit* (im Gegensatz zur Hörigkeit der Bauern und der Leibeigenschaft) und universelle *Warenproduktion*, d.h. Produktion für den Markt zum Zwecke der Erzielung von Profiten (im Gegensatz zur feudalen und traditionellen Bedarfsdeckungswirtschaft bzw. der Produktion für den Eigenbedarf bei geschlossener Gutswirtschaft).

b) *Das Wertgesetz*

Der (Tausch-)„*Wert*" einer beliebigen Ware, der mit dem „Gebrauchswert", den ein Gegenstand für mich hat, nur indirekt etwas zu tun hat, entspricht durchschnittlich der zur Herstellung dieser Ware *gesellschaftlich notwendigen* Arbeitszeit. Je mehr gesellschaftlich notwendige Arbeitszeit in einer Ware vergegenständlicht ist, desto wertvoller ist sie. Unter „gesellschaftlicher Notwendigkeit" ist dabei der entsprechende Stand der Entwicklung der Produktionstechnik und Fertigkeit zu verstehen, so daß bei relativ rückständiger Technik ein einzelner Produzent *mehr* und bei überdurchschnittlicher Technik *weniger* Zeit zur Produktion der betreffenden Ware aufwenden muß, also entsprechend zusätzliche Nachteile oder Vorteile hat.

c) Die Produktion von Mehrwert durch das Proletariat

In der kapitalistischen Gesellschaft stehen sich nun zwei Gruppen von Menschen gegenüber, von denen die einen über Produktionsmittel zur Herstellung von Waren, Rohstoffe usw., verfügen, während die anderen nur eine einzige Ware, ihre (körperliche und geistige) Arbeitskraft, besitzen. Die letzteren sind daher genötigt, diese *Arbeitskraft* auf dem Arbeitsmarkt anzubieten und an die Besitzer von Produktionsmitteln (für eine bestimmte festgesetzte Zeit und zu einem bestimmten *Preis)* zu verkaufen. Auch der Preis dieser *Ware* (und unter dem kapitalistischen System wird *alles* zur Ware) bemißt sich nach der für ihre Herstellung notwendigen Arbeitszeit. „Es sind die *Kosten, die erheischt werden, um den Arbeiter als Arbeiter zu erhalten* und ihn zum Arbeiter auszubilden." Dazu müssen noch „die Fortpflanzungskosten eingerechnet werden, wodurch die Arbeiterrasse instand versetzt wird, sich zu vermehren und abgenutzte Arbeiter durch neue zu ersetzen. Der Verschleiß des Arbeiters wird also in derselben Weise in Rechnung gebracht wie der Verschleiß der Maschine." *(Lohnarbeit und Kapital, S. 30f.)* Der Kapitalist kauft also im Durchschnitt die zum Betrieb der ihm gehörigen Maschinen usw. benötigte Arbeitskraft zu ihrem „Wert" auf. Diesen Wert kann man ebensogut in Geld (als Preis) wie in gesellschaftlich notwendiger Arbeitszeit ausdrücken. Er wird durch zwei Elemente gebildet: a) das „physische Element" (die zur Erhaltung und Erneuerung der *bloß physischen* Existenz notwendigen Lebensmittel) und b) das Element des traditionellen historisch-gesellschaftlich für notwendig angesehenen Standards. Während a) feststeht, ist b) nach den jeweiligen Umständen variabel.

Nehmen wir nun an, der sich so ergebende Wert der Arbeitskraft entspräche pro Tag einer Arbeitszeit von vier Stunden, so würde der Kapitalist durchschnittlich auch diesen Preis für sie entrichten. Der Arbeiter aber hat zu diesem Preis nicht nur seine Arbeitskraft für vier, sondern für einen Arbeitstag, sagen wir acht Stunden, an den Kapitalisten verkauft. Er leistet also eine „*notwendige* Arbeit" von vier und eine *Mehrarbeit* von weiteren vier Stunden, für die er nicht entlohnt wird. Diese Verhältnisse werden jedoch durch das zwischen Kapitalisten und Lohnarbeiter bestehende Vertragsverhältnis und die sich auf die Gesamtarbeitszeit beziehende Zahlung von Stundenlohn verschleiert.

Durch seine z.B. vier Stunden dauernde Mehrarbeit setzt der Arbeiter dem Arbeitsprodukt einen entsprechenden *Mehrwert* zu. Aus diesem Mehrwert resultiert der vom Kapitalisten erzielte *Profit.* Denn, da der Kapitalist seine Waren entsprechend ihrem *Wert,* d.h. gemäß der in ihr investierten *Gesamtarbeitszeit,* verkauft, von der er jedoch nur *einen Teil,* nämlich die notwendige Arbeitszeit, *bezahlt* hat, entsteht eine Differenz zu seinen Gunsten. Alle Formen des arbeitslosen Einkommens stammen letztlich aus dem durch die Arbeit geschaffenen Mehrwert. Während nämlich der *Grundeigentümer* aufgrund des Bodenmonopols einen Teil des Mehrwertes als *Rente* an sich zieht, beansprucht der *geldverleihende Kapitalist* (Finanzkapital) einen anderen als *Zins,* so daß dem *industriellen Kapitalisten* nur der industrielle oder kommerzielle *Profit* verbleibt (*Lohn, Preis, Profit, S. 58*).

d) *Die Konzentration des Kapitals*

Die an der Steigerung ihres Profits interessierten Kapitalisten versuchen natürlich eine Vergrößerung des Mehrwertes bzw. der Mehrarbeit zu erreichen. Einmal durch eine *Verlängerung der Arbeitszeit,* der aber rein physische Schranken durch die maximale Leistungsfähigkeit des Menschen gesetzt sind und die durch Arbeiterkoalitionen (Gewerkschaften) verhindert wird, zum anderen durch die *Verkürzung der notwendigen Arbeitszeit* aufgrund einer *gesteigerten Produktivität* der Arbeit. Das führt zu einer ständigen Verbesserung und Intensivierung der Produktionstechnik. Ein immer umfangreicherer und komplizierterer Maschinenpark wird in Bewegung gesetzt – damit aber wächst der Teil des Gesamtkapitals, der aus „*konstantem Kapital*", d. h. aus Produktionsmitteln aller Art, besteht, während der Anteil, der für *Arbeitslöhne* verausgabt wird (*variables Kapital*), abnimmt. Das hat zur Folge, daß die Profitrate (d. h. der Mehrwert, gemessen an dem aufgebrachten *Gesamt*kapital) sinkt. Das Sinken der Profitrate wiederum macht die kleinen Betriebe zunehmend konkurrenzunfähig, weil sie die für eine Verkürzung der gesellschaftlich notwendigen Arbeitszeit erforderlichen Anlagen nicht bezahlen können, unrentabel produzieren und damit zugrunde gehen müssen. Der von den Kapitalisten erzielte Mehrwert wird ja nicht in erster Linie für seinen Privatkonsum verbraucht, sondern für Investitionen zum Zwecke der Verbilligung der Produktion (Erhöhung der Produktivität der Arbeit) und damit zur Steigerung des Profits.

Ich habe hier den Marxschen Gedankengang erheblich vereinfacht, wodurch Interpretationsschwierigkeiten entstehen, die bei einer gründlichen Analyse der drei Bände des „Kapitals" wegfallen. Um eine allzu einfach scheinende Kritik auszuschließen, möchte ich daher nur auf folgendes hinweisen: 1. Das Paradox, daß, wenn der Profit ausschließlich aus dem variablen Kapital (dem für Löhne aufgewandten Kapitalteil) fließt, die technisch rückständigen Produktionszweige (mit geringem Maschinenpark usw.) die höchsten Profite abwerfen müßten, wird von Marx dadurch behoben, daß er in Band III. des „Kapitals" die Kategorie der Durchschnittsprofitrate einführt, die in einer Volkswirtschaft entsteht. Ungeachtet der unterschiedlichen „organischen Zusammensetzung des Kapitals" (d. h. des Verhältnisses von Kapital, das für Maschinen etc. zu dem für Löhne aufgewandten) gilt für die gesamte Wirtschaft eine einheitliche Profitrate, die der *durchschnittlichen* Zusammensetzung des Kapitals entspricht. Das hat zur Folge, daß die Betriebe bzw. Produktionszweige, die mit einer hohen organischen Zusammensetzung des Kapitals (d. h. mit hohem Anteil an Maschinen etc.) arbeiten, ihre Produkte *über dem Wert* verkaufen können, während Produktionszweige mit niedriger organischer Zusammensetzung des Kapitals (d. h. „arbeitsintensive" Betriebe) ihr Erzeugnisse *unter dem Wert* verkaufen müssen. Der auf diese Weise generell geltende Warenpreis wird aus „Kostpreis" und „Durchschnittsprofit" gebildet, so daß die in Bd. I des „Kapitals" entwickelten Gesetzmäßigkeiten vollständig verdeckt erscheinen. 2. Das Gesetz des „Falls der Profitrate", das Marx aufgestellt hat, setzt sich nur „tendenziell" durch, weil es eine ganze Anzahl ihm entgegenwirkender Faktoren gibt, die er ausführlich schildert. Der Fall der Profitrate tritt – in einer Volkswirtschaft – nur insoweit ein, als sich die organische Zusammensetzung des Gesamtkapitals verändert. Diese Veränderung wird z. B. durch Einbeziehung rückständiger agrarischer oder überseeischer Gebiete in den Marktzusammenhang gebremst. Wenn Kapital in diesen Gebieten (mit sehr niedriger organischer Kapitalzusammensetzung) investiert wird, dann trägt das zur Verlangsamung der tendenziellen Verschiebung der Relationen zwischen konstantem und variablem Kapitalanteil in einer Volkswirtschaft bei. Auch die Steigerung der Arbeitsintensität und das Zurückbleiben der Löhne (d. h. des Preises der Arbeitskraft hinter ihrem Wert) dienen der Verlangsamung des Falls der Profitrate und können ihn – im Verein mit der Kapitalexpansion – vorübergehend sogar ganz aufhalten. Im übrigen wird die Verringerung der Profit*rate* durch das Wachstum der Profit*menge* bei ständig fortschreitender Konzentration für den kapitalistischen Unternehmer erträglich gemacht. Das ganze Problem wird natürlich in solchen Produktionszweigen „gelöst", die nicht mehr an die Gesetzmäßigkeiten der kapitalistischen Marktwirtschaft gebunden sind, weil sie eine marktbeherrschende Stellung erlangt haben.

e) *Die Verelendung des Proletariats*

Mit der Verbesserung und Steigerung der maschinellen Produktion nimmt aber auch die *Teilung der Arbeit* in immer einfachere, eintönigere und leichter zu erlernende Teilfunktionen zu. Derartige Arbeit wird allen zugänglich, kann ebensogut von Frauen (und Kindern) geleistet werden und sinkt damit in ihrem Wert. D. h., der für eine solche *ungelernte* Arbeitskraft zu zahlende Preis ist niedriger als der für einen gelernten, ausgebildeten Arbeiter. Die Vervollkommnung der maschinellen Produktion führt aber zugleich auch zur *Arbeitslosigkeit* (industrielle Reservearmee) und damit zu vermehrter Konkurrenz der Arbeitskräfte auf dem Arbeitsmarkt, die wiederum ein Sinken der Löhne bewirkt.

Der wachsenden *Konzentration* und *Akkumulation* des Kapitals entspricht daher eine *Zunahme des Proletariats* (da die kleinen, nicht mehr konkurrenzfähigen Kapitalisten und Bauern nach und nach ebenfalls zum Proletariat stoßen) und seine wachsende *Verelendung*. Diese Verelendung kann entweder eine *absolute* sein, wenn es der *Gesamtheit* der Proletarier immer schlechter geht, indem ihr *Reallohn* (d. h. der Lohn, ausgedrückt in faktischer Kaufkraft, nicht in nominaler Geldmenge) sinkt; oder aber eine *relative,* wenn der *prozentuale Anteil* an der Gesamtheit der produzierten Werte (Sozialprodukt), der den Arbeitern pro Kopf zufließt, fällt. Eine relative Verelendung kann daher durchaus mit einer absoluten Verbesserung des Lebensstandards einhergehen, wie das in entwickelten Industriestaaten tatsächlich oft der Fall war.

f) *Die Überproduktionskrisen*

Die innere Dynamik der kapitalistischen Produktion und ihre *Anarchie* führen notwendig zu *zyklisch wiederkehrenden Krisen.* In dem Bestreben, immer billiger zu produzieren und dadurch die Konkurrenz auszuschalten, kommt es zur *Überproduktion".* D.h. es wird mehr produziert, als der Markt zu rentablen Preisen (d.h. zum „Wert") aufzunehmen in der Lage ist. Sobald aber Absatzstockungen eintreten, verringert der Kapitalist die Produktion, entläßt Arbeiter und vermindert dadurch nochmals die effektive Nachfrage nach Waren, da ja die Lohnarbeiter zugleich Konsumenten sind. Ein weiterer Rückgang der Nachfrage führt zum Rückgang der Preise bis *unter* die effektiven Gestehungskosten, damit aber zum Wegfall des Profits und im Extremfall zur Einstellung der Produktion. Tatsächlich aber vermehrt die Krise die Anstrengungen der Kapitalisten zur Eroberung der noch nicht vollständig kapitalisierten Märkte und Produktionszweige. Damit aber schrumpfen diese nichtkapitalistischen Sektoren der Weltwirtschaft immer mehr zusammen, und schließlich fallen auch diese Ventile für einen Ausgleich in Krisenlagen weg. Die Weltwirtschaftskrisen werden immer heftiger und zerstörerischer. Aus eigener Kraft ist das kapitalistische System der Produktionsanarchie außerstande, sich aus diesem Krisenzyklus zu befreien.

g) *Zusammenfassung*

Ich fasse die Marxsche Analyse der kapitalistischen Wirtschaftsweise zusammen:

1. Die Lohnarbeit schafft ständig *Mehrwert* für die Produktionsmittelbesitzer. Dieser Mehrwert wird in erster Linie zur Vergrößerung des Kapitals (*Akkumulation*) verwendet.

2. Das konkurrierende Profitstreben der Kapitalisten führt zu ständig wachsender Industrialisierung und Arbeitsteilung. Infolge des zunehmenden Anteils des „konstanten Kapitals" am Gesamtkapital *fällt die Profitrate.* Bei fallender Profitrate und wachsender Technisierung werden die Klein- und Mittelbetriebe konkurrenzunfähig. Die Großbetriebe saugen sie auf (*Konzentration des Kapitals*).

3. Durch die Erhöhung des maschinellen Anteils an der Produktion steigt die Produktivität der Arbeit, werden die Teilarbeiten immer *einfacher* und damit „billiger" und entsteht ein wachsendes Arbeitslosenheer (industrielle Reservearmee), das die Konkurrenz unter den Arbeitsuchenden verstärkt. Die Folge ist eine wachsende absolute oder zumindest relative *Verelendung.*

4. Da die massenhafteste Produktion die billigste ist und da unter dem Kapitalismus Produktionsanarchie herrscht, kommt es immer wieder zu *Überproduktionskrisen.* Diese werden zunehmend heftiger, weil die nichtkapitalistischen

32

Sektoren der Weltwirtschaft aufgesaugt werden und damit diese Sicherheitsventile verschwinden. Vom Fluch dieser zyklischen Krisen kann sich der Kapitalismus aus eigener Kraft nicht befreien.

Der Widerspruch, der darin liegt, daß bei zunehmendem Reichtum der Gesellschaft das Elend der Massen zunimmt und gerade die Überfülle der Produktion Anlaß zu Krisen wird, erklärt sich nach Marx letztlich daraus, daß die unter dem Industriekapitalismus entwickelten *Produktivkräfte* über die *Produktionsverhältnisse* (Eigentumsverhältnisse) der bourgeois-kapitalistischen Gesellschaft hinausgewachsen und in einen Gegensatz zu ihnen getreten sind.

In der Krise zeigt es sich, daß diese ursprünglich der manufakturellen und industriellen Produktion angepaßten Produktionsverhältnisse immer mehr zu *Fesseln* der weiteren Entwicklung geworden sind. Der Charakter der Produktivkräfte ist ein „gesellschaftlicher" (kollektiver), weil die Zusammenarbeit in der arbeitsteiligen Produktion selbst eine entscheidend wichtige Produktivkraft geworden ist. Fünfhundert individuell produzierende Arbeiter würden in hundert Tagen kaum je ein Auto produziert haben, am Fließband zusammenarbeitend produzieren sie jedoch vielleicht pro Tag fünfzig Stück – also in hundert Tagen fünftausend. Ihre gesellschaftliche Produktivkraft ist vielmal größer als ihre individuelle! Während also die *Produktivkräfte* ihre Größe ihrem *gesellschaftlichen Charakter* verdanken, ist die *Aneignungsweise* der Produkte nach wie vor eine private, *individuelle*.

Dieser Widerspruch wird nach Marx durch die Aufhebung des Privateigentums an den Produktionsmitteln beseitigt. Nach Überführung des Eigentums an den Produktionsmitteln in die Hand der Gesellschaft werden sowohl die Produktivkräfte wie auch die Produktionsverhältnisse gesellschaftlichen Charakter haben. Für die gewaltige Steigerung der Produktivität der Arbeit, die Schaffung gigantischer Industrieanlagen, die Ansammlung eines gewaltigen Kapitals war aber die Epoche des *Kapitalismus* durchaus *notwendig*. Nur durch das sittlich vielleicht anstößige, aber ökonomisch nützliche Profitstreben konnten die Energien entbunden werden, die für diese rapide Entwicklung notwendig waren. Erst im Schoße des Kapitalismus entstehen die Voraussetzungen für den Sozialismus, erst nachdem die kapitalistischen Produktionsverhältnisse aus Entwicklungsbedingungen der Produktion zu Fesseln derselben geworden sind, hat die proletarisch-sozialistische Revolution Chancen auf Erfolg und weltgeschichtlichen Sinn.

II. Gesichtspunkte zur Kritik

A. Der Begriff der Entfremdung

a) Das vom jungen Marx aufgedeckte Phänomen der Entfremdung der industriell-kapitalistischen Arbeit ist eine unbestreitbare Tatsache, ja es hat in den Jahren, seit er es erstmalig schilderte (1844), ständig zugenommen und ist heute allgemein ins Bewußtsein der Kulturkritik getreten. Die Teilhabe am arbeitsteiligen Herstellungsprozeß moderner Industrieprodukte vermag keine „Befriedigung" zu gewähren. In der Arbeit sind die Menschen außer sich, und erst außer der Arbeit (in der „Freizeit") sind sie *bei sich*.

Für einen großen Teil der Industriearbeiter in den hochindustrialisierten Ländern hat die Entfremdung nicht nur den Arbeitsprozeß, sondern auch die Freizeit so vollständig erfaßt, daß sie als solche gar nicht mehr *empfunden* wird. Dagegen wird sie für einen ständig wachsenden Teil der intellektuell und organisatorisch Arbeitenden offenbar vielfach erst jetzt als quälend verspürt. In dem Maße, wie intellektuelle und auch künstlerische Fähigkeiten in lohnabhängiger Position gefordert und benützt werden, bekommen Bevölkerungsschichten am eignen Leibe Entfremdung zu spüren, die sich früher in der Selbsttäuschung wiegen konnten, nicht vom Prozeß der kapitalistischen Entwicklung direkt betroffen zu sein.

Aber all diese Erscheinungsformen der Entfremdung und Über-Entfremdung können nicht durch bloße Verwandlung der Eigentumsordnung und bestimmt nicht durch bürokratische Verstaatlichung überwunden werden. Sie hängen nicht so sehr von der Eigentumsordnung als vielmehr von der *konkreten Verfügung* über Produkte und Produktionsweisen und der Fixierung an arbeitsteilige Funktionen ab. Aus diesem Grunde versprechen die Formen der Arbeiterselbstverwaltung oder der Mitbestimmung am Arbeitsplatz, im Betrieb und in der Volkswirtschaft als ganzer eher eine teilweise Überwindung der Entfremdung. Die Hebung des intellektuellen und kulturellen Niveaus der Arbeiter trägt nur dann zur Überwindung der Entfremdung bei, wenn sie eine umfassende Ausbildung mit der Fähigkeit zum Überblick und der Erleichterung des Wechsels der Tätigkeit kombiniert. Die Herstellung demokratischer Verhältnisse in der Arbeitswelt würde die Überwindung des die Individuen isolierenden Egoismus darstellen, die umfassende Ausbildung und die Möglichkeit des Wechsels der Tätigkeit könnte zu echter Befriedigung in der Arbeit und durch die Arbeit führen. Damit würde das Selbstbewußtsein sich vom Konkurrenzkampf um Prestigekonsum (der durch die gewaltige Markenartikelwerbung angespornt wird) zur Aktivität in Produktion, soziale Selbstverwaltung und auf alle Gebiete der Kunst und Wissenschaft verlagern können. Solidarität wäre möglich.

Es ist Marx freilich nicht als Mangel anzurechnen, daß er die konkreten Formen einer denkmöglichen Überwindung der Entfremdung nicht beschrieben hat. Die verkürzte Auffassung der Entfremdung als eine *bloße* Folge der privatkapitalistischen Eigentumsordnung und der Glaube, in einer sozialistischen Gesellschaft – auch einer bürokratisch und zentralistisch gelenkten – könne es keine Entfremdung geben, hat aber die Sowjetunion daran gehindert, der werktätigen Bevölkerung den Weg zu einem wirklich befriedigenden Dasein zu öffnen. An die Stelle eines qualitativ veränderten Lebens traten vielmehr der Wettlauf um bessere Konsumgüterversorgung und die Mobilisierung der Arbeitsaktivität durch die „individuelle materielle Interessiertheit", d.h. das persönliche Konsumstreben. Zur politischen Entfremdung durch die neue bürokratische Führung trat damit erneut die ökonomische, die gerade überwunden werden sollte.

b) *Staat und klassenlose Zukunftsgesellschaft*

Die Marxsche Staatstheorie (Staat = Instrument der Klassenherrschaft) krankt an seiner einseitigen Auffassung vom Wesen der *Macht*. Es ist in der Tat (auch unter dem Kapitalismus) nicht so, daß alle politische Macht letztlich aus ökonomischer hervorginge, sondern es gibt Abhängigkeits- und Machtverhältnisse, die auf anderen Grundlagen ruhen, z.B. rein *militärische*, rein macht*politische* und *geistige* (z.B. klerikale, journalistische, wissenschaftliche) Macht. Diese verschiedenen Machtformen beeinflussen zusammen mit der heute zweifellos ausschlaggebenden wirtschaftlichen Macht die Willensbildung der Staatsorgane kapitalistischer Länder. Der moderne demokratische Staat stellt ein Herrschaftsinstrument dar, um dessen Beeinflussung eine Vielzahl von miteinander konkurrierenden Gruppen sich bemühen. Die Abschaffung des Privateigentums an den Produktionsmitteln ist daher keineswegs eine ausreichende Voraussetzung für die Abschaffung der Herrschaft des Menschen über den Menschen. Sie setzt lediglich an die Stelle einer privatrechtlichen, ökonomisch motivierten Abhängigkeit eine *rein* politische, die nicht weniger drückend zu sein braucht. Die Beseitigung des Privateigentums an den Produktionsmitteln hat nur dann für die konkrete Lage der Werktätigen befreiende Bedeutung, wenn sie mit der *effektiven Demokratisierung* auf allen Ebenen des staatlichen und gesellschaftlichen Lebens verbunden ist. Das ist dort nicht der Fall, wo eine kleine Gruppe von Bürokraten *faktisch* über die Gesamtproduktion entscheidet und das Mitspracherecht der Bevölkerung auf Details im Rahmen des vorgesteckten Plans reduziert.

Ich komme auf die Problematik der klassenlosen Zukunftsgesellschaft und ihrer „Freiheit" bei Behandlung des Leninismus-Stalinismus noch einmal zurück.

Der zweite Marxsche Freiheitsbegriff, die Auffassung der Freiheit als Freizeit für Muße und freischöpferische Betätigung, spielt für das konkrete Leben des Arbeiters heute zweifellos die ausschlaggebende Rolle. Hier muß aber festgestellt werden, daß es den demokratischen Gewerkschaften in den hochindustrialisierten kapitalistischen Staaten eher gelungen ist, dieses fundamentale Interesse der Arbeiterschaft durchzusetzen, als in den Staaten, die eine „Arbeiter- und Bauernregierung" besitzen. Die von Marx als Grundvoraussetzung dieser Freiheit verlangte Verkürzung des Arbeitstages ist in kapitalistischen Staaten heute manchmal schon weiter gediehen als in der Sowjetunion, deren Führung freilich angekündigt hat, sie wolle dem sowjetischen Arbeiter den kürzesten Arbeitstag der Welt verschaffen.

Zum Teil kann man diese Tatsache freilich aus der industriell-technischen Rückständigkeit der Sowjetunion erklären, deren Entwicklung sehr viel später begann als die der hochindustrialisierten kapitalistischen Staaten England, USA, Frankreich und Deutschland.

B. Der historische Materialismus

Karl Marx hat zwar an seiner (in der Deutschen Ideologie und ausführlich noch einmal im Vorwort zur Kritik der politischen Ökonomie, 1857) formulierten Auffassung von Geschichte festgehalten, aber er war weit davon entfernt, einen „Universalschlüssel" zum Verständnis der Geschichte liefern zu wollen. In seinem Hauptwerk, dem „Kapital", entwickelt er die Entwicklungsgesetze der reinen kapitalistischen Wirtschaft, die er aus dem allgemeinen Begriff des Kapitals gewinnt und von denen er weiß, daß sie der erscheinenden Realität der in Nationalstaaten getrennten Weltwirtschaft mit ihren zahlreichen vorkapitalistischen Elementen nicht voll entspricht. Auch war Marx sich der Tatsache bewußt, daß die spezifischen Bewegungs- und Entwicklungsgesetze dieser sozialökonomischen Formation keineswegs für alle Gesellschaftsformationen gelten. Aber Marx war allerdings auch der Meinung, daß die kapitalistische Gesellschaft und ihre Analyse den Schlüssel zum Verständnis aller früheren und einfacheren Produktionsweisen liefern könne. Ähnlich wie die Anatomie des Menschen den Schlüssel zur Anatomie des Affen liefert und nicht umgekehrt, kann auch erst von der kapitalistischen Gegenwart aus die vorkapitalistische (feudale, antike und asiatische) Produktionsweise adäquat erfaßt und verstanden werden. Denkt man diesen Gedanken weiter, dann erklärt er auch, warum Marx mehr über die Feudalgesellschaft des Mittelalters als über die sozialistische und kommunistische Zukunftsgesellschaft sagen konnte. Ein angemessenes Verständnis der kapitalistischen Gesellschaft war theoretisch erst demjenigen Autor möglich, der – wenigstens in Gedanken – vom Standpunkt einer späteren Formation ausging. Dieser Autor war Karl Marx. Aber vielleicht darf man hinzufügen, daß erst von einem verwirklichten Sozialismus aus diese gleichsam antizipierende Betrachtung legitimiert und korrigiert werden könnte. Der endgültige Schlüssel zum Verständnis des Kapitalismus wären die Analyse und Rekonstruktion der sozialistischen Produktionsweise.

Was man gemeinhin als „historischen Materialismus" bezeichnet, ist für Marx selbst nicht mehr als ein leitendes Forschungs- und Untersuchungsprinzip. Das Prinzip nämlich, bei der Rekonstruktion vergangener Geschichtsperioden von deren ökonomischer „Basis" – dem System der Arbeitsorganisation und Güterversorgung – auszugehen und aus ihm die politischen und ideologischen Aspekte einer Epoche abzuleiten. Dabei übernahm Marx die schon von Hegel erarbeitete Einsicht in den einheitlichen Charakter einer Geschichtsformation. Aber während Hegel diese Einheitlichkeit auf einen spezifischen Epochal- und Zeitgeist zurückführte, erblickte Marx in dieser Erklärung – zu Recht – nur eine scheinbare Problemlösung. Die Aufgabe bestand vielmehr darin, den Charakter eines „Epochalgeistes" als Produkt der Menschen und ihrer durch die Gesellschaftsstruktur geprägten Interaktion zu erklären. „Dieselben Menschen, welche die sozialen Verhältnisse gemäß ihrer materiellen Produktionsweise gestalten, bilden auch die Prinzipien, die Ideen, die Kategorien gemäß ihren gesellschaftlichen Verhältnissen" (*Marx-Engels, Werke, Bd. IV, S. 130*). Die Individuen sind sich dieser Abhängigkeit ihrer Vorstellungen, Ideale und Wünsche von ihrer Klassenzugehörigkeit und von der Klassenstruktion der Gesellschaft im allgemeinen nicht bewußt. „Auf den verschiedenen Formen des Eigentums, auf den sozialen Existenzbedingungen erhebt sich ein ganzer Überbau verschiedener und eigentümlich gestalteter Empfindungen, Illusionen, Denkweisen und Lebensanschauungen. Die ganze Klasse schafft … sie aus ihren materiellen Grundlagen heraus und aus den entsprechenden gesellschaftlichen Verhältnissen. Das einzelne Individuum, dem sie durch Tradition und Erziehung zufließen, kann sich einbilden, daß sie die eigentlichen Bestimmungsgründe … seines Handelns bilden …" (*Marx, der 18. Brumaire des Louis Bonaparte, Marx-Engels, Werke, Bd. VIII, S. 139*). Daß sich der einzelne zu Tradition und Erziehung auch kritisch verhalten und gegen sie entschließen kann, hat Jean Paul Sartre in seinem Buch über „die Kritik der dialektischen Vernunft" am Beispiel Flauberts zu zeigen versucht. Dort unternahm er es, zwischen der Marxschen Erkenntnis in die sozialhistorische Bedingtheit von Wertungen, Denkweisen usw. auf der einen Seite und der individuellen Verantwortung für das eigne „Sosein" und „Sowerden" zu vermitteln. Auch wenn das Individuum aber im Protest gegen die traditionellen Werte und Haltungen, Normen und Denkweisen sich erheben kann, so bleibt es doch – noch in diesem Protest selbst – von der Gesellschaft und Kultur, in der es aufwächst, geprägt. Die zum Protest reizenden Aspekte der sozialen, kulturellen und ökonomischen Realität, gegen die Individuen verschiedener Gesellschaftsklassen und Schichten protestieren oder rebellieren, sind aber höchst unterschiedlich. Daher kommt es, daß im unmittelbaren Protest verschiedener sozialer Gruppen, auch wenn er gleichzeitig erfolgt, ganz unterschiedliche Motive und Zielvorstellungen enthalten sein können. Diese Tatsache hat in den letzten Jahren dazu geführt, daß intellektuelle (namentlich auch studentische) Protestgruppen bei Industriearbeitern auf Unverständnis stießen, auch wenn beide mit dem Status quo unzufrieden waren. Noch in ihrem Protest waren diese meist aus bürgerlichen Familien stammenden Jugendlichen von ihrer Klasse geprägt. Bei der Vermittlung (und Verinnerlichung) der Haltungen, Wertungen und Denkweisen der Klasse spielt die Familie eine entscheidende Rolle. Karl Marx und die meisten Marxisten haben diesen Zusammenhang nicht genügend beachtet und kaum untersucht.

Daß bestimmte Denkweisen und Wertungen, Ideale und Illusionen – bei aller Bedingtheit durch Klassenlage und Sozialstruktur – ihrerseits eine mobilisierende oder Aktionen verhindernde Wirkung auf Menschen ausüben können, haben Marx und Engels nie geleugnet. Die von Engels eingeführte figürliche Ausdrucksweise, die von einer „Rückwirkung des Überbaus auf die Basis" reden läßt, ist aber irreführend und vernachlässigt den von Marx (wie Hegel) stets betonten einheitlichen Zusammenhang von sozialökonomischen und kulturellen Phänomenen. Ernst Bloch hat einmal den Vorschlag gemacht – frei nach Leibnizens Locke-Kritik –, die These aufzustellen: „Nichts ist im Überbau, was nicht in der Basis war – außer dem Überbau selbst." Die Ausdrucksweise: ein bestimmter Überbau werde von „seiner" Basis produziert, ist jedenfalls verwirrend und unexakt. Es handelt sich bei diesem Überbau um Organisationsformen und Denk- wie Gefühlsweisen, die von Menschen, die durch die ihre sozialökonomischen Verhältnisse geformt werden, geschaffen wurden, wobei diesen Menschen aber im Rahmen bestimmter Grenzen durchaus auch „freie" Stiftungen (zufallsbedingte Eigentümlichkeiten) zugeschrieben werden müssen.

Friedrich Engels hat in seinen späten Briefen an Joseph Bloch, Paul Ernst und Conrad Schmidt vor einer schematischen Verwendung der Kategorien des „historischen Materialismus" gewarnt. Spätere Marxisten haben diese Warnungen aber oft ebenso mißachtet, wie sie den Marxschen Ansatz, daß die Analyse der jeweiligen Gegenwart den Schlüssel zum adäquaten Verständnis der Vergangenheit bildet, vergaßen.

Von den verschiedenen von Marx behandelten ökonomischen Formationen haben Marxisten seit Stalin meist die asiatische Produktionsweise unerwähnt gelassen. Diese Produktionsweise hatte Marx beim Studium der indischen Verhältnisse kennengelernt und in seinen Briefen an Engels sowie in den Grundrissen der Kritik der politischen Ökonomie (1857/58) theoretisch zu verarbeiten gesucht. Es handelt sich dabei um eine auf dem staatlich-bürokratischen Eigentum an den wesentlichen Produktionsmitteln (den Bewässerungsanlagen) beruhende Gesellschaftsordnung, die weder die Entfaltung der Produktivkräfte noch die Freiheit der Individuen – und sei es auch nur in dem Ausmaß wie der Kapitalismus – erlaubte. Aus diesem Grunde begrüßte auch Marx – bei aller Kritik an der englischen Kolonialpolitik – die kapitalistische Erschließung Indiens und die gewaltsame Öffnung der chinesischen Häfen, weil durch sie stagnierende Gesellschaften in die Dynamik der kapitalistisch-industriellen Entwicklung hineingezogen wurden. Die Unterdrückung der Theorie der „asiatischen Produktionsweise", von der Lenin und Plechanow auch in Rußland erhebliche Elemente entdeckt hatten, durch Stalin erfolgte mit der uneingestandenen Absicht, die Existenz einer unfreiheitlichen und unsozialistischen Gesellschaftsordnung mit einer zentralen Staatsbürokratie ohne Privateigentum an den großen Produktionsmitteln aus dem Bewußtsein zu verdrängen. Das Modell der asiatischen Gesellschaft hätte zu kritischen Reflexionen gegenüber dem sowjetischen Staatskapitalismus (oder „Sozialismus") führen können. Die vorkapitalistische chinesische und indische Gesellschaft wurde daher in der Stalinzeit (und in China noch heute) als „feudalistisch" bezeichnet, obwohl Marx diese Kennzeichnung als irreführend angesehen hatte.

C. Die Marxsche politische Ökonomie

Die ökonomischen Analysen von Marx stellen den eigentlichen wissenschaftlichen Teil seiner Lehre dar. Sie sind auch weithin von bürgerlichen Nationalökonomen aufgenommen und berücksichtigt worden. Ich lasse die Marxschen Grundbegriffe (Wert, Mehrwert, Profitrate usw.) daher unkritisiert und verweise nur auf die *Zeitbedingtheit* seiner Analysen und Prognosen.

Damit soll nicht gesagt sein, daß die rein theoretischen Einsichten von Marx unkritisiert Bestand gehabt hätten. So ist z. B. an seiner Mehrwertlehre unter anderem von der österreichischen Schule der Nationalökonomie („Grenznutzlehre"; Menger, v. Wieser, v. Böhm-Bawerk) Kritik geübt worden. Diese „psychologische Schule" geht von dem vorgestellten Nutzen jedes einzelnen Wirtschaftenden aus und erklärt hieraus den Tausch und die Marktgesetze. Marx dagegen war überzeugt, daß es objektive, in der sozialökonomischen Struktur selbst angelegte, historisch bedingte Gesetzmäßigkeiten gibt, die sich derartiger psychologischer Faktoren bestenfalls bedienen. Neuere amerikanische Nationalökonomen erklären andererseits den Kapitalprofit aus der Notwendigkeit von Prämien für das „unversicherbare Risiko", das jeder eingeht, der sich an einem Unternehmen beteiligt. Auch diese Erklärung liegt aber auf einer anderen Ebene als die Marxsche. Sie geht vom Kapitalmarkt aus und erklärt, wie Kapital für einen bestimmten Zweck gefunden werden kann („unter der Voraussetzung der Gewährung einer gewissen Risikoprämie", die in einem bestimmten Verhältnis zu dem unversicherbaren Risiko stehen muß). Marx aber erklärt, *woher* das Geld kommt, mit dem diese Prämie bezahlt wird. Man kann aber auch fast das ganze nationalökonomische System von Marx anerkennen, ohne deshalb die Schlußfolgerungen orthodoxer Marxisten ziehen zu müssen, wenn man sich nämlich darüber im klaren ist, daß Marx von einem reinen *Modell* ausgeht, das – wie er wohl wußte – in seiner Zeit weit davon entfernt war, Wirklichkeit zu sein, und das – entgegen seiner Erwartung – auch niemals Wirklichkeit geworden ist. Marx konstruiert, indem er den Entstehungszusammenhang der Kategorien der kapitalistischen Produktionsweise dialektisch rekonstruiert und darstellt das Modell einer rein kapitalistischen Wirtschaft und ihrer inneren Gesetzmäßigkeiten. Zu schwerwiegenden Fehlern führten die Marxsche Analyse und Rekonstruktion allerdings dann, wenn diese Modellkonstruktion mit der Wirklichkeit verwechselt wird, statt als ein Arbeitsinstrument und eine Forschungshypothese benützt zu werden.

1. Die von Marx vorausgesagte Polarisierung der Gesellschaft um Kapitalisten und Proletarier hat zwar etwa bis 1900 stattgefunden, ist aber seither eher zurückgegangen. Die *Mittelklassen* sind *nicht* zwischen den beiden Hauptklassen der kapitalistischen Gesellschaft zerrieben worden. Einmal hat sich der *handwerkliche* Mittelstand durch die Einführung des Elektromotors (und des Benzinmotors) konsolidiert. Der Elektromotor stellt ein billiges und modernes Produktionsmittel dar, mit dessen Hilfe auch der Mittel- und Kleinbetrieb konkurrenzfähig bleiben konnte. Die Elektrifizierung und Technisierung des Alltags (Haushalt) führten weiter zur Entwicklung eines prosperierenden Reparaturgewerbes, das freilich nicht mehr Umfang und gesellschaftliche Bedeutung des alten Handwerks erreichen konnte. Der *handeltreibende* Mittelstand, der zunächst durch die Produktion von *Markenartikeln* auf das Niveau eines abhängigen Verteilers der großen Fabriken herabzusinken drohte, erholte sich rasch, als die untereinander konkurrierenden Markenartikelproduzenten den Kleinhändler, der allein unmittelbar mit dem Konsumenten zu tun hat,

zu umwerben begannen (und ihm durch Sonderrabatte, Einzelhandelsbonus usw. immer günstigere Bedingungen anboten). Zu diesen quasi automatisch sich einstellenden Ereignissen kam das aktive Eingreifen der Angehörigen des Mittelstandes selbst: Zusammenschlüsse in Einkaufsgenossenschaften, Handwerkskammern usw. Das gleiche gilt in gewisser Weise auch für die *Bauern* und ihre landwirtschaftlichen Genossenschaften. Es hat sich gezeigt, daß für die agrarische Produktion Großbetriebe keineswegs einen Vorzug gegenüber den Mittelbetrieben haben. Das bestätigt u. a. auch der Bericht des polnischen Parteichefs Gomulka vom 20. 10. 1956, aus dem hervorgeht, daß die bäuerlichen Privatwirtschaften in Polen eine um 37,9 Prozent höhere Produktivität je Hektar aufwiesen als die großen Staatsgüter. Zu dem alten Mittelstand kommt außerdem der *neue* Mittelstand (Angestellte, Manager) hinzu, dessen Angehörige sich selbst jedenfalls eher der Bourgeoisie zurechnen, auch wenn sie objektiv gesehen „Lohnarbeiter" sind.

Neuere Entwicklungen in hochindustrialisierten Ländern wie den USA, Frankreich, Italien und der Bundesrepublik haben allerdings gezeigt, daß zumindest jüngere Angehörige dieses immer rascher wachsenden „neuen Mittelstandes" von Lohn- und Gehaltsabhängigen nicht mehr generell mit der bestehenden Gesellschaftsordnung zufrieden sind und sich ihr nicht reibungslos einfügen. Eine Art dämmerndes oppositionelles Bewußtsein (das man kaum schon Klassenbewußtsein nennen könnte) hat sich entwickelt, das nicht mehr auf katastrophale materielle Lebensbedingungen, sondern auf den als unerträglich empfundenen sozialen Zwang zur Unterordnung, zur Anpassung und zum Konkurrenzkampf (um Prestigekonsum und „Beförderung") zurückgeht. Innerhalb der „neuen Linken" geht der Streit darum, ob diese rasch wachsende Schicht von Spezialisten, Intellektuellen, Wissenschaftlern usw. allein oder doch gemeinsam mit Teilen der Industriearbeiterschaft Trägerin eines revolutionären Transformationsprozesses sein kann. Auf alle Fälle erweist es sich aber hier als notwendig, über die Marxschen Analysen und Prognosen hinauszugehen.

2. Ebensowenig hat sich die Voraussage der absoluten und relativen *Verelendung* über das 19. Jahrh. hinaus als richtig erwiesen. Während lange Zeit hindurch tatsächlich der Anteil der ungelernten Arbeiter an der Produktion zunahm, ist er seit etwa 1900 ständig im Sinken. Immer größer wird der Bedarf an hochqualifizierten Facharbeitern, während die rein mechanischen Funktionen ungelernter Arbeiter leicht von der sich dem Automaten nähernden Maschine selbst übernommen werden können. Der hochqualifizierte Arbeiter hat aber auch nach Marx einen größeren „Wert" und wird deshalb in der Regel teurer auf dem Arbeitsmarkt verkauft. Hinzu kommt, daß die Arbeiterschaft sich *durch* ihre *Gewerkschaften bessere Lohn- und Arbeitsbedingungen erkämpft* hat, so daß eine direkte Senkung der (Nominal-)Löhne heute undenkbar geworden ist.

3. Wenn auch noch nicht bekannt ist, wie eine künftige *Krise* der kapitalistischen Wirtschaft aussehen wird, so ist doch sicher, daß es heute eine Vielzahl von vorbereiteten Maßnahmen finanzpolitischer und anderer Art gibt, die einer auftretenden Krise rechtzeitig entgegenwirken werden.

Die „*Produktionsanarchie*" ist – wenigstens bei den entscheidenden Wirtschaftszweigen – durch eine planmäßige *Markt-* und *Absatzforschung* eingedämmt. Staatliche Notstandsarbeiten, für die entsprechende Mittel bereitliegen, werden im Falle einer gefährlich anwachsenden Massenarbeitslosigkeit bremsend wirken usw. Es ist also keineswegs ausgemacht, daß eine künftige Krise zu der von Marx angenommenen Katastrophe führen muß.

Schließlich zeigt sich aber auch noch immer nicht die von Marx erwartete Stagnation der kapitalistischen Produktion. Noch immer steigt in den USA die Produktivität der Arbeit pro Jahr um etwa 3 %, während sie nach russischen Quellen 1953 nicht größer war als 1937 (die Steigerung der Produktion erklärt sich in der Sowjetunion in erster Linie durch eine Vergrößerung der Zahl der industriellen Arbeitskräfte). Kennzeichen dafür, daß die kapitalistischen Produktionsverhältnisse zu dem Charakter der Produktivkräfte in Widerspruch stehen, sollte aber der Stillstand der technischen Entwicklung und damit der Produktivitätssteigerung sein. Der Kapitalismus ist also noch immer nicht an den Grenzen seiner Entwicklungsmöglichkeiten angelangt.

Es ist allerdings durchaus denkbar, daß für die relative Dauerkonjunktur der hochindustrialisierten kapitalistischen Länder die Möglichkeit der Export- und Investitionssteigerung in den sogenannten Entwicklungsländern eine erhebliche Rolle spielt. Vielfach (z. B. in Lateinamerika) erreichen die Rückflüsse an Zinsen und Dividenden aus diesen Ländern in die industriellen Metropolen bereits einen höheren Wert als Kapitalhilfen und Neuinvestitionen. Auch wird es diesen Ländern durch den Druck der kapitalistischen Weltmächte im allgemeinen unmöglich gemacht, sich durch Schutzzölle vor Importen zu schützen, um eine eigene konkurrenzfähige Industrie aufbauen zu können, wie das im 19. Jahrhundert z. B. Frankreich, Amerika und Deutschland gegenüber England getan haben.

Ein beunruhigendes Symptom ist auch die Tatsache, daß selbst während der Hochkonjunktur in den USA die Arbeitslosigkeit nicht verschwindet. Daß die seit der Koreakrise ständig wachsenden Rüstungsaufwendungen ebenfalls zur wirtschaftlichen Stabilisierung beigetragen haben, läßt sich ebensowenig leugnen wie die daraus resultierende Inflation.

4. Zwar hat sich – gerade in Amerika – die von Marx vorausgesagte *Konzentration der Produktion* bewahrheitet, aber diese technische Konzentration in großen Gesellschaften (Corporations) ging nicht Hand in Hand mit einer entsprechenden Konzentration des *Besitzes,* der vielmehr oft in Aktien auf eine große Menge mittlerer und kleinerer Besitzer sich verteilt. Dementsprechend verringert sich aber bis zum gewissen Grad der Einfluß des Privatbesitzes auf die Leitung der Produktion, deren Führung in den Händen von theoretisch beauftragten, faktisch jedoch weithin selbständig disponierenden „Managern" liegt. Staatliche Gesetze und Verordnungen schränken außerdem die Betätigungsmöglichkeiten der „Kapitalisten" in vieler Hinsicht ein (arbeitsrechtliche, finanzrechtliche, handelsrechtliche u. a. Bestimmungen). Trotz ihrer immer noch gewaltigen ökonomischen Macht können die Produktionsmittelbesitzer in den meisten westlichen Gesellschaften heute längst nicht mehr unumschränkt „herr-

schen". Allerdings müssen ihre allgemeinen Interessen notwendig und vordringlich berücksichtigt werden, weil das Wirtschaftssystem nur erhalten werden kann, wenn ausreichende Profitanreize für Neuinvestitionen bestehen. In der Auseinandersetzung zwischen Industriellen-Verbänden und Gewerkschaften wird der *Staat* oft als Schiedsrichter angerufen. Der Staat oder seine durch bestimmte Parteien gewählten Vertreter können aber nicht einseitig zugunsten der „Besitzenden" entscheiden, da sie auf die Stimmen der Bevölkerung angewiesen sind und sie sich diese durch eine Parteinahme gegen die Werktätigen verscherzen würden. Das setzt freilich ein höheres Maß von Bewußtheit über ökonomische Zusammenhänge voraus, als bei der Masse der Bevölkerung im allgemeinen angenommen werden kann. Bei der Debatte über die DM-Aufwertung im Jahre 1969 zeigte es sich z. B., daß von vielen Personen die Erhöhung des Geldwertes mit einer Abwertung verwechselt wurde. Auf die Dauer gelang es aber der demagogischen Darstellung und Kritik an dieser Maßnahme doch nicht, die Zusammenhänge zu verschleiern.

5. Der von Marx verwendete Klassenbegriff, der als Kriterium für die Klassenzugehörigkeit lediglich die Frage des Besitzes oder Nichtbesitzes an Produktionsmitteln (Kapital, Grund und Boden) ansah, genügt zur Analyse der gegenwärtigen Gesellschaft nicht. Vom Marxschen Standpunkt aus gehört der höchstbezahlte Generaldirektor strenggenommen in die Klasse der proletarischen Lohnarbeiter, und die kleine selbständige Gemüsefrau ist, sofern sie nur bezahlte Hilfskräfte hat, eine Kapitalistin, die fremde Arbeitskraft ausbeutet. Die wirklichen psychologischen Zusammengehörigkeitsbeziehungen können sich nicht nach einem so abstrakt-formalen Kriterium richten, sondern entsprechen dem jeweiligen *Lebensstandard und Bildungsstand*. Legt man aber diese Kriterien zugrunde, so schrumpft der Anteil der „proletarischen Existenzen" an der Gesamtbevölkerung noch weiter zusammen. Ein Teil der Lohnarbeiter hat selbst einen mittelständischen Lebensstandard, und die immer breiter werdende Angestelltenschicht (neuer Mittelstand) rechnet sich selbst oft – aufgrund ihres Bildungsstandes – zum Kleinbürgertum. Dieser Klassenbegriff erklärt nebenbei auch, warum die sozialen Spannungen in einem verstaatlichten Betrieb nicht notwendig geringer werden müssen, sondern nach wie vor zwischen den Angehörigen verschiedener Einkommensstufen und Kompetenzbereichen bestehen. Natürlich spielen auch die *Unterordnungsverhältnisse* innerhalb des Betriebes hierfür eine entscheidende Rolle.

Ein echter Abbau der Über- und Unterordnungsverhältnisse im Betrieb wird aber auch durch die modernen technischen Umstände in der Produktion erfordert. Immer mehr treten horizontale Kooperation und Teamwork an die Stelle von hierarchischen Abhängigkeitsverhältnissen. Es kann sein, daß die Eigentumsstruktur hier ebenso zum Hemmschuh der sachgerechten Entwicklung wird wie die politisch-organisatorische Tradition der bürokratisierten Kommunistischen Parteien. Ebenso wie die Vergesellschaftung des Besitzes könnte auch die Überwindung der Klassengegensätze (und – unterschiede) erst *dann* und *nur dort* realisiert werden, wo tatsächlich die Arbeitenden selbst durch geeignete demokratische Institutionen vom Arbeitsplatz bis zur obersten Planbehörde die wirtschaftlichen Entscheidungen bestimmen. Ansätze dazu gibt es vor allem in Jugoslawien.*

III. Texte

A.

1. Zur Kritik an Hegel

Hegels Geschichtsauffassung setzte einen abstrakten oder absoluten Geist voraus, der sich so entwickelt, daß die Menschheit nur eine Masse ist, die ihn unbewußter oder bewußter trägt. Innerhalb der empirischen, esoterischen Geschichte läßt er daher eine spekulative, esoterische Geschichte vorgehn. Die Geschichte der Menschheit verwandelt sich in die Geschichte des abstrakten, daher dem wirklichen Menschen jenseitigen Geistes der Menschheit ...

... Schon bei Hegel hat der absolute Geist der Geschichte an der Masse sein Material und seinen entsprechenden Ausdruck erst in der Philosophie. Der Philosoph erscheint indessen nur als das Organ, in dem sich der absolute Geist, der die Geschichte macht, nach Ablauf der Bewegung nachträglich zum Bewußtsein kömmt. Auf dieses nachträgliche Bewußtsein des Philosophen reduziert sich sein Anteil an der Geschichte, denn die wirkliche Bewegung vollbringt der absolute Geist unbewußt. Der Philosoph kommt also post festum.

Hegel macht sich einer doppelten Halbheit schuldig, einmal indem er die Philosophie für das Dasein des absoluten Geistes erklärt und sich zugleich dagegen verwehrt, das wirkliche philosophische Individuum für den absoluten Geist zu erklären; dann aber, indem er den absoluten Geist als absoluten Geist nur zum Schein die Geschichte machen läßt. Da der absolute Geist nämlich erst post festum im Philosophen als schöpferischer Weltgeist zum Bewußtsein kommt, so existiert seine Fabrikation der Geschichte nur im Bewußtsein, in der Meinung und Vorstellung des Philosophen, nur in der spekulativen Einbildung.

Karl Marx, Die Heilige Familie. Frankfurt/M. 1967, S. 89 f.

2. Zur Selbstentfremdung des Menschen in der kapitalistischen Gesellschaft

a) *Selbstentfremdung durch die Arbeitsteilung*

Und endlich bietet uns die Teilung der Arbeit gleich das erste Beispiel davon dar, daß, solange die Menschen sich in der naturwüchsigen Gesellschaft befinden, solange also die Spaltung zwischen dem besondern und gemeinsamen Interesse existiert, solange die Tätigkeit also nicht freiwillig, sondern naturwüchsig geteilt ist, die eigne Tat des

---

*) Lit.: *James Burnham*, Das Regime der Manager. Stuttgart 1948. – *Theodor Geiger*, Die Klassengesellschaft im Schmelztiegel. Köln 1949. – *René König*, Soziologie heute. Zürich 1949. – *J. Schumpeter*, Kapitalismus, Sozialismus, Demokratie. München 1950. – *Fritz Sternberg*, Marx und die Gegenwart. Köln 1955

Menschen ihm zu einer fremden gegenüberstehenden Macht wird, die ihn unterjocht, statt daß er sie beherrscht. Sowie nämlich die Arbeit verteilt zu werden anfängt, hat jeder einen bestimmten, ausschließlichen Kreis der Tätigkeit, der ihm aufgedrängt wird, aus dem er nicht heraus kann; er ist Jäger, Fischer oder Hirt oder kritischer Kritiker, und muß es bleiben, wenn er nicht die Mittel zum Leben verlieren will –während in der kommunistischen Gesellschaft, wo jeder nicht einen ausschließlichen Kreis der Tätigkeit hat, sondern sich in jedem beliebigen Zweige ausbilden kann, die Gesellschaft die allgemeine Produktion regelt und mir eben dadurch möglich macht, heute dies, morgen jenes zu tun, morgens zu jagen, nachmittags zu fischen, abends Viehzucht zu treiben, nach dem Essen zu kritisieren wie ich gerade Lust habe, ohne je Jäger, Fischer oder Hirt oder Kritiker zu werden. Dieses Sichfestsetzen der sozialen Tätigkeit, diese Konsolidation unsres eignen Produkts zu einer sachlichen Gewalt über uns, die unsrer Kontrolle entwächst, unsre Erwartungen durchkreuzt, unsre Berechnungen zunichte macht, ist eines der Hauptelemente in der bisherigen geschichtlichen Entwicklung ...

Karl Marx, Die deutsche Ideologie, 1845/46; in: Marx-Engels, Studienausgabe, Bd. 1, S. 97

Der Kommunismus ist für uns nicht ein Zustand, der hergestellt werden soll, ein Ideal, wonach die Wirklichkeit sich zu richten habe. Wir nennen Kommunismus die wirkliche Bewegung, welche den jetzigen Zustand aufhebt. Die Bedingungen dieser Bewegung ergeben sich aus der jetzt bestehenden Voraussetzung.

a.a.O., S. 100

Die soziale Macht, d.h. die vervielfachte Produktionskraft, die durch das in der Teilung der Arbeit bedingte Zusammenwirken der verschiedenen Individuen entsteht, erscheint diesen Individuen, weil das Zusammenwirken selbst nicht freiwillig, sondern naturwüchsig ist, nicht als ihre eigene, vereinte Macht, sondern als eine fremde, außer ihnen stehende Gewalt, von der sie nicht wissen, woher und wohin, die sie also nicht mehr beherrschen können, die im Gegenteil nun eine eigentümliche, vom Wollen und Laufen der Menschen unabhängige, ja dies Wollen und Laufen erst dirigierende Reihenfolge von Phasen und Entwicklungsstufen durchläuft.

Diese „Entfremdung", um den Philosophen verständlich zu bleiben, kann natürlich nur unter zwei praktischen Voraussetzungen aufgehoben werden. Damit sie eine „unerträgliche" Macht werde, d.h. eine Macht, gegen die man revolutioniert, dazu gehört, daß sie die Masse der Menschheit als durchaus „eigentumslos" erzeugt hat und zugleich im Widerspruch zu einer vorhandenen Welt des Reichtums und der Bildung, was beides eine große Steigerung der Produktivkraft – einen hohen Grad ihrer Entwicklung voraussetzt –, und andererseits ist diese Entwicklung der Produktivkraft (womit zugleich schon die in weltgeschichtlichem statt der in lokalem Dasein des Menschen vorhandenen empirischen Existenz gegeben ist) auch deswegen eine absolut notwendige praktische Voraussetzung, weil ohne sie nur der Mangel verallgemeinert, also mit der Notdurft auch der Streit um das Notwendige wieder beginnen und die ganze alte Scheiße sich herstellen müßte, weil ferner nur mit dieser universellen Entwicklung der Produktivkräfte ein universeller Verkehr der Menschen gesetzt ist, daher einerseits das Phänomen der „eigentumslosen" Masse, in allen Völkern gleichzeitig erzeugt (die allgemeine Konkurrenz), jedes derselben von den Umwälzungen abhängig macht und endlich weltgeschichtliche und empirisch universelle Individuen an die Stelle der lokalen gesetzt hat. Ohne dies könnte erstens der Kommunismus nur als eine Lokalität existieren, zweitens, die Mächte des Verkehrs selbst hätten sich als universelle, drum unerträgliche Mächte nicht entwickeln können, sie wären heimisch-abergläubige

„Umstände" geblieben, und drittens würde ja jede Erweiterung des Verkehrs den lokalen Kommunismus aufheben. Der Kommunismus ist empirisch nur als die Tat der herrschenden Völker auf einmal und gleichzeitig möglich, was die universelle Entwicklung der Produktivkraft und den mit ihr zusammenhängenden Weltverkehr voraussetzt.

a. a. O., S. 98 f.

Proletariat und Reichtum sind Gegensätze. Sie bilden als solche ein Ganzes. Sie sind beide Gestaltungen der Welt des Privateigentums. Es handelt sich um die bestimmte Stellung, die beide in dem Gegensatz einnehmen. Es reicht nicht aus, sie für zwei Seiten eines Ganzen zu erklären.

Das Privateigentum als Privateigentum, als Reichtum, ist gezwungen, sich selbst und damit seinen Gegensatz, das Proletariat, im Bestehen zu erhalten. Es ist die positive Seite des Gegensatzes, das in sich selbst befriedigte Privateigentum.

Das Proletariat ist umgekehrt als Proletariat gezwungen, sich selbst und damit seinen bedingenden Gegensatz, der es zum Proletariat macht, das Privateigentum, aufzuheben. Es ist die negative Seite des Gegensatzes, seine Unruhe in sich, das aufgelöste und sich auflösende Privateigentum.

Die besitzende Klasse und die Klasse des Proletariats stellen dieselbe menschliche Selbstentfremdung dar. Aber die erste Klasse fühlt sich in dieser Selbstentfremdung wohl und bestätigt, weiß die Entfremdung als ihre eigne Macht und besitzt in ihr den Schein einer menschlichen Existenz; die zweite fühlt sich in der Entfremdung vernichtet, erblickt in ihr ihre Ohnmacht und die Wirklichkeit einer unmenschlichen Existenz. Sie ist, um einen Ausdruck von Hegel zu gebrauchen, in der Verworfenheit die Empörung über diese Verworfenheit, eine Empörung, zu der sie notwendig durch den Widerspruch ihrer menschlichen Natur mit ihrer Lebenssituation, welche die offenherzige, entschiedene, umfassende Verneinung dieser Natur ist, getrieben wird.

Innerhalb des Gegensatzes ist der Privateigentümer also die konservative, der Proletarier die destruktive Partei. Von jenem geht die Aktion des Erhaltens des Gegensatzes, von diesem die Aktion seiner Vernichtung aus.

Das Privateigentum treibt allerdings sich selbst in seiner nationalökonomischen Bewegung zu seiner eigenen Auflösung fort, aber nur durch eine von ihm unabhängige, bewußtlose, wider seinen Willen stattfindende, durch die Natur der Sache bedingte Entwicklung, nur indem es das Proletariat als Proletariat erzeugt, das seines geistigen und physischen Elends bewußte Elend, die ihrer Entmenschung bewußte und darum sich selbst aufhebende Entmenschung. Das Proletariat vollzieht das Urteil, welches das Privateigentum durch die Erzeugung des Proletariats über sich selbst verhängt, wie es das Urteil vollzieht, welches die Lohnarbeit über sich selbst verhängt, indem sie den fremden Reichtum und das eigne Elend erzeugt. Wenn das Proletariat siegt, so ist es dadurch keineswegs zur absoluten Seite der Gesellschaft geworden, denn es siegt nur, indem es sich selbst und sein Gegenteil aufhebt. Alsdann ist ebensowohl das Proletariat wie sein bedingender Gegensatz, das Privateigentum, verschwunden.

Wenn die sozialistischen Schriftsteller dem Proletariat diese weltgeschichtliche Rolle zuschreiben, so geschieht dies keineswegs, wie die kritische Kritik zu glauben vorgibt, weil sie die Proletarier für Götter halten. Vielmehr umgekehrt. Weil die Abstraktion von aller Menschlichkeit, selbst von dem Schein der Menschlichkeit im ausgebildeten Proletariat praktisch vollendet ist, weil in den Lebensbedingungen des Proletariats alle Lebensbedingungen der heutigen Gesellschaft in ihrer unmenschlichsten Spitze zusammengefaßt sind, weil der Mensch in ihm sich selbst verloren, aber zugleich nicht nur das theoretische Bewußtsein dieses Verlustes gewonnen hat, sondern auch unmittel-

bar durch die nicht mehr abzuweisende, nicht mehr zu beschönigende, absolut gebie-
terische Not – dem praktischen Ausdruck der Notwendigkeit – zur Empörung gegen
diese Unmenschlichkeit gezwungen ist, darum kann und muß das Proletariat sich selbst
befreien. Es kann sich aber nicht selbst befreien, ohne seine eigenen Lebensbedingungen aufzuheben. Es kann seine eigenen Lebensbedingungen nicht aufheben, ohne
alle unmenschlichen Lebensbedingungen der heutigen Gesellschaft, die sich in seiner
Situation zusammenfassen, aufzuheben. Es macht nicht vergebens die harte, aber
stählende Schule der Arbeit durch. Es handelt sich nicht darum, was dieser oder jener
Proletarier oder selbst das ganze Proletariat als Ziel sich einstweilen vorstellt. Es handelt sich darum, was es ist und was es diesem Sein gemäß geschichtlich zu tun gezwungen sein wird. Sein Ziel und seine geschichtliche Aktion ist in seiner eignen
Lebenssituation wie in der ganzen Organisation der heutigen bürgerlichen Gesellschaft
sinnfällig, unwiderruflich vorgezeichnet. Es bedarf hier nicht der Ausführung, daß ein
großer Teil des englischen und französischen Proletariats sich seiner geschichtlichen
Aufgabe schon bewußt ist und beständig daran arbeitet, dies Bewußtsein zur vollständigen Klarheit herauszubilden.

Karl Marx, Die Heilige Familie, a.a.O., S. 37f.

b) *Entmenschlichung durch das Geld*

Da das Geld, als der existierende und sich betätigende Begriff des Wertes alle Dinge
verwechselt, vertauscht, so ist es die allgemeine Verwechslung und Vertauschung aller
Dinge, also die verkehrte Welt, die Verwechslung und Vertauschung aller natürlichen
und menschlichen Qualitäten.

Wer die Tapferkeit kaufen kann, der ist tapfer, wenn er auch feig ist. Da das Geld nicht
gegen eine bestimmte Qualität, gegen ein bestimmtes Ding, menschliche Wesenskräfte, sondern gegen die ganze menschliche und natürliche gegenständliche Welt sich
austauscht, so tauscht es also – vom Standpunkt seines Besitzers angesehen – jede Eigenschaft gegen jede – auch ihr widersprechende Eigenschaft und Gegenstände aus;
es ist die Verbrüderung der Unmöglichkeiten, es zwingt das sich Widersprechende zum
Kuß. Setze den Menschen als Menschen und sein Verhältnis zur Welt als ein menschliches voraus, so kannst du Liebe nur gegen Liebe austauschen, Vertrauen nur gegen
Vertrauen etc. Wenn du die Kunst genießen willst, mußt du ein künstlerisch gebildeter
Mensch sein; wenn du Einfluß auf andere Menschen ausüben willst, mußt du ein wirklich anregend und fördernd auf andere Menschen wirkender Mensch sein. Jedes deiner
Verhältnisse zum Menschen – und zu der Natur – muß eine bestimmte, dem Gegen-
stand deines Willens entsprechende Äußerung deines wirklichen individuellen Lebens
sein. Wenn du liebst, ohne Gegenliebe hervorzurufen, d.h. wenn dein Lieben als Lieben
nicht die Gegenliebe produziert, wenn du durch eine Lebensäußerung als liebender
Mensch dich nicht zum geliebten Menschen machst, so ist deine Liebe ohnmächtig, ein
Unglück.

*Karl Marx, Nationalökonomie und Philosophie. Pariser Manuskript, 1844. MEGA, Erste
Abteilung, Bd. 3, S. 149; Marx-Engels, Studienausgabe, Bd. II, S. 129*

Das Wesen des Geldes ist ... daß ... die vermittelnde Tätigkeit oder Bewegung, der
menschliche, gesellschaftliche Akt, wodurch sich die Produkte des Menschen wechselseitig, ergänzen, entfremdet und die Eigenschaft eines materiellen Dings außer dem
Menschen, des Geldes, wird. Indem der Mensch diese vermittelnde Tätigkeit selbst entäußert, ist er hier nur als sich abhanden gekommner, entmenschter Mensch tätig; die

Beziehung selbst der Sachen, die menschliche Operation mit denselben, wird zur Operation eines Wesens außer dem Menschen und über dem Menschen. Durch diesen fremden Mittler – statt daß der Mensch selbst der Mittler für den Menschen sein sollte – schaut der Mensch seinen Willen, seine Tätigkeit, sein Verhältnis zu andren als eine von ihm und ihnen unabhängige Macht an. Seine Sklaverei erreicht also die Spitze. Daß dieser Mittler nun zum wirklichen Gott wird, ist klar, denn der Mittler ist die wirkliche Macht über das, womit er micht vermittelt. Sein Kultus wird zum Selbstzweck. Die Gegenstände, getrennt von diesem Mittler, haben ihren Wert verloren. Also nur, insofern sie ihn repräsentieren, haben sie Wert, während es ursprünglich schien, daß er nur Wert hätte, so weit er sie repräsentierte. ... Dieser Mittler ist daher das sich selbst abhanden gekommne, entfremdete Wesen des Privateigentums, das sich selbst äußerlich gewordne, entäußerte Privateigentum, wie es die entäußerte Vermittlung der menschlichen Produktion mit der menschlichen Produktion, die entäußerte Gattungstätigkeit des Menschen ist. Alle Eigenschaften, welche dieser in der Produktion dieser Tätigkeit zukommen, werden daher auf diesen Mittler übertragen. Der Mensch wird also um so ärmer als Mensch, d.h. getrennt von diesem Mittler, als dieser Mittler reicher wird.

Karl Marx, Aus den Exzerptheften, 1844/45. MEGA, Erste Abteilung, Bd. 3, S. 531 ff. Marx-Engels, Studienausgabe, Bd. II, S. 247 f.

c) *Die radikalste Entfremdung im Kreditwesen*

Man bedenke, was in der Schätzung eines Menschen in Geld, wie sie im Kreditverhältnis geschieht, [für] ine Niederträchtigkeit liegt. Es versteht sich von selbst, daß der Kreditierende, außer den moralischen Garantien auch die Garantie des juristischen Zwanges und noch mehr oder minder reale Garantien für seinen Mann hat ... Der Kredit ist das nationalökonomische Urteil über die Moralität eines Menschen. Im Kredit ist statt des Metalls oder des Papiers der Mensch selbst der Mittler des Tausches geworden, aber nicht als Mensch, sondern als Dasein eines Kapitals und der Zinsen. Das Medium des Austauschs ist also allerdings aus seiner materiellen Gestalt in den Menschen zurückgekehrt und zurückversetzt, aber nur weil der Mensch selbst außer sich versetzt und sich selbst zu einer materiellen Gestalt geworden ist. Nicht das Geld ist im Menschen – innerhalb des Kreditverhältnisses aufgehoben, sondern der Mensch selbst ist in Geld verwandelt oder das Geld ist in ihm inkorporiert. Die menschliche Individualität, die menschliche Moral ist sowohl selbst zum Handelsartikel geworden, wie zum Material worin das Geld existiert. Statt Geld, Papier ist mein eignes persönliches Dasein, mein Fleisch und Blut, meine gesellige Tugend und Geltung, der Körper des Geldgeistes. Der Kredit scheidet den Geldwert nicht mehr in Geld, sondern in menschliches Fleisch und in menschliches Herz. So sehr sind alle Fortschritte und Inkonsequenzen innerhalb eines falschen Systems der höchste Rückschritt und die höchste Konsequenz der Niedertracht.

MEGA, Erste Abteilung, Bd. 3, S. 533 f. Marx-Engels, Studienausgabe, Bd. II, S. 251

d) *Die Aufhebung der Entfremdung*

Gesetzt, wir hätten als Menschen produziert: Jeder von uns hätte in seiner Produktion sich selbst und den andren doppelt bejaht. Ich hätte 1. in meiner Produktion *meine Individualität*, ihre Eigentümlichkeit *vergegenständlicht* und daher sowohl während der Tätigkeit eine individuelle *Lebensäußerung genossen*, als *im Anschauen des Gegenstandes* die *individuelle Freude, meine Persönlichkeit als gegenständliche, sinnlich* anschaubare und darum über allen Zweifel erhabene Macht *zu wissen*. 2. *In deinem Genuß oder deinem Gebrauch meines Produkts hätte ich unmittelbar den Genuß*, sowohl *des Bewußtseins, in meiner Arbeit ein menschliches Bedürfnis befriedigt*, als *das menschliche Wesen vergegenständlicht* und daher *dem Bedürfnis eines andern* menschlichen Wesens *seinen entsprechenden Gegenstand verschafft zu haben*, 3. für dich der *Mittler zwischen dir und der Gattung* gewesen zu sein, also von dir selbst als *eine Ergänzung deines eignen Wesens* und als ein notwendiger Teil deiner selbst gewußt und empfunden zu werden, also sowohl in deinem Denken wie in deiner Liebe mich bestätigt zu wissen, 4. *in meiner* individuellen Lebensäußerung *unmittelbar deine Lebensäußerung geschaffen* zu haben, *also* in meiner individuellen Tätigkeit *unmittelbar mein wahres Wesen, mein menschliches, mein Gemeinwesen* bestätigt und verwirklicht zu haben.

Unsre Produktionen wären ebensoviele Spiegel, woraus unser Wesen sich entgegen leuchtete.

Dies Verhältnis wie dabei wechselseitig von deiner Seite geschehe, was von meiner gesch[ieht].

Betrachten wir die verschiedenen Momente, wie sie in der Unterstellung erscheinen:

Meine freie Arbeit wäre *freie Lebensäußerung,* daher Genuß des Lebens. Unter der Voraussetzung des Privateigentums ist sie Lebensentäußerung, denn ich arbeite, um zu leben, um mir ein Mittel des Lebens zu verschaffen. Meine Arbeit ist [d. h. unter der Voraussetzung des Privateigentums] nicht Leben.

Zweitens: In der Arbeit wäre daher die Eigentümlichkeit meiner Individualität, weil mein individuelles Leben bejaht. *Die Arbeit wäre also wahres, tätiges Eigentum.* Unter der Voraussetzung des Privateigentums ist meine Individualität bis zu dem Punkte entäußert, daß diese Tätigkeit mir verhaßt, eine Qual und vielmehr nur der Schein einer Tätigkeit, darum auch eine nur erzwungene Tätigkeit und nur durch eine *äußerliche* zufällige Not, *nicht durch eine innere notwendige Not* mir auferlegt ist.

MEGA, Erste Abteilung, Bd. 3, S. 547; Marx-Engels, Studienausgabe, Bd. II, S. 261f.

B. Zur Marxschen Geschichtstheorie

a) *Kritik der Religion*

Für Deutschland ist die Kritik der Religion im Wesentlichen beendigt, und die Kritik der Religion ist die Voraussetzung aller Kritik.

Die profane Existenz des Irrtums ist kompromittiert, nachdem seine himmlische oratio pro aris et focis widerlegt ist. Der Mensch, der in der phantastischen Wirklichkeit des Himmels, wo er einen Übermenschen suchte, nur den Widerschein seiner selbst gefunden hat, wird nicht mehr geneigt sein, nur den Schein seiner selbst, nur den Unmenschen zu finden, wo er seine wahre Wirklichkeit sucht und suchen muß.

Das Fundament der irreligiösen Kritik ist: Der Mensch macht die Religion, die Religion macht nicht den Menschen. Und zwar ist die Religion das Selbstbewußtsein und das Selbstgefühl des Menschen, der sich selbst entweder noch nicht erworben oder schon wieder verloren hat. Aber der Mensch, das ist kein abstraktes, außer der Welt hockendes Wesen. Der Mensch, das ist die Welt des Menschen, Staat, Sozietät. Dieser Staat, diese Sozietät produzieren die Religion, ein verkehrtes Weltbewußtsein, weil sie eine verkehrte Welt sind. Die Religion ist die allgemeine Theorie dieser Welt, ihr enzyklopädisches Kompendium, ihre Logik in populärer Form, ihr spiritualistischer Point-d'honneur, ihr Enthusiasmus, ihre moralische Sanktion, ihre feierliche Ergänzung, ihr allgemeiner Trost- und Rechtfertigungsgrund. Sie ist die phantastische Verwirklichung des menschlichen Wesens, weil das menschliche Wesen keine wahre Wirklichkeit besitzt. Der Kampf gegen die Religion ist also mittelbar der Kampf gegen jene Welt, deren geistiges Aroma die Religion ist.

Das religiöse Elend ist in einem der Ausdruck des wirklichen Elends und in einem die Protestation gegen das wirkliche Elend. Die Religion ist der Seufzer der bedrängten Kreatur, das Gemüt einer herzlosen Welt, wie sie der Geist geistloser Zustände ist. Sie ist das Opium des Volks. Die Aufhebung der Religion als des illusorischen Glücks des Volkes ist die Forderung seines wirklichen Glücks. Die Forderung, die Illusionen über seinen Zustand aufzugeben, ist die Forderung, einen Zustand aufzugeben, der der Illusionen bedarf. Die Kritik der Religion ist also im Keim die Kritik des Jammertales, dessen Heiligenschein die Religion ist.

Die Kritik hat die imaginären Blumen an der Kette zerpflückt, nicht damit der Mensch die phantasielose, trostlose Kette trage, sondern damit er die Kette abwerfe und die lebendige Blume breche. Die Kritik der Religion enttäuscht den Menschen, damit er denke, handle, seine Wirklichkeit gestalte wie ein enttäuschter, zu Verstand gekommener Mensch, damit er sich um sich selbst und damit um seine wirkliche Sonne bewege. Die Religion ist nur die illusorische Sonne, die sich um den Menschen bewegt, solange er sich nicht um sich selbst bewegt.

Es ist also die Aufgabe der Geschichte, nachdem das Jenseits der Wahrheit verschwunden ist, die Wahrheit des Diesseits zu etablieren. Es ist zunächst die Aufgabe der Philosophie, die im Dienste der Geschichte steht, nachdem die Heiligengestalt der menschlichen Selbstentfremdung entlarvt ist, die Selbstentfremdung in ihren unheiligen Gestalten zu entlarven. Die Kritik des Himmels verwandelt sich damit in die Kritik der Erde, die Kritik der Religion in die Kritik des Rechts, die Kritik der Theologie in die Kritik der Politik.

Karl Marx, Zur Kritik der Hegelschen Rechtsphilosophie, 1844; in: Marx-Engels, Studienausgabe, Bd. I, S. 17 f.

b) *Die Prinzipien des historischen Materialismus*

Die Voraussetzungen, mit denen wir beginnen, sind keine willkürlichen, keine Dogmen, es sind wirkliche Voraussetzungen, von denen man nur in der Einbildung abstrahieren kann. Es sind die wirklichen Individuen, ihre Aktion und ihre materiellen Lebensbedingungen, sowohl die vorgefundenen wie die durch ihre eigene Aktion erzeugten. Diese Voraussetzungen sind also auf rein empirischem Wege konstatierbar.

Die erste Voraussetzung aller Menschengeschichte ist natürlich die Existenz lebendiger menschlicher Individuen. Der erste zu konstatierende Tatbestand ist also die körperliche Organisation dieser Individuen und ihr dadurch gegebenes Verhältnis zur übrigen Natur. Wir können hier natürlich weder auf die physische Beschaffenheit der Menschen selbst noch auf die von den Menschen vorgefundenen Naturbedingungen, die geologischen, oro-hydrographischen, klimatischen und andern Verhältnisse, eingehen. Alle Geschichtsschreibung muß von diesen natürlichen Grundlagen und ihrer Modifikation im Lauf der Geschichte durch die Aktion der Menschen ausgehen.

Man kann die Menschen durch das Bewußtsein, durch die Religion, durch, was man sonst will, von den Tieren unterscheiden. Sie selbst fangen an, sich von den Tieren zu unterscheiden, sobald sie anfangen, ihre Lebensmittel zu produzieren, ein Schritt, der durch ihre körperliche Organisation bedingt ist. Indem die Menschen ihre Lebensmitttel produzieren, produzieren sie indirekt ihr materielles Leben selbst.

Die Weise, in der die Menschen ihre Lebensmittel produzieren, hängt zunächst von der Beschaffenheit der vorgefundenen und zu reproduzierenden Lebensmittel selbst ab.

Diese Weise der Produktion ist nicht bloß nach der Seite hin zu betrachten, daß sie die Reproduktion der physischen Existenz der Individuen ist. Sie ist vielmehr schon eine bestimmte Art der Tätigkeit dieser Individuen, eine bestimmte Art, ihr Leben zu äußern, eine bestimmte Lebensweise derselben. Wie die Individuen ihr Leben äußern, so sind sie. Was sie sind, fällt also zusammen mit ihrer Produktion, sowohl damit, was sie produzieren, als auch damit, wie sie produzieren. Was die Individuen also sind, das hängt ab von den materiellen Bedingungen ihrer Produktion.

Diese Produktion tritt erst ein mit der Vermehrung der Bevölkerung. Sie setzt selbst wieder einen Verkehr der Individuen untereinander voraus. Die Form dieses Verkehrs ist wieder durch die Produktion bedingt ...

Die Tatsache also

ist die: bestimmte Individuen, die auf bestimmte Weise produktiv tätig sind, gehen diese bestimmten gesellschaftlichen und politischen Verhältnisse ein. Die empirische Beobachtung muß in jedem einzelnen Fall den Zusammenhang der gesellschaftlichen und politischen Gliederung mit der Produktion empirisch und ohne alle Mystifikation und Spekulation aufweisen. Die gesellschaftliche Gliederung und der Staat gehen beständig aus dem Lebensprozeß bestimmter Individuen hervor; aber dieser Individuen, nicht wie sie in der eignen oder fremden Vorstellung erscheinen mögen, sondern wie sie wirklich sind, d. h. wie sie wirken, materiell produzieren, also wie sie unter bestimmten materiellen und von ihrer Willkür unabhängigen Schranken, Voraussetzungen und Bedingungen tätig sind.

[(Im Manuskript gestrichen:) Die Vorstellungen, die sich diese Individuen machen, sind Vorstellungen entweder über ihr Verhältnis zur Natur oder über ihr Verhältnis untereinander, oder über ihre eigene Beschaffenheit. Es ist einleuchtend, daß in allen diesen Fällen diese Vorstellungen der – wirkliche oder illusorische – bewußte Ausdruck ihrer wirklichen Verhältnisse und Betätigung, ihrer Produktion, ihres Verkehrs, ihrer gesellschaftlichen und politischen Organisation sind. Die entgegengesetzte Annahme ist nur dann möglich, wenn man außer dem Geist der wirklichen, materiell bedingten Individuen noch einen aparten Geist voraussetzt. Ist der bewußte Ausdruck der wirklichen Verhältnisse dieser Individuen illusorisch, stellen sie in ihren Vorstellungen ihre Wirklichkeit auf den Kopf, so ist dies wiederum eine Folge ihrer bornierten materiellen Betätigungsweise und ihrer daraus entspringenden bornierten gesellschaftlichen Verhältnisse.]

Die Produktion der Ideen, Vorstellungen, des Bewußtseins ist zunächst unmittelbar verflochten in die materielle Tätigkeit und den materiellen Verkehr der Menschen, Sprache des wirklichen Lebens. Das Vorstellen, Denken, der geistige Verkehr der Menschen erscheinen hier noch als direkter Ausfluß ihres materiellen Verhaltens. Von der geistigen Produktion, wie sie in der Sprache der Politik, der Gesetze, der Moral, der Religion, Metaphysik usw. eines Volkes sich darstellt, gilt dasselbe. Die Menschen sind die Produzenten ihrer Vorstellungen, Ideen pp., aber die wirklichen, wirkenden Menschen, wie sie bedingt sind durch eine bestimmte Entwicklung ihrer Produktivkräfte und des denselben entsprechenden Verkehrs bis zu seinen weitesten Formationen hinauf. Das Bewußtsein kann nie etwas Andres sein als das bewußte Sein, und das Sein der Menschen ist ihr wirklicher Lebensprozeß. Wenn in der ganzen Ideologie die Menschen und ihre Verhältnisse wie in einer Camera obscura auf den Kopf gestellt erscheinen, so geht dies Phänomen ebensosehr aus ihrem historischen Lebensprozeß hervor, wie die Umdrehung der Gegenstände auf der Netzhaut aus ihrem unmittelbar physischen.

Ganz im Gegensatz zur deutschen Philosophie, welche vom Himmel auf die Erde herabsteigt, wird hier von der Erde zum Himmel gestiegen. D. h. es wird nicht ausgegangen von dem, was die Menschen sagen, sich einbilden, sich vorstellen, auch nicht von den gesagten, gedachten, eingebildeten, vorgestellten Menschen, um davon aus bei den leibhaftigen Menschen anzukommen; es wird von den wirklich tätigen Menschen ausgegangen und aus ihrem wirklichen Lebensprozeß auch die Entwicklung der ideologischen Reflexe und Echos dieses Lebensprozesses dargestellt. Auch die Nebelbildungen im Gehirn der Menschen sind notwendig Sublimate ihres materiellen, empirisch konstatierbaren und an materielle Voraussetzungen geknüpften Lebensprozesses. Die Moral, Religion, Metaphysik und sonstige Ideologie und die ihnen entsprechenden Bewußtseinsformen behalten hiermit nicht länger den Schein der Selbständigkeit. Sie haben keine Geschichte, sie haben keine Entwicklung, sondern die ihre materielle Produktion und ihren materiellen Verkehr entwickelnden Menschen ändern mit dieser ihrer Wirklichkeit auch ihr Denken und die Produkte ihres Denkens. *Nicht das Bewußtsein bestimmt das Leben, sondern das Leben bestimmt das Bewußtsein.* In der ersten Betrachtungsweise geht man von dem Bewußtsein als dem lebendigen Individuum aus, in der zweiten, dem wirklichen Leben entsprechenden, von den wirklichen lebendigen Individuen selbst und betrachtet das Bewußtsein nur als ihr Bewußtsein.

Karl Marx, Die deutsche Ideologie, 1845/46. Marx-Engels, Studienausgabe, Bd. I, S. 86, 90ff.

Die berühmteste Formulierung seiner geschichtsphilosophischen Prinzipien findet sich in Karl Marx' „Vorwort zur Kritik der politischen Ökonomie" (1859).

Meine Untersuchung mündete in dem Ergebnis, daß Rechtsverhältnisse wie Staatsformen weder aus sich selbst zu begreifen sind, noch aus der sogenannten allgemeinen Entwicklung des menschlichen Geistes, sondern vielmehr in den materiellen Lebensverhältnissen wurzeln, deren Gesamtheit Hegel, nach dem Vorgang der Engländer und Franzosen des 18. Jahrhunderts, unter dem Namen „bürgerliche Gesellschaft" zusammenfaßt, daß aber die Anatomie der bürgerlichen Gesellschaft in der politischen Ökonomie zu suchen sei. Die Erforschung der letztern, die ich in Paris begann, setzte ich fort zu Brüssel ... Das allgemeine Resultat, das sich mir ergab, und, einmal gewonnen, meinen Studien zum Leitfaden diente, kann kurz so formuliert werden: In der gesellschaftlichen Produktion ihres Lebens gehen die Menschen bestimmte, notwendige, von ihrem Willen unabhängige Verhältnisse ein, Produktionsverhältnisse, die einer bestimmten Entwicklungsstufe ihrer materiellen Produktivkräfte entsprechen. Die Gesamtheit dieser Produktionsverhältnisse bildet die ökonomische Struktur der Gesellschaft, die reale Basis, worauf sich ein juristischer und politischer Überbau erhebt, und welcher bestimmte gesellschaftliche Bewußtseinsformen entsprechen. Die Produktionsweise des materiellen Lebens bedingt den sozialen, politischen und geistigen Lebensprozeß überhaupt. Es ist nicht das Bewußtsein der Menschen, das ihr Sein, sondern umgekehrt ihr gesellschaftliches Sein, das ihr Bewußtsein bestimmt. Auf einer gewissen Stufe ihrer Entwicklung geraten die materiellen Produktivkräfte der Gesellschaft in Widerspruch mit den vorhandenen Produktionsverhältnissen oder, was nur ein juristischer Ausdruck dafür ist, mit den Eigentumsverhältnissen, innerhalb deren sie sich bisher bewegt hatten. Aus Entwicklungsformen der Produktivkräfte schlagen diese Verhältnisse in Fesseln derselben um. Es tritt dann eine Epoche sozialer Revolution ein. Mit der Veränderung der ökonomischen Grundlage wälzt sich der ganze ungeheure Überbau langsamer oder rascher um. In der Betrachtung solcher Umwälzungen muß man stets unterscheiden zwischen der materiellen naturwissenschaftlich treu zu konstatierenden Umwälzung in den ökonomischen Produktionsbedingungen und den juristischen, politischen, religiösen, künstlerischen oder philosophischen, kurz, ideologischen Formen, worin sich die Menschen dieses Konflikts bewußt werden und ihn ausfechten. Sowenig man das, was ein Individuum ist, nach dem beurteilt, was es sich selbst dünkt, ebensowenig kann man eine solche Umwälzungsepoche aus ihrem Bewußtsein beurteilen, sondern muß vielmehr dies Bewußtsein aus den Widersprüchen des materiellen Lebens, aus dem vorhandenen Konflikt zwischen gesellschaftlichen Produktivkräften und Produktionsverhältnissen erklären. Eine Gesellschaftsformation geht nie unter, bevor alle Produktivkräfte entwickelt sind, für die sie weit genug ist, und neue höhere Produktionsverhältnisse treten nie an die Stelle, bevor die materiellen Existenzbedingungen derselben im Schoß der alten Gesellschaft selbst ausgebrütet worden sind. Daher stellt sich die Menschheit immer nur Aufgaben, die sie lösen kann, denn genauer betrachtet wird sich stets finden, daß die Aufgabe selbst nur entspringt, wo die materiellen Bedingungen ihrer Lösung schon vorhanden oder wenigstens im Prozeß ihres Werdens begriffen sind. In großen Umrissen können asiatische, antike, feudale und modern bürgerliche Produktionsweisen als progressive Epochen der ökonomischen Gesellschaftsformation bezeichnet werden. Die bürgerlichen Produktionsverhältnisse sind die letzte antagonistische Form des gesellschaftlichen Produktionsprozesses, antagonistisch nicht im Sinne von individuellem Antagonismus, sondern eines aus den gesellschaftlichen Lebensbedingungen der Individuen hervorwachsenden Antagonismus, aber die im Schoß der bürgerlichen Gesellschaft sich entwickelnden Produktivkräfte schaffen zugleich die materiellen Bedingungen zur Lösung dieses Antagonismus. Mit dieser Gesellschaftsformation schließt daher die Vorgeschichte der menschlichen Gesellschaft ab.

Marx-Engels, Werke, Bd. XIII, S. 8 f.

c) *Theorie und materielle Gewalt*

Die Waffe der Kritik kann allerdings die Kritik der Waffen nicht ersetzen, die materielle Gewalt muß gestürzt werden durch materielle Gewalt, allein auch die Theorie wird zur materiellen Gewalt, sobald sie die Massen ergreift. Die Theorie ist fähig, die Massen zu ergreifen, sobald sie ad hominem demonstriert, und sie demonstriert ad hominem, sobald sie radikal wird. Radikal sein ist die Sache an der Wurzel fassen. Die Wurzel für den Menschen ist aber der Mensch selbst.

Karl Marx, Zur Kritik der Hegelschen Rechtsphilosophie, Einleitung, 1844; in, Marx-Engels, Studienausgabe, Bd. I, S. 24

d) *Einschränkung der Gültigkeit des Basis-Überbau-Schemas beim späten Engels*

Nach materialistischer Geschichtsauffassung ist das in *letzter Instanz* bestimmende Moment in der Geschichte die Produktion und Reproduktion des wirklichen Lebens. Mehr hat weder Marx noch ich je behauptet. Wenn nun jemand das dahin verdreht, das ökonomische Moment sei das *einzig* bestimmende, so verwandelt er jenen Satz in eine nichtssagende, abstrakte, absurde Phrase. Die ökonomische Lage ist die Basis, aber die verschiedenen Momente des Überbaus – politische Formen des Klassenkampfs und seine Resultate – Verfassungen, nach gewonnener Schlacht durch die siegende Klasse festgestellt usw. – Rechtsformen und nun gar die Reflexe aller dieser wirklichen Kämpfe im Gehirn der Beteiligten, politische, juristische, philosophische Theorien, religiöse Anschauungen und deren Weiterentwicklung zu Dogmensystemen üben auch ihre Einwirkung auf den Verlauf der geschichtlichen Kämpfe aus und bestimmen in vielen Fällen vorwiegend deren *Form.* Es ist eine Wechselwirkung aller dieser Momente, worin schließlich durch alle die unendliche Menge von Zufälligkeiten ... als Notwendiges die ökonomische Bewegung sich durchsetzt ... Daß von den Jüngeren zuweilen mehr Gewicht auf die ökonomische Seite gelegt wird, als ihr zukommt, haben Marx und ich teilweise selbst verschulden müssen. Wir hatten den Gegnern gegenüber das von diesen geleugnete Hauptprinzip zu betonen, und da war nicht immer Zeit, Ort und Gelegenheit, die übrigen an der Wechselwirkung beteiligten Momente zu ihrem Recht kommen zu lassen.

Friedrich Engels, Brief an J. Bloch, 21. 22. 9. 1890; in, Marx-Engels, Studienausgabe, Bd. I, S. 226 ff.

C. Zur Marxschen Kritik der politischen Ökonomie

a) *Die Produktion von Mehrwert*

Der Wert der Arbeitskraft ist bestimmt durch das zu ihrer Erhaltung oder Reproduktion notwendige Arbeitsquantum, aber die Nutzung dieser Arbeitskraft ist nur begrenzt durch die aktiven Energien und die Körperkraft des Arbeiters. Der Tages- oder Wochenwert der Arbeitskraft ist durchaus verschieden von der täglichen oder wöchentlichen Betätigung dieser Kraft, genau so wie das Futter, dessen ein Pferd bedarf, durchaus verschieden ist von der Zeit, die es den Reiter tragen kann. Das Arbeitsquantum, wodurch der Wert der Arbeitskraft des Arbeiters begrenzt ist, bildet keineswegs eine Grenze für das Arbeitsquantum, das seine Arbeitskraft zu verrichten vermag. Nehmen wir das Beispiel unseres Spinners. Wir haben gesehn, daß er, um seine Arbeitskraft täglich zu reproduzieren, täglich einen Wert von 3 Schilling reproduzieren muß, was er dadurch tut, daß er täglich 6 Stunden arbeitet. Dies hindert ihn jedoch nicht, 10 oder 12 oder mehr Stunden am Tag arbeiten zu können. Durch die Bezahlung des Tages- oder Wochen*werts* der Arbeitskraft des Spinners hat nun aber der Kapitalist das Recht erworben, diese Arbeitskraft während des *ganzen Tags oder ganzen Woche zu nutzen.* Er wird ihn daher zwingen, sage 12 Stunden täglich zu arbeiten. Über die zum Ersatz seines Arbeitslohns oder des Werts seiner Arbeitskraft erheischten 6 Stunden hinaus wird er daher noch 6 Stunden zu arbeiten haben, die ich Stunden der *Mehrwert* nennen will, welche Mehrarbeit sich vergegenständlichen wird in einem *Mehrwert* und einem *Mehrprodukt.* Wenn unser Spinner z. B. durch seine tägliche sechsstündige Arbeit der Baumwolle einen Wert von 3 Schilling zusetzt, einen Wert, der exakt ein Äquivalent für seinen Arbeitslohn bildet, so wird er der Baumwolle in 12 Stunden einen Wert von 6 Schilling zusetzen und *ein entsprechendes Mehr an Garn* produzieren. Da er seine Arbeitskraft dem Kapitalisten verkauft hat, so gehört der ganze von ihm geschaffne Wert oder sein ganzes Produkt dem Kapitalisten, dem zeitweiligen Eigentümer seiner Arbeitskraft.

Karl Marx, Lohn, Preis, Profit, 1865. Erstdruck englisch 1898; in, Marx-Engels, Studienausgabe, Bd. II, S. 196

b) *Die Akkumulation des Kapitals*

Der kapitalistische Produktionsprozeß ist wesentlich zugleich Akkumulationsprozeß. Man hat gezeigt, wie im Fortschritt der kapitalistischen Produktion die Wertmasse, die einfach reproduziert, erhalten werden muß, mit der Steigerung der Produktivität der Arbeit steigt und wächst, selbst wenn die angewandte Arbeitskraft konstant bliebe. Aber mit der Entwicklung der gesellschaftlichen Produktivkraft der Arbeit wächst noch mehr die Masse der produzierten Gebrauchswerte, wovon die Produktionsmittel einen Teil bilden. Und die zusätzliche Arbeit, durch deren Aneignung dieser zusätzliche Reichtum in Kapital rückverwandelt werden kann, hängt nicht ab vom Wert, sondern von der Masse dieser Produktionsmittel (Lebensmittel eingeschlossen), da der Arbeiter im Arbeitsprozeß nicht mit dem Wert, sondern mit dem Gebrauchswert der Produktionsmittel zu tun hat. Die Akkumulation selbst, und die mit ihr gegebne Konzentration des Kapitals, ist aber selbst ein materielles Mittel der Steigerung der Produktivkraft. In diesem Wachstum der Produktionsmittel ist aber eingeschlossen das Wachstum der Arbeiterbevölkerung ... Im Fortschritt des Produktions- und Akkumulationsprozesses muß also die Masse der aneignungsfähigen und angeeigneten Mehrarbeit, und daher die absolute Masse des vom Gesellschaftskapital angeeigneten Profits, wachsen. Aber dieselben Gesetze der Produktion und Akkumulation steigern, mit der Masse, den Wert des konstanten Kapitals ... rascher als den des variablen ... Dieselben Gesetze produzieren also für das Gesellschaftskapital eine wachsende absolute Profitmasse und eine fallende Profitrate ...

Der Entwicklungsgang der kapitalistischen Produktion und Akkumulation bedingt Arbeitsprozesse auf steigend größrer Stufenleiter und damit steigend größern Dimensionen, und dementsprechend steigende Kapitalvorschüsse für jedes einzelne Etablissement. Wachsende Konzentration der Kapitale ... ist daher sowohl eine ihrer materiellen Bedingungen wie eins der von ihr selbst produzierten Resultate. Hand in Hand, in Wechselwirkung damit, geht fortschreitende Expropriation der mehr oder minder unmittelbaren Produzenten. So versteht es sich für die einzelnen Kapitalisten, daß sie über wachsend große Arbeiterarmeen kommandieren (so sehr auch für sie das variable im Verhältnis zum konstanten Kapital fällt), daß die Masse des von ihnen angeeigneten Mehrwerts und daher Profits wächst, gleichzeitig mit und trotz dem Fallen der Profitrate.

Karl Marx, Das Kapital, Bd. III, Frankfurt/M. 1967, S. 228 f.

c) *Die Zentralisation des Kapitals*

Dieser Zersplitterung des gesellschaftlichen Gesamtkapitals in viele individuelle Kapitale oder der Repulsion seiner Bruchteile voneinander wirkt entgegen ihre *Attraktion.* Es ist dies nicht mehr einfache, mit der Akkumulation identische Konzentration von Produktionsmitteln und Kommando über Arbeit. Es ist *Konzentration bereits gebildeter Kapitale,* Aufhebung ihrer individuellen Selbständigkeit, Expropriation von Kapitalist durch Kapitalist, Verwandlung vieler kleineren in wenige größere Kapitale. Dieser Prozeß unterscheidet sich von dem ersten dadurch, daß er *nur veränderte Verteilung der bereits vorhandenen und funktionierenden Kapitale voraussetzt, sein Spielraum also durch das absolute Wachstum des gesellschaftlichen Reichtums oder die absoluten Grenzen der Akkumulation nicht beschränkt ist.* Das Kapital schwillt hier in einer Hand zu großen Massen, weil es dort in vielen Händen verlorengeht. Es ist die *eigentliche Zentralisation ...*

Die Gesetze dieser Zentralisation der Kapitale oder der Attraktion von Kapital durch Kapital können hier nicht entwickelt werden. Kurze tatsächliche Andeutung genügt. Der

54

Konkurrenzkampf wird durch Verwohlfeilerung der Waren geführt. Die Wohlfeilheit der Waren hängt ... (unter sonst gleichen Umständen) von der Produktivität der Arbeit, diese aber von der Stufenleiter der Produktion ab. Die größeren Kapitale schlagen daher die kleineren. Man erinnert sich ferner, daß mit der Entwicklung der kapitalistischen Produktionsweise der *Minimalumfang des individuellen Kapitals wächst,* das erheischt ist, um ein Geschäft unter seinen normalen Bedingungen zu betreiben. Die kleineren Kapitale drängen sich daher in Produktionssphären, deren sich die große Industrie nur noch sporadisch oder unvollkommen bemächtigt hat. Die Konkurrenz rast hier im direkten Verhältnis zur Anzahl und im umgekehrten Verhältnis zur Größe der rivalisierenden Kapitale. Sie endet stets mit dem Untergang vieler kleinerer Kapitalisten, deren Kapitale teils in die Hand des Siegers übergehn, teils untergehn.

Karl Marx, a.a.O., Bd. I, S. 654f.

Fall der Profitrate und beschleunigte Akkumulation sind insofern nur verschiedene Ausdrücke desselben Prozesses, als beide die Entwicklung der Produktivkraft ausdrücken. Die Akkumulation ihrerseits beschleunigt den Fall der Profitrate, sofern mit ihr die Konzentration der Arbeiten auf großer Stufenleiter, und damit eine höhere Zusammensetzung des Kapitals gegeben ist. Andrerseits beschleunigt der Fall der Profitrate wieder die Konzentration des Kapitals und seine Zentralisation durch die Enteignung der kleinern Kapitalisten, durch die Expropriation des letzten Rests der unmittelbaren Produzenten, bei denen noch etwas zu expropriieren ist. Dadurch wird andrerseits die Akkumulation, der Masse nach, beschleunigt, obgleich mit der Profitrate die Rate der Akkumulation fällt.

Karl Marx, a.a.O., Bd. III, S. 251

d) *Die Verelendung des Proletariats*

Je größer der gesellschaftliche Reichtum, das funktionierende Kapital, Umfang und Energie seines Wachstums, also *auch die absolute Größe des Proletariats und die Produktivkraft seiner Arbeit,* desto größer die industrielle Reservearmee. Die *disponible Arbeitskraft* wird *durch dieselben Ursachen* entwickelt, wie die *Expansivkraft des Kapitals.* Die verhältnismäßige Größe der industriellen Reservearmee wächst also mit den Potenzen des Reichtums. Je größer aber diese Reservearmee im Verhältnis zur aktiven Arbeitsarmee, desto massenhafter die konsolidierte Übervölkerung, deren Elend im umgekehrten Verhältnis zu ihrer Arbeitsqual steht. Je größer endlich die Lazarusschicht der Arbeiterklasse und die industrielle Reservearmee, desto größer der offizielle Pauperismus.

Karl Marx, a.a.O., Bd. I, S. 673f.

Das Gesetz ..., welches die *relative Übervölkerung* oder *industrielle Reservearmee stets mit Umfang und Energie der Akkumulation in Gleichgewicht hält,* schmiedet den Arbeiter fester an das Kapital als den Prometheus die Keile des Hephaestos an den Felsen. Es bedingt eine der *Akkumulation von Kapital* entsprechende *Akkumulation von Elend.* Die Akkumulation von Reichtum auf dem einen Pol ist also zugleich Akkumulation von Elend, Arbeitsqual, Sklaverei, Unwissenheit, Brutalisierung und moralischer Degradation auf dem Gegenpol, d. h. auf Seite der Klasse, die ihr eignes Produkt als Kapital produziert.

Karl Marx, a.a.O., Bd. I, S. 675

e) *Der Zusammenbruch des Kapitalismus und die sozialistische Revolution*

Diese *Expropriation* (von Kapitalisten durch größere Kapitalisten) vollzieht sich durch das Spiel der immanenten Gesetze der *kapitalistischen Produktion selbst,* durch die Zentralisation der Kapitale. Je ein Kapitalist schlägt viele tot. Hand in Hand mit dieser Zentralisation oder der *Expropriation vieler Kapitalisten durch wenige* entwickelt sich die kooperative Form des Arbeitsprozesses auf stets wachsender Stufenleiter, die bewußte technische Anwendung der Wissenschaft, die planmäßige Ausbeutung der Erde, die Verwandlung der Arbeitsmittel in nur gemeinsam verwendbare Arbeitsmittel, die Ökonomisierung aller Produktionsmittel durch ihren Gebrauch als Produktionsmittel kombinierter, gesellschaftlicher Arbeit, die Verschlingung aller Völker in das Netz des Weltmarkts, und damit der internationale Charakter des kapitalistischen Regimes. Mit der beständig abnehmenden Zahl der Kapitalmagnaten, welche alle Vorteile dieses Umwandlungsprozesses usurpieren und monopolisieren, wächst die Masse des Elends, des Drucks, der Knechtschaft, der Entartung, der Ausbeutung, aber auch die Empörung der stets anschwellenden und durch den Mechanismus des kapitalistischen Produktionsprozesses selbst geschulten, vereinten und organisierten Arbeiterklasse. Das *Kapitalmonopol wird zur Fessel der Produktionsweise,* die mit und unter ihm aufgeblüht ist. Die Zentralisation der Produktionsmittel und die Vergesellschaftung der Arbeit erreichen einen Punkt, wo sie unverträglich werden mit ihrer kapitalistischen Hülle. Sie wird gesprengt. *Die Stunde des kapitalistischen Eigentums schlägt. Die Expropriateurs werden expropriiert.*

Die aus der kapitalistischen Produktionsweise hervorgehende kapitalistische Aneignungsweise, daher das *kapitalistische Privateigentum,* ist *die erste Negation des individuellen, auf eigne Arbeit gegründeten Privateigentums.* Aber die kapitalistische Produktion erzeugt mit der Notwendigkeit eines Naturprozesses ihre eigne Negation. Es ist *Negation der Negation.* Diese stellt nicht das Privateigentum wieder her, wohl aber das *individuelle Eigentum* auf Grundlage der Errungenschaft der kapitalistischen Ära: der *Kooperation und des Gemeinbesitzes der Erde und der durch die Arbeit selbst produzierten Produktionsmittel.*

Karl Marx, Das Kapital, Bd. I, S. 790 f.

Fr. Engels, Die Entwicklung des Sozialismus von der Utopie zur Wissenschaft

Indem die kapitalistische Produktionsweise mehr und mehr die große Mehrzahl der Bevölkerung in Proletarier verwandelt, schafft sie die Macht, die diese Umwälzung, bei Strafe des Untergangs, zu vollziehen genötigt ist. Indem sie mehr und mehr auf Verwandlung der großen, vergesellschafteten Produktionsmittel in Staatseigentum drängt, zeigt sie selbst den Weg an zur Vollziehung der Umwälzung. Das Proletariat ergreift die Staatsgewalt und verwandelt die Produktionsmittel zunächst in Staatseigentum. Aber damit hebt es sich selbst als Proletariat, damit hebt es alle Klassenunterschiede und Klassengegensätze auf, und damit auch den Staat als Staat. Die bisherige, sich in Klassengegensätzen bewegende Gesellschaft hatte den Staat nötig, d. h. eine Organisation der jedesmaligen ausbeutenden Klasse zur Aufrechterhaltung ihrer äußeren Produktionsbedingungen, also namentlich zur gewaltsamen Niederhaltung der ausgebeuteten Klasse in den durch die bestehende Produktionsweise gegebnen Bedingungen der Unterdrückung (Sklaverei, Leibeigenschaft oder Hörigkeit, Lohnarbeit). Der Staat war der offizielle Repräsentant der ganzen Gesellschaft, ihre Zusammenfassung in einer sichtbaren Körperschaft, aber er war dies nur, insofern er der Staat derjenigen Klasse war, welche selbst für ihre Zeit die ganze Gesellschaft ver-

trat: im Altertum Staat der sklavenhaltenden Staatsbürger, im Mittelalter des Feudal-
adels, in unserer Zeit der Bourgeoisie. Indem er endlich tatsächlich Repräsentant der
ganzen Gesellschaft wird, macht er sich selbst überflüssig. Sobald es keine Gesellschaftsklasse mehr in der Unterdrückung zu halten gibt, sobald mit der
Klassenherrschaft und dem in der bisherigen Anarchie der Produktion begründeten
Kampf ums Einzeldasein auch die daraus entspringenden Kollisionen und Exzesse
beseitigt sind, gibt es nichts mehr zu reprimieren, das eine besondre Repressionsge-
walt, einen Staat, nötig machte. Der erste Akt, worin der Staat wirklich als Repräsentant
der ganzen Gesellschaft auftritt – die Besitzergreifung der Produktionsmittel im Namen
der Gesellschaft –, ist zugleich sein letzter selbständiger Akt als Staat. Das Eingreifen
einer Staatsgewalt in gesellschaftliche Verhältnisse wird auf einem Gebiete nach dem
andern überflüssig und schläft dann von selbst ein. An die Stelle der Regierung über
Personen tritt die Verwaltung von Sachen und die Leitung von Produktionsprozessen.
Der Staat wird nicht „abgeschafft", er stirbt ab. Hieran ist die Phrase vom „freien Volksstaat" zu messen, also sowohl nach ihrer zeitweiligen agitatorischen Berechtigung, wie
nach ihrer endgültigen wissenschaftlichen Unzulänglichkeit; hieran ebenfalls die Forderung der sogenannten Anarchisten, der Staat solle von heute auf morgen abgeschafft
werden.

Die Besitzergreifung der sämtlichen Produktionsmittel durch die Gesellschaft hat,
seit dem geschichtlichen Auftreten der kapitalistischen Produktionsweise, einzelnen
wie ganzen Sekten öfters mehr oder weniger unklar als Zukunftsideal vorgeschwebt.
Aber sie konnte erst möglich, erst geschichtliche Notwendigkeit werden, als die tatsächlichen Bedingungen ihrer Durchführung vorhanden waren. Sie, wie jeder andre
gesellschaftliche Fortschritt, wird ausführbar nicht durch die gewonnene Einsicht, daß
das Dasein der Klassen der Gerechtigkeit, der Gleichheit etc. widerspricht, nicht durch
den bloßen Willen, diese Klassen abzuschaffen, sondern durch gewisse neue ökonomische Bedingungen. Die Spaltung der Gesellschaft in eine ausbeutende und eine ausge-
beutete, eine herrschende und eine unterdrückte Klasse war die notwendige Folge der
früheren geringen Entwicklung der Produktion. Solange die gesellschaftliche Gesamt-
arbeit nur einen Ertrag liefert, der das zur notdürftigen Existenz aller Erforderliche nur
um wenig übersteigt, solange also die Arbeit alle oder fast alle Zeit der großen Mehrzahl
der Gesellschaftsglieder in Anspruch nimmt, solange teilt sich diese Gesellschaft notwendig in Klassen. Neben der ausschließlich der Arbeit frönenden großen Mehrheit
bildet sich eine direkt-produktiver Arbeit befreite Klasse, die die gemeinsamen Angelegenheiten der Gesellschaft besorgt: Arbeitsleitung, Staatsgeschäfte, Justiz, Wissenschaften, Künste usw. Es ist also das Gesetz der Arbeitsteilung, das der Klassenteilung
zugrunde liegt. Aber das hindert nicht, daß diese Einteilung in Klassen nicht durch Gewalt und Raub, List und Betrug durchgesetzt worden ist und daß die herrschende
Klasse, einmal im Sattel, nie verfehlt hat, ihre Herrschaft auf Kosten der arbeitenden
Klasse zu befestigen und die gesellschaftliche Leitung umzuwandeln in gesteigerte
Ausbeutung der Massen. Aber wenn hiernach die Einteilung in Klassen eine gewisse
geschichtliche Berechtigung hat, so hat sie eine solche doch nur für einen gegebenen
Zeitraum, für gegebne gesellschaftliche Bedingungen. Sie gründete sich auf die Unzu-
länglichkeit der Produktion: sie wird weggefegt werden durch die volle Entfaltung der
modernen Produktivkräfte. Und in der Tat hat die Abschaffung der gesellschaftlichen
Klassen zur Voraussetzung einen geschichtlichen Entwicklungsgrad, auf dem das
Bestehen nicht bloß dieser oder jener bestimmten herrschenden Klasse, sondern einer
herrschenden Klasse überhaupt, also des Klassenunterschieds selbst, ein Anachronis-

mus geworden, veraltet ist. Sie hat also zur Voraussetzung einen Höhegrad der Entwicklung der Produktion, auf dem Aneignung der Produktionsmittel und Produkte, und damit der politischen Herrschaft, des Monopols der Bildung und der geistigen Leitung durch eine besondre Gesellschaftsklasse nicht nur überflüssig, sondern auch ökonomisch, politisch und intellektuell ein Hindernis der Entwicklung geworden ist. Dieser Punkt ist jetzt erreicht. Ist der politische und intellektuelle Bankrott der Bourgeoisie ihr selbst kaum noch ein Geheimnis, so wiederholt sich ihr ökonomischer Bankrott regelmäßig alle zehn Jahre. In jeder Krise erstickt die Gesellschaft unter der Wucht ihrer eignen, für sie unverwendbaren Produktivkräfte und Produkte, und steht hülflos vor dem absurden Widerspruch, daß die Produzenten nichts zu konsumieren haben, weil es an Konsumenten fehlt. Die Expansionskraft der Produktionsmittel sprengt die Bande, die die kapitalistische Produktionsweise ihr angelegt. Ihre Befreiung aus diesen Banden ist die einzige Vorbedingung einer ununterbrochenen, stets rascher fortschreitenden Entwicklung der Produktivkräfte und damit einer praktisch schrankenlosen Steigerung der Produktion selbst. Damit nicht genug. Die gesellschaftliche Aneignung der Produktionsmittel beseitigt nicht nur die jetzt bestehende künstliche Hemmung der Produktion, sondern auch die positive Vergeudung und Verheerung von Produktivkräften und Produkten, die gegenwärtig die unvermeidliche Begleiterin der Produktion ist und ihren Höhepunkt in den Krisen erreicht. Sie setzt ferner eine Masse von Produktionsmitteln und Produkten für die Gesamtheit frei durch Beseitigung der blödsinnigen Luxusverschwendung der jetzt herrschenden Klassen und ihrer politischen Repräsentanten. Die Möglichkeit, vermittels der gesellschaftlichen Produktion allen Gesellschaftsgliedern eine Existenz zu sichern, die nicht nur materiell vollkommen ausreichend ist und von Tag zu Tag reicher wird, sondern die ihnen auch die vollständige freie Ausbildung und Betätigung ihrer körperlichen und geistigen Anlagen garantiert, diese Möglichkeit ist jetzt zum ersten Male da, aber sie ist da. Mit der Besitzergreifung der Produktionsmittel durch die Gesellschaft ist die Warenproduktion beseitigt und damit die Herrschaft des Produkts über die Produzenten. Die Anarchie innerhalb der gesellschaftlichen Produktion wird ersetzt durch planmäßige bewußte Organisation. Der Kampf ums Einzeldasein hört auf. Damit erst scheidet der Mensch, in gewissem Sinn, endgültig aus dem Tierreich, tritt aus tierischen Daseinsbedingungen in wirklich menschliche. Der Umkreis der die Menschen umgebenden Lebensbedingungen, der die Menschen bis jetzt beherrscht, tritt jetzt unter die Herrschaft und Kontrolle der Menschen, die zum ersten Male bewußte, wirkliche Herren der Natur, weil und indem sie Herren ihrer eignen Vergesellschaftung werden. Die Gesetze ihres eignen gesellschaftlichen Tuns, die ihnen bisher als fremde, sie beherrschende Naturgesetze gegenüberstanden, werden dann von den Menschen mit voller Sachkenntnis angewandt und damit beherrscht. Die eigne Vergesellschaftung der Menschen, die ihnen bisher als von Natur und Geschichte aufgenötigt gegenüberstand, wird jetzt ihre freie Tat. Die objektiven, fremden Mächte, die bisher die Geschichte beherrschten, treten unter die Kontrolle der Menschen selbst. Erst von da an werden die Menschen ihre Geschichte mit vollem Bewußtsein selbst machen, erst von da an werden die von ihnen in Bewegung gesetzten gesellschaftlichen Ursachen vorwiegend und in stets steigendem Maß auch die von ihnen gewollten Wirkungen haben. Es ist der Sprung der Menschheit aus dem Reich der Notwendigkeit in das Reich der Freiheit.

Marx-Engels, Studienausgabe, Bd. I, S. 176 ff.

ZWEITER TEIL

Vom Marxismus zum Leninismus

I. Darstellung

Einleitung: Der Leninismus als theoretische Voraussetzung der Oktoberrevolution

Im ersten Teil meiner Darstellung habe ich die Grundgedanken von Marx so dargestellt, als handele es sich dabei um eine Theorie wie andere auch. Der entscheidende Unterschied gegenüber anderen Theorien und Ideologien ist aber der, daß der Marxismus eine *Einheit* von Theorie und Praxis oder mit anderen Worten von wissenschaftlicher Analyse und sozial-revolutionärer Aktion darstellen will. In seiner „Einleitung zur Kritik der Hegelschen Rechtsphilosophie" hat Marx das selbst am prägnantesten zum Ausdruck gebracht: „Wie die Philosophie (d. h. die Marxsche Theorie) im Proletariat ihre materiellen, so findet das Proletariat in der Philosophie seine geistigen Waffen, und sobald der Blitz des Gedankens gründlich in diesen naiven Volksboden eingeschlagen hat, wird sich die Emanzipation der Deutschen zu Menschen vollziehen ... Der Kopf dieser Emanzipation ist die Philosophie, ihr Herz das Proletariat. Die Philosophie kann sich nicht verwirklichen ohne die Aufhebung des Proletariats, das Proletariat kann sich nicht aufheben ohne die Verwirklichung der Philosophie." Um die Verwirklichung dieser Verbindung von revolutionärer Theorie und revolutionärer Klasse (und revolutionärer Aktion) haben in gewissem Umfange Marx und Engels selbst, vor allem aber ihre Anhänger in den verschiedenen europäischen und amerikanischen Arbeiterparteien seit den fünfziger Jahren des 19. Jahrhunderts gekämpft.

In der Praxis der organisatorischen und agitatorischen Arbeit trat dabei der besondere wissenschaftliche Charakter der Marxschen Kritik der politischen Ökonomie stark zurück. Es ging Marx darum, durch die dialektische Rekonstruktion der kapitalistischen Produktionsweise deren innere Dynamik und notwendige Schranke aufzuweisen und so dem Industrieproletariat seine künftige historische Aufgabe bewußt zu machen. Im Unterschied zu früheren Formen des Sozialismus beruhte der Marxismus also – jedenfalls dem Anspruch nach – auf einer wissenschaftlichen Analyse der sozialökonomischen Lage, nicht auf moralischen Erwägungen oder dem utopischen Ausmalen einer besseren künftigen Welt.

In den bereits stark industrialisierten Staaten Europas waren die Arbeiterbewegung und der Sozialismus alter als die Marxschen Theorien. In Frankreich spielte vor allem *Proudhon,* in England *Robert Owen* und die Gewerkschaftsbewegung eine große Rolle. Der erste Theoretiker, der in Deutschland einen weitreichenden Einfluß gewann, war *Ferdinand Lassalle,* und auch nachdem – vor allem durch das Wirken *Kautskys* und *Bebels* – der Marxismus in der deutschen

Sozialdemokratie herrschend geworden war, blieben gewisse Lassalleanische Reminiszenzen erhalten. Das verspätete und rasche Wachstum der deutschen Industrie nach 1871 führte zu einer sich rasch entwickelnden Arbeiterbewegung in dem neuen Kaiserreich, und selbst das 1878 erlassene Sozialistengesetz vermochte das Wachstum der Sozialdemokratie nicht aufzuhalten (1878: 430 000 Stimmen, 1884: 550 000, 1890: 1,4 Millionen, 1903: 3 Millionen, 1912 4,2 Millionen Stimmen). Auch die von Wilhelm I. 1883 eingeleitete „Gesetzgebung zur Förderung des Wohles der Arbeiter" bewirkte nicht den erhofften Rückgang der Arbeiterbewegung, sondern führte zu einer Stärkung der Position der Arbeiterschaft. Immerhin führte ihre wachsende Organisiertheit in Gewerkschaft und Partei zu einer „Institutionalisierung" des Klassenkampfes, und die 1871 nur mit 2 Abgeordneten im Reichstag vertretene Sozialdemokratie, die bis 1890 auf 35, 1903 auf 81 und 1912 auf 110 Sitze anwuchs, war schließlich nur noch in Worten „radikal", praktisch jedoch eine demokratisch-konstitutionelle Reform-Partei. Trotz unablässiger revolutionärer Propaganda war ihre Politik im Grunde die des *Revisionismus,* dessen bedeutendster Wortführer, *Eduard Bernstein,* zeitweilig Chefredakteur des „Sozialdemokrat", stark von der englischen Arbeiterbewegung (und der Fabian Society) beeinflußt war.

Während in England der Marxismus in der Arbeiterbewegung überhaupt nie nennenswerten Eingang fand, verlief die Entwicklung in Frankreich – abgesehen von dem Einfluß der Proudhonisten – ähnlich wie in Deutschland. Dort kam es sogar unter Waldeck-Rousseau zur ersten sozialistisch-bürgerlichen Koalitionsregierung, der Millerand als Handelsminister angehörte. Allerdings wurde Millerand wegen dieses Verhaltens aus der sozialistischen Partei ausgeschlossen.

Grob gesprochen entwickelte sich also in Mittel- und Westeuropa die Arbeiterbewegung trotz des Vorhandenseins und des Einflusses einer revolutionären (marxistischen) Theorie in Richtung auf eine demokratisch-sozialreformerische Oppositions- oder Koalitionspartei, die – mit Bernstein – ein „friedliches Hineinwachsen des Kapitalismus in den Sozialismus" für möglich hielt. In dieser Entwicklung aber spiegelten sich in gewissem Umfange der wachsende Lebensstandard und das gestiegene Selbstbewußtsein der organisierten Arbeiterschaft wider, die sich bewußt war, daß sie durch Partei und Gewerkschaft Anteil an der Gestaltung des gesellschaftlichen Lebens nehmen konnte.

Ganz anders lagen die Verhältnisse in *Rußland:*

a) *Ökonomisch* war Rußland ein weithin rückständiges Land. Es gab lediglich *Anfänge* eigener Industrien (vor allem in der Nähe von St. Petersburg), die allerdings in modernen und stark konzentrierten Großbetrieben bestanden. Ein großer Teil dieser industriellen Anlagen gehörte ausländischen „Kapitalisten". Grundlage der Volkswirtschaft war die landwirtschaftliche Produktion, deren Überschüsse exportiert und gegen Industrieprodukte und Luxusgüter eingetauscht wurden.

b) Entsprechend war die *soziale Schichtung.* Die überwältigende Mehrheit der Bevölkerung bestand aus landlosen oder landarmen *Gutsbauern* (die 1861 von der Leibeigenschaft befreit, aber de facto noch immer in völliger Abhängigkeit lebten). Dazu kamen ein bis 1914 kaum mehr als 5% der Bevölkerung ausmachendes Industrieproletariat, eine Schicht von Kleinbürgern und Beamten und schließlich eine ihrer ökonomischen und organisatorischen Funktionen weithin entfremdete Aristokratie (Großgrundbesitz), neben der Anfänge eines Großbürgertums noch wenig in Erscheinung traten.

c) Abgesehen von diesen durch ihre gesellschaftliche Stellung klar bestimmten Schichten spielte die russische „*Intelligentsia*" eine besondere Rolle. Sie rekrutierte sich vor allem aus dem Kleinbürgertum und aus dem niederen Adel, besuchte in- und ausländische Universitäten und litt schwer unter der *Zurückgebliebenheit und Schwäche* Rußlands. Durch den autoritären Staat an politischer und durch die gesellschaftliche Unentwickeltheit an sozialer Tätigkeit weithin gehindert, suchten die Angehörigen der Intelligentsia vor allem in der Literatur ihre politischen Ideen auszudrücken. Fast die gesamte russische Literatur des 19. Jahrhunderts enthält politisch-soziale Reformvorschläge und revolutionäre Ideen (vgl. z.B. *Tschernyschewskijs* Roman „Was tun?", 1863). Umgekehrt gewannen alle literarischen und ästhetischen Diskussionen im damaligen Rußland durch die dahinterliegenden politischen Vorstellungen, auf die es den Beteiligten oft in erster Linie ankam, ein Ausmaß an Leidenschaftlichkeit und Bedeutung, das den „Westeuropäer" befremdet.

Schematisch kann man die Angehörigen der Intelligentsia in zwei Gruppen einteilen: in die „*Slawophilen*" und die „*Westler*". Die *Slawophilen*, die stark von der deutschen Romantik beeinflußt waren, wollten die gute alte Eigenart Rußlands, sein Volkstum, seine „Rechtgläubigkeit" und seine patriarchalisch-aristokratische Sozialstruktur aufrechterhalten bzw. wiederherstellen. Dabei wurde der „faule Westen" mit seiner „schmierigen Geldgier", Korruption usw. aufs schärfste bekämpft und ihm russische Gesundheit und Reinheit gegenübergestellt. Soweit russische Mißstände von diesem Standpunkt aus kritisiert wurden, führte man sie auf fremde Einflüsse zurück, die es zu bekämpfen galt. Den entgegengesetzten Standpunkt nahmen die „*Westler*" ein. Sie versprachen sich allein von einem raschen Anschluß an den westeuropäischen Industrialismus, Kapitalismus und Liberalismus eine Besserung der Lage. Sie waren daher meist Gegner des Zarentums (oder forderten wenigstens eine Verfassung, die ja selbst 1905 nur vorübergehend in Kraft trat) und Anhänger einer bürgerlich-demokratischen Republik. Außenpolitisch hatten übrigens nur die Slawophilen ein klares Programm, das vor allem die Vereinigung aller slawischen Völker unter russischer Führung vorsah. In den Kreisen der bürgerlich-liberalen Westler fand auch der *Marxismus* in Rußland zuerst Eingang. Professor *Sieber* von der Universität Kiew veröffentlichte schon 1872 eine russische Übersetzung des ersten Bandes des „Kapitals" (1867).

Sozialistische Ideen knüpften allerdings in Rußland zunächst an die slawophile Tendenz an und glaubten die in Rußland zum Teil noch erhaltene, von v. Maurer beschriebene dörfliche Gemeinwirtschaft der Bauern (Obschtschina, Mir) zur Keimzelle einer spezifisch russischen sozialistischen Gesellschaftsordnung machen zu können. Einige Anhänger dieses besonderen russischen Weges

61

zum Sozialismus, der dem Land die Greuel des Kapitalismus weithin ersparen sollte, glaubten, es genüge, die bestehende politische Führungsschicht durch Terror einzuschüchtern, um gleichsam im Handstreich den Staat zu erobern und den bäuerlichen Sozialismus einzuführen. Lenins Bruder Alexander gehörte einer solchen Organisation an, die ein Attentat auf den Zaren plante, um auf diese Weise den Umsturz zu bewirken. Diese entschieden revolutionäre und konspirative Organisation, die sogenannte „Narodnaja Volja" (Volks-Wille), machte tiefen Eindruck auf W. I. Lenin. Aus ihren Anhängern wurden später die entschieden-revolutionären russischen Marxisten rekrutiert. Georgi Plechanow und Lenin begannen ihre theoretisch-marxistische Arbeit durch Auseinandersetzungen mit den Theorien der Narodowolzen.

Im Laufe der letzten Jahrzehnte vor der Oktoberrevolution ging der Anteil des bäuerlichen Gemeindelandes an der bebauten Fläche jedoch ständig zurück, nicht zuletzt durch die Reformen des Ministers Stolypin (1905 f.) gefördert, der auf diese Weise ein wirtschaftlich gefestigtes, selbständiges Bauerntum bilden wollte, das dem zaristischen Staat eine festere soziale Grundlage geschaffen hätte.

d) Die *politischen Verhältnisse* im zaristischen Rußland waren durch den uneingeschränkten *Absolutismus* der „Selbstherrscher aller Reußen", wie sich die Zaren nannten, gekennzeichnet. Es gab (bis 1905) keine Volksvertretung, keine Selbstverwaltung (abgesehen von Adelsversammlungen in den Kreisen), keine Presse-, Versammlungs- und Koalitionsfreiheit usf. Wegen der strengen Pressezensur mußten die revoluitionären Blätter meist im Ausland erscheinen, außerdem entwickelten die Intellektuellen eine komplizierte Kunst des „Durch-die-Blume-Redens" und bedienten sich „harmloser" literarischer Formen, um ihre Gedanken auszudrücken. 1898 wurde die russische sozialdemokratische Partei gegründet (vorher schon gab es die Gruppe „Zur Befreiung der Arbeit" in Petersburg), die sich 1903 in eine *bolschewistische* und eine *menschewistische* Fraktion und 1912 in zwei Parteien spaltete. Unter den politischen Verhältnissen im zaristischen Rußland war natürlich an eine *innerparteiliche* Demokratie kaum zu denken, auch wurde die Sozialdemokratie durch den obrigkeitlichen Druck geradezu auf den Weg gewaltsamen Umsturzes gezwungen. Auch die Revolution von 1905 brachte keine entscheidende Änderung. Die vom Zaren versprochene Volksvertretung (Reichsduma) wurde sofort wieder aufgelöst, als sich zeigte, daß sie „regierungsfeindlich" war. Eine zweite und dritte Duma hatte ebenfalls wenig Einfluß, stellte aber immerhin eine Tribüne dar, von der herab offen revolutionäre und demokratische Gedanken geäußert werden konnten.

Auf dem Hintergrund dieser Situation muß man das Werk Lenins sehen. Ein ökonomisch zurückgebliebenes, von ausländischem Kapital abhängiges Bauernland mit einem kleinen, sich entwickelnden Industrieproletariat und einer politisch sehr regen und radikalen Intellektuellenschicht lebt unter einem politisch reaktionären, unfreien Regime, dessen Schwäche sich mehrfach schon gezeigt hat. Es brauchte nur noch ein besonderer äußerer Umstand hinzuzukommen, um Rußland für die Revolution „reif" zu machen. Zunächst für die bürgerliche, bald aber in Lenins Vorstellung auch für die proletarische. Dieser günstige äußere Umstand war der Weltkrieg von 1914–1918.

Ich kann hier die Geschichte der Oktoberrevolution nicht im Detail schildern, sondern will nur ihre theoretische Komponente, den Leninismus, darstellen. Nacheinander behandele ich: die Imperialismustheorie, Lenins Strategie und Taktik der Revolution und Lenins Fortbildung des dialektischen Materialismus.

A. Die Imperialismustheorie

Sowjetischen wie chinesischen Marxisten gilt Lenin *nicht* in erster Linie als der große Stratege und Taktiker des *russischen* Kommunismus, sondern als der im Weltmaßstab führende Marxist des Zeitalters des *Imperialismus.* Wenn man auch Lenins betont *revolutionären Standpunkt* (im Gegensatz zum evolutionären und „opportunistischen" Standpunkt der west- und mitteleuropäischen Sozialisten) aus der spezifisch russischen Lage (politische Unfreiheit und Rückständigkeit) sowie aus der Tradition der russischen Intelligentsia ableiten kann, so hat Lenin selbst seine Ablehnung des „Opportunismus und Revisionismus" durch die *Imperialismustheorie* ausführlich begründet. Diese sollte die allgemeinverbindliche marxistische Analyse des gegenwärtigen (1916) Zustandes der kapitalistischen Wirtschaft und Gesellschaft darstellen.

Lenins Imperialismustheorie beansprucht keine Originalität. In ihren ökonomisch-beschreibenden Partieen stützt sie sich vor allem auf den englischen Ökonomen *J. A. Hobson* (Der Imperialismus, London und New York 1902 deutsch: Köln 1968) sowie auf den österreichischen Marxisten Rudolf Hilferding (Das Finanzkapital, 1910; Frankfurt/M. 1968). In den praktischen Folgerungen für die Politik der kommunistischen Partei aber war Lenin selbständig und stand im entschiedensten Gegensatz nicht nur zu den Revisionisten – Reformisten, sondern auch zum führenden Theoretiker der deutschen Sozialdemokratie Karl Kautsky.

Der Imperialismus ist „seinem ökonomischen Wesen" nach *Monopolkapitalismus;* das Monopol jedoch ist aus der freien Konkurrenz – also seinem Gegenteil – hervorgegangen; das bedeutet aber, daß es „den Übergang von der kapitalistischen zu einer höheren ökonomischen Gesellschaftsformation" darstellt. Dieser Übergang kann nur *revolutionär* abgeschlossen werden und wird zum Sozialismus führen. So lautet die These, die Lenins Imperialismustheorie zu beweisen versucht.

Ich werde zunächst – im engen Anschluß an Lenin – die fünf Hauptmerkmale des Imperialismus entwickeln und dann die politischen Folgerungen, die Lenin aus ihnen zog, behandeln.

a) *Die Entstehung von Monopolen*

Die von Marx als Entwicklungsgesetz des Kapitalismus beobachtete *Konzentration der Produktionsstätten* (und des Kapitals) hat gegen Ende des 19. Jahrhunderts in den entwickeltsten Ländern der Erde (Großbritannien, USA, Frankreich,

Deutschland) einen solchen Grad erreicht, daß sie „von selbst bis dicht an das Monopol heranführt". Die wenigen Großbetriebe können sich relativ einigen, und ihr gewaltiger Umfang macht das Aufkommen neuer Konkurrenzfirmen so gut wie unmöglich. Die Formen monopolistischer Zusammenschlüsse sind in den einzelnen Ländern verschieden (Trusts in den USA, Kartelle in Deutschland usw.), aber der Zusammenschluß als solcher findet überall statt, besonders eindrucksvoll bei der Kohlen- und Eisenindustrie und bei den großen Elektrizitätsgesellschaften sowie den Erdölproduzenten. Kennzeichnend für die Epoche sind auch die *Kombinate* – Zusammenfassungen von verschiedenen Produktionszweigen, die den gesamten Produktionsprozeß vom Rohstoff bis zum Endprodukt in einer Hand vereinigen. Die Krisenperiode von 1900 bis 1903 förderte diese Entwicklung nachdrücklich. Damit schlägt aber – und zwar gerade bei den wichtigsten Industriezweigen – die den Kapitalismus bislang kennzeichnende freie Konkurrenz in marktbeherrschende Monopolwirtschaft um.

b) *Die Rolle des Finanzkapitals*

In der gleichen Zeit entwickelt sich das Bankkapital von der Rolle eines bloß dienenden Kreditgebers zu seiner neuen, ganze Industriezweige beherrschenden Funktion. Auch hier führt die Zusammenfassung des Kapitals in wenigen Händen (neun Berliner Großbanken z. B.) zu einer Erleichterung kartellartiger Absprachen zwischen den wenigen ganz „Großen", die außerdem durch Tochter- und Enkelgesellschaften einen großen Teil der übrigen Banken usw. „kontrollieren". Eine immer enger werdende Verflechtung von *Industrie- und Bankkapital,* die sich auch personell in wechselseitigen Aufsichtsrats- und Direktorstellen ausdrückt, führt zum modernen industriebeherrschenden *„Finanzkapital".* Ohne Beteiligung der Großbanken kann kein Großbetrieb Aktien emittieren oder Anleihen auflegen. An zahlreichen Industrien sind Großbanken direkt beteiligt, andere haben die Großbanken ihres Kreditbedarfs wegen vollkommen in der Hand. Die Banken werden Institutionen von „wahrhaft universellem Charakter". Das Finanzkapital ist Kapital „in der Verfügung der Banken und in der Verwendung der Industrien". Von den Banken geht auch der Einfluß direkt zur Politik, die ebenfalls immer ausschließlicher von der Gnade der Finanzmagnaten abhängig wird, weil ohne sie keine Staatsanleihe aufgelegt werden kann und kein moderner Staat ohne Staatsanleihen auskommt.

c) *Der Kapitalexport*

An die Stelle des *Warenexportes* tritt in zunehmendem Maße der *Kapitalexport* (in Form von Anleihen, Krediten oder direkten Investitionen, z. B. Bagdadbahn usw.). Dieser Kapitalexport hat die finanzielle und wirtschaftliche Abhängigkeit der unterentwickelten Gebiete von den kapitalreichen hochindustrialisierten zur Folge und damit auch eine quasi abhängige politische Position dieser Staaten, selbst wenn sie formell souverän sind.

d) *Die Bildung internationaler Kartelle*

Die verschiedenen *nationalen* Kartelle und Trusts schließen sich zu *internationalen* Kartellen zusammen und verteilen Absatzmärkte und Rohstoffgebiete untereinander, indem sie zugleich gemeinsam Außenseiter bekämpfen (z. B. 1907 Vertrag zwischen AEG und General Electric Co.). Bei veränderter ökonomischer oder politischer Konstellation kommt es aber oft zu Konflikten und anschließenden Neuverteilungen. Das heißt, diese internationalen Kartelle und Trusts sind meist nur Waffenstillstände zwischen unerbittlichen Kriegen um die Vorherrschaft (internationales Schienenkartell 1884–1886, neu begründet 1904 mit neuen Quoten).

e) *Koloniale Ausbeutung und Arbeiteraristokratie*

Die Großmächte *beenden* die *Aufteilung* der noch „unverteilten" Gebiete *der Erde* (in Afrika und Asien). Während Benjamin Disraeli die Kolonien noch als eine Last empfand, gewannen sie jetzt auf einmal wieder hervorragenden Wert. Joseph Chamberlain und Cecil Rhodes, auf die Lenin ausdrücklich verweist, erkannten die große *innenpolitische* Bedeutung des Imperialismus. Rhodes soll zu seinem Freunde Stead gesagt haben: „Meine große Idee ist die Lösung des sozialen Problems, d. h.: um die vierzig Millionen Einwohner des Vereinigten Königreichs vor einem mörderischen Bürgerkrieg zu schützen, müssen wir Kolonialpolitiker neue Ländereien erschließen, um den Überschuß an Bevölkerung aufzunehmen, und neue Absatzgebiete schaffen für die Waren, die sie in ihren Fabriken und Minen erzeugen. Das Empire ist ... eine Magenfrage. Wenn Sie den Bürgerkrieg nicht wollen, müssen Sie Imperialisten werden." – Neben den unmittelbar abhängigen kolonialen Gebieten gibt es „Einflußsphären", in denen sich die Großmächte gleichfalls wie in ihrem Eigentum bewegen, z. B. England in Argentinien.

Durch diese Umstände werden nach Lenin die *Ungleichmäßigkeiten* der Entwicklung und die Widersprüche der Weltwirtschaft verschärft. Die industriellen und ökonomischen Machtzusammenballungen und ihre innere Dynamik müssen trotz aller internationalen Abmachungen immer wieder zu Gegensätzen zwischen den verschiedenen imperialistischen Staaten und schließlich zu kriegerischen Auseinandersetzungen um die Neuverteilung der bereits verteilten Welt führen. Die Länder, denen heute der Löwenanteil an den Profiten der Weltwirtschaft zufließt, bleiben z. B. im Entwicklungstempo der Produktivkräfte zurück, andere überholen sie (wie Japan und Deutschland), und dann fragt sich, „welches andere Mittel es auf dem Boden des Kapitalismus geben konnte, um das Mißverhältnis zwischen der Entwicklung der Produktivkräfte und der Akkumulation des Kapitals einerseits und der Verteilung der Kolonien und der ‚Einflußsphären' des Finanzkapitals andererseits zu beseitigen" – als den Krieg.

f) Politische Folgerungen

Lenins erste *politische Folgerung* aus seiner Imperialismustheorie lautet daher: Der Konkurrenzkampf der auf der Basis des Finanz- und Monopolkapitalismus entstandenen imperialistischen Mächte führt notwendig zum Krieg (und hat zum Weltkrieg von 1914 geführt). Von noch größerer Wichtigkeit für die Politik der Arbeiterpartei ist die zweite Folgerung, die Lenin zieht: Die zusätzlichen Monopolprofite ermöglichen es der Kapitalistenklasse, ihr heimisches Proletariat – oder wenigstens eine „*Arbeiteraristokratie*" – durch besonders hohe Löhne zu „bestechen". Die so bestochene Arbeiterklasse denkt opportunistisch und national-chauvinistisch, sie ist ihrer revolutionären wie besonders auch ihrer internationalen Rolle entfremdet. Durch die Aufdeckung dieses Zusammenhangs wollte Lenin zugleich den Reformismus und Revisionismus erklären und seinen Einfluß in Mittel- und Westeuropa als Effekt einer raffinierten Bestechungsaktion großen Stils erscheinen lassen. Er folgerte aber weiter hieraus, daß sich der Klassenkampf von der nationalen auf die internationale Ebene verschiebe. Ganze Länder (Kolonien und halbkoloniale Gebiete) gerieten in die Lage des ausgebeuteten Proletariats und würden so (automatisch) zu Verbündeten der revolutionären Arbeiterschaft. Die „kleinbürgerliche" Kritik am Monopolkapitalismus, die darauf abzielte, ihn in den Kapitalismus der freien Konkurrenz zurückzuverwandeln, lehnten Lenin wie Helferding als rückschrittlich und utopisch ab. Der Monopolkapitalismus ist als Entwicklungsstufe *notwendig* und daher – trotz seiner Unmenschlichkeiten – zu bejahen. Die mit ihm verbundene „*Fäulnis*" des parasitär werdenden *Rentenkapitalismus* ist ein Anzeichen dafür, daß die Stunde des Kapitalismus geschlagen hat und der Übergang zum Sozialismus herannaht.

Die vom Monopolkapitalismus verstärkte Ungleichmäßigkeit der Entwicklung und die zu Kriegen anwachsenden Widersprüche führen aber schließlich auch dazu, daß an der *Peripherie* des ökonomischen Systems die „Kette des Weltkapitalismus" reißen kann, wenn die Bedingungen momentan hierfür günstig sind. Die proletarische Revolution braucht deshalb nicht mehr – wie Marx und Engels gemeint hatten – in den industriell fortgeschrittensten Ländern der Erde zuerst auszubrechen, sie kann auch in rückständigen Ländern – z. B in Rußland – Erfolg haben. Hierin liegt die spezifische Bedeutung der Leninschen Imperialismustheorie für Rußland und die russischen Verhältnisse. Rußland ist einerseits selbst bereits eine imperialistische Macht (die Größe seines Kolonialbesitzes gibt Lenin mit 17,4 Millionen Quadratkilometern an, so daß Rußland dem Flächeninhalt nach als zweite Kolonialmacht gleich nach England kommt), andererseits ist das dort herrschende Finanzkapital zu drei Vierteln in ausländischem (deutschem, französischem und englischem) Besitz, das Land also finanziell vom Ausland abhängig, selbst ein halbkolonialer Staat.

Immer wieder mußte sich Lenin gegen die These russischer und westeuropäischer Marxisten verteidigen, die der Meinung waren, Rußland sei für eine sozialistische Revolution wegen seiner mangelnden Industrialisierung und des zahlenmäßig geringen, wenig kultivierten Proletariats noch nicht „reif". In seinen Bemerkungen „Zu den Aufzeichnungen Suchanows" schreibt er 1923:

„‚Rußland hat in der Entwicklung der Produktivkräfte noch nicht die Höhe erreicht, bei der der Sozialismus möglich wäre!' Mit diesem Leitsatz machen alle Helden der II. Internationale ... geradezu Staat. Diesen unbestreitbaren Satz käuen sie auf tausenderlei Art wieder, und es scheint ihnen, daß er für die Beurteilung unserer Revolution entscheidend sei. Wie aber, wenn Rußland durch die Eigentümlichkeit der Situation erstens in den imperialistischen Krieg gestellt wurde, in den alle einigermaßen einflußreichen westeuropäischen Länder verwickelt waren, und Rußlands Entwicklung an der Grenze der beginnenden und teilweise bereits begonnenen Revolution des Ostens in Verhältnisse gesetzt wurde, in denen wir gerade jene Vereinigung des ‚Bauernkrieges' mit der Arbeiterbewegung verwirklichen konnten, von der ... Marx im Jahre 1856 in bezug auf Preußen geschrieben hat? Wie aber, wenn die völlige Ausweglosigkeit der Lage, die Kräfte der Arbeiter und Bauern verzehnfachend, uns die Möglichkeit eröffnete, auf einem anderen Wege daran zu gehen, die grundlegenden Voraussetzungen der Zivilisation zu schaffen, als in allen übrigen westeuropäischen Staaten? Hat sich dadurch die allgemeine Linie der Weltgeschichte verändert? ... Wenn zur Schaffung des Sozialismus ein bestimmtes Kulturniveau notwendig ist ..., warum sollten wir also nicht zuerst damit anfangen, auf revolutionärem Wege die Voraussetzungen für dieses bestimmte Niveau zu erkämpfen und *dann* erst, auf der Grundlage der Arbeiter- und Bauernmacht und der Sowjetordnung, vorwärtszuschreiten und die anderen Völker einzuholen." (*Lenin, in: Studienausgabe, 1970, Bd. II, S. 248f.*)

Die Imperialismustheorie lehrt also:

1. daß die demokratisch-evolutionistische (revisionistische) Form des Sozialismus eine Folge der Bestechung der „Arbeiteraristokratie" durch die imperialistische Kapitalistenklasse darstellt, die „Zweite Internationale" also von bewußten oder unbewußten „Agenten der Bourgeoisie innerhalb der Arbeiterbewegung" geführt wird;

2. daß die Bevölkerungsmehrheit der kolonialen und halbkolonial-abhängigen Staaten zu natürlichen Verbündeten des revolutionären Proletariats wird und dessen Kampf unterstützen muß;

3. daß die Kette des Weltkapitalismus auch an der Peripherie – in relativ zurückgebliebenen Ländern wie z.B. Rußland – reißen kann und daß es hierzu nicht notwendig ist, auf einen bestimmten ökonomischen und kulturellen „Reifegrad" zu warten;

4. daß die revolutionäre Arbeiterklasse und ihre Partei immer mehr vor die Alternative gestellt sind, den bereits in Fäulnis übergehenden *imperialistischen Kapitalismus* durch eine gewaltsame Revolution *zu beseitigen* oder mit ihm *unterzugehen*.

Auf diesen letzten Punkt drängten die politischen Gedanken Lenins immer nachdrücklicher hin. Im Unterschied zu Marx und Engels begnügte sich Lenin aber nicht damit, die heraufkommende Revolution als notwendig nachzuweisen,

67

er *organisierte* sie auch und führte sie schließlich durch. Und hier – in seiner Eigenschaft als Stratege und Taktiker der Revolution – liegt zweifellos Lenins Hauptstärke.

B. Die Partei neuen Typs

a) *Die Aufgabe der Intellektuellen*

Der große Leitgedanke, der durch alle Arbeiten, Aufrufe und Reden Lenins vor der Oktoberrevolution hindurchgeht, ist die Verstärkung der Revolutionsbereitschaft, der revolutionären Entschlossenheit in der europäischen und besonders in der russischen Arbeiterbewegung. Diesem Gedanken sind alle anderen Erwägungen untergeordnet. In einer seiner frühesten Schriften, die unter dem (einem gleichnamigen Roman von Tschernyschewskij nachgebildeten) Titel „*Was tun?*" 1902 erscheint, setzt sich Lenin mit dem „Trade-Unionismus" und der „Nachtrabpolitik" russischer Marxisten auseinander, denen er „Handwerkelei" und das Außerachtlassen des Endziels der Revolution zum Vorwurf macht.

Der „spontane Aufschwung" der Arbeiterschaft, auf den seine revisionistischen Gegner allein bauen wollten, stellt nach Lenin „nur die Keimform der (revolutionären) Bewußtheit" dar, dieser Keim aber kann sich *selbständig,* automatisch *nicht entwickeln,* er bedarf, um sich zu entfalten, einer *von außen* kommenden Erziehung:

„Die Geschichte aller Länder zeugt davon, daß die Arbeiterklasse aus eigenen Kräften nur ein trade-unionistisches Bewußtsein herauszuarbeiten vermag, d. h. die Überzeugung von der Notwendigkeit, sich in Verbänden zusammenzuschließen, einen Kampf gegen die Unternehmer zu führen, der Regierung diese oder jene für die Arbeiter notwendigen Gesetze abzutrotzen u. a. m. Die Lehre des Sozialismus ist hingegen aus den philosophischen, historischen und ökonomischen Theorien hervorgewachsen, die von den *gebildeten Vertretern der besitzenden Klassen, der Intelligenz,* ausgearbeitet wurden. Auch die Begründer des modernen wissenschaftlichen Sozialismus, Marx und Engels, gehörten ihrer sozialen Stellung nach der bürgerlichen Intelligenz an." *(Studienausgabe. 1970, Bd. I, S. 59 f.)*

Das „sozialdemokratische Klassenbewußtsein", d. h. das Bewußtsein der revolutionären Aufgabe, der *geschichtlichen Sendung* des Proletariats, kann also nur von außen, von der „Intelligenz", ins empirisch-vorfindliche, spontan lediglich trade-unionistische Proletariat heingetragen werden. Daraus ergibt sich die *Aufgabe* der Intellektuellen, dem Proletariat dieses revolutionäre Klassenbewußtsein zu verschaffen, seinen *politischen* Kampf zu leiten, es über den beschränkten ökonomistischen Horizont seiner Alltagserfahrung hinauszuheben und ihm die allseitigen politischen Zusammenhänge zu enthüllen.

Durch diese seine Theorie von der Notwendigkeit des Hineintragens des sozialdemokratischen Klassenbewußtseins ins Proletariat (die sich auf eine Äußerung Kautskys stützt) gab Lenin den russischen revolutionären Intellektuellen eine klar definierte Aufgabe und befreite sie damit von ihrem gesellschaftlichen Minderwertigkeitskomplex. Zugleich aber forderte und schuf er eine *straffe Organisation*, um diese Intellektuellen und die Arbeiterführer zu einer festgefügten revolutionären Partei zusammenzufassen. Ein Stamm von *Berufsrevolutionären (Studienausgabe, Bd. I, S. 132)* soll gebildet werden: „Die Organisation der Revolutionäre muß vor allem und hauptsächlich Leute erfassen, deren Beruf die revolutionäre Tätigkeit ist. Vor diesem allgemeinen Merkmal der Mitglieder einer solchen Organisation muß *jeder Unterschied zwischen Arbeitern und Intellektuellen,* ganz zu schweigen von beruflichen Unterschieden der einen und der anderen, *vollkommen verwischt werden.* Diese Organisation muß notwendigerweise nicht sehr umfassend und möglichst konspirativ sein." *(Studienausgabe, Bd. I, S. 133)*

b) *Die Organisation der Partei zur revolutionären Avantgarde der Arbeiterschaft*

Für die Heranbildung einer festgeschlossenen Gruppe von Berufsrevolutionären („Volkstribunen") gibt Lenin in der gleichen Schrift noch ins Detail gehende Anweisungen. Die für eine derartige Tätigkeit geeignet erscheinenden Intellektuellen und Arbeiter sollen allmählich auch *finanziell* an die Partei gefesselt und so mit ihrem Schicksal, mit dem Schicksal der Revolution unmittelbar verbunden werden.

Die Organisation dieser Partei selbst muß *geheim* sein (bei der oben geschilderten politischen Unfreiheit) und kann daher keine Rücksicht auf demokratische Grundsätze nehmen *(Studienausgabe, Bd. I, S. 147 f.).* In den Händen der organisatorischen Spitze müssen alle Fäden zusammenlaufen (Zentralismus), und dieser innere Zirkel soll *möglichst klein* sein und lediglich aus Berufsrevolutionären bestehen. Daneben soll es breite Massenorganisationen geben, die möglichst unkonspirativ arbeiten, aber mit der Partei in Verbindung stehen. Der „Generalstab" der Arbeiterklasse soll der Polizei an Schulung nicht nachstehen. Auf dem zweiten Parteitag der sozialdemokratischen Arbeiterpartei Rußlands (SDAPR) kam es 1902 zu einer *Spaltung* in einen revolutionären Flügel unter *Lenin* und einen mehr demokratisch-revisionistischen Flügel unter *Martow.* Anlaß zu dieser Frontbildung waren Organisationsfragen. Während Lenin auf die Schaffung einer straff organisierten zentralistisch geleiteten konspirativen Partei von Berufsrevolutionären hinarbeitete, schwebte Martow und seinen zunächst die Mehrheit bildenden Anhängern eine lockere Organisation vor, der alle revolutionär gesinnten Arbeiter und Intellektuellen beitreten könnten. Der § 1 des von Lenin entworfenen Parteistatuts wurde deshalb nicht angenommen – er lautete: „Als Mitglied der Partei gilt jeder, der ihr Programm anerkennt und die Partei sowohl mit materiellen Mitteln als auch durch die *persönliche Mitarbeit in einer Parteiorganisation* unterstützt." Mit anderen Worten: Lenin wollte nur die aktiven Kämpfer für die Revolution in die Partei aufnehmen, Martow auch das Heer der bloß theoretisch Sympathisierenden. In seiner Schrift „Ein Schritt vorwärts, zwei Schritt zurück" (1904) setzt sich Lenin mit den Auffassungen von

Martow und seinen Anhängern auseinander. Der Parteitag von 1903 endete damit, daß Lenins Gruppe – nach Ausscheiden der jüdischen Sozialdemokraten (der Buntisten) – die Mehrheit (Bolschinstwo) erlangte und bei den Wahlen zum Zentralkomitee der Partei und zum Redaktionsstab der Parteizeitung „Iskra" Erfolge erlangte. Seit dieser Epoche nannte sich der linke, Leninsche Flügel „bolschewistisch" und der rechte unter Martow „menschewistisch". Die Position Martows wurde von Lenin als „Opportunismus in Organisationsfragen" *(Studienausgabe, Bd. I, S. 196f.)* gebrandmarkt. Da das Proletariat keine anderen Waffen im Kampf um die Macht besitze als die Organisation, komme die Aufweichung des organisatorischen Prinzips der Partei einer Selbstentwaffnung gleich. Der Verzicht auf die Forderung persönlicher Mitarbeit in einer Parteiorganisation komme lediglich den Wünschen individualistischer bürgerlicher Intellektueller entgegen, die durch ihre „Unfähigkeit zur Disziplin und Organisation" gekennzeichnet seien. Die notwendige Selbsterziehung im Geiste der *Organisation und Disziplin* könne aber nur durch eine straffe zentralistische Führung gewährleistet werden. Klare Unterordnungsverhältnisse der lokalen Stellen unter die Zentrale – Zentralkomitee bzw. Parteitag *(Studienausgabe, Bd. I, S. 150f.)*, Unterordnung der Minderheit unter die Mehrheit, keine Wählbarkeit von unten (wegen der faktischen Unmöglichkeit von Wahlen unter dem zaristischen Regime), so lauteten die Forderungen, die Lenin stellte und für deren Erfüllung er gegen die menschewistisch-demokratische Opposition in den nächsten Jahren kämpfte. In der Geschichte der KPdSU wird betont, daß Lenin mit dieser Schrift (von 1904) die „Organisationsgrundlagen der bolschewistischen Partei" schuf und als erster die „Lehre von der Partei ... als der führenden Organisation des Proletariats" ausarbeitete *(Geschichte der KPdSU, Kurzer Lehrgang. Stuttgart 1952, Verlag Das Neue Wort, S. 66)*. Die Partei erscheint bei Lenin als der straff organisierte und disziplinierte *Vortrupp* (Avantgarde) des revolutionären Proletariats, das Offizierskorps der Bürgerkriegsarmee.

Nach der (vorübergehenden) Gewährung von Versammlungs-, Presse- und Koalitionsfreiheit durch den Zaren im Jahre 1905 erklärte Lenin in einem Artikel „Über die Reorganisation der Partei" ausdrücklich, daß „unter den neuen Verhältnissen zum Wahlprinzip übergegangen werden müsse" *(Studienausgabe, Bd. I, S. 232ff.)*. In der späteren Schulungsarbeit der Partei nach Lenins Tod wurden aber einseitig die Schrift *„Was tun?"* und die anderen organisationstheoretischen Äußerungen Lenins vor 1905 betont und die Tatsache, daß diese Schriften stets von den Bedingungen der Illegalität im zaristischen Rußland ausgehen, bei der Interpretation vernachlässigt. Gerade der Aufsatz von 1905 macht jedoch deutlich, wie wenig doktrinär Lenin im Grunde auch auf diesem Gebiet war. Der Leninismus ist ein Produkt der Epigonen (Trotzki, Stalin etc.).

Ein Lenin-Zitat, das in den Mitgliedsbüchern der Kommunistischen Partei Deutschlands abgedruckt war, veranschaulicht am besten, was der Schöpfer dieser Partei „neuen Typs" unter einem revolutionären Vortrupp verstand: „Der Unterschied zwischen dem Vortrupp und der übrigen Masse der Arbeiterklasse, zwischen den Parteimitgliedern und den Parteilosen, kann nicht verschwinden, solange die Klassen nicht verschwunden sind, solange das Proletariat durch anderen Klassen entstammende Leute aufgefüllt wird, solange die Arbeiterklasse als Ganzes nicht die Möglichkeit hat, sich auf das Niveau des Vortrupps zu erheben. Aber die Partei würde aufhören, die Partei zu sein, wenn dieser Unterschied sich in Trennung verwandelte, wenn sie sich einkapselte und von den parteilosen Massen losrisse. Die Partei kann die Klasse nicht führen, wenn sie nicht mit den parteilosen Massen verbunden ist, wenn es keinen Zusammenschluß zwischen der Partei und den parteilosen Massen gibt, wenn diese Massen ihre Führung nicht akzeptieren, wenn die Partei bei den Massen keinen moralischen und politischen Kredit hat." In dieser Formel kommt auch deutlich die Abgrenzung zum Ausdruck, die Lenin gegenüber den terroristischen Verschwörerorganisationen vornahm, die mit einer kleinen Minderheit *allein* die bestehenden Verhältnisse umstürzen wollten. Die Stärke seiner Parteikonzeption beruht gerade auf der *Verbindung* von straffer Verschwörerorganisation und weitreichender legaler und illegaler Wirkung. Die Partei macht die Revolution nicht allein, sondern stützt sich auf die geeigneten gesellschaftlichen Kräfte – in erster Linie auf das Proletariat –, aber auch auf Bundesgenossen aus anderen Klassen. Wie stark aber dennoch der Partei-Aristokratismus Lenins war, das geht aus einer bemerkenswerten Äußerung hervor, die er 1917 gemacht hat: „Rußland", so sagte er, „war gewöhnt, von 150 000 adligen Großgrundbesitzern regiert zu werden, warum können nicht 240 000 Bolschewisten die gleiche Aufgabe übernehmen?"

C. Zur Strategie und Taktik der Revolution in Rußland

a) *Die Theorie der Klassenbündnisse*

So unerbittlich Lenin in Organisationsfragen und – wie wir noch sehen werden – in Fragen der Reinerhaltung der revolutionären Weltanschauung war –, so beweglich und geschmeidig erwies er sich auf dem Gebiet der Taktik, besonders in der Frage der Klassenbündnisse.

Niemals darf die Geschlossenheit der Parteiorganisation und die Einheitlichkeit ihrer weltanschaulichen Grundlage angetastet werden, aber gerade diese konsequente Festigkeit macht das Eingehen von Bündnissen für taktisch begrenzte Ziele möglich und ungefährlich. Bei allen Klassenbündnissen, die das revolutionäre Proletariat unter Führung der Leninschen Partei eingeht, ist es selbst immer die entschiedenste revolutionäre Kraft, weil die proletarische Revolution die denkbar radikalste ist. Für bestimmte, begrenzte Ziele auf seinem Wege kann und muß sich das Proletariat jeweils mit denjenigen Klassen verbinden, die für den Augenblick gemeinsame Interessen mit dem Proletariat haben. Das für den Sieg der Oktoberrevolution entscheidende Klassenbündnis war das von Arbeitern und *Bauern*. Deshalb erschien schon im ersten Programm der SDAPR von 1903 die Forderung nach Rückgabe des den Bauern entrissenen Bodens (der Bodenabschnitte der „Otreski") und später unter den Bedingungen der politischen

Konkurrenz der Bolschewiki mit den Agrarsozialisten (den Sozialrevolutionären = S. R.) sogar die Forderung nach restloser Enteignung des Großgrundbesitzes und Verteilung des Grund und Bodens an die landlosen und landarmen Bauern. Nur durch dieses Klassenbündnis mit den Bauern, die – wie wir wissen – die überwältigende Mehrheit der russischen Bevölkerung ausmachten, konnte das kleine russische Proletariat bzw. die Leninsche Partei die Revolution siegreich durchführen. Die Oktoberrevolution wurde also mit zwei gegensätzlichen Programmpunkten durchgeführt: Vergesellschaftung des industriellen und private Aufteilung des agrarischen Besitzes an den Produktionsmitteln. Paradoxerweise wurde die sozialistische Revolution aufgrund der Verteilung von Privateigentum konsolidiert. Aber die Führer der kommunistischen Partei sahen diese Landaufteilung immer nur als ein momentan-notwendiges Zugeständnis an die „zurückgebliebene Klasse" der Bauern an und überführten etwa zehn Jahre später dieses Privateigentum in „sozialistisches Eigentum" (genossenschaftliches Eigentum der Kolchosen). Auf diese zweite Revolution werde ich im III. Teil dieser Arbeit zu sprechen kommen.

Die Theorie des Klassenbündnisses hat heute noch eine besondere Bedeutung für die Kolonien und halbkolonialen Gebiete. Dort muß es aufgrund des gemeinsamen Gegensatzes gegen die ausbeutenden imperialistischen Industriestaaten zu einem Zusammenschluß von Proletariat, Bauerntum und „nationaler Bourgeoisie" kommen, denn das dringlichste Ziel aller dieser Gruppen ist die Befreiung vom „imperialistischen Joch". In Südamerika, Afrika und Asien spielt diese Theorie heute eine sehr erhebliche praktische Rolle. Die sogenannten „antifaschistischen Blocks" in den verschiedensten Ländern stellen ebenfalls derartige situationsbedingte und von der kommunistischen Partei als vorübergehend gedachte „Klassenbündnisse" dar. Die energische Förderung des gemeinsamen Anliegens einer bestimmten Bevölkerungsgruppe soll – nach Lenins Absicht – von der Partei dazu ausgenützt werden, ihr Ansehen in weiten Bevölkerungskreisen zu festigen, die Bundesgenossen zu überspielen und womöglich im geeigneten Moment als „Verräter" an der gemeinsamen Sache zu entlarven.

b) *Die Diktatur des Proletariats*

Der Punkt, in dem sich Lenin am radikalsten von den Auffassungen des westlichen Marxismus unterscheidet und den er zugleich für den zentralsten hielt, betrifft die Frage nach dem „friedlichen" oder „gewaltsamen" Übergang vom Kapitalismus zum Sozialismus, d.h. nach der „Übergangsphase", die Marx als „Diktatur des Proletariats" gekennzeichnet hat.

In seiner „Kritik des Gothaer Programms" schreibt *Karl Marx*: „Zwischen der kapitalistischen und der kommunistischen Gesellschaft liegt die Periode der revolutionären Umwandlung der einen in die andere. Der entspricht auch eine politische Übergangsperiode, deren Staat nichts andres sein kann als die *revolutionäre Diktatur des Proletariats"(Studienausgabe,1966, Bd.III, S.186)*. Während der führende Theoretiker der deutschen Sozialdemokratie *Karl Kautsky* in seiner

1918 erschienenen Broschüre „Die Diktatur des Proletariats" diese Marxsche Formel lediglich als die Kennzeichnung eines „Zustands" ansah, wie er nach einer siegreichen proletarischen Revolution geschaffen würde, interpretierte ihn Lenin als einen Hinweis auf die Notwendigkeit *gewaltsamer* Unterdrückungsmaßnahmen zugunsten der Aufrechterhaltung und weiteren Durchführung der revolutionären Errungenschaften. Am deutlichsten entwickelte Lenin seine Anschauungen in der ebenfalls 1918 erschienenen Polemik gegen Kautsky (Die proletarische Revolution und der Renegat Kautsky, *Studienausgabe, Bd. II, S.281 ff.*). Kautsky war der Meinung, daß nach einer siegreichen proletarischen Revolution die breiteste Demokratie und eine allgemeine parlamentarische Vertretung keine Gefahr für die Aufrechterhaltung des revolutionär erkämpften Zustands mehr bedeuten würde, sondern im Gegenteil eine feste Stütze der Macht und des Ansehens der Arbeiterpartei. Er argumentierte etwa wie folgt: Da das Proletariat die überwältigende Mehrheit der Bevölkerung bildet und seine revolutionären Maßnahmen im Interesse der Mehrheit trifft, wird ihm auch bei Wahlen jederzeit die absolute Mehrheit zufallen, und zwar je länger es an der Macht ist, um so sicherer. Diese Auffassung erscheint Lenin als gefährlich naiv, und er bezeichnet sie als einen „Rückfall in liberal-demokratische Anschauungen". Für Lenin sind dabei die Fragen des gewaltsamen revolutionären Umsturzes der bürgerlich-demokratischen Staatsmacht und die nach der Errichtung einer neuen proletarisch-demokratischen Staatsmacht nicht zu trennen. Eine prinzipielle Beschränkung des Klassenkampfes auf den Kampf mit dem Stimmzettel hält er für „Verrat an der Sache des Sozialismus und der Revolution". Das allgemeine Stimmrecht sei – schon nach Engels – lediglich „ein Gradmesser der Reife der Arbeiterklasse".

Während für Kautsky die (liberale) Demokratie offenbar zu einer höheren sittlichen Norm wird, der sich notfalls auch das Interesse der Revolution unterzuordnen hat, gilt für Lenin das „Interesse der Revolution" und des Proletariats, wie er es interpretiert, als das letztlich Entscheidende, dem sich alle politischen Maßnahmen und Organisationsformen zu fügen haben.

„Die Diktatur ist eine sich unmittelbar auf Gewalt stützende Macht, die an keinerlei Gesetze gebunden ist. Die revolutionäre Diktatur des Proletariats ist eine Macht, die durch die Gewalt des Proletariats gegenüber der Bourgeoisie erobert wurde und behauptet wird, eine Macht, die an keinerlei Gesetze gebunden ist" (*Studienausgabe, Bd. II, S. 285*). Diese „Diktatur des Proletariats" erweist sich aber – nach Lenin – als notwendig, weil nur durch konzentrierte Machtausübung der Widerstand der Bourgeoisie gebrochen und die schwankenden Mittelschichten mitgerissen werden können. Die „geduckte, unwissende, ungebildete, verängstigte, zersplitterte" Masse befinde sich, wenn man die gesellschaftlichen Kräfte sich selbst überläßt, gegenüber der größeren Erfahrung, besseren Schulung und weitreichenden auswärtigen Unterstützung der Kapitalistenklasse in einer hoffnungslosen Lage. Auch sei es möglich, die Bourgeoisie mit einem Schlage zu expropriieren, und diese könne daher, solange sie über Geldmittel verfügt, den Versuch machen, Angehörige der Arbeiterklasse oder wenigstens der Mittelschichten zu bestechen. Das Proletariat benötige also die Staatsmacht zum Zwecke der Unterdrückung der Bourgeoisie, und diese Staatsmacht *könne* zwar für die Unterdrücker (die Proletarier) mit demokratischen Formen verbunden sein, brauche es aber offenbar nicht und sei keinesfalls an die bisherigen (bürgerlichen) Formen der Demokratie gebunden.

Die „russische Form der Diktatur des Proletariats" sind die „Sowjets", die Lenin dann im Gegensatz zu der Konstituante vom Oktober 1917 als wirkliche Organe der proletarischen Volksmacht herausstreicht. Die von den Bolschewiki veranlaßte Auflösung dieser Konstituante am 6. Januar 1918 war der Anlaß zu Kautskys Gegenschrift gewesen. Lenin rechtfertigt sich gegen den Vorwurf, er habe die Konstituante erst dann abgelehnt, als sich herausstellte, daß in ihr keine bolschewistische Mehrheit zustande gekommen war, indem er auf seine Aprilthesen hinweist, die bereits die Forderung: „Alle Macht den Sowjets" enthielten. Diese Forderung hatte allerdings im Frühjahr ihre Spitze gegen eine *andere* Volksvertretung als die im Herbst.

Lenins Ziel war die Durchführung einer proletarischen Revolution in Rußland. Er beruft sich daher bei der Rechtfertigung der Auflösung der Konstituante darauf, daß deren *Klassenbasis* nicht mehr revolutionär gewesen sei, während die Sowjets den revolutionären Willen der Massen adäquat wiedergegeben hätten. (Auf dem allrussischen Sowjetkongreß vom Januar 1918 hatten die Bolschewiki 61% der Delegierten gestellt. Die Bevölkerung war also seit den Wahlen zur Konstituante wesentlich „radikalisiert" worden.)

Der Übergang vom Parlamentarismus zum Sowjetsystem wird aber von Lenin nicht nur durch revolutionäre Zweckmäßigkeitsgesichtspunkte gerechtfertigt, sondern auch mit der Berufung auf die von Marx bereits hervorgehobene höhere Form des Staates vom Typus der (Pariser) Kommune von 1871, die das Vorbild des ursprünglichen Sowjetstaates bildete.

Ganz im Sinne Lenins hat *Leo Trotzki* 1920 sich mit einer zweiten kritischen Schrift *Karl Kautskys* auseinandergesetzt (*Terrorismus und Kommunismus. Wien 1919).* Er führt Kautskys Verteidigung der „reinen Demokratie" gegenüber dem Vorgehen der Bolschewiken auf die Aufgabe der historischen Denkweise zugunsten einer naturrechtlichen zurück und betont, daß die bürgerlich-parlamentarische Demokratie zwar eine „Maschinerie" sei, die man „in gewissen Grenzen ausnutzen" könne, die aber für den Sozialisten kein „unwandelbares Prinzip" bedeute. „Nirgends und nie habe sich die sozialistische Partei verpflichtet, die Massen nicht anders zum Sozialismus zu führen als durch die Pforten der Demokratie" *(Leo Trotzki, Grundfragen der Revolution. Hamburg 1923, S. 43).* Ebenso wie Lenin weist auch Trotzki auf den illusionären Charakter der bürgerlichen Demokratie hin, die unter dem Schein der Volksherrschaft die Minderheitsherrschaft der Bourgeoisie verstecke. Der ganze Gegensatz zwischen Kautsky und Lenin-Trotzki läßt sich dahin zusammenfassen, daß Kautsky die parlamentarische Demokratie für ein Ideal hält, an dem die Bourgeoisie freilich immer wieder Verrat geübt hat, während sie für Lenin und Trotzki eine historisch ans bürgerliche Zeitalter gebundene, politische Institution ist, die für den neuen proletarischen „Klasseninhalt" sich als ungeeignet erweist und deshalb abgeschafft und durch neue Formen der Volksherrschaft ersetzt werden muß.

c) *Der proletarische Staat, Sozialismus und Kommunismus*

Obgleich über die Bedeutung der revolutionären Strategie und Taktik hinausgehend, kann auch die Leninsche Arbeit über die beiden Stufen der sozialistischen Revolution und die Zukunft des Staates hier behandelt werden. Im Jahre 1917 – unmittelbar vor der Oktoberrevolution – entstand Lenins Schrift „Staat und Revolution", die Antwort auf die Frage nach der Zukunft des Staates nach der Machtergreifung durch die Partei des Proletariats gibt.

Zunächst skizziert Lenin die „wahre Marxsche Lehre vom Staat" *(Studienausgabe, 1970, Bd. I, S. 8ff.)* Der Staat sei nach Marx:

1. ein Produkt der Unversöhnlichkeit der Klassengegensätze, eine *scheinbar über* den Klassen stehende Macht – in Wahrheit ein entfremdetes Produkt dieser (entfremdeten) Gesellschaft selbst;

2. gekennzeichnet durch das stehende Heer und die Polizei (Gefängnisse, Straflager usw.), denn im gleichen Maße, wie sich die Klassengegensätze verschärften, habe auch die öffentliche Gewalt die Tendenz, sich zu verstärken *(a.a.O., S. 11ff.)*;

3. ein Instrument zur Ausbeutung der unterdrückten Klasse *(a.a.O., S. 14ff.)*. Der Staat sei in der Regel der Staat der *ökonomisch* herrschenden Klasse, die mit seiner Hilfe auch politisch herrsche. In Perioden, da die kämpfenden Klassen sich im Gleichgewicht halten, erhalte jedoch die Staatsgewalt als Vermittlerin scheinbare Selbständigkeit (17. bis 18. Jh.);

4. mit der Aufhebung der Klassen überflüssig und werde „absterben" *(a.a.O., S. 16f.)*. Mit der Vulgarisierung dieser Engelsschen These setzt sich Lenin energisch auseinander.

Durch eine ins einzelne gehende Analyse des berühmten Engels-Zitates aus dem Anti-Dühring über das Absterben des Staates weist er nach, daß sich dieses „Absterben" erst auf den *nach*revolutionären proletarischen Staat bezieht – nicht auf den *bourgeois-kapitalistischen,* der nur *gewaltsam* durch die proletarische Revolution „aufgehoben" werden kann. „Das Proletariat *ergreift die Staatsgewalt* und verwandelt die Produktionsmittel zunächst in Staatseigentum ..." Das ist die gewaltsame, revolutionäre Aufhebung des bürgerlichen Staates, an dessen Stelle die Diktatur des Proletariats, der proletarische Staat (oder „Halbstaat") *(a.a.O., S. 17)* tritt. „Der erste Akt, worin der Staat wirklich als Repräsentant der ganzen Gesellschaft auftritt – die Besitzergreifung der Produktionsmittel im Namen der Gesellschaft –, ist zugleich sein letzter selbständiger Akt als Staat. Das Eingreifen einer Staatsgewalt in gesellschaftliche Verhältnisse wird auf einem Gebiet nach dem anderen überflüssig und *schläft* dann *von selbst ein.* An die Stelle der Regierung über Personen tritt die Verwaltung von Sachen und die Leitung von Produktionsprozessen. Der Staat wird nicht ‚abgeschafft', er stirbt ab. " Das ist der allmählich sich vollziehende Prozeß *nach* der proletarischen Revolution. Der *Zeitpunkt* dieses Absterbens kann in keiner Weise heute schon bestimmt werden, es wird sich „bekanntlich um einen langwierigen Prozeß handeln" (*Studienausgabe, Bd. II, S. 69. Vgl. auch S. 75, 84*).

Zwischen Kapitalismus und Kommunismus liegt – nach Marx (Kritik des Gothaer Programms 1890–91) – eine Periode der revolutionären Umwandlung, der als politische *Übergangsperiode* die *Diktatur des Proletariats* entspricht. Diktatur des Proletariats, das bedeutet für Lenin „die Organisierung der *Avantgarde* der Unterdrückten zur herrschenden Klasse zwecks Niederhaltung der Unterdrücker" *(a. a. O., S. 72)*. Sie bringt erstmalig für die große Mehrheit der Bevölkerung „Demokratismus", zugleich aber Unterdrückung für „Unterdrücker, Ausbeuter und Kapitalisten", deren Widerstand gewaltsam gebrochen werden muß. Aber diese „Unterdrückung" – meint Lenin – werde eine „verhältnismäßig leichte, einfache und natürliche Sache" sein und „viel weniger Blut kosten ... als die Unterdrückung von Aufständen der Sklaven, Leibeigenen und Lohnarbeiter" *(a. a. O., S. 74)*. Im Gegensatz zu allen bisherigen Staaten werde unter der Diktatur des Proletariats die Mehrheit über die Minderheit, nicht die Minderheit über die Mehrheit herrschen. Der so geschaffene sozialistische oder proletarische Staat werde im übrigen „nicht der übliche parlamentarisch-bürgerliche Staat, sondern ein Staat ohne stehendes Heer, ohne eine gegen das Volk gerichtete Polizei, ohne ein über das Volk gestelltes Beamtentum" sein *(Lenin, Über die Aufgaben des Proletariats in der gegenwärtigen Revolution. Aprilthesen, Nr. 5. Studienausgabe, Bd. I, S. 385)*. Wenn dann die von der kapitalistischen Ausbeutung und ihrer seelenvergiftenden Wirkung befreiten Menschen sich gewöhnt hätten, die „elementaren, von alters her bekannten und seit Jahrtausenden in allen Vorschriften gepredigten Regeln des Zusammenlebens einzuhalten, sie *ohne Gewalt*, ohne Zwang, ohne Unterordnung, ohne den besonderen Zwangsapparat, der sich Staat nennt, einzuhalten", dann werde der Staat wirklich absterben können, er wisse freilich nicht, wie rasch.

Die Entwicklung von der proletarischen Revolution bis zum Kommunismus vollzieht sich unter sozialökonomischem Gesichtspunkt in *zwei Etappen:* die erste ist der „Sozialismus", die zweite der eigentliche „Kommunismus".

1. *Der Sozialismus.* Nach der Vergesellschaftung des Eigentums an den Produktionsmitteln werden die Arbeiter nicht – wie das utopische Sozialisten wollten – den „vollen Arbeitsertrag" erhalten, sondern (nach Marx) nur das, was nach Abzug eines Reservefonds für die Ausdehnung der Produktion, den Ersatz der Maschinen, Bau von Schulen, Krankenhäusern, Straßen usw. übrigbleibt. Die Verteilung dieses Ertrages erfolgt aber nach dem „Prinzip der Gleichheit" – gleicher Lohn für gleiche Arbeit –, damit aber natürlich auch ungleicher Lohn für ungleiche Arbeit. Diese formalrechtliche Gleichheit bedeutet konkrete Ungleichheit, weil sie ungleiche Individuen mit gleichem Maßstab mißt („der eine ist stärker, der andere schwächer, der eine verheiratet, der andere nicht, der eine hat mehr Kinder als der andere usw."). Damit besteht faktisch noch „Ungerechtigkeit", aber die schreiendste Ungerechtigkeit: die Ausbeutung des Menschen durch den Menschen (aufgrund des Privateigentums an den Produktions-

mitteln) ist aufgehoben. Die ungerechte Verteilung des Besitzes der Produktionsmittel ist beseitigt, die ungerechte Verteilung der Konsummittel bleibt in bestimmten Grenzen bestehen, weil der Konsumtionsfonds der Gesellschaft noch nicht ausreicht, um *alle* mit allen Gütern ausreichend zu versorgen. Damit ist auch der Staat als Regulator und Garant der formalbürgerlichen Rechtsordnung noch nötig.

2. *Der Kommunismus.* Nachdem die „knechtische Unterordnung der Individuen unter die Teilung der Arbeit, damit auch der Gegensatz geistiger und körperlicher Arbeit, verschwunden ist; nachdem die Arbeit nicht nur Mittel zum Leben, sondern selbst das erste Lebensbedürfnis geworden; nachdem mit der allseitigen Entwicklung der Individuen auch die Produktionskräfte gewachsen sind und alle Springquellen des genossenschaftlichen Reichtums voller fließen – erst dann kann der enge bürgerliche Rechtshorizont ganz überschritten werden und die Gesellschaft auf ihre Fahnen schreiben: „*Jeder nach seinen Fähigkeiten, jedem nach seinen Bedürfnissen*" (Marx, *Kritik des Gothaer Programms. Marx, Studienausgabe, Bd. III, S. 180; zit. bei Lenin, Studienausgabe, Bd. II, S. 78).* Dann kann der Staat endgültig absterben und die wahre Freiheit verwirklicht werden. „Solange es einen Staat gibt, gibt es keine Freiheit. Wenn es Freiheit geben wird, wird es keinen Staat geben" *(Lenin, a.a.O.).*

Zunächst – nach der proletarischen Revolution – wird die „gesamte Gesellschaft ein Büro und eine Fabrik mit gleicher Arbeit und gleichem Lohn sein" *(Lenin, Studienausgabe, Bd. II, S. 83).* Aber das ist nicht der ideale Endzustand, sondern lediglich eine Stufe, „die notwendig ist zur radikalen Reinigung der Gesellschaft von den Niederträchtigkeiten und Gemeinheiten der kapitalistischen Ausbeutung und zum weiteren Vorwärtsschreiten". – „Wenn alle gelernt haben werden, selbständig die gesellschaftliche Produktion zu leiten und sie in der Tat leiten werden, selbständig die Rechnungslegung und Kontrolle über die Müßiggänger und Herrensöhnchen … verwirklichen werden …, dann wird die Notwendigkeit zur Einhaltung der unkomplizierten Grundregeln für jedes Zusammenleben von Menschen sehr bald zur *Gewohnheit* werden …" *(a.a.O., S. 84).*

Offensichtlich hat sich Lenin 1917 die Entwicklung zu einer wirklich freien und sich selbst leitenden Gesellschaftsordnung erheblich leichter vorgestellt, als sie sich dann nachher erwies. Im Gegensatz zu seiner strengen Nüchternheit und Härte bei der Organisation der Revolutionsarmee wurde Lenin beinahe zum Schwärmer, wenn er freiheitliche Zukunftsperspektiven entwarf.

Der Versuch des Aufbaus einer wirklich demokratischen, von breiten Bevölkerungskreisen getragenen Selbstverwaltung wurde zu Beginn der Revolution in den spontan entstandenen Sowjets (Dorf-Sowjets, Fabrik-Sowjets, Soldaten-Sowjets usw.) gemacht, erlitt aber bald – wohl zum Teil wegen der Unfähigkeit der zurückgebliebenen einfachen Bevölkerung, zum Teil auch durch die Konkurrenz der wieder erstehenden staatlichen und der neuen Partei-Bürokratie – vollständigen Schiffbruch. An die Stelle des demokratischen und föderalistischen Aufbaus trat der bürokratische „Zentralismus", der sich zu Unrecht noch demokratisch nannte. Die neue politische Ordnung war aus einer unkritischen Verallgemeinerung der Aufbauprinzipien der Leninschen (konspirativen) Kader-Partei entstanden. Der todkranke Lenin hat in seinen letzten Schriften und Briefen an den Parteitag immer wieder nach Mitteln gesucht, um gegen die wachsende bürokratische Deformation des politischen Lebens in der Sowjetunion zu kämpfen. Die Vermehrung der Mitgliederzahl des Zentralkomitees, die Einführung einer Arbeiter- und Bauern-Kontrolle usw. sollten diesem Zweck dienen, wurden aber von Stalin geschickt zur Festigung seiner Macht als Generalsekretär der Partei umgebogen. In einem Brief an den späteren Trotzkisten Krschianowski hat Lenin einmal davon gesprochen, daß die Einführung eines gesamtsowjetischen Wirtschaftsplans zu einem „bürokratischen Utopia" führen müsse. Diese Äußerung sollte sich als prophetisch erweisen.

D. Lenins Fortbildung des Engelsschen dialektischen Materialismus

Einleitung: Entstehung und Bedeutung des Diamat

Entsprechend der Rolle, welche die Intellektuellen in der russischen sozialistischen Bewegung spielten, und aufgrund der Notwendigkeit, politische Auseinandersetzungen der zaristischen Zensur wegen abstrakt-theoretisch auszutragen, standen weltanschauliche Fragen in Rußland viel mehr im Mittelpunkt als bei den westeuropäischen Marxisten.

Während *Karl Marx,* sich in seinen damals schon veröffentlichten Werken (abgesehen von der „Heiligen Familie") fast ausschließlich mit ökonomisch-politischen Fragen beschäftigt hatte, war Friedrich Engels darum bemüht, die dialektische Methode auch auf die Interpretation der Natur (bzw. der Ergebnisse der Naturwissenschaften) anzuwenden. Sein 1878 erschienenes Werk „*Anti-Dühring"* (Herrn Eugen Dührings Umwälzung der Wissenschaft) stellt geradezu ein populäres Kompendium einer Natur wie Gesellschaft und Geschichte umfassenden materialistischen Weltanschauung dar. Die Schaffung einer derartigen allumfassenden proletarischen Weltanschauungslehre erwies sich als notwendig, weil die Gefahr bestand, daß das Proletariat „ideologisch" verbürgerlichte und – angesichts der immer weiter verzögerten Revolution – sein Klassenbewußtsein und die Klassensolidarität wieder verlor. Zugleich stellte die so formulierte proletarische Weltanschauung eine Art ideologisches Surrogat für die ausstehende politisch-soziale Befreiung dar.

Engels' „*Anti-Dühring"* – ursprünglich nur eine Gelegenheitsarbeit – wurde sehr bald zum weltanschaulichen Grundbuch der Sozialdemokratie und später vor allem auch des Bolschewismus. Während es aber heute für die westeuropäische Arbeiterbewegung und für den demokratischen Sozialismus keine Bedeutung mehr besitzt, wird es von den kommunistischen Parteien immer noch als eine Art zweiter Bibel neben Marx' „*Kapital"* angesehen. Abgesehen von einer populären Zusammenfassung des historischen Materialismus und der Kritik der politischen Ökonomie von Marx (die auch getrennt unter dem Titel „Die Entwicklung des Sozialismus von der Utopie zur Wissenschaft" erschienen ist) enthält das Buch Anwendungen der dialektischen Denkweise auf Ergebnisse naturwissenschaftlicher Forschung. Engels entwirft aufgrund der Hegelschen dialektischen Methode ein monistisches Weltbild, dem freilich die einheitsstiftende spekulative Grundlage, die es bei Hegel besaß, fehlt. Die gesamte Wirklichkeit wird als „Materie und ihre verschiedenen Bewegungsformen" verstanden. Dabei anerkennt Engels – im Gegensatz zum Vulgärmaterialismus (den er als „metaphysisch" ablehnt) – die qualitativen Unterschiede der Seinsbereiche von toter, lebendiger und bewußtseinsfähiger „Materie". Zwischen diesen verschiedenen Wirklichkeitsbereichen vermittelt ein „dialektischer Sprung". Dieser Sprung, der nach Analogie der „Knotenlinie der Maßverhältnisse" in Hegels Logik als ein Umschlagen von quantitativer Veränderung in qualitative gedeutet wird, ermöglicht die (verbale) Aufrechterhaltung des monistischen Materialismus bei gleichzeitiger Anerkennung der qualitativen Differenzen der Seinsbereiche. Dieser berühmte Umschlag „von Quantität in Qualität" ist eine der romantischen Naturphilosophie und Hegel geläufige Art und Weise der *verstehenden Deutung* der Entwicklung in der Natur. Engels aber glaubt es mit einer naturwissenschaftlich positiven Erklärung zu tun zu haben. Die dialektische Interpretation der Natur und ihrer Evolution ermöglicht Engels aber auch, eine Verbindungslinie zwischen dem damals gerade auf dem Höhepunkt seines Ruhmes stehenden Darwin und Marx zu ziehen und damit das Selbstvertrauen des Proletariats zu seiner eigenen Weltanschauung zu verstärken.

Karl Marx hat zwar Engels' Anti-Dühring gelesen und dessen naturphilosophische Passagen gebilligt, er selbst hat seine Arbeit jedoch bewußt auf das Gebiet der Gesellschaft und Wirtschaft beschränkt. Die eigentlich *wissenschaftliche* Leistung von Marx: Die rekonstruierende Darstellung des Systems der reinen kapitalistischen Wirtschaft im „Kapital" ist vollständig unabhängig von einer allgemein-materialistischen und dialektischen Weltanschauung. Das Verhältnis von Methode und „Gegenstand" mußte auf diesem Gebiet notwendig anders aussehen als auf dem der außerhalb der menschlichen Gesellschaft existierenden Natur. Durch die Entwicklung eines Natur und Gesellschaft umfassenden materialistischen Systems wurde dieser Unterschied vielfach verwischt.

An *Friedrich Engels* und an den deutschen Lohgerber *Joseph Dietzgen* (dessen Hauptwerk „Das Wesen der menschlichen Kopfarbeit" 1869 erschien; jetzt Berlin, 1955, mit einer Einführung von G. Mende) knüpfte Lenin in seinem philosophischen Hauptwerk „Materialismus und Empiriokritizismus" (1908) an. In ihm behandelt er die *Erkenntnistheorie des „dialektischen Materialismus"*.

Unter den marxistischen russischen Intellektuellen hatten die im damaligen Deutschland weitverbreiteten philosophischen Richtungen des Empiriokritizismus (von Avenarius und Mach) und des Neukantianismus Eingang gefunden. Diese russischen Marxisten glaubten, einen erkenntnistheoretischen „Materialismus oben" – im Bereich der Gesellschaft und der Geschichte – mit einem erkenntnistheoretischen „Idealismus unten" – im Bereich der Naturwissenschaften und der Naturerkenntnis – verbinden zu können. Lenin war jedoch überzeugt, daß eine solche zweigeteilte Weltanschauung für den revolutionären Marxismus gefährlich werden und zu einer Annäherung an den bourgeoisen Standpunkt führen müsse. In dieser Auffassung wurde er dadurch bestärkt, daß diese Marxisten später meist ins (leninfeindliche) Lager der Revisionisten übergingen. Da *jede* Abweichung vom strengen Materialismus schließlich zum Idealismus führen müsse (auch wenn die Empiriokritizisten glauben, eine mittlere Position einzunehmen), dürfe man auf erkenntnistheoretischem Gebiet keine Abweichung dulden. Da Lenin 1908 noch keine eindeutige und ausschließliche Führungsstellung innehatte, führte seine Polemik nicht zum Ausschluß aller Andersdenkenden, aber die Aufstellung einer verbindlichen marxistischen Erkenntnistheorie stellte doch einen Schritt auf dem Wege zu weltanschaulicher und wissenschaftlicher Dogmatik und Intoleranz dar.

Auffallend ist, wie stark Lenin später auf *Hegel* zurückging. Diese verstärkte Hinwendung zu Hegel hatte drei Hauptmotive: *erstens* bedeutete die Aktivierung des revolutionären Kerns der Marxschen Lehre eine Verstärkung des bewußten und dialektischen (also Hegelschen) Momentes derselben; *zweitens* stellte Hegel einen Bundesgenossen im Kampf gegen den Kantianismus dar; *drittens* konnte man die Hegelsche Dialektik zur materialistischen Deutung der Ergebnisse der modernen Naturwissenschaft (deren Erkenntnisse, wie Lenin meinte, zu gefährlichen idealistischen Folgerungen führen könnten) gut verwenden. Für wie wichtig Lenin das Studium Hegels auch für das Verständnis der ökonomischen und soziologischen Theorien des Marxismus hielt, geht aus einem Aphorismus hervor, der in seinem *philosophischen Nachlaß* enthalten ist: „Man kann das ‚Kapital' von Marx und besonders das erste Kapitel nicht vollkommen begreifen, wenn man nicht die ganze Logik Hegels durchstudiert und begriffen hat. Folglich hat nach einem halben Jahrhundert keiner von den Marxisten Marx begriffen." *(Lenin, Aus dem philos. Nachlaß. Berlin 1949, S. 99)*

Die wichtigsten Grundzüge der von Lenin entwickelten Erkenntnistheorie sind:

a) *Erkenntnistheoretischer Realismus*

Lenin erklärt „die Natur, die Außenwelt für unabhängig von Bewußtsein und Empfindung des Menschen" *(Empiriokritizismus, S. 63),* – das heißt, er steht auf dem Standpunkt des Realismus. Er benutzt jedoch für diesen Standpunkt die Bezeichnung „Materialismus", weil das Wort „Realismus von Positivisten und anderen Wirrköpfen, die zwischen Materialismus und Realismus schwanken, abgenutzt worden" sei *(a. a. O., S. 49f.).* Lenin unterscheidet ausdrücklich einen *philosophischen* und einen *physikalischen* Materiebegriff. Wobei der philosophische nichts anderes besagt, als daß es denkunabhängiges Sein gibt, das vom menschlichen Bewußtsein „kopiert" wird, während der physikalische Materiebegriff den jeweiligen Stand unserer Kenntnis der Struktur der Materie wiedergibt.

80

b) Widerlegung des unerkennbaren „Dings an sich"

Für Kant bezieht sich bekanntlich alle naturwissenschaftlich exakte Erkenntnis lediglich auf das *Reich der Erscheinungen*. Alles, was uns begegnet und was die menschliche Wissenschaft an der Wirklichkeit erfaßt, sind Erscheinungen, die aus dem Zusammenwirken von bloßen Sinnesdaten und menschlichen Anschauungsformen (Raum und Zeit) sowie der Struktur des Bewußtseins entstammenden Kategorien (Denkformen wie Substanz, Kausalität usw.) zustande kommen. Die *„Dinge an sich"*, von denen die uns „affizierenden" Sinnesreize ausgehen, können als solche von uns nie erfaßt werden. In der Behauptung derartiger Dinge an sich erblickte Engels eine *„Schranke des Erkennens"*, ein Eingeständnis menschlichen Unvermögens, gegen das er sich zur Wehr setzte. Engels meint, es sei ja in der Naturwissenschaft möglich, die „Dinge an sich" in „Dinge für uns" zu verwandeln, indem man sie *praktisch* aus ihren Elementen erzeugt (*a.a.O.,* S. 92). Das Engelssche Musterbeispiel hierfür ist die Alizarin-Synthese. Lenin folgert daraus, daß es keinen „prinzipiellen Unterschied zwischen der Erscheinung und dem Ding an sich gibt ..., sondern nur zwischen schon Erkanntem und noch nicht Erkanntem" *(a. a. O.).* *Georg Lukács,* der bedeutendste marxistische Philosoph unserer Zeit, hat darauf hingewiesen, daß diese Engelssche „Widerlegung" Kants auf einer Reihe von Mißverständnissen beruht: „An sich" und „für uns" ist für Hegel keineswegs ein Gegensatz, sondern geradezu eine identische Bezeichnung, das Gegenteil von „an sich" ist „für sich" (d. h. jene Art des Gesetzseins, wo das Gedachtsein des Gegenstandes zugleich das *Bewußtsein des Gegenstandes über sich selbst bedeutet*). (*Lukács, Geschichte und Klassenbewußtsein. Berlin 1923, S. 145*) Kant hat weiter niemals die grenzenlose Erweiterbarkeit unserer Erkenntnis geleugnet, im Gegenteil, seine Kritik besagt lediglich, daß selbst die vollendete Erkenntnis aller Erscheinungen eben immer nur eine solche von Erscheinungen sein würde.

Diese Mißverständnisse von Engels und Lenin erklären sich wohl letztlich daraus, daß beide mehr die *psychologische Wirkung* der Lehre von der Unerkennbarkeit des Dings an sich im Auge hatten als ihren philosophischen Gehalt. Wer die „Dinge an sich" für unerkennbar hält, so meinten sie, der wird seine Erkenntnis (der bloßen Phänomene) für zweitklassig halten und sich nicht trauen, aufgrund dieser minderwertigen Erkenntnis aktiv in das gesellschaftliche Geschehen einzugreifen. In Wirklichkeit *weiß* der Kantianer natürlich, daß alles menschliche Handeln und Arbeiten in der Welt der Erscheinungen – der einzigen, die wir Nennen und erkennen können – erfolgt. Der Kantianer wird bei Lenin zum abwartenden Opportunisten und Ökonomisten. Wer dagegen überzeugt ist, die Wirklichkeit, wie sie „an sich" ist, zu erkennen, der werde getrost und mutig aufgrund dieser Erkenntnis handeln.

c) Erkenntnis als Widerspiegelung der Materie im Bewußtsein

„Die Welt, die sich ewig bewegende Materie, wird von dem sich bewegenden und sich entwickelnden menschlichen Bewußtsein widergespiegelt" (*a. a. O., S. 126*).

In der Erkenntnis kommt es zu einer „Übereinstimmung zwischen dem die Natur widerspiegelnden Bewußtsein und der im Bewußtsein widergespiegelten Natur" (*a.a.O.*). – Über diese einfachste Auffassung vom Wesen der Erkenntnis geht Lenin in seinen Randglossen zu Hegels Logik hinaus, die im philosophischen Nachlaß veröffentlicht worden sind. Dort spricht er von einem dialektischen Prozeß der Annäherung der menschlichen Erkenntnis an die Wirklichkeit, der sich in den drei Stufen sinnliche Wahrnehmung, Vorstellung, Denken (ähnlich wie bei Hegel) vollzieht. Die Erkenntnis wird dabei immer vermittelter und indirekter, gleichzeitig aber durch eben diesen Abstand, durch diesen *Bruch mit der „Spontaneität"* (*Nachlaß, S. 5 f.*) immer *tiefer und umfassender.* „Abstraktionen spiegeln die Natur tiefer, getreuer, vollständiger wider" (als die sinnliche Wahrnehmung und die Vorstellung) (*ebd., S. 85*). Diese Vertiefung der Abbild- und Widerspiegelungstheorie kann man mit der von Lenin hervorgehobenen *Funktion der* (bürgerlichen) *Intellektuellen* bei der Bildung des proletarischen Klassenbewußtseins vergleichen. Wie die abstrakte (Gesetzes-) Erkenntnis die Totalität eines Prozesses besser erfaßt als das unmittelbare, am Sinnlichen haftende Bewußtsein, so ermöglicht die *Distanz* von der besonderen industriellen Tätigkeit, die den Intellektuellen kennzeichnet, die Erfassung der politisch-sozialen Totalität. In beiden Fällen ist es die *Distanz*, die eine vertiefte, umfassendere Erkenntnis (und auf ihrer Grundlage schließlich auch wirksamere, umgestaltende Praxis) ermöglicht.

d) *Das dialektische Verhältnis von absoluter und relativer Wahrheit*

„Das menschliche Denken ist ... seiner Natur nach fähig, uns die absolute Wahrheit, die eine Summe von relativen Wahrheiten ist, zu geben, und gibt sie uns auch. Jede Stufe der Entwicklung der Wissenschaft fügt dieser Summe der absoluten Wahrheit neue Körnchen hinzu; aber die Grenzen der Wahrheit jedes wissenschaftlichen Satzes sind relativ und werden durch die weitere Entwicklung des Wissens entweder weiter oder enger gezogen" (*a.a.O., S. 124*). Die Grenzen der *Annäherung* an die objektive, absolute Wahrheit sind *geschichtlich bedingt* (relativ), die *Existenz* dieser Wahrheit selbst aber ist *unbedingt.* „Geschichtlich bedingt ist jede Ideologie, aber unbedingt ist, daß jeder *wissenschaftlichen* Ideologie die objektive Wahrheit, die absolute Natur entspricht" (*a.a.O., S. 125*).

Bei aller Bedingtheit menschlicher Erkenntnis hält Lenin daran fest, daß diese Erkenntnis (sofern sie „wissenschaftlich" ist) ein Stück Wirklichkeit objektiv wiedergibt und daß jeder Fortschritt der Erkenntnis eine weitere Annäherung an die absolute Erkenntnis darstellt, die freilich letztlich vom unendlichen Prozeß des wissenschaftlichen Fortschritts nicht einzuholen ist. „Das Elektron ist unausschöpflich."

e) *Das Kriterium der Praxis für die Erkenntnis*

Das Kriterium der Praxis für die Richtigkeit der Erkenntnis habe ich schon einmal – bei Erwähnung der Engelsschen „Widerlegung" des Kantschen „Dings an sich" – gestreift; ihm kommt aber im Denken des dialektischen Materialismus eine so zentrale Bedeutung zu, daß ich noch einmal darauf eingehen will. Ausgangspunkt aller marxistischen Gedankengänge über die Bedeutung der Praxis für die Erkenntnis ist die *zweite These* von Marx *über Feuerbach:*

„Die Frage, ob dem menschlichen Denken gegenständliche Wahrheit zukomme, ist keine Frage der Theorie, sondern eine praktische Frage. *In der Praxis* muß der Mensch die Wahrheit, d. h. die Wirklichkeit und Macht, die Diesseitigkeit seines Denkens *beweisen.* Der Streit über die Wirklichkeit oder Nichtwirklichkeit eines Denkens, das sich von der Praxis isoliert, ist eine rein scholastische Frage."

Der Begriff der „Praxis" wird bei Lenin und den sowjetischen dialektischen Materialisten sehr weit gefaßt. Sie verstehen hierunter sowohl das (natur-)wissenschaftliche *Experiment* (wie in Engels' Beispiel vom Alizarin) und die „Praxis der Technik" – wie die politisch-gesellschaftliche Praxis, d. h. in erster Linie die Tätigkeit der marxistisch-leninistischen Partei und der Sowjetregierung. Daß es sich dabei um zwei grundlegend unterschiedliche Formen von Praxis handelt, wird vom dialektischen Materialismus übersehen.

Hannah Arendt hat in ihrem Buch „Vita activa" (1960) diese beiden Arten menschlicher Tätigkeit als *Arbeit* (Herstellen) und *Handeln* unterschieden. Während Arbeit auf die Umgestaltung (Negation) der vorfindlichen Natur ausgeht, bezieht sich Handeln auf den Umgang mit Mitmenschen idealiter im Medium der Gleichheit und Freiheit. Wo dieser Unterschied nicht beachtet wird – und Jürgen Habermas (vgl. *Arbeit und Interaktion; in: Natur und Geschichte, Festschrift f. Karl Löwith. Stuttgart 1967*) hat dieses Versäumnis beim späteren (im Unterschied zum Jenenser) Hegel wie bei Marx festgestellt –, entsteht die Gefahr, daß auch zwischenmenschliche Beziehungen nach dem Modell der Arbeit (bzw. „Technik") gedeutet werden. Das hat verhängnisvolle Folgen für die zwischenmenschlichen Beziehungen. Auf die Beziehung zwischen Menschen angewandt, muß der technische Arbeitsbegriff notwendig zu einem Verfehlen der Person und zu entfremdender Deformation führen.

f) *Parteilichkeit als Garant richtiger Erkenntnis*

„Materialismus", heißt es bei Lenin, „schließt sozusagen die Parteilichkeit in sich ein, da er verpflichtet, bei jeder Bewertung eines Ereignisses *direkt und offen* auf den *Standpunkt einer bestimmten Gesellschaftsgruppe* zu treten" (*Der ökon. Gehalt des Volkstümlertums und seine Kritik im Buche des Herrn Struwe. W. W., Bd. I, S. 380f.-russ.-*). Da im Bereich der geschichtlich-gesellschaftlichen Wirklichkeit eine standpunktfreie Betrachtung unmöglich ist, kann der sogenannte *klassenlose* und „objektive" Standpunkt des Bourgeois in Wahrheit sich selbst und anderen nur seine Subjektivität verdecken, während der Standpunkt des Proletariats bewußt und offen klassengebunden ist.

Der proletarische Klassenstandpunkt hat aber außerdem ein einzigartiges *Erkenntnisprivileg*. Da das Proletariat als letzte geschichtliche Klasse berufen ist, aller Klassenherrschaft und damit aller Ausbeutung des Menschen durch den

Menschen ein Ende zu bereiten, vertritt er keinerlei partikulares Interesse mehr, das ihm den Blick auf die allgemeine Wirklichkeit verstellen könnte. Das Interesse des Proletariats fällt vielmehr *wirklich und für immer* mit dem der Gesamtgesellschaft zusammen. Es ist in einem ähnlichen Sinne die „Menschheitsklasse", wie Fichte einst das deutsche Volk als „Menschheitsvolk" bezeichnet hatte. Proletarischer Subjektivismus ist die Voraussetzung für eine wirklich allgemeingültige historische Erkenntnis und damit für die menschheitliche Befreiungstat der Weltrevolution. *„Je parteiischer* die Wissenschaft ist, desto wahrer und objektiver wird sie, *je härter* und entschlossener wir uns *an den subjektiven Standpunkt des Proletariats* halten, *desto wahrer und objektiver* wird unsere Position sein." Das ist kein Paradoxon, sondern die bloße Konsequenz des geschichtsphilosophischen Ansatzes von Marx: wenn nur der proletarische Standpunkt in der Gegenwart allein Einsicht in den Sinn der weltgeschichtlichen Entwicklung gestattet, verbürgt das entschiedene Festhalten an diesem ausgezeichneten Standpunkt die Objektivität der Erkenntnis.

II. Gesichtspunkte zur Kritik

A. Zur Imperialismustheorie

Der Imperialismustheorie, wie sie von Hilferding und W. I. Lenin entwickelt wurde, steht diejenige *Rosa Luxemburgs* gegenüber, die das imperialistische Stadium des Kapitalismus nicht in erster Linie als Monopolkapitalismus kennzeichnet, sondern durch den Vorstoß des Kapitalismus über seine eigenen Grenzen hinaus ins nichtkapitalistische Milieu – daheim und in Übersee. Im Anschluß an diese andersartige Akzentsetzung kritisiert *Fritz Sternberg* die Leninsche Lehre von der *„Arbeiteraristokratie",* die zur theoretischen Basis der antisozialdemokratischen Politik der westeuropäischen Kommunisten wurde. – Sternberg zeigt, daß zwar das Faktum einer starken Differenzierung der Lebenshaltung innerhalb der Arbeiterklasse zutrifft, daß sich diese Differenzierung aber in einer Periode ständig wachsender durchschnittlicher Reallöhne und in ihrer Schärfe nachlassender Krisen entwickelte. Der „Revisionismus", von dem Lenin behauptete, er werde lediglich von relativ wenigen, „bestochenen" Angehörigen der Arbeiteraristokratie der hochindustrialisierten Länder getragen, hatte – nach Sternberg – in der relativ günstigen Entwicklung der Lage fast der *gesamten* Arbeiterklasse (die sich im Steigen der Löhne, im Anwachsen der Zahl der Beschäftigten und in der geringen Arbeitslosigkeit zeigte) der Industrieländer seine „Massenbasis". Aus dieser breiten sozialen Basis des Revisionismus erklärt sich das Scheitern der kommunistischen Durchdringung des Proletariats, das in seiner qualifizierten Mehrheit in Deutschland sozialdemokratisch blieb, während vor allem die – nach der Weltwirtschaftskrise freilich ständig wachsende – Schicht der Dauererwerbslosen und Lumpenproletarier ihr Heil vom Kommunismus erhoffte. Sternberg wirft Lenin vor, daß er – völlig unmarxistisch – aus der bloßen Tatsache der kolonialen und monopolistischen Surplusprofite schon auf die „Bestechung" einer Arbeiteraristokratie geschlossen habe. Er betont dagegen, daß die Kapitalistenklasse „freiwillig" (aus bloß rationalen Erwägungen, wie Lenin vielleicht als Aufklärer insgeheim annimmt) nicht daran denkt, die Arbeiterschaft besser zu bezahlen. „Surplusprofite *und* verhältnismäßig *günstige Positionen auf den Arbeitsmärkten* sind die Voraussetzung für die lang andauernde Lohnerhöhung gewesen", die für Westeuropa bis 1914 charakteristisch war. Lenins Blindheit für diese Zusammenhänge verführte ihn 1914 dazu, an der nationalen Gesinnung der europäischen Sozialdemokraten zu zweifeln und die Meldung von der Zustimmung der 110 deutschen Sozialdemokraten zu den Kriegskrediten für eine Lüge des deutschen Generalstabs zu halten. Der Versuch der Trennung der Arbeitermassen von ihren revisionistischen Führern mußte notwendig scheitern, solange sich diese – angesichts des steigenden Reallohns – mit ihrer Führung solidarisch fühlten. Anders ausgedrückt: Lenins radikal-revolutionäre Politik erfolgte nicht aufgrund einer Analyse der sozialökonomischen Zusammenhänge des Vorkriegskapitalismus und Imperialismus, sondern seine Analyse des imperialistischen Kapitalismus war von vornherein diktiert durch einen revolutionären Willen, der ihn blind machte für alles, was diesem Willen im Wege stand, und ihn nur das sehen ließ, was ihn in seinem Entschluß bestärken konnte.

Die Verleumdung der demokratischen Sozialisten der westlichen Staaten als „käufliche Lakaien des Monopolkapitalismus" verrät mehr die Wut des fanatischen Revolutionärs, der durch den erfolgreichen Kampf um eine bessere Gesellschaftsordnung die Chancen der Revolution dahinschwinden sieht, als die nüchterne Analyse des Soziologen. Die von kommunistischer Seite den demokratischen Sozialisten zum Vorwurf gemachte „Spaltung der Arbeiterklasse" ist in Wahrheit das Werk der radikalen Revolutionäre, die, statt ihre Energien auf den Kampf um bessere Arbeitsbedingungen, eine gerechte Verteilung des Sozialprodukts und demokratische Mitbestimmung der Werktätigen zu konzentrieren, im Grunde den Standpunkt „je schlimmer, desto besser" vertreten. Fritz Sternberg hat in seinem schon mehrfach erwähnten Buch gezeigt, wie reaktionäre Verteidiger des Kapitalismus und sowjetische Kommunisten im Kampf gegen den demokratischen Sozialismus – ohne es zu wollen – zusammenarbeiten, indem sie glauben machen, der sowjetische „Sozialismus" sei der eigentliche und einzig mögliche.

Schließlich scheint aber auch eine angeblich „sozialistische Sozialstruktur" wie die der Sowjetunion keine Garantie gegen aggressives imperialistisches Verhalten darzustellen, wie die Ereignisse in Ungarn (1956) und in der Tschechoslowakei (1968) erkennen ließen. Es gibt nur zwei mögliche Deutungen dieses Verhaltens, das vor allem auch in der wirtschaftlichen Benachteiligung der Länder des Comecon durch die Sowjetunion zum Ausdruck kommt: entweder man spricht über den Charakter eines sozialistischen Landes ab, dann entfällt aber auch ihr geistiger und politischer Führungsanspruch gegenüber den kommunistischen Parteien – oder aber man muß feststellen, daß auch ein sozialistisches Land imperialistische Politik treiben kann, und dann fällt eins der Hauptmotive zur sozialistischen Umgestaltung der kapitalistischen Gesellschaft fort. Denn es wird ja von den Vertretern des Marxismus-Leninismus immer wieder behauptet, daß nur die Abschaffung des Eigentums an den Produktionsmitteln den internationalen Frieden auf lange Sicht garantieren kann.

Wenn aber Lenin schon die faktischen sozialökonomischen Zusammenhänge des Imperialismus von 1916 einseitig dargestellt hat, so treffen seine Analysen noch weniger auf den *gegenwärtigen* Kapitalismus der hochindustrialisierten Staaten – vor allem der USA – zu.

Der von Marx und Lenin beschriebene Konzentrationsprozeß des Kapitals läßt sich nicht leugnen (vgl. die von Fritz Sternberg gemachten Angaben in „Marx und die Gegenwart"; s. a. diese Arbeit, S. 43), aber trotz dieser unleugbaren Konzentration der *technischen* Apparate und der wirtschaftlichen *Verfügungsmacht* fand eine entsprechende Konzentration des *Eigentums* und des *Einkommens etwa seit 1950 nicht mehr* statt. Im Gegenteil, die Eigentums-Streuung ist in den USA heute größer als vor 50 Jahren, und die Abstände im Einkommen haben sich sogar verringert (*vgl. Teil I: Gesichtspunkte zur Kritik: C. Die Marxsche Kritik der politischen Ökonomie, S. 38 ff.*). Die koloniale Expansionspolitik hat nach dem Zweiten Weltkrieg der politischen Emanzipation der Kolonien Platz gemacht. Aber die *wirtschaftliche* Abhängigkeit und Benachteiligung der unterentwickelten Länder wurden dadurch noch nicht aufgehoben. Als Folge der ungünstigen Produktionsstruktur, der rückständigen Technologie und des heftigen Konkurrenzkampfes auf dem Weltmarkt für Rohstoffe blieben diese Länder im Weltmaßstab immer mehr gegenüber den industrialisierten Staaten zurück. An dieser Lage konnte auch die sogenannte Entwicklungshilfe durch die Metropolen nichts ändern. Versuche, durch internationale *Absprachen* unter den rohstoffproduzierenden Entwicklungsländern die Preissituation zu verbessern, scheiterten. Auf vielen Gebieten erscheinen auch hier industriell fortgeschrittene Länder (wie z. B. Kanada und die USA) als Konkurrenten. Gleichzeitig ist die Zahl der industriell entwickelten Lieferländer für Maschinen und Industrieanlagen relativ klein, so daß unter ihnen leichter Absprachen und gemeinsames handelspolitisches Vorgehen möglich sind. Auch die päpstliche Enzyklika „Progressio Populorum" stellt fest, daß der Abstand zwischen den reichen und den hungernden Völkern der Erde immer größer statt kleiner wird. Die von heutigen Marxisten als Neokolonialismus bezeichnete faktische wirtschaftliche Benachteiligung der Entwicklungsländer im internationalen Handelsverkehr ist aber für die Industriestaaten *heute* kaum noch von Wichtigkeit. Der Handel mit diesen Gebieten macht nur einen relativ geringen Anteil an ihrem gesamten Außenhandel aus, um so wichtiger ist er für die Entwicklungsländer selbst. Ein rascher und entscheidender Wandel zugunsten dieser Länder der Dritten Welt wäre aber nur aufgrund eines vorausgehenden Strukturwandels in den Industriestaaten denkbar. Er würde eine vollständige Umschichtung der staatlichen Investitionen von der Rüstung auf eine – ohne Gegenleistung erfolgende – Entwicklungshilfe erforderlich machen, einer Hilfe, die obendrein darauf berechnet ist, die Entwicklungsländer künftig von Lieferungen der Industrienationen möglichst unabhängig zu machen. Für eine solche Politik werden sich aber kaum politische Kräfte und Parteien einsetzen, die ausschließlich am Wachstumsinteresse ihrer *eignen* (kapitalistischen oder sozialistischen) Wirtschaft orientiert sind. Es ist bemerkenswert, daß auf diesem Gebiet zwischen der Handelspolitik der USA und der Sowjetunion kein großer Unterschied besteht. Lediglich bei Staaten, die aus einem strategischen oder ideologischen Interesse heraus besonders unterstützt werden (wie Südvietnam und Südkorea durch die USA oder Kuba durch die Sowjetunion), liegt der Fall etwas anders. Weit weniger überzeugend wirkt heute Lenins wiederholt vorgebrachte Behauptung, der Imperialismus werde zu einer totalen Vernachlässigung der technischen Entwicklung der Landwirtschaft führen. In Wahrheit ist die amerikanische Landwirtschaft weit moderner und produktiver als die sowjetische, und die von Lenin als charakteristisch für den Imperialismus behauptete Vernachlässigung aller übrigen Industriezweige zugunsten der Schwerindustrie entspricht exakt den Verhältnissen in der Sowjetunion. (Vgl. hierzu die Enthüllungen Chruschtschows über die russische und Gomulkas über die polnische Landwirtschaft.) Die ständige Erweiterung der Absatzmöglichkeiten auf dem „inneren Markt" hat für die USA-Wirtschaft eine entscheidendere Bedeutung als der Export.

Was schließlich die Bedeutung des vom „Finanzkapital" inspirierten „Imperialismus" für die Kriege anlangt, so hat Lenin diese Zusammenhänge zumindest stark vereinfacht.

Der Zweite Weltkrieg hatte zwar – am deutlichsten im Falle des japanischen Expansionskrieges in Südostasien, der zur Herstellung eines von Japan beherrschten riesigen Marktes dienen sollte – imperialistische Motive, kann jedoch nicht allein aus ihnen erklärt werden. In dem gemeinsamen Kampf des kapitalistischen und demokratischen Amerika und der sozialistischen Sowjetunion gegen das kapitalistische und faschistische Deutschland entstand eine Koalition demokratischer und sozialistischer Kräfte, die nicht von ökonomischen Motiven bestimmt wurde. Es scheint so, als ginge es den alliierten Regierungen wirklich um die Erhaltung und Wiederherstellung von demokratischen Verhältnissen und nicht um ökonomische oder Machtinteressen. Während der Periode des „Kalten Krieges", der durch das Vorgehen der Engländer und Amerikaner in Griechenland, wo aus der Widerstandsbewegung eine sozialrevolutionäre Situation entstanden war, und durch die Errichtung einer kommunistischen Parteimonokratie in der ČSSR (1948) entstand, wurden der Antikommunismus im Westen und der Anti-Kapitalismus im Osten vielfach den Machtinteressen der Regierungen dienstbar gemacht. Unter dem Vorwand, auf diese Weise den „Weltkommunismus" bekämpfen zu müssen, führten Frankreich in Algerien und Vietnam, Belgien im Kongo, Holland in Indonesien Krieg, um koloniale Besitzungen und wirtschaftliche Privilegien festzuhalten. Umgekehrt diente die vermeintliche Gefahr einer „kapitalistischen Restauration" der sowjetischen Intervention in Ungarn 1956 und in der ČSSR 1968 als Vorwand.

B. Zur Partei neuen Typs

a) Die Rolle der Intellektuellen

Die von Lenin herausgehobene Bedeutung der Intellektuellen für den revolutionären Kampf war auf die russischen Verhältnisse berechnet. Sie gab den heimatlosen und von sozialen Minderwertigkeitskomplexen geplagten Intellektuellen eine große, begeisternde Aufgabe. Zugleich aber unterwarf Lenin diese Intellektuellen der eisernen Disziplin der Organisation der Berufsrevolutionäre – seiner „Partei neuen Typs". Es ist kennzeichnend für den dogmatischen Marxismus, daß er das „richtige Selbstbewußtsein" des Proletariats theoretisch konstruiert (von Intellektuellen entwickeln läßt), um es dann in das empirisch-vorfindliche Proletariat *hineinzutragen*. Wenn auch Lenin davon spricht, daß „Keime des revolutionären Bewußtseins" schon im Proletariat vorhanden wären, wird ihnen im wesentlichen doch von außen eine neue Lehre beigebracht. Das hat späterhin zur Folge, daß die kommunistische Partei sich in ihren Plänen *nicht* nach den Wünschen des konkreten Proletariats zu richten brauchte, weil sie ja von vornherein „eigentlichen" – „objektiv-richtigen" – Willen kannte. Auch – dann bloß noch Wahlen stellen Gradmesser „der Reife der Arbeiterklasse" dar. Ihrem Ergebnis ist keine Anweisung für eine Änderung der Politik, sondern höchstens für eine Intensivierung von Propaganda und Schulung zu entnehmen.

Lenin hat zwar wiederholt auf die Notwendigkeit der Berücksichtigung der konkreten und aktuellen Interessen der Werktätigen hingewiesen, aber spätestens bei seinen Nachfolgern wurde die unvermeidliche Spannung zwischen theoretischer Einsicht in die langfristig-allgemeinen Interessen des Proletariats (durch die Partei bzw. Parteiführung) und kurzfristig-besonderen Interessen des konkreten Proletariats vernachlässigt und durch das ideologisch legitimierte Diktat ersetzt. Vor allem wurden sehr viele Fragen der Taktik und des Ermessens fälschlich als solche von prinzipieller Bedeutung dargestellt und damit einer breiten und freien Diskussion entzogen. Während der Revolution und der Interventionskriege war das aufgrund des gefährdeten Landes und der Führung unvermeidlich, aber nach der Konsolidierung der Sowjetunion wurde diese Praxis zum Krebsübel, das die Entfaltung einer sozialistischen Demokratie unmöglich machte.

b) Die Organisation der Partei zur revolutionären Avantgarde der Arbeiterschaft

Auch als Organisator seiner Partei war Lenin zweifellos genial. Die straffe zentralistische Führung, die harte Disziplin, die Beschränkung auf einen festgefügten Stamm von Berufsrevolutionären, die Erfassung des ganzen Menschen – bis in sein Privatleben hinein –, all das sind Prinzipien, mit deren Hilfe man gut ein schlagkräftiges Offizierskorps für eine Bürgerkriegsarmee ausbilden kann. Aber die Gewöhnung an die hierarchische Unterordnung und an das Befehlsverhältnis, kurz: der von Lenin selbst zugegebene mangelnde „Demokratismus" innerhalb der Partei erwies sich *nach* der Revolution als eine verhängnisvolle Belastung der jungen Republik. Nachdem das extrem demokratische und föderative Sowjetsystem gescheitert war, mußte sich daher aus den in gleicher Richtung wirkenden Traditionen der leninistischen Partei und des zaristischen Beamtenstaates ein neuer zentralistischer Bürokratismus entwickeln, gegen dessen *Auswüchse* zwar in der Sowjetunion ein unablässiger Kampf geführt wird, dessen *Prinzip* aber bis heute unangetastet bestehenblieb.

Die eiserne Parteidisziplin, die sich auch auf die persönliche Haltung und das Familienleben bezieht, macht noch heute die Stärke kommunistischer Führer in der westlichen Welt aus.

Nach dem Sieg der Partei neuen Typs in der Revolution (oder als Folge einer Befreiung durch die sowjetische Rote Armee, wie in den meisten europäischen Staaten des Ostblocks) bildet sich mehr oder weniger rasch eine privilegierte Führungsschicht, die aus Parteifunktionären, Wirtschaftsleitern und Fachleuten besteht. Innerhalb dieser Schicht bilden im allgemeinen die Parteifunktionäre nicht mehr ein dynamisches, sondern vielfach eher ein konservierendes Element, während die Wirtschaftsfachleute („Technokraten") oft auf Strukturreformen zum Zwecke der Leistungssteigerung des Wirtschaftssystems drängen. Soziologen (wie Christian Ludz) konstatieren in vielen sozialistischen Staaten (besonders auch in der DDR) ein allmähliches Vordringen der Technokraten und erwarten davon nicht nur eine Effizienzsteigerung (die in der DDR zweifellos eingetreten ist), sondern auch eine Verbesserung der internationalen Beziehungen und eine Verringerung der kulturellen Monotonie (vgl. auch Teil III).

Wie sich aus der Diktatur des Proletariats, die von Anfang an die Diktatur der Avantgarde des Proletariats war, allmählich eine Diktatur des ZK, des Politbüros und schließlich des Generalsekretärs der Partei über Partei, Arbeiterschaft und Volk entwickelt hat, werde ich im III. Teil dieser Arbeit zeigen. *Trotzki* hat die mit der Leninschen „Partei neuen Typs" verbundenen Gefahren für die Freiheit schon früh erkannt und in einer 1904 erschienenen Schrift „Unsere politischen Aufgaben" auf sie hingewiesen. Später hat er sich freilich Lenins Auffassung angeschlossen, bis er selbst das Opfer der bürokratischen Unduldsamkeit und der zentralistischen Disziplin der KPdSU wurde.

Gegen die Leninsche Konzeption der Partei als „Avantgarde" des Proletariats wendet sich *Paul Levi* in seiner Einleitung zu Rosa Luxemburgs kritischer Würdigung der „russischen Revolution" (1922). Levi wirft Lenin vor, daß für ihn „das Proletariat in zwei scharf getrennte Teile zerfällt, den einen Teil, der ‚heranzieht', den anderen, der ‚herangezogen' wird, wobei die Verbindung zwischen diesen beiden Teilen, wie das Bild des Heranziehens oder das so häufig gebrauchte Bild des ‚Hebels' zeige, dem Gebiet der Mechanik entnommen" sei. Lenin halte offenbar eine *getrennte* Existenz der Vorhut des Proletariats für möglich und habe keinen Sinn dafür, daß die sozialdemokratische Bewegung eine „selbständige direkte Aktion der Masse" zu organisieren habe. Bezeichnend für Lenins Einstellung sei die Formel für den revolutionären Sozialdemokrat als „des mit der Organisation des klassenbewußten Proletariats verbundenen *Jakobi-*

ners" (a.a.O., S. 31). Die Übertragung dieses aus der bürgerlichen Revolution von 1789 stammenden Begriffs auf die proletarische Revolution hält Levi für einen Anachronismus, der die Eigenart der Arbeiterbewegung entstellt. Denn „tatsächlich sei die Sozialdemokratie ... nicht mit der Organisation der Arbeiterklassen *verbunden,* sondern sei [selbst] *die eigene Bewegung* der Arbeiterklasse" S. 34).

C. Zur Strategie und Taktik der Revolution in Rußland

a) *Die Theorie der Klassenbündnisse*

Diese Theorie ist besonders aufschlußreich, weil sie zeigt, daß eine Zusammenarbeit mit Kommunisten niemals auf einem wirklichen Kompromiß, d. h. einem wechselseitigen Entgegenkommen, beruht, sondern im Grunde auf einem vorübergehenden *„Benützen"* des Bundesgenossen durch die Kommunistische Partei. Ihrer weltanschaulichen Geschlossenheit wegen kann sich die Kommunistische Partei derartige Bündnisse ohne Gefahr leisten, während die lockergefügten demokratischen Parteien leicht durch eine „Volksfront"politik verwirrt werden.

Auch an Lenins Agrarpolitik im Zusammenhang mit seinem Klassenbündnis von Proletariat und Bauernschaft übt Paul Levi im Anschluß an Rosa Luxemburg prinzipielle Kritik. Er brandmarkt vor allem die Zerschlagung des wirtschaftlich „fortgeschrittneren" Großgrundbesitzes und die Schaffung einer großen Schicht von Kleinproduzenten, die aufgrund ihres Klasseninteresse notwendig zu Gegnern des sozialistischen Aufbaus werden müßten. In dieser von Levi 1922 als notwendig prophezeiten Entwicklung liegt bereits die Voraussage der brutalen Terrormaßnahmen, die dann später erforderlich wurden, um den bäuerlichen Kleinbesitzern ihr Eigentum wieder zu nehmen und sie in Sowchosen oder Kolchosen zusammenzuführen. Die gleiche zweistufige Taktik verfolgt die Landwirtschaftspolitik der SED, die 1960 mit der vollständigen Beseitigung des bäuerlichen Privatbesitzes ihr Ziel erreichte.

b) *Die Diktatur des Proletariats*

Der Ausdruck „Diktatur des Proletariats" ist im Grunde sinnlos, weil „das Proletariat" als solches natürlich im technischen keine Diktatur ausüben kann. Es kann sich immer nur um eine Diktatur „im Namen des Proletariats" handeln. Und Lenin gibt das an einer von mir bereits zitierten Stelle selbst zu, wenn er davon spricht, daß es sich bei der Diktatur des Proletariats um „die Organisierung der *Avantgarde* der Unterdrückten zur herrschenden Klasse ..." handelt. Die Avantgarde der Unterdrückten ist die leninistische Partei – *sie* wird also zur herrschenden Klasse – nicht das Proletariat als solches. Die Diktatur des Proletariats ist in Wirklichkeit die Diktatur der Partei(-führung) im *Namen* des Proletariats – im Endeffekt auch über das Proletariat. Diese Diktatur der marxistisch-leninistischen Partei folgt aber auch notwendig aus der revolutionären Ideologie, die auf wissenschaftliche Weise das objektiv richtige proletarische Klasseninteresse glaubt ermitteln zu können und daher die empirischen Proletarier gar nicht mehr nach ihren Wünschen zu fragen braucht, sondern sie zu *führen* und zu *erziehen* hat.

Während Lenin unter der „Diktatur des Proletariats" tatsächlich eine „unmittelbar auf Gewalt begründete Herrschaft, die an keinerlei Gesetze gebunden ist", verstand, faßten andere Marxisten, wie *Rosa Luxemburg,* diese Bezeichnung mehr als eine allgemeine Kennzeichnung der sozialen Machtverhältnisse nach der proletarischen Revolution auf, die sich in verschiedenartigen institutionellen Formen ausdrücken können. Diktatur und Demokratie erscheinen dann keineswegs als Widerspruch, wie ja auch der orthodoxe Marxismus immer wieder betont, daß die Herrschaft der Bourgeoisie (die Diktatur der Kapitalistenklasse) mit einer demokratisch-parlamentarischen Rechtsordnung durchaus verträglich ist.

Als 1917 die Mehrheitsverhältnisse in der Konstituierenden Nationalversammlung Rußlands für Lenins Partei ungünstig waren, löste er die Konstituante kurzerhand auf und erklärte die *Sowjets* als die einzig legitimen Organe der staatlichen Macht. Lenin und Trotzki rechtfertigten diese Maßnahme damit, daß die Konstituante nicht mehr die wirkliche Stimmung des Landes zum Ausdruck bringe und überhaupt ein Parlament in revolutionären Zeiten und gar in einem so großen Lande „zu schwerfällig" sei. Demgegenüber weist Rosa Luxemburg darauf hin, daß es ja möglich gewesen wäre, Neuwahlen zu einer Konstituante, die wirklich die Volksmeinung wiedergab, auszuschreiben, und daß Parlamente keineswegs ewig in dem Zustand, in dem sie sich zur Zeit der Wahl befanden, beharren müssen. Es zeigte sich vielmehr, daß das Parlament in Kontakt mit der öffentlichen Meinung des Landes sich einer Sinnesänderung der Gesamtbevölkerung in einem gewissen Ausmaß anzupassen pflege. Lenin und Trotzki hätten daher mit ihrer Verurteilung des Parlaments als solchem vorschnell und ungerecht gehandelt.

Vollends ungerechtfertigt aber sei die Unterdrückung der Presse-, Vereins- und Versammlungsfreiheit, ohne die „die Herrschaft breiter Volksmassen" (und damit auch des Proletariats) „völlig undenkbar" sei *(Die Russische Revolution, S. 108).* Die Folge der Unterdrückung dieser demokratischen Institution und der demokratischen Freiheiten werde aber zum Verhängnis auch für die Sowjets werden, denn:

„... mit dem Erdrücken des politischen Lebens im ganzen Lande muß auch das Leben in den Sowjets immer mehr erlahmen. Ohne allgemeine Wahlen, ungehemmte Presse- und Versammlungsfreiheit, freien Meinungskampf erstirbt das Leben in jeder öffentlichen Institution, wird zum Scheinkampf, in dem die Bürokratie allein das tätige Element bleibt. Diesem Gesetz entzieht sich niemand. Das öffentliche Leben schläft allmählich ein, einige Dutzend Parteiführer von unerschöpflicher Energie und grenzenlosem Idealismus dirigieren und regieren, unter ihnen leitet in Wirklichkeit ein Dutzend hervorragender Köpfe, und eine Elite der Arbeiterschaft wird von Zeit zu Zeit zu Versammlungen aufgeboten, um den Reden der Führer Beifall zu klatschen, vorgelegten Resolutionen zuzustimmen, im Grunde als eine *Cliquenwirtschaft* – eine Diktatur allerdings, aber *nicht die Diktatur des Proletariats,* sondern die Diktatur einer Handvoll Politiker, d. h. Diktatur im bürgerlichen Sinn, im Sinne der Jakobiner-Herrschaft ...“ (*a. a. O., S. 113).*

Die Abschaffung der Demokratie und ihre Ersetzung durch eine scheindemokratische Minderheitsherrschaft von Parteiführern „im Namen des Proletariats“ muß aber – nach Rosa Luxemburg – auch für den Sozialismus verhängnisvoll werden. Denn für die sozialistische Umwälzung gibt es kein fertiges Reszept, das „weise Führer“ lediglich anzuwenden hätten (eine Auffassung, die der Lenin-Trotzkischen Diktaturthese offenbar zugrunde liege), sondern diese kann lediglich von den arbeitenden Massen selbst aufgrund der von ihnen gemachten Erfahrungen entwickelt werden. Es ist klar, „daß der Sozialismus sich seiner Natur nach nicht oktroyieren, durch Ukasse einführen läßt“ *(S. 110).* Wo aber keine Freiheit herrscht, da kann sich keine wirklich schöpferische Bewegung entfalten. Freiheit aber bedeutet Freiheit für alle, denn „Freiheit nur für Anhänger der Regierung, nur für die Mitglieder einer Partei – mögen sie noch so zahlreich sein – ist keine Freiheit. *Freiheit ist immer Freiheit des Andersdenkenden.* Nicht wegen des Fanatismus der ‚Gerechtigkeit‘, sondern weil all das Belehrende, Heilsame und Reinigende der politischen Freiheit an diesem Wesen hängt und seine Wirkung versagt, wenn die Freiheit zum Privilegium wird“ (S. 109). So konzipiert Rosa Luxemburg in der Polemik gegen Lenin ihren Begriff von einer „Diktatur des Proletariats“, die „das *Werk der Klasse* und nicht einer kleinen führenden *Minderheit im Namen der Klasse* sein wird“ und „auf Schritt und Tritt aus der aktiven Teilnahme der Massen hervorgehen, unter ihrer unmittelbaren Beeinflussung stehen, der Kontrolle der gesamten Öffentlichkeit unterstehen, aus der wachsenden politischen Schulung der Volksmassen hervorgehen“ muß (*S. 117).* Man kann diese Thesen von Rosa Luxemburg für „utopisch“ halten, wie man sich aber auch zu ihrer Realisierbarkeit stellen mag, sie stellen jedenfalls höchst eindringlich den ideologischen Charakter der Leninschen Konzeption der Diktatur des Proletariats heraus.

Die beiden oppositionellen polnischen Kommunisten Modzelewski und Kuron haben in ihrem Brief an die Vereinigte Polnische Arbeiterpartei die Diktatur einer Monopolpartei in Gegensatz zur Klassendiktatur der Arbeiterklasse gestellt: „Wem gehört die Macht in unserem Staat? Einer einzigen, praktisch monopolistischen Partei ... Dieser Zustand wird umschrieben mit dem Begriff der führenden Rolle der Partei, und da die monopolistische Partei sich als die Interessenvertreterin der Arbeiterklasse betrachtet, garantiere deren Macht die Macht der Arbeiterklasse. Wenn wir indes das System nicht nach dem beurteilen, was seine Führer ... sagen, dann müssen wir die Möglichkeit untersuchen, die die Arbeiterklasse hat, die Entscheidungen der Staatsmacht zu beeinflussen. Außerhalb der Partei hat sie keine. Die Partei regiert, die Partei hat das Machtmonopol. Die Arbeiterklasse hat nicht die Möglichkeit, sich zu organisieren, indem sie andere Parteien bildet. Sie kann daher keine anderen Programme formulieren, sie kann nicht für die Durchsetzung anderer Varianten der Verteilung des Volkseinkommens kämpfen, kann sich nicht für andere politische Konzeptionen einsetzen als für das Programm und die Konzeption der Vereinigten Polnischen Arbeiterpartei" (*Offener Brief an die VPAP, Sonderheft der Zeitschrift „Die Internationale"* *II. 1968, S. 11 f.*). Aber auch innerhalb der Partei haben die einfachen Mitglieder – unter ihnen einige hunderttausend Arbeiter – keinerlei Möglichkeit, den Staatsapparat zu beeinflussen: „Der Genosse an der Basis hat das Recht auf seine Meinung, aber es ist ihm untersagt, mit anderen Mitgliedern der Partei, die ebenso denken wie er, auf der Basis eines gemeinsamen Programms organisatorische Verbindungen zu haben. Es ist ihm untersagt, diese gemeinsamen Ideen zu propagieren ... Die Vorbedingung für das Entstehen politischer Initiativen der Massen ist jedoch eine Organisation. Die Masse der Parteimitglieder hat für den eventuellen Versuch, die Entscheidung der ‚Spitze' zu beeinflussen, keine Organisation und ist daher *atomisiert* und ohnmächtig. Die einzige Möglichkeit für politische Initiative liegt damit zwangsläufig bei den Parteiinstanzen und damit *beim Apparat.* Wie jeder Apparat ist er *hierarchisch organisiert.* Die Informationen fließen von unten nach oben, die Entscheidungen von oben nach unten" (*a.a.O., S. 12*).

Von dieser Parteielite würden alle wichtigen Entscheidungen getroffen, und der Klasse als solcher stünden keinerlei Mittel zur Verfügung, ihren Willen zu artikulieren und zur Geltung zu bringen. Da auch die Gewerkschaften von der Parteibürokratie geleitet und des Rechts auf Streik usw. beraubt seien, besitze die „Bürokratie nicht nur die gesamte politische und ökonomische Macht ...", sondern „sei die Arbeiterklasse auch um ihre Mittel zur Selbstverteidigung gebracht worden" (*S. 13*). Aus dieser Analyse und der Erkenntnis der nachteiligen Folgen der bürokratischen Diktatur ziehen die Verfasser des offenen Briefes die Folgerung, daß nur bei Existenz mehrerer Arbeiterparteien und freier Gewerkschaften von einer demokratischen Diktatur der Arbeiterklasse die Rede sein könne (*Programm, S. 68 f.*). Das ist eine auf den Erfahrungen einer langjährigen Praxis beruhende Kritik der leninistischen Parteitheorie. Die Führer der Vereinigten Polnischen Arbeiterpartei reagierten auf diese kritische Herausforderung durch Verhaftungen.

c) *Der proletarische Staat, Sozialismus und Kommunismus*

Die beiden Etappen der Entwicklung zum Kommunismus stellen heute ein höchst brauchbares Mittel der Apologetik dar. Alles Negative an der gegenwärtigen Sowjetgesellschaft wird entweder als Überrest der Vergangenheit oder als notwendiger Mißstand der niedrigeren Stufe der sozialistischen Gesellschaft gedeutet und als Voraussetzung für die künftige, vollkommene kommunistische Gemeinschaftsordnung gerechtfertigt. Dabei werden – nach Lenin – für die Gegenwart sogar Ungleichheiten und Ungerechtigkeiten hingenommen, die in den kapitalistischen Gesellschaften weithin *ausgeglichen* werden (Familien-Lastenausgleich, Kinderzulagen, in Frankreich der Hausfrauenlohn usf.). Während in der westlichen Gesellschaft die ausgesprochen unangenehmen und *unbefriedigenden Berufe relativ hoch bezahlt* werden, weil nur so sich Arbeiter für diese Tätigkeiten finden lassen, ist die Sowjetgesellschaft an solche materiellen Ausgleichszahlungen nicht gebunden. Der Abstand der Spitzengehälter der Direktoren, die zudem an der über das Plansoll hinausgehenden Produktion beteiligt sind, gegenüber den Löhnen einfacher Fabrikarbeiter ist beachtlich, auch wenn er geringer ist als bei den größten kapitalistischen Unternehmungen.

Die von Lenin angenommene Leichtigkeit und Harmlosigkeit der Unterdrückkungsmaßnahmen des Sowjetstaates läßt bis heute noch auf sich warten. Alle drei von ihm schon für den proletarischen Staat als überflüssig bezeichneten Institutionen sind nicht nur vorhanden, sondern spielen sogar eine ausschlaggebende Rolle: das stehende Heer (das größte der Erde), die dem Volk gegenüberstehende Polizei (deren Bezeichnung als „Volkspolizei" an dieser Tatsache nichts ändert) und die über dem Volk stehende mächtige Beamtenschaft. Man hat sogar den Eindruk, daß die polizeilichen Unterdrückungsmaßnahmen in Rußland weit härter sind als in vielen der sogenannten „imperialistischen Staaten". Offenbar hat die „Gewöhnung" an das Leben in der sozialistischen Gesellschaft bislang sehr wenig transformierend gewirkt. Wenn seit 1956 das *Prinzip der „materiellen Interessiertheit"* der einzelnen als eine wertvolle Triebkraft im Produktionsprozeß wieder gepriesen wird, so fragt man sich, wodurch sich dieses Motiv von dem beschimpften „Gewinnstreben" in der kapitalistischen Gesellschaft unterscheidet. Zwar gibt es in der Sowjetunion keine Produktionsmittelbesitzer, aber es gibt Fabrikdirektoren und Werkleiter, die nicht minder an der Steigerung der Arbeitsleistung ihrer Untergebenen interessiert sind als westliche Kapitalisten. Wie groß die von Marx und Lenin selbst vorgesehenen „Abzüge" vom Arbeitsertrag sind, kann man an der hohen Akkumulationsgeschwindigkeit in der sowjetischen Schwerindustrie ermessen. Hier handelt es sich um eine „Ausdehnung der Produktion" durch Einschränkung der Konsumtion (*jede* Produktionsmittelproduktion geht auf Kosten des unmittelbaren Konsums), die in der westlichen Welt deshalb in solchem Ausmaß unmöglich ist, weil dort die Arbeiter an der Produktionssteigerung unmittelbar Anteil haben wollen und diese Beteiligung durch ihre Gewerkschaften auch erzwingen können. Bemerkenswert ist auch, daß die *Produktivität* der einzelnen Arbeitskraft in Rußland seit 1937 nur wenig gewachsen ist (in den USA wuchs sie etwa um 3% je Jahr – also seit 1937 um etwa 54%), die Produktionssteigerung also fast ausschließlich durch Vermehrung der Zahl der Arbeitenden (Frauenarbeit auf dem Lande macht männliche Industriearbeiter frei usw.) erreicht worden ist. Da aber der von den sowjetischen Werktätigen geschaffene „Mehrwert" für den Bau von Anlagen verwendet wird, die (theoretisch) *ihnen selbst* gehören, behaupten die Kommunisten, man könne die noch so intensive Arbeit sowjetischer Werktätiger keineswegs mit der „Sklavenarbeit" der Lohnarbeiter unter dem Kapitalismus vergleichen.

Das Wachstum der sowjetischen Produktion hat sich in den sechziger Jahren erheblich verlangsamt. Gegenwärtig liegt die jährliche Wachstumsrate bei etwa

5,4% und damit noch immer über der amerikanischen von 4 bis 4,5%. Nimmt man die Planziffern für die künftigen Jahre hinzu, dann würde das sowjetische Bruttosozialprodukt im Jahre 1974 mit 547 Milliarden Dollar (gegenüber 1016 Milliarden Bruttosozialprodukt der USA) 54,2% der amerikanischen Höhe (gegenüber 46,4 1965) erreichen. Besonders auffallend ist aber noch immer der Produktivitätsrückstand auf dem Gebiet der Landwirtschaft, der zum Teil durch klimatische Bedingungen, vor allem aber durch unzulängliche Technologie und Düngung erklärt werden muß. Mit einem fast zehnmal größeren Einsatz von Arbeitskräften erreicht die Sowjetunion lediglich 85% des amerikanischen Ausstoßes an Agrarprodukten. Die Rückständigkeit der sowjetischen Landwirtschaft (und des Transportwesens für Agrarprodukte) stellt ein Hauptproblem für die weitere Entwicklung der gesamten Wirtschaft dar.

D. Zu Lenins Fortbildung des dialektischen Materialismus

a) Der erkenntnistheoretische *Realismus* ist keineswegs ein Privileg des „Diamat". Zahlreiche philosophische Schulen (z.B. der Neothomismus, Nicolai Hartmann usw.) vertreten ihn, ohne deshalb „Materialisten" zu sein.

b) Daß das Kantsche *Ding an sich* auf dem Engelsschen Wege nicht widerlegt werden kann, habe ich schon – im Anschluß an Lukács – vermerkt. Im übrigen ist der Kampf des dialektischen Materialismus gegen den heute kaum noch vertretenen Neukantianismus des beginnenden Jahrhunderts ein einfacher Anachronismus. Hinter dem leidenschaftlichen Kampf gegen den „Agnostizismus" Kants verbirgt sich natürlich die Furcht, das Bewußtsein einer beschränkten menschlichen Erkenntnisfähigkeit könnte religiösen Vorstellungen Raum gewähren. Die Religion aber wird als eine imaginäre Befriedigung menschlicher Wünsche und zugleich als eine Projektion irdischer Unfreiheit in den Himmel (Gott der *Herr*), die damit verewigt werde, bekämpft.

c) Die Auffassung der Erkenntnis als „*Widerspiegelung* der Materie im Bewußtsein" führt – konsequent durchdacht – zu zahlreichen Schwierigkeiten, die vom dialektischen Materialismus keineswegs bewältigt worden sind, sondern eher mit Hilfe des Autoritätsglaubens „erledigt" wurden. Es handelt sich hier übrigens um eine sehr alte und überaus naive Deutung des Erkenntnisprozesses. Solche Schwierigkeiten treten vor allem bei der Erkenntnis der sozialen Entwicklung auf. Ernst Bloch hat die Frage aufgeworfen, ob nicht vielleicht Marx und Engels schon den Sozialismus *zu sehr* verwissenschaftlicht hätten. Demgegenüber spricht er von einer *antizipierenden* Funktion des Bewußtseins, das also nicht nur widerspiegelt, was schon da ist, sondern auch das bereits erfassen kann, was erst kommen soll. Nur durch das ahnend-antizipierende Bewußtsein der Menschen lasse es sich erklären, daß sie oft so genau zu sagen vermögen, daß dies und jenes *nicht* das Erhoffte und Erwartete ist. Karl Marx hat einmal gesagt, daß Wissenschaft überflüssig wäre, wenn Erscheinung und Wesen zusammenfielen. Das Wesen eines sozialen Gebildes (wie der kapitalistischen Wirtschaft) gewinnt man nicht auf dem Wege einer „Widerspiegelung", sondern durch eine Anzahl von Erkenntnisschritten, zu denen die Analyse in Teilzusammenhänge und die dialektische Rekonstruktion des Ganzen gehören.

d) Die Dialektik von *relativer und absoluter Wahrheit* sucht die Perspektivität der (historisch bedingten) menschlichen Erkenntnis mit ihrer objektiven (absoluten, d. h. vom Subjekt abgelösten) Wahrheit zu versöhnen. Bemerkenswert ist, daß Lenin – im Gegensatz zu Hegels Dialektik der Totalität – einen *unendlichen Progreß* der menschlichen (wissenschaftlichen) Erkenntnis lehrt. Dieser Glaube entspricht dem positivistischen Fortschrittsglauben, der von den meisten Anhängern einer „naturwissenschaftlichen Weltanschauung" geteilt wird und vom Modell des Fortgangs der Naturwissenschaften und der Technik (vgl. *Alfred Webers* „Zivilisationsprozeß").

e) Das *Kriterium der Praxis* ist einerseits ein Allgemeinplatz der experimentellen Naturwissenschaften, kann aber andererseits auf rein politischem Gebiet höchst gefährliche Konsequenzen zeitigen. Da sich von verschiedenen politischen Plänen immer nur einer zugleich durchsetzen läßt, ist ein „Vergleich" aufgrund des Kriteriums der Praxis nicht möglich, zumal wenn die Gruppe der Machthaber nicht wechselt und daher stets nur die an der Macht Befindlichen diesen „Beweis" antreten können. Mit Hilfe brutaler Gewalt hat Stalin die Kollektivierung der Landwirtschaft durchgeführt und damit den „Beweis" für die „Wahrheit", seiner Theorie erbracht, daß die Zeit hierfür „reif" war. Aber ebensogut könnte man einwenden, daß die noch heute unzulängliche landwirtschaftliche Produktion und der hartnäckige Widerstand der Bauern seinerzeit den „praktischen Beweis" für die Verkehrtheit dieser Theorie oder jedenfalls des gewählten Zeitpunktes erbracht haben. Das Kriterium der Praxis ist auf politischem Gebiete zweideutig und läuft schließlich auf den gefährlichen Satz hinaus: „Wer Erfolg hat, hat recht." Erfolg aber kann nur der Machthaber erringen. Wo die Macht ist, wäre damit auch das Recht.

III. Texte

A. Zur Imperialismustheorie

Wir haben gesehen, daß der Imperialismus seinem ökonomischen Wesen nach Monopolkapitalismus ist. Dadurch allein schon ist die historische Stelle des Imperialismus bestimmt, denn das Monopol, das auf dem Boden der freien Konkurrenz und eben aus der freien Konkurrenz erwächst, bedeutet den Übergang von der kapitalistischen zu einer höheren ökonomischen Gesellschaftsformation. Es sind insbesondere vier Hauptarten der Monopole oder Haupterscheinungen des Monopolkapitalismus hervorzuheben, die für die in Betracht kommende Epoche charakteristisch sind.

Erstens: Das Monopol ist aus der Konzentration der Produktion auf einer sehr hohen Stufe ihrer Entwicklung erwachsen. Das sind die Monopolverbände der Kapitalisten: die Kartelle, Syndikate und Truste ...

Zweitens: Die Monopole haben in verstärktem Maße zur Besitzergreifung der wichtigsten Rohstoffquellen geführt, besonders in der ausschlaggebenden – und am meisten kartellierten – Industrie der kapitalistischen Gesellschaft: der Kohlen- und Eisenindustrie. [Das] ... hat den Gegensatz zwischen der kartellierten und nichtkartellierten Industrie verschärft.

Drittens: Das Monopol ist aus den Banken erwachsen. Diese haben sich aus bescheidenen Vermittlungsunternehmungen zu Monopolisten des Finanzkapitals gewandelt ... Eine Finanzoligarchie, die ein dichtes Netz von Abhängigkeitsbeziehungen über ausnahmslos alle ökonomischen und politischen Institutionen der modernen bürgerlichen Gesellschaft spannt, das ist die krasseste Erscheinungsform dieses Monopols.

Viertens: Das Monopol ist aus der Kolonialpolitik erwachsen. Die zahlreichen „alten" Motive der Kolonialpolitik bereicherten das Finanzkapital noch mit dem Kampf um Rohstoffquellen, um Kapitalausfuhr, um „Einflußsphären" – d. h. um Sphären für gewinnbringende Geschäfte, Konzessionen, Monopolprofite usw. – und schließlich um das Wirtschaftsgebiet überhaupt ... Als [gegen 1900] neun Zehntel Afrikas bereits besetzt waren, da begann unvermeidlich die Ära des monopolistischen Kolonialbesitzes und folglich auch eines besonders verschärften Kampfes um die Teilung und Neuverteilung der Welt.

Wie sehr der monopolistische Kapitalismus alle Widersprüche des Kapitalismus verschärft hat, ist allgemein bekannt. Es genügt, auf die Teuerung und auf den Druck der Kartelle hinzuweisen. Diese Verschärfung der Gegensätze ist die mächtigste Triebkraft der geschichtlichen Übergangsperiode, die mit dem endgültigen Sieg des internationalen Finanzkapitals ihren Anfang genommen hat.

Monopol, Oligarchie, die Bestrebung nach Herrschaft statt nach Freiheit, die Ausbeutung einer immer größeren Anzahl kleiner oder schwacher Nationen durch ganz wenige reiche oder mächtige Nationen – all das erzeugte jene Merkmale des Imperialismus, die uns veranlassen, ihn als parasitären oder in Fäulnis begriffenen Kapitalismus zu kennzeichnen. Immer plastischer tritt als eine Tendenz des Imperialismus die Bildung des „Rentnerstaates", des Wucherstaates hervor, dessen Bourgeoisie in steigendem Maße von Kapitalexport und „Kuponschneiden" lebt. Es wäre ein Fehler zu glauben, daß diese Fäulnistendenz ein rasches Wachstum des Kapitalismus ausschließe; durchaus nicht: einzelne Industriezweige, einzelne Schichten der Bourgeoisie und einzelne Länder offenbaren im Zeitalter des Imperialismus mehr oder minder stark bald die eine, bald die andere dieser Tendenzen. Im großen ganzen wächst der Kapitalismus bedeutend schneller als früher, aber dieses Wachstum wird nicht nur im allgemeinen immer ungleichmäßiger, sondern die Ungleichmäßigkeit äußert sich auch im besonderen in der Fäulnis der kapitalkräftigsten Länder (England).

W. I. Lenin, Der Imperialismus als höchstes Stadium des Kapitalismus. Ausgewählte Werke, Bd. I, S. 870f.

B. Zur Partei neuen Typs

a) *Die Aufgabe der Intellektuellen*

Der Sozialismus als Lehre wurzelt allerdings ebenso in den heutigen ökonomischen Verhältnissen, wie der Klassenkampf des Proletariats, entspringt ebenso wie dieser aus dem Kampfe gegen die Massenarmut und das Massenelend, das der Kapitalismus erzeugt; aber beide entstehen nebeneinander, nicht auseinander, und unter verschiedenen Voraussetzungen. Das moderne sozialistische Bewußtsein kann nur entstehen auf

Grund tiefer wissenschaftlicher Einsicht. In der Tat bildet die heutige ökonomische Wissenschaft ebenso eine Vorbedingung sozialistischer Produktion, wie etwa die heutige Technik, nur kann das Proletariat beim besten Willen die eine ebensowenig schaffen wie die andere; sie entstehen beide aus dem heutigen gesellschaftlichen Prozeß. Der Träger der Wissenschaft ist aber nicht das Proletariat, sondern die *bürgerliche Intelligenz;* in einzelnen Mitgliedern dieser Schicht ist denn auch der moderne Sozialismus entstanden und durch sie erst geistig hervorragenden Proletariern mitgeteilt worden, die ihn dann in den Klassenkampf des Proletariats hineintragen, wo die Verhältnisse es gestatten. Das sozialistische Bewußtsein ist also etwas in den Klassenkampf des Proletariats von außen Hineingetragenes, nicht etwas aus ihm urwüchsig Entstandenes. Dementsprechend sagt auch das alte Hainfelder Programm ganz richtig, daß es zu den Aufgaben der Sozialdemokratie gehöre, das Proletariat mit dem *Bewußtsein* seiner Lage und seiner Aufgabe zu erfüllen. Das wäre nicht notwendig, wenn dies Bewußtsein von selbst aus dem Klassenkampf entspränge.

W.I. Lenin, Was tun? (1902), Studienausgabe, Bd. II, S. 66f.

Wir haben gesagt, daß die Arbeiter ein sozialdemokratisches Bewußtsein gar nicht haben *konnten.* Dieses konnte ihnen nur von außen gebracht werden. Die Geschichte aller Länder zeugt davon, daß die Arbeiterklasse aus eigenen Kräften nur ein trade-unionistisches Bewußtsein herauszuarbeiten vermag, d. h. die Überzeugung von der Notwendigkeit, sich in Verbänden zusammenzuschließen, einen Kampf gegen die Unternehmer zu führen, der Regierung diese oder jene für die Arbeiter notwendigen Gesetze abzutrotzen u. a. m. Die Lehre des Sozialismus ist hingegen aus den philosophischen, historischen und ökonomischen Theorien hervorgewachsen, die von den gebildeten Vertretern der besitzenden Klassen, der Intelligenz, ausgearbeitet worden. Auch die Begründer des modernen wissenschaftlichen Sozialismus, Marx und Engels, gehörten ihrer sozialen Stellung nach der bürgerlichen Intelligenz an. Ebenso entstand auch in Rußland die theoretische Lehre der Sozialdemokratie ganz unabhängig von dem spontanen Anwachsen der Arbeiterbewegung, entstand als natürliches und unvermeidliches Ergebnis der Ideenentwicklung der revolutionär-sozialistischen Intelligenz.

W.I. Lenin, Was tun? (1902), Studienausgabe Bd. I, S. 59f.

Die Forderung der Arbeiter an die Intellektuellen lautet: „Wir wollen alles wissen, was auch die anderen wissen, wir wollen *alle* Seiten des politischen Lebens gründlich kennenlernen und *aktiv* an jedem politischen Geschehnis teilnehmen. Dazu ist es notwendig, daß die Intellektuellen uns weniger das wiederholen, was wir schon selber wissen, dafür aber uns mehr davon sagen, was wir noch nicht wissen, was wir aus unserer eigenen Fabrik- und ‚ökonomischen' Erfahrung nie lernen können, nämlich: politisches Wissen. Dieses Wissen könnt ihr, Intellektuelle, erwerben, und ihr seid *verpflichtet,* es uns in hundert- und tausendfach höherem Grade zu übermitteln, als ihr es bis jetzt getan habt, und zwar nicht nur in der Form von Abhandlungen, Broschüren und Artikeln ..., sondern unbedingt in der Form von lebendigen *Enthüllungen* dessen, was gerade jetzt unsere Regierung und unsere herrschenden Klassen auf allen Lebensgebieten tun. Erfüllt eifriger diese eure Pflicht und *sprecht weniger von der Steigerung der Aktivität der Arbeitermasse."*

a.a.O., S. 93f.

b) *Die Organisation der Partei neuen Typs*

Der *politische* Kampf der Sozialdemokratie ist viel umfassender und komplizierter als der ökonomische Kampf der Arbeiter gegen die Unternehmer und die Regierung. Genauso (und infolgedessen) muß die *Organisation* der *revolutionären Partei* unvermeidlich anderer Art sein als die Organisation der Arbeiter für diesen Kampf. Die Organisation der Arbeiter muß erstens eine gewerkschaftliche sein; zweitens muß sie möglichst umfassend sein; drittens muß sie möglichst wenig konspirativ sein (ich spreche natürlich hier und weiter unten nur vom Rußland der Selbstherrschaft). Die Organisation der Revolutionäre muß dagegen vor allem und hauptsächlich Leute erfassen, *deren Beruf die revolutionäre Tätigkeit ist* (darum spreche ich auch von der Organisation der Revolutionäre, wobei ich die revolutionären Sozialdemokraten vor Augen habe). Vor diesem allgemeinen Merkmal der Mitglieder einer solchen Organisation *muß jeder Unterschied zwischen Arbeitern und Intellektuellen, ganz zu schweigen von beruflichen Unterschieden* der einen und der anderen, vollkommen *verwischt* werden. Diese Organisation muß notwendigerweise *nicht sehr umfassend und möglichst konspirativ sein.*

   a. a. O., S. 123

Ich will euch sagen, daß es viel schwieriger ist, ein Dutzend Besserwisser abzufangen, als ein Hundert Dummköpfe. Und ich werde diesen Grundsatz verfechten, sosehr ihr die Menge gegen mich wegen meines „Antidemokratismus" usw. auch aufhetzen möget. Unter den „Besserwissern" sind, wie ich schon wiederholt betont habe, in organisatorischer Beziehung nur die *Berufsrevolutionäre* zu verstehen, einerlei, ob sie sich aus Studenten oder Arbeitern hierzu entwickeln. Und nun behaupte ich, daß 1. keine einzige revolutionäre Bewegung ohne eine stabile und die Kontinuität wahrende Führerorganisation Bestand haben kann; 2. *je breiter die Masse ist,* die spontan in den Kampf hineingezogen wird, die die Grundlage der Bewegung bildet und an ihr teilnimmt, *um so dringender ist die Notwendigkeit einer solchen Organisation und um so fester muß diese Organisation sein* (denn um so leichter wird es für allerhand Demagogen sein, die rückständigen Schichten der Masse mitzureißen); 3. eine solche Organisation muß hauptsächlich aus Leuten bestehen, die sich *berufsmäßig mit revolutionärer Tätigkeit befassen;* 4. je mehr wir die *Mitgliedschaft* einer solchen Organisation *einengen,* und zwar so weit, daß sich an der Organisation nur diejenigen Mitglieder beteiligen, die sich berufsmäßig mit revolutionärer Tätigkeit befassen und in der *Kunst des Kampfes* gegen die politische Polizei berufsmäßig geschult sind, um so schwieriger wird es in einem absolutistischen Lande sein, eine solche Organisation „abzufangen", und 5. um so breiter wird der Kreis der Personen aus der Arbeiterklasse wie aus den übrigen Gesellschaftsklassen sein, die die Möglichkeit haben werden, an der Bewegung teilzunehmen und sich in ihr aktiv zu betätigen.

   a. a. O., S. 133

Die Frage, ob es leichter sei, ein „Dutzend Besserwisser" als ein „Hundert Dummköpfe" abzufangen, läuft auf die oben analysierte Frage hinaus, ob eine Massenorganisation möglich ist, wenn strengste Konspiration geboten ist. Eine breite Organisation werden wir nie auf die Höhe der Konspiration bringen können, ohne die von einem zähen und kontinuierlich verlaufenden Kampf gegen die Regierung keine Rede sein kann. Die *Konzentrierung aller konspirativen Funktionen in den Händen einer möglichst geringen Zahl von Berufsrevolutionären* bedeutet keineswegs, daß die Berufsrevolutionäre „für alle denken werden", daß die Menge keinen tätigen Anteil an der Bewegung nehmen wird. Im Gegenteil, diese Berufsrevolutionäre werden in immer größerer Anzahl aus der Menge hervorgehen, denn die Menge wird dann wissen, daß es nicht genügt, wenn sich ein paar Studenten und einen ökonomischen Kampf führende Arbeiter zusammentun, um ein „Komitee" zu bilden, sondern daß es notwendig ist, sich durch jahrelange Arbeit zu einem Berufsrevolutionär auszubilden; und die Menge wird nicht nur an Handwerklerei „denken", sondern eben an eine solche Ausbildung. Die Zentralisierung der konspirativen Funktionen der Organisation bedeutet keineswegs die Zentralisierung aller Funktionen der Bewegung. *Die aktive Mitarbeit der breitesten Massen* an der illegalen Literatur wird nicht geringer, sondern *zehnmal stärker* werden, *wenn ein Dutzend Berufsrevolutionäre die konspirativen Funktionen dieser Arbeit zentralisieren…* Die aktivste und breiteste Teilnahme der Massen an der Bewegung wird nicht nur keinen Abbruch erleiden, sondern, im Gegenteil, viel dadurch gewinnen, daß ein „Dutzend" bewährter *Revolutionäre, beruflich nicht schlechter geschult als unsere Polizei,* die ganze konspirative Arbeit, wie z. B. die Herstellung von Flugblättern, die Aufstellung eines annähernden Planes, die Einsetzung eines Stamms von Leitern für jeden Stadtbezirk, für jedes Fabrikviertel, für jede Lehranstalt usw., zentralisieren werden (ich weiß, man wird mir das „Undemokratische" meiner Ansichten vorwerfen, aber ich werde auf diesen absolut unklugen Vorwurf weiter unten eingehen). Die Zentralisierung der konspirativsten Funktionen durch eine Organisation der Revolutionäre wird die *Tragweite* und den Tätigkeitsinhalt *einer ganzen Masse anderer Organisationen,* die auf eine breite Masse berechnet und darum möglichst lose und möglichst unkonspirativ sind, nicht vermindern, sondern bereichern; dazu gehören sowohl die *Gewerkschaftsverbände* der Arbeiter als auch die *Arbeiterzirkel für Selbstbildung* und die *Lesezirkel* für illegale Literatur, ferner die sozialistischen und auch die demokratischen Zirkel in allen übrigen Bevölkerungsschichten usw. usf. Solche Zirkel, Verbände und Organisationen sind überall in möglichst großer Zahl und für die mannigfaltigsten Funktionen erforderlich, aber es wäre sinnlos und schädlich, sie mit einer Organisation der Revolutionäre zu verwechseln, die Grenzen zwischen ihnen zu verwischen, in der Masse die ohnehin sehr verblaßte Erkenntnis auszulöschen, daß zur „Bedienung" der Massenbewegung *Menschen erforderlich* sind, *die sich der sozialdemokratischen Tätigkeit völlig widmen,* und daß diese Menschen sich mit Geduld und Zähigkeit zu *Berufsrevolutionären* emporarbeiten müssen.

Ja, diese Erkenntnis ist unglaublich verblaßt. Unsere Hauptsünde in organisatorischer Beziehung besteht darin, daß wir durch unsere Handwerklerei das Ansehen der Revolutionäre in Rußland herabgesetzt haben. Schwammig und schwankend in theoretischen Fragen, mit engem Horizont, seine Schwammigkeit mit der Spontaneität der Massen rechtfertigend, eher einem Trade-Union-Sekretär ähnlich als einem Volkstribun, unfähig, einen umfassenden und kühnen Plan aufzustellen, der auch den Gegnern Achtung abzwänge, unerfahren und ungeschickt in seiner beruflichen Kunst – im Kampf gegen die politische Polizei –, Gott erbarm! das ist doch kein Revolutionär, sondern irgendein kläglicher Handwerker.

Kein Praktiker möge mir dieses schroffe Wort übelnehmen, denn, soweit es sich um mangelnde Schulung handelt, beziehe ich es vor allem auf mich selber. Ich arbeite in einem Zirkel, der sich sehr weite, allumfassende Aufgaben stellt, und wir alle, die Mitglieder dieses Zirkels, mußten es schmerzlich, qualvoll empfinden, daß wir nur Handwerker sind in einem historischen Moment, wo man, einen bekannten Ausspruch variierend, sagen könnte: *Gebt uns eine Organisation von Revolutionären, und wir werden Rußland aus den Angeln heben!* Und je öfter ich seitdem an dieses glühende Schamgefühl zurückdenken mußte, das ich damals empfand, um so mehr Bitternis sammelte ich

100

in mir gegen jene Pseudo-Sozialdemokraten, die durch ihre Predigten „den Beruf des Revolutionärs schänden", die nicht verstehen, daß es unsere Aufgabe ist, nicht für die Degradierung des Revolutionärs zum Handwerker einzutreten, sondern die *Handwerker auf das Niveau von Revolutionären* emporzuheben.
a.a.O., S. 134ff.

Die Unmöglichkeit innerparteilicher Demokratie unter den Bedingungen der Herrschaft des Zarismus

Jeder wird wohl zugeben, daß das „breite demokratische Prinzip" die beiden folgenden notwendigen Vorbedingungen einschließt: erstens die vollständige Publizität und zweitens die Wählbarkeit aller Funktionäre. Ohne Publizität wäre es lächerlich, von Demokratismus zu reden, und zwar ohne Publizität, die sich nicht auf die Mitglieder der Organisation beschränkt. Als demokratisch können wir die Organisation der deutschen sozialistischen Partei bezeichnen, denn in ihr geschieht alles öffentlich, die Sitzungen des Parteitages mit inbegriffen; aber niemand wird eine Organisation als demokratisch bezeichnen, die sich vor allen Nichtmitgliedern hinter dem Deckmantel des Geheimen verbirgt. Es fragt sich: welchen Sinn also die Aufstellung des „breiten demokratischen Prinzips" hat, wenn die Grundbedingung dieses Prinzips für eine Geheimorganisation unerfüllbar ist? Das „breite Prinzip" erweist sich einfach als eine tönende, aber hohle Phrase. Mehr als das. Diese Phrase zeugt von einem absoluten Mangel an Verständnis für die Aufgaben, die in organisatorischer Hinsicht heute dringend sind. Alle wissen, wie groß der Mangel an Konspiration ist, der bei uns unter der „breiten" Masse der Revolutionäre herrscht. Wir haben gesehen, wie bitter sich B–w darüber beklagt, der durchaus mit Recht eine „strenge Auslese der Mitglieder" verlangt („*Rabotscheje Djelo"* Nr. *6, S. 42*). Und nun kommen Leute, die sich mit ihrem „Sinn für Leben" brüsten und die bei einer solchen Sachlage nicht die *Notwendigkeit strengster Konspiration* und *der strengsten* (folglich also auch einer engeren) *Auslese der Mitglieder* betonen, sondern das „breite demokratische Prinzip"! Das heißt wahrhaftig danebenhauen.

Nicht besser steht es auch mit dem zweiten Merkmal des Demokratismus, mit der Wählbarkeit. In Ländern mit politischer Freiheit ist diese Bedingung eine Selbstverständlichkeit. „Zur Partei gehörig wird jede Person betrachtet, die die Grundsätze des Parteiprogramms anerkennt und die Partei nach Kräften unterstützt" – so lautet der erste Paragraph der Organisationssatzungen der deutschen sozialdemokratischen Partei. Und da die ganze politische Arena vor aller Augen ebenso offen darliegt wie die Bühne eines Theaters vor den Zuschauern, so ist allen und jedem sowohl aus Zeitungen als auch aus Volksversammlungen bekannt, ob einer sich zur Partei bekennt oder nicht, ob er sie unterstützt oder ihr entgegenarbeitet. Alle wissen, daß der und der Politiker in bestimmter Weise begonnen, daß er eine bestimmte Entwicklung durchgemacht hat, daß er sich in einem schwierigen Augenblick des Lebens so oder so verhalten hat, daß er sich überhaupt durch bestimmte Eigenschaften auszeichnet – und darum können natürlich alle Parteimitglieder mit voller Sachkenntnis einen solchen Mann für eine bestimmte Parteifunktion wählen oder nicht wählen. Die (im buchstäblichen Sinne des Wortes) allgemeine Kontrolle über jeden Schritt eines Parteimenschen in seinem politischen Wirkungsbereich schafft einen automatisch wirkenden Mechanismus, der das zeitigt, was in der Biologie mit der „Erhaltung der Anpassungsfähigkeit" bezeichnet wird. Die „natürliche Auslese" durch die volle Publizität, durch die Wählbarkeit und die allgemeine Kontrolle gibt die Sicherheit, daß jeder Parteiarbeiter schließlich „auf dem richtigen Fleck" steht, daß er die seinen Kräften und Fähigkeiten am meisten entsprechende Arbeit übernimmt, alle Folgen seiner Fehler an sich selbst erfährt und vor aller Augen seine Fähigkeit beweist, Fehler einzusehen und zu vermeiden.

Nun versuche man einmal, dieses Bild in den Rahmen unserer Selbstherrschaft unterzubringen. Ist es bei uns denkbar, daß alle, „die die Grundsätze des Parteiprogramms anerkennen und die Partei nach Kräften unterstützen", jeden Schritt eines konspirativ arbeitenden Revolutionärs kontrollieren? Daß sie alle von den konspirativ arbeitenden Revolutionären diesen oder jenen wählen, während doch der Revolutionär im Interesse der Arbeit verpflichtet ist, vor neun Zehnteln dieser „allen" zu verbergen, wer er ist? Man überlege sich nur ein wenig die wirkliche Bedeutung dieser hochtrabenden Worte, die das „Rabotscheje Djelo" verkündet, und man wird sehen, daß der *„breite Demokratismus"* der Parteiorganisation *in der Finsternis der Selbstherrschaft*, wo die Gendarmen es sind, die eine Auslese vornehmen, nur eine *leere und schädliche Spielerei* wäre. Das wäre eine leere Spielerei, denn in Wirklichkeit hat nie eine revolutionäre Organisation einen breiten Demokratismus durchgeführt, und sie kann es auch beim besten Willen nicht tun. Das wäre eine schädliche Spielerei, denn die Versuche, das „breite demokratische Prinzip" in der Praxis anzuwenden, erleichtern der Polizei nur, Massenverhaftungen vorzunehmen, und verewigen die herrschende Handwerkerei, lenken die Gedanken der Praktiker von der ernsten und dringenden Aufgabe, sich zu Berufsrevolutionären auszubilden, ab und führen zur Abfassung ausführlicher „papierner" Statuten über Wahlsysteme. Nur im Auslande, wo sich oft Leute zusammenfinden, denen die Möglichkeit genommen ist, eine wirkliche, lebendige Arbeit für sich zu finden, konnte sich hie und da und insbesondere innerhalb verschiedener kleiner Gruppen dieses „Spiel mit dem Demokratismus" entwickeln.

a. a. O., S. 145 f.

Bürokratismus versus Demokratismus, d. h. eben Zentralismus versus Autonomismus, das ist das organisatorische Prinzip der revolutionären Sozialdemokratie gegenüber dem organisatorischen Prinzip der Opportunisten der Sozialdemokratie. Das letztgenannte Prinzip ist bestrebt, von unten nach oben zu gehen, und darum verteidigt es überall, wo es möglich ist und soweit es möglich ist, den Autonomismus, den „Demokratismus", der (bei denen, die mehr eifrig als klug sind) bis zum Anarchismus geht. Das erstgenannte Prinzip ist bestrebt, von oben auszugehen, und verteidigt die Erweiterung der Rechte und der Vollmachten der zentralen Körperschaft gegenüber dem Teil. In der Zeit der Zerfahrenheit und des Zirkelwesens war diese oberste Körperschaft, von der die revolutionäre Sozialdemokratie organisatorisch auszugehen bestrebt war, unvermeidlich einer der Zirkel, und zwar der Zirkel, der infolge seiner Tätigkeit und seinr revolutionären Konsequenz den größten Einfluß gewonnen hatte … In der Zeit der Wiederherstellung der tatsächlichen Parteieinheit und des Aufgehens der veralteten Zirkel in dieser Einheit ist eine solche oberste Körperschaft unbedingt der Parteitag, das oberste Organ der Partei. Der Parteitag vereinigt nach Möglichkeit alle Vertreter der aktiven Organisationen, er ernennt die zentralen Körperschaften (oft in einer Zusammensetzung, die mehr die fortgeschrittenen als die rückständigen Elemente der Partei befriedigt, die mehr ihrem revolutionären als ihrem opportunistischen Flügel gefällt) und macht sie zu der obersten Körperschaft – bis zum nächsten Parteitag. So ist es wenigstens bei den Europäern der Sozialdemokratie, aber nach und nach, nicht ohne Schwierigkeit, nicht ohne Kampf und nicht ohne Gezänk beginnt diese den Anarchisten prinzipiell verhaßte Gewohnheit sich auch auf die Asiaten der Sozialdemokratie zu erstrecken.

Lenin, Ein Schritt vorwärts, zwei Schritt zurück (1904). Studienausgabe, Bd. I, S. 211

Jedermann weiß, daß die Massen sich in Klassen teilen; daß man Massen und Klassen nur dann einander gegenüberstellen kann, wenn man die überwiegende Mehrheit schlechthin, nicht gegliedert nach der Stellung in der sozialen Ordnung der Produktion, den Kategorien gegenüberstellt, die in der sozialen Ordnung der Produktion eine besondere Stellung einnehmen; daß die Klassen gewöhnlich und in den meisten Fällen, wenigstens in den modernen zivilisierten Ländern, von politischen Parteien geführt werden; daß die politischen Parteien in der Regel von mehr oder minder festen Gruppen der autoritativsten, einflußreichsten, erfahrensten, auf die verantwortungsvollsten Posten gewählten Personen geleitet werden, die man Führer nennt. Das alles ist eine Binsenwahrheit. Das alles ist einfach und klar ... Die Leute [sind] offenbar in Verwirrung geraten, als sie in die schwierige Lage kamen, da ein schneller Wechsel von der Legalität der Partei das gewöhnliche, normale, einfache Verhältnis zwischen Führern, Parteien und Klassen stört. In Deutschland wie auch in anderen europäischen Ländern hat man sich zu sehr an die Legalität gewöhnt, an die freie und regelrechte Wahl der „Führer" durch regelmäßige Parteitage, an die bequeme Kontrolle der Klassenzusammensetzung der Parteien durch Parlamentswahlen, öffentliche Versammlungen, die Presse, die Stimmungen der Gewerkschaften und anderer Verbände usw. Als man, infolge des stürmischen Verlaufs der Revolution und der Entwicklung des Bürgerkriegs von diesem Gewohnten rasch zum Wechsel von Legalität und Illegalität, zu ihrer Kombination, zu „unbequemen", „undemokratischen" Methoden der Aussonderung oder Bildung oder Erhaltung von „Führergruppen" übergehen mußte, da gerieten die Leute außer Fassung.

Lenin, Der „linke Radikalismus", die Kinderkrankheit im Kommunimus (1920). Studienausgabe, Bd. II, S. 317f.

Sich aus diesem Anlaß bis zur Gegenüberstellung der Diktatur der Massen und der Diktatur der Führer überhaupt zu versteigen, ist ein lächerlicher Unsinn und eine Dummheit ... Verneinung des Parteigedankens und der Parteidisziplin – das ist es, was bei der Opposition herausgekommen ist. Das aber ist gleichbedeutend mit einer völligen Entwaffnung des Proletariats zugunsten der Bourgeoisie. Das ist eben gleichbedeutend mit jener kleinbürgerlichen Zersplitterung, Unbeständigkeit, Unfähigkeit zum Durchhalten, zur Vereinigung, zu geschlossenem Vorgehen, die unvermeidlich jede proletarische revolutionäre Bewegung zugrunde richten würde, wenn man sie walten ließe. Den Parteigedanken unter dem Gesichtspunkt des Kommunismus verneinen, heißt einen Sprung machen von der Vorstufe des Zusammenbruchs des Kapitalismus ... zur höchstzn Phase des Kommunismus ... Innerhalb der politischen Partei des proletariats sind strengste Zentralisation und Disziplin notwendig, um dem zu widerstehen, um die organisatorische Rolle des Proletariats (das aber ist seine Hauptrolle) richtig, erfolgreich und siegreich durchzuführen. Die Diktatur des Proletariats ist ein zäher Kampf.

a.a.O., S. 319

Der kommunistische Dichter Wladimir Majakowski (1893–1930) hat in seinem großen Poem „Wladimir Iljitsch Lenin", das der russischen kommunistischen Partei gewidmet ist und kurz nach dem Tode Lenins (1924) entstand, die Partei neuen Typs dichterisch verklärt und ihr eine geradezu religiöse Weihe verliehen:

„... Worte
                    sind bald
                              vom gewohnten Begreifen
abgegriffen und alt
                    wie Gewänder.
Eins aber
          wollt ich
                    aufs neue blankschleifen:
Partei –
          als erhabenster Strahlenspender!
Was ist der einzelne?
                    Wen geht er an?
Sein Stimmchen
                    ist dünn
                              wie der Pfiff einer Maus.
Wer hört ihn?
                    Vielleicht hört die Frau ihren Mann,
zwar nicht auf dem Markt,
                    doch vielleicht zu Haus.
Partei –
          ist ein bündig geraffter Sturm
versammelter Stimmen,
                    gesellig und hell.
Er sprengt
          des Feindes
                    Mauer und Turm,
wie Kanonendonner
                    das Trommelfell.
Übel dran
          ist der einsame Mann.
Wehe den einzelnen
                    jenseits der Reihen, –
da jeder Starke
                    ihn knechten kann,
ja, sogar Schwache
                    schaffen's zu zweien.
Zur Partei vereint
                    sind die Kleinen –
                              Bezwinger!
Streck die Waffen,
          Feind,
                    vor der größern Gewalt
Partei –
          ist die Hand der Millionen Finger,
zerschmetternd
          zur einigen
                    Faust geballt.

Allein ist man töricht,
                    allein ist man Nichts;
allein –
          und wär man
                    von Bärenstärke –
hebt man
          keinen Balken
                    mittlern Gewichts,
geschweige
          ein Haus –
                    fünf Stockwerke.
Partei –
          sind Millionen
                    tragende Achseln,
in fühlender Drängung
                    vereintes Streben.
Partei macht,
          daß Bauten
                    zum Himmel wachsen,
daß stark wir einander
                    halten und heben.
Partei –
          ist das Rückgrat der Arbeiterklasse.
Partei –
          die Unsterblichkeit unserer Sendung,
Partei –
          die einzige Gewähr der Vollendung.
Heut ein Kommis,
          und morgen
                    tilge ich Reiche
                              aus Europas Karte.
Hirn der Klasse,
          Sinn der Klasse,
                    Kraft der Klasse,
                              Ruhm der Klasse –
das ist die Partei.
Die Partei und Lenin
          sind Zwillinge, zwei
Söhne der Mutter Geschichte:
                    Genien.
Wir sagen: Lenin –
          und meinen: die Partei;
wir sagen:
          die Partei –
                    und meinen: Lenin.''
W. Majakowski, Ausgewählte Gedichte. Berlin 1946, S. 151

Diese stimmungsgeladene Partei-Metaphysik wird noch verstärkt im Laufe der Entwicklung, auch noch nachdem sie aus einer revolutionären Avantgarde des Proletariats zur Interessenpartei der Funktionärsschicht geworden ist. Ich erlaube mir einen kleinen Anachronismus, indem ich an dieser Stelle das „Lied der Partei" von *Louis Fürnberg* (geb. 1909, gest. 1958) anführe, das ich der „Jungen Welt" vom 20. 6. 1952 entnehme.

Lied der Partei

Sie hat uns alles gegeben,
Sonne und Wind, und sie geizte nie,
wo sie war, war das Leben,
was wir sind, sind wir durch sie.
Sie hat uns niemals verlassen,
fror auch die Welt, uns war warm. –
Uns schützte die Mutter der Massen,
uns trägt ihr mächtiger Arm.

Sie hat uns niemals geschmeichelt;
sank uns im Kampfe auch mal der Mut,
hat sie uns leicht nur gestreichelt.
Zagt nicht, und gleich war es gut.
Zählt denn auch Schmerz und Beschwerde,
wenn uns das Gute gelingt,
wenn man den Ärmsten der Erde
Freiheit und Frieden erzwingt?

Sie hat uns alles gegeben,
Ziegel zum Bau und den großen Plan,
sie sprach: Meistert das Leben,
vorwärts, Genossen, packt an!
Hetzen Hyänen zum Kriege,
bricht euer Bau ihre Macht.
Zimmert das Haus und die Wiege!
Bauleute, seid auf der Wacht!

Refrain: Die Partei, die Partei, die hat immer recht,
und, Genossen, es bleibe dabei;
denn wer kämpft für das Recht, der hat immer recht
gegen Lüge und Ausbeuterei.
Wer das Leben beleidigt, ist dumm oder schlecht;
wer die Menschheit verteidigt, hat immer recht.
So aus leninschem Geist wächst, von Stalin geschweißt,
die Partei, die Partei, die Partei.

C. Zur Strategie und Taktik der Revolution (namentlich) in Rußland

a) *Die Theorie der Klassenbündnisse*

Nach Anführung von Äußerungen Marx' über den Verrat der deutschen Bourgeoisie an der Bauernschaft 1848 und dem damit zusammenhängenden Scheitern der Revolution erklärt Lenin:

Wenn wir aus der von Marx beleuchteten Erfahrung Deutschlands die Lehren ziehen, so können wir ohne Zweifel zu keiner anderen Losung für den entscheidenden Sieg der Revolution gelangen als zu der Losung: revolutionär-demokratische Diktatur des Proletariats und der Bauernschaft. Es steht außer Zweifel, daß die Hauptbestandteile des „Volkes", das Marx im Jahre 1848 der Widerstand leistenden Reaktion und der verräterischen Bourgeoisie entgegenstellte, das Proletariat und die Bauernschaft bilden. Es besteht kein Zweifel, daß auch bei uns in Rußland die liberale Bourgeoisie … die Bauernschaft verrät und noch verraten wird … Nur das Proletariat ist fähig, die Bauernschaft in diesem Kampfe bis zu Ende zu unterstützen … Der Erfolg des Bauernaufstandes und der Sieg der demokratischen Revolution werden erst den Weg ebnen zum wirklichen und entscheidenden Kampf für den Sozialismus auf dem Boden der demokratischen Republik. Die Bauernschaft als grundbesitzende Klasse wird in *diesem* Kampfe dieselbe verräterische, schwankende Rolle spielen, die die Bourgeoisie jetzt im Kampfe für die Demokratie spielt. Dies vergessen, heißt den Sozialismus vergessen, heißt sich und die anderen in bezug auf die wahren Interessen und die Aufgaben des Proletariats betrügen.

W. I. Lenin, Zwei Taktiken der Sozialdemokratie in der demokratischen Revolution (1905). Studienausgabe, Bd. I, S. 245

Wir müssen dem Bauernaufstand auf jegliche Weise helfen, bis zur Konfiskation der Ländereien – aber nicht bis zu allerhand kleinbürgerlichen Projekten. Wir unterstützen die Bauernbewegung, soweit sie revolutionär demokratisch ist. Wir bereiten uns vor (und zwar sofort, unverzüglich), sie zu bekämpfen, sobald sie sich als reaktionär, als antiproletarisch offenbaren wird. Das Wesen des Marxismus liegt in dieser zwiefachen Aufgabe, die nur von Leuten, die den Marxismus nicht verstehen, vereinfacht und zu einer einheitlichen und gewöhnlichen Aufgabe verflacht wird. Nehmen wir ein konkretes Beispiel. Wir wollen voraussetzen, daß der Bauernaufstand gesiegt hat. Die revolutionären Bauernkomitees und die provisorische revolutionäre Regierung (die sich z. T. auf eben diese Komitees stützt) können jede beliebige Konfiskation des Großgrundbesitzes durchführen. Wir treten für die Konfiskation ein, das haben wir bereits erklärt. Wem sollen nach unserem Rat die konfiszierten Ländereien abgegeben werden? … Der Klassenantagonismus zwischen Landproletariat und Bauernbourgeoisie ist unvermeidlich, und wir enthüllen ihn von vornherein, wir erläutern ihn, wir bereiten uns zum Kampfe auf seiner Grundlage vor. Zu einem Anlaß dieses Kampfes kann die Frage werden, wem und wie die konfiszierten Ländereien zu übergeben sind. Und wir vertuschen diese Frage nicht, wir versprechen keine ausgleichende Aufteilung, sondern sagen: auf diesem Gebiete werden wir noch kämpfen, von neuem kämpfen, auf neuem Kampfboden und *mit anderen Bundesgenossen* kämpfen; da werden wir unbedingt mit dem Landproletariat, mit der ganzen Arbeiterklasse *gegen* die Dorfbourgeoisie stehen. Praktisch kann das sowohl den Übergang des Bodens an die Klasse der kleinen Landwirte bedeuten, wo die materiellen Bedingungen der sozialistischen Großproduktion noch fehlen – als auch Nationalisierung ... oder auch die Übergabe der großen kapitalistischen Güter an Arbeiterassoziationen; denn wir werden sofort von der demokratischen Revolution, und nach Maßgabe unserer Kraft des klassenbewußten und organisierten Proletariats, den Übergang zur sozialistischen Revolution beginnen. Wir sind für die unterbrochene Revolution. Wir werden nicht auf halbem Wege stehenbleiben.

Zunächst unterstützen wir bis zum Ende, mit allen Mitteln, bis zur Konfiskation, den Bauern überhaupt gegen den Gutsherrn; danach aber (sogar nicht danach, sondern gleichzeitig) unterstützen wir das Proletariat gegen den Bauern überhaupt. Es wäre eine leere Utopie, jetzt schon die Kombination der Kräfte innerhalb der Bauernschaft „am nächsten Tage" nach der (demokratischen) Revolution berechnen zu wollen. Ohne ... unserem wissenschaftlichen Gewissen untreu zu werden, ... können wir sagen und sagen wir nur das eine: wir werden mit allen Kräften der gesamten Bauernschaft helfen, die demokratische Revolution zu vollbringen, damit es uns, der Partei des Proletariats, um so leichter sei, möglichst rasch zu einer neuen und höheren Aufgabe, zur sozialistischen Revolution, überzugehen. Wir versprechen uns vom Siege des jetzigen Bauernaufstandes keinerlei Harmonie, keinerlei „Ausgleich", keinerlei „Sozialisierung", im Gegenteil, wir „versprechen" neuen Kampf, neue Ungleichheit und eine neue Revolution, nach der wir auch streben.

W. I. Lenin, Das Verhältnis der Sozialdemokratie zur Bauernbewegung (1905). Studienausgabe, Bd. I, S. 255 ff.

b) *Die Diktatur des Proletariats*

I. Der Staat als Unterdrückungsinstrument im Dienste der herrschenden Klasse

Der Staat ist das Produkt und die Äußerung der Unversöhnlichkeit der Klassengegensätze. Der Staat entsteht dort, dann und insofern, wo, wann und inwiefern die Klassengegensätze objektiv nicht versöhnt werden können. Und umgekehrt: das Bestehen eines Staates beweist, daß die Klassengegensätze unversöhnlich sind.

Lenin, Staat und Revolution (1917). Studienausgabe, Bd. II, S. 10

Daß der Staat das Organ der Herrschaft einer bestimmten Klasse ist, die mit ihrem Antipoden (der ihr entgegengesetzten Klasse) nicht versöhnt werden kann, das vermag die kleinbürgerliche Demokratie nicht zu begreifen.

a.a.O., S. 10 f.

Das stehende Heer und die Polizei sind die Hauptwerkzeuge der Gewaltausübung der Staatsmacht.

a.a.O., S. 12

2. Die formale, bürgerliche Demokratie und der Parlamentarismus (Diktatur der Bourgeoisie)

Die demokratische Republik ist die denkbar beste politische Hülle des Kapitalismus, und daher begründet das Kapital, nachdem es ... von dieser besten Hülle Besitz ergriffen hat, seine Macht derart zuverlässig, derart sicher, daß kein Wechsel, weder der Personen noch der Instituionen noch der Parteien der bürgerlichen demokratischen Republik, diese Macht erschüttert.

a.a.O., S. 15

108

In der kapitalistischen Gesellschaft, ihre günstigste Entwicklung vorausgesetzt, haben wir eine mehr oder weniger vollständige Demokratie in der demokratischen Republik. Diese Demokratie ist jedoch stets in den engen Rahmen der kapitalistischen Ausbeutung gepreßt *und bleibt daher im Grunde genommen stets eine Demokratie für die Minderheit,* nur für die besitzenden Klassen, *nur für die Reichen.* Die Freiheit der kapitalistischen Gesellschaft bleibt ungefähr immer dieselbe, wie sie in den griechischen Republiken des Altertums war: Freiheit für die Sklavenhalter. Die modernen Lohnsklaven bleiben vermöge der Bedingungen der kapitalistischen Ausbeutung so von Not und Elend bedrückt, daß sie andere Sorgen haben als „Demokratie" und „Politik", so daß bei dem gewöhnlichen friedlichen Gang der Ereignisse die Mehrheit der Bevölkerung von der Teilnahme am öffentlichen und politischen Leben ausgeschlossen bleibt.

a.a.O., S. 71

Demokratie für eine verschwindende Minderheit, Demokratie für die Reichen – das ist der Demokratismus der kapitalistischen Gesellschaft. Betrachtet man den Mechanismus der kapitalistischen Demokratie genauer, so erblickt man überall, in den „geringfügigen", angeblich „geringfügigen", Einzelheiten des Wahlrechts (Ansässigkeitszensus, Ausschließung der Frauen usw.) wie in der Technik der Vertretungskörperschaften, in den tatsächlichen Behinderungen des Versammlungsrechts (die öffentlichen Gebäude sind nicht für die „Bettler" da) wie in der *rein kapitalistischen Organisation der Tagespresse* usw. usw. – überall, wo man hinblickt, Beschränkungen auf Beschränkungen der Demokratie. Diese Beschränkungen, Ausnahmen, Behinderungen für die Armen erscheinen gering, besonders demjenigen, der selbst nie Not gekannt hat und mit den geknechteten Klassen in ihrem Massenleben nicht in Berührung gekommen ist (und das trifft für neun von zehn, wenn nicht gar für neunundneunzig von hundert bürgerlichen Publizisten und Politikern zu) – aber *zusammengenommen bewirken diese Beschränkungen die Ausschließung, die Verdrängung der Habenichtse von der Politik, von der aktiven Beteiligung an der Demokratie.* Marx hat dieses Wesen der kapitalistischen Demokratie glänzend erfaßt, als er in seiner Analyse der Erfahrungen der Kommune sagte: den *geknechteten Klassen* wird in mehreren Jahren einmal *gestattet, darüber zu entscheiden, welcher Vertreter der unterdrückenden Klasse im Parlament sie ver- und zertreten soll!*

Aber von dieser kapitalistischen, unvermeidlich engen, die Armen im stillen zurückstoßenden und daher durch und durch heuchlerischen und lügenhaften Demokratie führt die *weitere Entwicklung* nicht einfach, gerade und glatt zu einer „immer größeren Demokratie", wie die liberalen Professoren und kleinbürgerlichen Opportunisten es darzustellen belieben. Nein. Die weitere Entwicklung, d.h. die Entwicklung zum Kommunismus, geht über die *Diktatur des Proletariats* und kann auch gar nicht anders gehen, denn niemand außer dem Proletariat ist imstande, den Widerstand der kapitalistischen Ausbeuter zu brechen, und auf anderem Wege ist er nicht zu brechen.

a.a.O., S. 71 f.

3. Die Diktatur des Proletariats

Die besondere Aufgabe des jetzigen Standpunktes besteht in der Organisierung des Proletariats. Aber nicht in der schablonenhaften Form der Organisation, mit der sich die Verräter am Sozialismus, die Sozialpatrioten, die Opportunisten aller Länder, begnügen, sondern in der revolutionären Organisation. Diese Organisation soll erstens eine allgemeine sein, zweitens in sich die *militärischen und staatlichen* Funktionen vereinigen.

Marx lehrt uns aus der Praxis der Kommune 1871, daß die „Arbeiterklasse nicht die fertige Staatsmaschine einfach in Besitz nehmen und sie für ihre Zwecke in Bewegung setzen kann". Das Proletariat soll und muß diese Maschine (Armee, Polizei, Bürokratie) *zerbrechen.* Das ist es, was die Opportunisten entweder bestreiten oder vertuschen. Das ist die wichtigste praktische Lehre der Pariser Kommune und der russischen Revolution von 1905.

Wir unterscheiden uns von den Anarchisten, indem wir die *Notwendigkeit des Staates für die revolutionäre Umwälzung* anerkennen. Wir unterscheiden uns aber von den Opportunisten und Kautskyanern, indem wir sagen: Wir brauchen nicht die „fertige" Staatsmaschinerie, wie sie in den demokratischen bürgerlichen Republiken existiert, sondern die *unmittelbare Macht bewaffneter und organisierter Arbeiter.* Das ist der Staat, den wir brauchen. Das waren, ihrem Wesen nach, die Kommune 1871 und die Arbeiterdelegiertenräte in Rußland 1905 und 1917. Auf diesem Fundament müssen wir weiterbauen.

W. I. Lenin 31.3./2.4.1917 im „Züricher Volksrecht"; abgedruckt in W.W. Berlin-Wien 1929, Bd. XX 1, S. 82 f.

Die *Diktatur des Proletariats* aber, d.h. die *Organisation der Vorhut der Unterdrückten zur herrschenden Klasse* zwecks Niederhaltung der Ausbeuter, kann nicht einfach nur eine Erweiterung der Demokratie bringen. Zugleich mit der ungeheuren Erweiterung der Demokratie, die zum erstenmal eine Demokratie für die Armen, für das Volk wird, und nicht eine Demokratie für die Reichen, bringt die Diktatur des Proletariats eine Reihe *Ausnahmen von der Freiheit gegenüber den Ausbeutern,* den Unterdrückern, den Kapitalisten. Diese müssen wir niederhalten, um die Menschheit von der Lohnsklaverei zu befreien, *ihr Widerstand muß mit Gewalt gebrochen werden,* und es ist klar, daß dort, wo es Unterdrückung, wo es Gewalt gibt, keine Freiheit, keine Demokratie ist.

Engels hat das ausgezeichnet in seinem Brief an Bebel zum Ausdruck gebracht, wo er, wie der Leser sich entsinnen wird, sagt:

„Solange das Proletariat den Staat noch gebraucht, gebraucht es ihn nicht *im Interesse der Freiheit,* sondern der *Niederhaltung seiner Gegner,* und sobald von Freiheit die Rede sein kann, hört der Staat als solcher auf zu bestehen."

Demokratie für die riesige Mehrheit, des Volkes und *gewaltsame Niederhaltung der Ausbeuter,* der Unterdrücker des Volkes, d.h. ihre Ausschließung von der Demokratie – das ist die Modifizierung der Demokratie beim Übergang vom Kapitalismus zum Kommunismus.

Erst in der *kommunistischen Gesellschaft,* wo der Widerstand der Kapitalisten endgültig gebrochen ist, wo die Kapitalisten verschwunden sind, wo es keine Klassen mehr gibt (d.h. wo es keinen Unterschied mehr gibt zwischen den Mitgliedern der Gesellschaft in ihrem Verhältnis zu den gesellschaftlichen Produktionsmitteln) – erst da „hört der Staat auf zu bestehen" und „kann von Freiheit die Rede sein". Erst da *ist die Demokratie möglich und wird eine wirklich vollständige Demokratie,* wirklich *ohne irgendwelche Ausnahmen durchgeführt werden können.* Und erst da beginnt die Demokratie abzusterben, aus dem einfachen Grunde, weil die von der kapitalistischen Sklaverei, von den ungezählten Greueln, Brutalitäten, Widersinnigkeiten, Gemeinheiten der kapitalistischen Ausbeutung befreiten Menschen sich allmählich *gewöhnen* werden, *die elementarsten* von alters her bekannten und seit Jahrtausenden in allen Vorschriften wiederholten *Regeln des gesellschaftlichen Zusammenlebens einzuhalten ohne Gewalt, ohne Unterordnung, ohne besonderen Zwangsapparat,* der sich *Staat* nennt.

110

Der Ausdruck „der Staat stirbt ab" ist sehr treffend gewählt, denn er verweist sowohl auf das Allmähliche wie auf das Elementare des Prozesses. Nur die *Gewöhnung* kann und wird zweifellos eine solche Wirkung ausüben, denn wir beobachten rings um uns millionenmal, wie leicht sich Menschen an die Einhaltung der für sie notwendigen Regeln des gesellschaftlichen Zusammenlebens gewöhnen, wenn es keine Ausbeutung gibt, wenn nichts vorhanden ist, was sie empört, zu Protest und Aufstand herausfordert, die Notwendigkeit der Unterdrückung schafft.

Also: in der *kapitalistischen Gesellschaft* haben wir eine beschnittene, dürftige, *falsche Demokratie*, eine Demokratie nur für die Reichen, *für eine Minderheit*. Die *Diktatur des Proletariats*, die Periode des Übergangs zum Kommunismus, wird zum erstenmal eine *Demokratie für das Volk, für die Minderheit* schaffen, neben der notwendigen Niederhaltung der Minderheit, der Ausbeuter. Einzig und allein der *Kommunismus* ist imstande, eine *wahrhaft vollständige Demokratie* zu bieten, und je vollständiger diese sein wird, um so schneller wird sie unnötig werden, von selbst absterben.

W.I. Lenin, Staat und Revolution. Studienausgabe, Bd. II, S. 72f.

Die Kommune sollte nicht eine parlamentarische, sondern eine arbeitende Körperschaft sein, vollziehend und gesetzgebend zu gleicher Zeit.

a.a.O., S. 39

Lenin fährt dann fort:

Nicht eine parlamentarische, sondern eine arbeitende Körperschaft – das ist ein Schluß, der die modernen Parlamentarier und die parlamentarischen „Schoßhündchen" der Sozialdemokratie mitten ins Herz trifft! Man sehe sich irgendein parlamentarisch regiertes Land, von Amerika bis zur Schweiz, von Frankreich bis England, Norwegen usw. an: die eigentliche „Staats"-Arbeit wird hinter den Kulissen von den Departements, Kanzleien, Stäben verrichtet. *In den Parlamenten wird nur geschwatzt*, und zwar *mit dem besonderen Zweck, das „gemeine Volk" zu betölpeln*. Das ist so sehr wahr, daß selbst in der russischen bürgerlich-demokratischen Republik sich sofort, noch ehe sie Zeit fand, ein richtiges Parlament zu schaffen, alle diese Sünden des Parlamentarismus geltend machten. Solche Helden des modrigen Spießbürgertums, wie die Skobelew und Zeretelli, Tschernow und Awksentjew, haben es zuwege gebracht, auch die Sowjets nach dem Vorbild des schäbigsten bürgerlichen Parlamentarismus zu versauen und sie in bloße Schwatzbuden zu verwandeln. In den Sowjets führen die Herren „sozialistischen" Minister die vertrauensseligen Bäuerlein durch Phrasen und Resolutionen hinters Licht. In der Regierung wird ein ewiger Tanz aufgeführt, einerseits, um der Reihe nach möglichst viele Sozialrevolutionäre und Menschewiki „an die Krippe" gutbezahlter und ehrenvoller Posten zu setzen, und anderseits, um die Aufmerksamkeit des Volkes zu beschäftigen. In den Kanzleien und den Stäben wird inzwischen „staatliche" Arbeit „geleistet"!

a.a.O., S. 40

Den korrupten und verfaulten Parlamentarismus der bürgerlichen Gesellschaft ersetzt die Kommune durch Körperschaften, in denen die Freiheit des Urteils und der Beratung nicht zum Betrug ausartet, denn die Parlamentarier müssen selbst arbeiten, selbst ihre Gesetze ausführen, selbst kontrollieren, was bei der Durchführung herauskommt, selbst unmittelbar vor ihren Wählern die Verantwortung tragen, aber der *Parlamentarismus als besonderes System, als Trennung von gesetzgebender und vollziehender Tätigkeit, als Vorzugsstellung für Abgeordnete, besteht hier nicht.* Ohne Vertretungskörperschaften können wir uns eine Demokratie nicht vorstellen, auch die proletarische Demokratie nicht, ohne Parlamentarismus können und müssen wir sie uns vorstellen, soll die Kritik der bürgerlichen Gesellschaft für uns nicht eine hohle Redensart sein, soll das Bestreben zum Sturz der Herrschaft der Bourgeoisie aufrichtig und ernst gemeint und nicht eine „Wahl"-Phrase sein, um Arbeiterstimmen zu fangen, wie es bei den Menschewiki und Sozialrevolutionären, den Scheidemann und Legien, den Sembat und Vandervelde der Fall ist.

a.a.O., S. 41

c) *Der proletarische Staat, Sozialismus und Kommunismus*

Ein geistreicher deutscher Sozialdemokrat bezeichnete in den siebziger Jahren des vorigen Jahrhunderts die Post als Muster einer sozialistischen Wirtschaft. Das ist durchaus richtig. Die Post ist gegenwärtig eine nach dem Typus eines staatskapitalistischen Monopols organisierte Wirtschaft. Der Imperialismus verwandelt nach und nach alle Trusts in Organisationen dieses Typus. Über den „einfachen" Werktätigen, die hungern und mit Arbeit überhäuft sind, steht hier die gleiche bürgerliche Bürokratie. Der Mechanismus der gesellschaftlichen Wirtschaftsführung ist hier jedoch bereits fertig vorhanden. Stürzt man die Kapitalisten, schlägt man mit der eisernen Faust der bewaffneten Arbeiter den Widerstand dieser Ausbeuter nieder, *zerbricht man die bürokratische Maschinerie* des modernen Staates – *so hat man einen von dem „Parasiten" befreiten Mechanismus* von hoher technischer Vollkommenheit vor sich, den die vereinigten Arbeiter sehr wohl selbst in Gang bringen können, indem sie Techniker, Aufseher, Buchhalter anstellen und sie alle, wie überhaupt alle „Staats"-Beamten, für Arbeiterlohn ihre Tätigkeit ausüben lassen. Das ist die konkrete, praktische, sofort ausführbare Aufgabe gegenüber den Trusts, die die arbeitende Bevölkerung von der Ausbeutung befreit und die Erfahrungen verwertet, die die Kommune bei ihren praktischen Versuchen (insbesondere auf dem Gebiet des Staatsaufbaues) bereits gemacht hat.

Unser nächstes Ziel ist, die ganze Volkswirtschaft nach dem Vorbilde der Post zu organisieren, und zwar *so, daß die unter der Kontrolle und Leitung des organisierten Proletariats stehenden Techniker, Aufseher, Buchhalter sowie alle beamteten Personen ein den „Arbeiterlohn" nicht übersteigendes Gehalt beziehen.* Das ist der Staat, das ist die wirtschaftliche Grundlage des Staates, wie wir sie brauchen. Das wird die Aufhebung des Parlamentarismus und die Beibehaltung der Vertretungskörperschaften uns geben, das wird die arbeitenden Klassen von der Prostituierung dieser Institutionen durch die Bourgeoisie befreien.

a.a.O., S. 43

Diese kommunistische Gesellschaft, die eben erst aus dem Schoße des Kapitalismus ans Tageslicht tritt, die in jeder Beziehung den Stempel der alten Gesellschaft trägt, bezeichnet Marx als die *„erste" oder niedere Phase der kommunistischen Gesellschaft.*

Die Produktionsmittel sind bereits nicht mehr Privateigentum einzelner Personen. Die Produktionsmittel gehören der ganzen Gesellschaft. Jedes Mitglied der Gesellschaft leistet einen gewissen Teil der gesellschaftlich notwendigen Arbeit und erhält von der Gesellschaft einen Schein, daß es soundso viel Arbeit geliefert habe. Auf diesen Schein erhält es ein entsprechendes Quantum Produkte aus den öffentlichen Magazinen der Konsumtionsmittel. Nach Abzug des Arbeitsquantums, das für die gemeinschaftlichen Fonds bestimmt ist, erhält jeder Arbeiter also von der Gesellschaft so viel zurück, wie er ihr gegeben hat.

Es herrscht gewissermaßen „Gleichheit".

a.a.O., S. 75

Gleiches Recht – sagt Marx – haben wir hier allerdings, es ist aber *noch das „bürgerliche Recht"*, das, wie alles Recht, Ungleichheit voraussetzt. Jedes Recht bedeutet die Anwendung eines *gleichen Maßstabes auf verschiedene Individuen*, die in Wirklichkeit nicht gleich, *die ungleich sind;* das „gleiche Recht" ist daher eine Verletzung der Gleichheit und eine *Ungerechtigkeit.* In der Tat erhält jeder, der einen gleichen Teil der gesellschaftlichen Arbeit geleistet hat, den gleichen Anteil am gesellschaftlichen Produkt (nach den erwähnten Abzügen).

Die einzelnen Menschen sind aber nicht gleich: der eine ist stärker, der andere schwächer; der eine ist verheiratet, der andere nicht, der eine hat mehr, der andere weniger Kinder usw.

Bei gleicher Arbeitsleistung – folgert Marx – und daher gleichem Anteil an dem gesellschaftlichen Konsumtionsfonds erhält also der eine faktisch mehr als der andere, ist der eine reicher als der andere usw. Um alle diese Mißstände zu vermeiden, müßte das Recht, statt gleich, ungleich sein. Gerechtigkeit und Gleichheit kann also die erste Phase des Kommunismus noch nicht geben: *Unterschiede im Reichtum* und ungerechte Unterschiede *bleiben bestehen, unmöglich aber wird die Ausbeutung eines Menschen durch den anderen,* denn es ist nicht mehr möglich, die Produktionsmittel, die Fabriken, Maschinen, den Grund und Boden usw. als Privateigentum an sich zu reißen. Indem Marx die kleinbürgerliche, unklare Phrase Lassalles von der „Gleichheit" und „Gerechtigkeit" überhaupt zerschlägt, zeigt er den Entwicklungsgang der kommunistischen Gesellschaft, die gezwungen ist, zunächst nur jene „Ungerechtigkeit" zu beseitigen, daß die Produktionsmittel von einzelnen Personen angeeignet sind, und vorerst nicht imstande ist, mit einem Schlag auch die weitere Ungerechtigkeit zu beseitigen, daß die Verteilung der Konsumtionsmittel „nach der Arbeitsleistung" (und nicht nach den Bedürfnissen) erfolgt.

a.a.O., S. 76

Zur *Aufhebung des Staates* ist die Umwandlung der Funktionen des Staatsdienstes in *solche einfachen Operationen der Kontrolle* und Registrierung notwendig, die die *ungeheure Mehrheit der Bevölkerung* und *später die gesamte Bevölkerung ohne Ausnahme auszuführen in der Lage ist.* Und die völlige Beseitigung des Strebertums erfordert, daß ein „Ehrenamt", auch wenn es nichts einbringt, nicht zum Sprungbrett dient, um aus dem Staatsdienst in hochbezahlte Stellungen bei Banken und Aktiengesellschaften zu gelangen, wie das in allen kapitalistischen Ländern, auch den freiesten, ständig der Fall ist.

a.a.O., S. 64

Als *Endziel* setzen wir uns die *Vernichtung des Staates,* d.h. *jeder organisierten und systematischen Gewalt,* jeder Gewaltanwendung *gegen Menschen überhaupt.* Wir warten nicht auf den Anbruch einer Gesellschaftsordnung, in der das Prinzip der Unterordnung der Minderheit unter der Mehrheit nicht anerkannt würde. Aber indem wir zum *Sozialismus* streben, sind wir überzeugt, daß er *in den Kommunismus hineinwachsen wird,* und im Zusammenhang damit wird jede Notwendigkeit der Gewaltanwendung gegen Menschen überhaupt, der Unterordnung eines Menschen unter den anderen, eines Teiles der Bevölkerung unter den anderen, verschwinden, denn die *Menschen werden sich gewöhnen, die elementaren Regeln des gesellschaftlichen Zusammenlebens ohne Gewalt und ohne Unterordnung einzuhalten.*

Um dieses Element der Gewöhnung zu unterstreichen, spricht Engels eben von einem neuen Geschlecht, das, „in neuen, freien Gesellschaftszuständen herangewachsen, imstande sein wird, den ganzen Staatsplunder von sich abzutun", jeden Staatsplunder, auch den demokratisch-republikanischen.

Um dies klarzumachen, muß man auf die Frage nach den ökonomischen Grundlagen für das Absterben des Staates eingehen.

a.a.O., S. 67

Schließlich macht allein der Kommunismus den Staat völlig überflüssig, denn es ist niemand da, der niedergehalten werden müßte, „niemand" im Sinne einer Klasse, im Sinne des systematischen Kampfes gegen einen bestimmten Teil der Bevölkerung. Wir sind keine Utopisten und leugnen durchaus nicht die Möglichkeit und Unvermeidlichkeit von *Ausschreitungen einzelner Personen* sowie die *Notwendigkeit, gegen solche* Ausschreitungen *vorzugehen.* Aber erstens *bedarf es hierfür keiner besonderen Maschine,* keines besonderen Unterdrückungsapparates. *Das wird das bewaffnete Volk selbst ebenso einfach und leicht bewerkstelligen,* wie eine beliebige Ansammlung zivilisierter Menschen sogar in der heutigen Gesellschaft raufende Menschen auseinanderbringt oder die Vergewaltigung einer Frau verhindert. Zweitens wissen wir, daß die *soziale Grundursache der Ausschreitungen,* die eine Verletzung der Regeln des gesellschaftlichen Zusammenlebens bedeuten, die Ausbeutung der Massen, ihre *Not und* ihr *Elend* ist. *Mit der Beseitigung dieser Hauptursache werden* die *Ausschreitungen* unvermeidlich *„abzusterben" beginnen.* Wir wissen nicht, wie rasch und in welcher Aufeinanderfolge es geschehen wird, aber wir wissen, daß sie absterben werden. Mit dem Absterben der Ausschreitungen wird auch der Staat absterben.

a.a.O., S. 74 f.

Marx fährt fort:

„In einer höheren Phase der kommunistischen Gesellschaft, nachdem die knechtende *Unterordnung* der Individuen *unter die Teilung der Arbeit,* damit auch der *Gegensatz geistiger und körperlicher Arbeit* verschwunden ist; nachdem die *Arbeit* nicht nur Mittel zum Leben, sondern selbst das *erste Lebensbedürfnis* geworden; nachdem mit der allseitigen Entwicklung der Individuen auch die *Produktionskräfte gewachsen* sind und alle Springquellen des genossenschaftlichen Reichtums voller fließen – erst dann kann der enge bürgerliche Rechtshorizont ganz überschritten werden und die Gesellschaft auf ihre Fahnen schreiben: *Jeder nach seinen Fähigkeiten, jedem nach seinen Bedürfnissen!"*

Erst jetzt können wir die ganze Richtigkeit der Bemerkungen von Engels einschätzen, in denen er schonungslos die Unsinnigkeit einer Verbindung der Worte „Freiheit" und „Staat" verhöhnt. *Solange es einen Staat gibt, gibt es keine Freiheit. Wenn es Freiheit geben wird, wird es keinen Staat mehr geben.*

Die ökonomische Grundlage für das vollkommene Absterben des Staates ist eine so hohe Entwicklung des Kommunismus, daß der Gegensatz zwischen geistiger und körperlicher Arbeit verschwindet, damit also eine der wichtigsten Quellen der heutigen gesellschaftlichen Ungleichheit beseitigt wird, und zwar eine Quelle, die durch den bloßen Übergang der Produktionsmittel in gesellschaftliches Eigentum, durch die bloße Expropriation der Kapitalisten keinesfalls mit einmal aus der Welt geschafft werden kann.

Diese Expropriation wird eine gigantische Entwicklung der Produktivkräfte ermöglichen. Und wenn wir sehen, wie schon jetzt der Kapitalismus in unglaublicher Weise diese Entwicklung hemmt, wie vieles auf der Grundlage der modernen, bereits erreichten Technik gefördert werden könnte, so sind wir berechtigt, mit voller Überzeugung zu sagen, daß die *Expropriation der Kapitalisten unvermeidlich eine ungeheure Ent-*

wicklung der Produktivkräfte der menschlichen Gesellschaft zur Folge haben wird. Wie rasch aber diese Entwicklung weitergehen wird, wie schnell sie zur Aufhebung der Arbeitsteilung, zur Beseitigung des Gegensatzes von geistiger und körperlicher Arbeit, zur Verwandlung der Arbeit in „das erste Lebensbedürfnis" führen wird, das wissen wir nicht und können es nicht wissen.

Wir sind daher auch nur berechtigt, von dem unvermeidlichen *Absterben des Staates* zu sprechen unter *Betonung der langen Dauer dieses Prozesses,* seiner Abhängigkeit vom Entwicklungstempo der höheren Phase des Kommunismus, wobei die Frage des Zeitpunktes oder konkreter Formen des Absterbens vollkommen offenbleibt, denn Unterlagen zur Entscheidung dieser Frage sind nicht vorhanden.

Der Staat wird dann völlig absterben können, wenn die Gesellschaft den Grundsatz: „Jeder nach seinen Fähigkeiten, jedem nach seinen Bedürfnissen" verwirklicht haben wird, d. h. wenn die Menschen sich so an die *Befolgung der Grundregeln des gesellschaftlichen Zusammenlebens gewöhnt haben werden* und ihre Arbeit so produktiv sein wird, daß sie freiwillig nach ihren Fähigkeiten tätig sein werden. „Der enge bürgerliche Rechtshorizont", der veranlaßt, mit der Hartherzigkeit eines Shylock darauf bedacht zu sein, daß man nur ja nicht eine halbe Stunde länger als der andere arbeite, keine geringere Bezahlung erhalte als der andere – dieser enge Horizont wird dann überschritten sein. Die Verteilung der Produkte wird dann keine Normierung der jedem einzelnen zukommenden Menge durch die Gesellschaft erfordern; *jeder wird frei nehmen „nach seinen Bedürfnissen".*

Vom bürgerlichen Standpunkt aus ist es leicht, eine solche Gesellschaftsstruktur als „reine Utopie" zu bezeichnen und darüber zu grinsen, daß die Sozialisten jedem das Recht zusichern, von der Gesellschaft ohne jegliche Kontrolle über die Arbeitsleistung des einzelnen Bürgers eine beliebige Menge Trüffeln, Automobile, Klaviere, u. a. m. zu erhalten. Die Mehrzahl der bürgerlichen „Gelehrten" beschränkt sich bis auf den heutigen Tag auf dieses Grinsen und zeigt damit nur ihre Unwissenheit und ihre eigennützige Verteidigung des Kapitalismus.

a.a.O., S. 78ff.

D. Lenins Fortbildung des dialektischen Materialismus

1. Der „dialektische Materialismus" von Engels

Die Einheit der Welt besteht nicht in ihrem Sein, obwohl ihr Sein eine Voraussetzung ihrer Einheit ist ... Die wirkliche Einheit der Welt besteht in ihrer *Materialität,* und diese ist bewiesen nicht durch ein paar Taschenspielerphrasen, sondern durch eine lange und langwierige Entwicklung der Philosophie und der Naturwissenschaft.

Friedrich Engels, Herrn Eugen Dührings Umwälzung der Wissenschaft (Anti-Dühring) 1878; zitiert nach der Ausgabe Berlin 1948, S. 51

Denn die Grundformen alles Seins sind *Raum und Zeit,* und ein Sein außer der Zeit ist ein ebenso großer Unsinn, wie ein Sein außerhalb des Raums.

a.a.O., S. 61

Und für den heutigen Standpunkt ist dem ganzen ausweglosen Gekohl über diesen Gegensatz [von Kausalität und Teleologie] damit ein Ende gemacht, daß wir aus Erfah-

115

rung und Theorie *wissen, daß* die *Materie wie* ihre Daseinsweise, die *Bewegung,* unerschaffen und also *ihre eigene Endursache* sind.

Friedrich Engels, Dialektik der Natur (geschrieben zwischen 1875–1882, erstmals veröffentlicht Moskau 1925); zitiert nach der Ausgabe Berlin 1951, S. 270

Es ist also die Geschichte der Natur wie die der menschlichen Gesellschaft, aus der die *Gesetze der Dialektik* abstrahiert werden. Sie sind eben nichts andres als die allgemeinsten Gesetze dieser beiden Phasen der geschichtlichen Entwicklung sowie des Denkens selbst. Und zwar reduzieren sie sich der Hauptsache nach auf drei:

das Gesetz des Umschlagens von Quantität in Qualität und umgekehrt;

das Gesetz von der Durchdringung der Gegensätze;

das Gesetz von der Negation der Negation.

a.a.O., S. 53

Solange wir die Dinge als ruhende und leblose, jedes für sich, neben- und nacheinander, betrachten, stoßen wir allerdings auf keine Widersprüche an ihnen. Wir finden da gewisse Eigenschaften, die teils gemeinsam, teils verschieden, ja einander widersprechend, aber in diesem Fall auf verschiedene Dinge verteilt sind und also keinen Widerspruch in sich enthalten. Soweit dies Gebiet der Betrachtung ausreicht, soweit kommen wir auch mit der gewöhnlichen metaphysischen Denkweise aus. Aber ganz anders, sobald wir die *Dinge in ihrer Bewegung,* ihrer Veränderung, ihrem Leben, in ihrer wechselseitigen Einwirkung aufeinander betrachten. Da geraten wir sofort in Widersprüche. Die Bewegung selbst ist ein Widerspruch; sogar schon die einfache mechanische Ortsbewegung kann sich nur dadurch vollziehen, daß ein Körper in einem und demselben Zeitmoment an einem Ort und zugleich an einem andern Ort, an einem und demselben Ort und nicht an ihm ist. Und die fortwährende Setzung und gleichzeitige Lösung dieses Widerspruches ist eben die Bewegung.

Friedrich Engels, Anti-Dühring, S. 146 f.

Bewegung ist die *Daseinsweise der Materie.* Nie und nirgends hat es Materie ohne Bewegung gegeben, oder kann es sie geben. Bewegung im Weltraum, mechanische Bewegung kleinerer Massen auf den einzelnen Weltkörpern, Molekularschwingungen als Wärme oder als elektrische oder magnetische Strömung, chemische Zersetzung und Verbindung, organisches Leben – in einer oder der andern dieser *Bewegungsformen* oder in mehreren zugleich, befindet sich jedes Stoffatom der Welt in jedem gegebenen Augenblick. *Alle Ruhe, alles Gleichgewicht ist nur relativ,* hat nur Sinn in Beziehung auf diese oder jene bestimmte Bewegungsform.

a.a.O., S. 70

Das Leben, die Daseinsweise des Eiweißkörpers, besteht also vor allem darin, daß er in jedem Augenblick er selbst und zugleich ein anderer ist; und dies nicht infolge eines Prozesses, dem er von außen her unterworfen wird, wie dies auch bei toten Körpern der Fall sein kann. Im Gegenteil, das Leben, der durch Ernährung und Ausscheidung erfolgende Stoffwechsel, ist ein sich selbst vollziehender Prozeß, der seinem Träger, dem Eiweiß inhärent, eingeboren ist, ohne den es nicht sein kann. Und daraus folgt, daß, wenn es der Chemie jemals gelingen sollte, Eiweiß künstlich herzustellen, dies Eiweiß Lebenserscheinungen zeigen muß, mögen sie auch noch so schwach sein. Es ist freilich fraglich, ob die Chemie auch gleichzeitig das richtige Futter für dies Eiweiß entdecken wird.

a.a.O., S. 98

116

Das Umschlagen von Quantität in Qualität

Wir gaben dort eins der bekanntesten Beispiele – das der Veränderung der Aggregatzustände des Wassers, das unter Normalluftdruck bei 0° C aus dem flüssigen in den festen und bei 100° aus dem flüssigen in den luftförmigen Zustand übergeht, wo also an diesen beiden Wendepunkten die bloße quantitative Veränderung der Temperatur einen qualitativ veränderten Zustand des Wassers herbeiführt.

a.a.O., S. 154

Zum Schluß wollen wir noch einen *Zeugen* für das Umschlagen von Quantität in Qualität anrufen, nämlich *Napoleon.* Dieser beschreibt das Gefecht der schlechtreitenden, aber disziplinierten französischen Kavallerie mit den Mameluken, der für das Einzelgefecht unbedingt am besten, aber undisziplinierten Reiterei ihrer Zeit, wie folgt: „Zwei Mameluken waren drei Franzosen unbedingt überlegen; 100 Mameluken standen 100 Franzosen gleich; 300 Franzosen waren 300 Mameluken gewöhnlich überlegen, 1 000 Franzosen warfen jedesmal 1 500 Mameluken." – Gerade wie bei Marx eine bestimmte, wenn auch veränderliche Minimalgröße der Tauschwertsumme nötig war, um ihren Übergang in Kapital zu ermöglichen, gerade so ist bei Napoleon eine bestimmte Minimalgröße der Reiterabteilung nötig, um der in der geschlossenen Ordnung und planmäßigen Verwendbarkeit liegenden Kraft der Disziplin zu erlauben, sichtbar zu werden und sich zu steigern bis zur Überlegenheit selbst über größere Massen besser berittener, gewandter reitender und fechtender mindestens ebenso tapferer irregulärer Kavallerie.

a.a.O., S. 157

Das Gesetz der Negation der Negation

Alle Kulturvölker fangen an mit dem Gemeineigentum am Boden. Bei allen Völkern, die über eine gewisse ursprüngliche Stufe hinausgehen, wird dies Gemeineigentum im Lauf der Entwicklung des Ackerbaus eine Fessel für die Produktion. Es wird aufgehoben, negiert, nach kürzern oder längern Zwischenstufen in Privateigentum verwandelt. Aber auf höherer, durch das Privateigentum am Boden selbst herbeigeführter Entwicklungsstufe des Ackerbaus wird umgekehrt das Privateigentum eine Fessel für die Produktion – wie dies heute der Fall ist sowohl mit dem kleinen wie mit dem großen Grundbesitz. Die Forderung, es ebenfalls zu negieren, es wieder in Gemeingut zu verwandeln, tritt mit Notwendigkeit hervor. Aber diese Forderung bedeutet nicht die Wiederherstellung des altursprünglichen Gemeineigentums, sondern die Herstellung einer weit höhern entwickelten Form von Gemeinbesitz, die, weit entfernt der Produktion eine Schranke zu werden, sie vielmehr erst entfesseln und ihr die volle Ausnutzung der modernen chemischen Entdeckungen und mechanischen Erfindungen gestatten wird.

a.a.O., S. 169

Was ist also die Negation der Negation? Ein äußerst allgemeines und eben deswegen äußerst weitwirkendes und wichtiges Entwicklungsgesetz der Natur, der Geschichte und des Denkens; ein Gesetz, das, wie wir gesehn, in der Tier- und Pflanzenwelt, in der Geologie, in der Mathematik, in der Geschichte, in der Philosophie zur Geltung kommt.

a.a.O., S. 172

2. Lenins materialistische Erkenntnistheorie

Die Materie ist das Primäre; Gedanke, Bewußtsein, Empfindung sind das Produkt einer sehr hohen Entwicklung. Dies besagt die materialistische Erkenntnistheorie, auf deren Boden die Naturwissenschaft instinktiv steht.

> *W. I. Lenin, Materialismus und Empiriokritizismus (1908); zitiert nach der deutschen Ausgabe. Moskau 1947, S. 68*

Der Idealismus behauptet: ohne Subjekt kein Objekt. Die Geschichte der Erde zeigt, daß das Objekt viel früher existierte, als das Subjekt entstanden ist, d. h. viel früher als Organismen entstanden, die einen bemerkbaren Grad von Bewußtsein besitzen ... Die Entwicklungsgeschichte offenbart die Wahrheit des Materialismus.

> *a.a.O., S. 76*

Die Erkennbarkeit des „Dings an sich". Das Kriterium der Praxis

Nach einem Hinweis darauf, daß Hegel bereits das „Entscheidende" zur Widerlegung von Hume und Kant gesagt hat und daß Feuerbach Hegels Argumenten neue hinzufügte, die mehr geistreich als tief waren, fährt Engels fort:

„Die schlagendste Widerlegung dieser wie aller andern philosophischen Schrullen ist die Praxis, nämlich das Experiment und die Industrie. Wenn wir die Richtigkeit unserer Auffassung eines Naturvorgangs beweisen können, indem wir ihn selbst machen, ihn aus seinen Bedingungen erzeugen, ihn obendrein unseren Zwecken dienstbar werden lassen, so ist es mit dem Kantschen unfaßbaren (dies Wort ist sowohl in Plechanows als auch in Tschernows Übersetzung weggelassen) Ding an sich zu Ende. Die im pflanzlichen und tierischen Körper erzeugten chemischen Stoffe blieben solche ‚Dinge an sich', bis die organische Chemie sie einen nach dem andern darzustellen anfing; damit wurde das ‚Ding an sich' ein Ding für uns, wie z. B. der Farbstoff des Krapps, das Alizarin, das wir nicht mehr auf dem Felde in den Krappwurzeln wachsen lassen, sondern aus Kohlenteer weit wohlfeiler und einfacher herstellen."

> *a.a.O., S. 95*

Was ist das Wesentliche in dem Einwand von Engels? Gestern wußten wir noch nicht, daß im Kohlenteer Alizarin existiert, heute haben wir es erfahren. Es fragt sich, hat das Alizarin auch gestern im Kohlenteer existiert?

Natürlich war es da. Jeder Zweifel daran wäre Hohn auf die moderne Naturwissenschaft.

Wenn dem aber so ist, so lassen sich daraus drei wichtige erkenntnistheoretische Folgerungen ableiten:

1. Die Dinge existieren unabhängig von unserem Bewußtsein, unabhängig von unserer Empfindung, außer uns; denn es ist unbestreitbar, daß Alizarin auch gestern im Kohlenteer existierte, und es ist ebenso unbestreitbar, daß wir gestern von dieser Existenz nichts wußten und keine Empfindung von Alizarin hatten.

2. Zwischen der Erscheinung und dem Ding an sich gibt es entschieden keinen prinzipiellen Unterschied und kann es einen solchen nicht geben. Einen Unterschied gibt es nur zwischen schon Erkanntem und noch nicht Erkanntem. Die philosophischen Spitzfindigkeiten über besondere Grenzen zwischen dem einen und dem andern darüber, daß das Ding an sich „jenseits" der Erscheinungen liege (Kant), oder daß man sich von der Frage nach der Welt, die in diesem oder jenem Teil noch nicht erkannt ist, aber doch außer uns existiert, durch eine philosophische Scheidewand abgrenzen kann und ab-

grenzen muß (Hume) – das alles ist barer Unsinn, eine Schrulle, eine Ausflucht, ein Hirngespinst.

3. In der Erkenntnistheorie muß man, ebenso wie auf allen anderen Gebieten der Wissenschaft, dialektisch denken, d. h. unsere Erkenntnis nicht für etwas Fertiges und Unveränderliches halten, sondern untersuchen, auf welche Weise das Wissen aus Nicht-Wissen entsteht, wie unvollkommenes, nicht exaktes Wissen zu vollkommenerem und exakterem Wissen wird.

Hat man sich einmal auf den Standpunkt gestellt, daß sich die menschliche Erkenntnis aus dem Nicht-Wissen entwickelt, so wird man merken, daß Millionen Beispiele, die ebenso einfach sind wie die Entdeckung des Alizarins im Kohlenteer, Millionen von Beobachtungen, nicht nur aus der Geschichte der Wissenschaft und Technik, sondern auch aus jedermanns täglichem Leben, dem Menschen die Verwandlung der „Dinge an sich" in „Dinge für uns" zeigen, das Entstehen der „Erscheinungen", wenn unsere Sinnesorgane einen äußeren Reiz durch diesen oder jenen Gegenstand erfahren, und das Vergehen der „Erscheinungen", wenn einem Gegenstande, von dem wir wissen, daß er existiert, irgendein Hindernis die Möglichkeit der Einwirkung auf unsere Sinnesorgane nimmt. Der einzige und unausweichliche Schluß daraus – ein Schluß, den alle Menschen in der lebendigen menschlichen Praxis ziehen und den der Materialismus seiner Erkenntnistheorie bewußt zugrunde legt – besteht darin, daß außerhalb und unabhängig von uns Gegenstände, Dinge, Körper existieren, daß unsere Empfindungen Abbilder der Außenwelt sind. Machs entgegengesetzte Theorie (die Körper seien Empfindungskomplexe) ist kläglicher idealistischer Unsinn.

a.a.O., S. 98

Jeder geheimnisvolle, ausgeklügelte, spitzfindige *Unterschied* zwischen der *Erscheinung und dem Ding an sich* ist purer philosophischer Unsinn. In Wirklichkeit hat jeder Mensch millionenmal die einfache und augenfällige Verwandlung des „Dings an sich" in eine Erscheinung, in ein „Ding für uns" beobachtet. Diese Verwandlung ist eben die Erkenntnis.

a.a.O., S. 117

Materie ist eine philosophische Kategorie zur Bezeichnung der objektiven Realität, die dem Menschen in seinen Empfindungen gegeben ist, die *von* unseren *Empfindungen kopiert, photographiert, abgebildet* wird und unabhängig von ihnen existiert.

a.a.O., S. 128

Das Verhältnis von absoluter und relativer Wahrheit

Das menschliche Denken ist also seiner Natur nach fähig, uns die absolute Wahrheit, die eine Summe von relativen Wahrheiten ist, zu geben, und gibt sie uns auch. Jede Stufe in der Entwicklung der Wissenschaft fügt dieser Summe der absoluten Wahrheit neue Körnchen hinzu; aber die Grenzen der Wahrheit jedes wissenschaftlichen Satzes sind relativ und werden durch die weitere Entwicklung des Wissens entweder weiteroder engergezogen.

a.a.O., S. 134

Vom Standpunkt des modernen Materialismus, d.h. des Marxismus aus sind die Grenzen der Annäherung unserer Kenntnisse an die objektive, absolute Wahrheit geschichtlich bedingt, die Existenz dieser Wahrheit selbst aber ist unbedingt, unbedingt ist, daß wir uns ihr nähern. Geschichtlich bedingt sind die Konturen des Bildes, aber unbedingt ist, daß dieses Bild ein objektiv existierendes Modell wiedergibt. Geschichtlich bedingt ist, zu welcher Zeit und unter welchen Umständen wir in unserer Erkenntnis des Wesens der Dinge bis zu der Entdeckung des Alizarins im Kohlenteer oder bis zur Entdeckung der Elektronen im Atom gelangt sind, aber unbedingt ist, daß jede solche Entdeckung ein Vorwärtsschreiten der „unbedingt objektiven Erkenntnis'' ist. Kurzum, geschichtlich bedingt ist jede Ideologie, aber unbedingt ist, daß jeder wissenschaftlichen Ideologie (im Unterschied zum Beispiel zur religiösen Ideologie) die objektive Wahrheit, die absolute Natur entspricht. Ihr werdet sagen: Diese Unterscheidung zwischen relativer und absoluter Wahrheit ist unbestimmt. Ich antworte darauf: Sie ist gerade „unbestimmt'' genug, um die Verwandlung der Wissenschaft in ein Dogma im schlechten Sinn dieses Wortes, d.h. in etwas Totes, Erstarrtes, Verknöchertes zu verhindern, sie ist aber zugleich „bestimmt'' genug, um sich auf das Entschiedenste und Unwiderruflichste vom Fideismus und Agnostizismus, vom philosophischen Idealismus und der Sophistik der Nachfolger Humes und Kants abzugrenzen. Hier ist eine Trennungslinie, die ihr nicht bemerkt habt, und weil ihr sie nicht bemerkt habt, seid ihr in den Sumpf der reaktionären Philosophie hinabgeglitten. Dies ist die Trennungslinie zwischen dialektischem Materialismus und Realismus.

a.a.O., S. 135

Auf dem Wege der marxistischen Theorie fortbewegend, werden wir uns der objektiven Wahrheit immer mehr und mehr nähern (ohne sie jemals zu erschöpfen); auf jedem anderen Wege aber können wir zu nichts anderem gelangen als zu Konfusion und Lüge.

a.a.O., S. 144

Die Anerkennung der objektiven Gesetzmäßigkeit der Natur und der annähernd richtigen Widerspiegelung dieser Gesetzmäßigkeit im Kopf des Menschen ist Materialismus.

a.a.O., S. 157

Da der Materialismus die Existenz einer objektiven Realität, d.h. einer sich bewegenden Materie, die unabhängig von unserem Bewußtsein existiert, anerkennt, so muß er unvermeidlich auch die objektive Realität von *Raum und Zeit* anerkennen, zum Unterschied von allem Kantianismus, der in dieser Frage auf dem idealistischen Standpunkt steht und Raum und Zeit nicht für eine objektive Realität, sondern für Formen der menschlichen Anschauung hält.

a.a.O., S. 179

In der Welt existiert nichts als die sich bewegende Materie, und die sich bewegende Materie kann sich nicht anders bewegen als im Raum und in der Zeit. Die menschlichen Vorstellungen von Raum und Zeit sind relativ, doch setzt sich aus diesen relativen Vorstellungen die absolute Wahrheit zusammen, diese relativen Vorstellungen bewegen sich in ihrer Entwicklung in der Richtung der absoluten Wahrheit, nähern sich dieser. Die Veränderlichkeit der menschlichen Vorstellungen von Raum und Zeit widerlegt die objektive Realität dieser beiden ebensowenig, wie die Veränderlichkeit der wissenschaftlichen Kenntnisse von der Struktur und den Formen der Bewegung der Materie die objektive Realität der Außenwelt widerlegt.

a.a.O., S. 180

120

Die Parteilichkeit in der Philosophie

Die Unparteilichkeit in der Philosophie ist nichts anderes als jammervoll maskierter Lakaiendienst für den Idealismus und Fideismus.

a.a.O., S. 383

Wie in der Politik die Parteien sich mehr und mehr in *zwei Lager* gruppieren ... so teilt sich *auch die Wissenschaft in zwei Generalklassen,* in *Metaphysiker* dort und Physiker oder *Materialisten* hier. (Anm. Lenins: Auch hier wieder ein ungeschickter, ungenauer Ausdruck: statt „Metaphysiker" müßte es „*Idealisten"* heißen ...) Die Zwischenglieder und vermittlungssüchtigen Quacksalber mit allerlei Namen, Spiritualisten, Sensualisten, Realisten usw. fallen unterwegs in die Strömung. Wir steuern der Entschiedenheit, der Klarheit zu. Idealisten (Anm. Lenins: Man beachte, daß J. Dietzgen sich schon verbessert und genauer erklärt hat, wer die Gegenpartei des Materialismus ist) nennen sich die reaktionären Retraitebläser, und Materialisten sollen alle diejenigen heißen, welche sich's angelegen sein lassen, den menschlichen Intellekt vom metaphysischen Zauber zu erlösen.

a.a.O., S. 366; Zitat aus Dietzgen, Kleinere philosophische Schriften. 1903, S. 134

Keinem einzigen dieser Professoren, die auf Spezialgebieten der Chemie, der Geschichte, der Physik die wertvollsten Arbeiten liefern mögen, *darf man auch nur ein einziges Wort glauben,* sobald von Philosophen die Rede ist. Warum? Aus dem nämlichen Grunde, aus welchem man keinem einzigen Professor der politischen Ökonomie, der imstande ist, auf dem Gebiet spezieller Tatsachenforschung die wertvollsten Arbeiten zu liefern, auch nur ein Wort glauben darf, sobald er auf die allgemeine Theorie der politischen Ökonomie zu sprechen kommt. Denn diese letztere ist eine Wissenschaft, die in der modernen Gesellschaft nicht weniger *parteilich* ist als die *Erkenntnistheorie.* Im großen und ganzen sind die Professoren der politischen Ökonomie nichts anderes als die gelehrten Kommis der Kapitalistenklasse und die Professoren der Philosophie die gelehrten Kommis der Theologen.

a.a.O., S. 369f.

Die neueste Philosophie ist genauso parteilich wie die vor zweitausend Jahren. Die kämpfenden Parteien sind dem Wesen der Sache nach, das durch gelehrt-quacksalberische neue Namen oder durch geistesarme Unparteilichkeit verhüllt wird, der Materialismus und der Idealismus. Der letztere ist nur eine verfeinerte, raffinierte Form des Fideismus, der in voller Rüstung gewappnet dasteht, über gewaltige Organisationen verfügt und nach wie vor unausgesetzt auf die Massen einwirkt, wobei er sich das geringste Schwanken des philosophischen Gedankens zunutze macht. Die objektive, die Klassenrolle des Empiriokritizismus besteht ausschließlich in Handlangerdiensten für die Fideisten in deren Kampf gegen den Materialismus überhaupt und den historischen Materialismus insbesondere.

a.a.O., S. 386

Man muß bedenken, daß gerade aus dem jähen Umbruch, den die moderne Naturwissenschaft durchmacht, durch und durch reaktionäre philosophische Schulen und Schülchen, Richtungen von größerem oder geringerem Format hervorgehen. Die Fragen, welche die neueste Revolution auf dem Gebiete der Naturwissenschaft aufwirft, aufmerksam verfolgen und dabei Naturforscher zur Mitarbeit an dieser philosophischen Zeitschrift heranziehen, ist daher eine Aufgabe, ohne deren Lösung der streitbare Materialismus unweigerlich weder streitbar noch materialistisch sein wird. Wenn Timirjasew in der ersten Nummer der Zeitschrift hervorheben mußte, daß mit der Theorie

Einsteins, der nach Timirjasews Äußerungen persönlich keinerlei aktiven Feldzug gegen die Grundlagen des Materialismus führt, schon eine gewaltige Menge von Vertretern der bürgerlichen Intelligenz in allen Ländern sympathisiert, so betrifft das nicht nur Einstein, sondern eine ganze Reihe, wo nicht die Mehrzahl aller großen Neuerer in der Naturwissenschaft seit Ende des 19. Jahrhunderts.

Wollen wir nur zu einer solchen Erscheinung bewußt Stellung nehmen, so müssen wir begreifen, daß ohne eine solide philosophische Grundlage keine wie immer geartete Naturwissenschaften, kein wie immer gearteter Materialismus den Kampf gegen den Druck der bürgerlichen Weltanschauung zu bestehen imstande sein werden. Um diesen Kampf zu bestehen und ihn mit vollem Erfolg zu Ende zu führen, muß der Naturforscher moderner Materialist, bewußter Anhänger des von Marx vertretenen Materialismus sein, d. h. er muß dialektischer Materialist sein. Um dieses Ziel zu erreichen, müssen die Mitarbeiter der Zeitschrift „Unter dem Banner des Marxismus" das systematische Studium der Dialektik vom materialistischen Standpunkt aus organisieren.

Lenin, Über die Bedeutung des streitbaren Materialismus, März 1922; in: Marx, Engels, Marxismus, S. 409 u. 410

Vertiefung der Leninschen Erkenntnistheorie mit Hilfe Hegels

Die Erkenntnis ist die ewige, unendliche Annäherung des Denkens an das Objekt. Die *Widerspiegelung* der Natur im menschlichen Denken ist nicht „tot", nicht „abstrakt", nicht *ohne Bewegung,* nicht ohne Widersprüche, sondern im ewigen Prozeß der Bewegung, der Entstehung und Aufhebung von Widersprüchen aufzufassen.

Lenin, Aus dem philosophischen Nachlaß (Arbeiten aus den Jahren 1914 bis 1916), erstmalig erschienen 1932, zitiert nach der zweiten deutschen Ausgabe. Berlin 1949

Die Erkenntnis ist die Widerspiegelung der Natur durch den Menschen. Aber das ist keine einfache, keine unmittelbare, keine totale Widerspiegelung, sondern der Prozeß einer Reihe von Abstraktionen, der Formulierungen, der Bildung von Begriffen, Gesetzen usw., welche Begriffe, Gesetze usw. ... auch bedingt, annähernd die universelle Gesetzmäßigkeit der sich ewig bewegenden und entwickelnden Natur *umfassen.* Hier gibt es *wirklich* objektiv drei Glieder: 1. die Natur; 2. die menschliche Erkenntnis – das Gehirn des Menschen ... 3. die Form der Widerspiegelung der Natur in der menschlichen Erkenntnis und diese Form sind auch die Begriffe, die Gesetze, die Kategorien usw. Der Mensch kann die Natur nicht als *ganze,* nicht vollständig, kann nicht ihre „unmittelbare Totalität" erfassen – widerspiegeln – abbilden, er kann dem nur *ewig* näherkommen, indem er Abstraktionen, Begriffe, Gesetze, ein wissenschaftliches Weltbild usw. schafft.

a.a.O., S. 101

Ist die Vorstellung der Realität *näher* als das Denken? Sowohl ja als nein. Die Vorstellung kann die Bewegung nicht in ihrer Ganzheit erfassen, zum Beispiel erfaßt sie die Bewegung mit einer Schnelligkeit von 300 000 km in der Sekunde nicht, aber das *Denken* erfaßt sie und soll die erfassen. Das der Vorstellung entnommene Denken widerspiegelt ebenfalls die Realität.

a.a.O., S. 152

Das Herangehen des Verstandes (des Menschen) an das einzelne Ding, die Anfertigung eines Abdruckes (– Begriffes) von ihm, *ist kein einfacher, unmittelbarer, spiegelartig toter, sondern ein komplizierter, zwiespältiger, zickzackartiger Akt, der die Möglichkeit in sich schließt,* daß die Phantasie dem Leben entschwebt; damit nicht genug: die Möglichkeit der Verwandlung ... des abstrakten Begriffs, der Idee in eine *Phantasie*

122

(in letzter Instanz – Gott). Denn auch in der einfachsten Verallgemeinerung, in der elementarsten allgemeinen Idee („der Tisch" überhaupt) *steckt* ein gewisses Stücklein Phantasie (vice versa: es ist unsinnig, die Rolle der Phantasie auch in der strengsten Wissenschaft zu leugnen: siehe Pissarew über den nützlichen Traum als Ansporn zur Arbeit und über die leere Träumerei).

a.a.O., S. 299

Auf Pissarews Theorie der nützlichen Träume in dessen Artikel „Fehlschläge eines unreifen Gedankens" (1864) weist Lenin auch in seiner Schrift „*Was tun?*" von *1902* nachdrücklich hin; dort heißt es u. a.:

Der Zwiespalt zwischen Traum und Wirklichkeit ist nicht schädlich, wenn nur der Träumende ernsthaft an seinen Traum glaubt, wenn er das Leben aufmerksam beobachtet, seine Beobachtungen mit seinen Luftschlössern vergleicht und überhaupt gewissenhaft an der Realisierung seines Traumgebildes arbeitet. Gibt es nur irgendeinen Berührungspunkt zwischen Traum und Leben, dann ist alles in bester Ordnung. Und Lenin fügt diesem Zitat hinzu: „Träume solcher Art gibt es leider in unserer Bewegung allzuwenig."

Ausgewählte Werke, Bd. I, S. 315

123

DRITTER TEIL

Vom Stalinismus zum Neo-Leninismus

I. Darstellung

Einleitung: Der Stalinismus als Staatsideologie der Sowjetunion und die Entwicklung bis zum XXIII. Parteitag

Der Stalinismus ist ein dogmatisierter und in vieler Hinsicht vereinfachter Leninismus. Er stellt die Staatsideologie der Sowjetunion dar und ist auch heute – bei aller Kritik am Persönlichkeitskult und an der Person des toten Diktators – noch nicht überwunden. Er liefert eine pseudomarxistische Rechtfertigung für die absolute Parteidiktatur über die Sowjetbevölkerung und stellt die bürokratisch geleitete Industrialisierung unter schärfster Ausnützung und Ausbeutung der Bauern und der Arbeiterschaft als „im wohlverstandenen Interesse der Werktätigen" erfolgend dar.

Die Theorie vom *Aufbau des Sozialismus in einem Lande* bildet die Rechtfertigung für den Versuch, ohne ein großes Proletariat und ohne Arbeiterdemokratie ein „sozialistisches Land" aufzubauen, was allen Vorstellungen von Marx und Engels, aber auch noch von Lenin und Stalin selbst (bis zum Frühjahr 1924) widerspricht.

Die *Sowjetdemokratie* bildet eine bislang fast völlig inhaltlose Kulisse, hinter der sich die eigentliche Macht: die schrankenlose Parteidiktatur (und Diktatur des ZK bzw. des Präsidiums über die Partei), verbirgt. Durch die These der Freundschaft von Arbeitern, Bauern und Intellektuellen sollen die sehr erheblichen faktischen Unterschiede der Lebensverhältnisse und Interessen der verschiedenen Bevölkerungsschichten verdeckt und eine fast vollständige soziale Harmonie behauptet werden.

Der *Sowjetpatriotismus* dient faktisch ebenfalls der Verdeckung und Vernebelung der bestehenden Schichtenunterschiede und Interessengegensätze in der Bevölkerung. Der Abstand zwischen den ökonomisch privilegierten Managern und den einfachen Kolchosbauern und Industriearbeitern soll durch das Bewußtsein der gemeinsamen Staats- und Volkszugehörigkeit und durch den Stolz auf die Leistungen der Sowjetmenschen überbrückt werden. Mit ihm zusammen hängt die imperialistische Einstellung der Sowjetregierung, wie sie in ihrer Haltung gegenüber den kleineren Ländern des „sozialistischen" Lagers wenigstens bisher oft zum Ausdruck kam. Diese Länder wurden in erster Linie wirtschaftlich auf das Interesse der Sowjetunion orientiert und als militärische Vorfeldsicherungen angesehen. Die Ereignisse in Polen, Ungarn und der Tschechoslowakei haben gezeigt, daß sich die sowjetische Führung in der Praxis nur sehr ungern von dieser Konzeption löst, der sie freilich theoretisch auf dem XX. Parteitag abgesagt hat. Allem Anschein nach ist die wirtschaftliche Zusammenarbeit der

Ostblockstaaten seit der Gründung des COMECON nicht mehr gerade im Sinne einer einseitigen Bevorzugung der Sowjetunion orientiert. Das war vermutlich eine Folge der Erfahrungen vom Oktober 1956.

Die von Stalin formulierten Charakteristika der *kommunistischen Gesellschaft* zeigen gegenüber Marx größere Nüchternheit, aber auch eine erhebliche Anpassung an traditionelle Vorstellungen. Von einer wirklichen Befreiung kann angesichts des Fortbestehens einer administrativen ökonomischen Zentralinstanz und der Parteidiktatur auch im künftigen Vollkommunismus nicht die Rede sein. In dem Kampf um die Frage des Übergangs zum Kommunismus spiegeln sich die gegensätzlichen Interessen von Managern und Parteibürokratie. Solange der Kampf unentschieden ist, kann das eine Milderung der diktatorischen Herrschaft mit sich bringen, der aber institionelle Freiheitsgarantien fehlen.

Ansätze in Richtung auf eine institutionelle Sicherung der Freiheit des Volkes gegenüber der allmächtigen Partei- und Staatsbürokratie finden sich bisher kaum.

Die auf dem XX. Parteitag zum Ausdruck gebrachte *Abkehr von Stalin und dem Persönlichkeitskult* überhaupt hat zweifellos die verschiedensten Ursachen und Motive. Die beiden wichtigsten dürften einmal der Wunsch der heutigen obersten Führungsgruppe sein, nicht wieder vor einem allmächtigen Diktator zittern zu müssen, und zum anderen die Absicht, die Bevölkerung durch ein Abrücken vom toten Tyrannen für sich zu gewinnen. Die Versicherung: „wir sind keine neuen Stalins" und: „wir wenden uns mit aller Entschiedenheit von seinen ungesetzlichen Methoden ab" ist also zugleich an die Mitregierenden und an das Volk gerichtet. Die jetzt als einzig richtig hingestellte „kollektive Führung" im Geiste Lenins bedeutet aber keineswegs den Abbau des straffen Unterordnungsverhältnisses, denn Lenin selbst hat wiederholt auf die Notwendigkeit von autoriativen Führern hingewiesen und die Forderung nach einer „Diktatur der Massen" als linksradikale „Kinderkrankheit" abgewiesen. „Jedermann weiß", schreibt Lenin 1920 im „Linken Radikalismus", „daß die Massen sich in Klassen teilen ... daß die Klassen gewöhnlich ... von politischen Parteien geführt werden; daß die politischen Parteien in der Regel von *mehr oder minder festen Gruppen der autoritativsten*, einflußreichsten, erfahrensten, auf die verantwortungsvollsten Posten gewählten *Personen geleitet werden, die man Führer nennt ...".* (*Studienausgabe, Bd. II, S. 317*) Die Besonderheit der Sowjetunion besteht freilich darin, daß es dort nur eine Partei und damit auch nur eine „mehr oder minder feste Gruppe der autoritativsten Personen" gibt – eben die Männer um Chruschtschow, um Breschnew und um Kossygin oder deren Nachfolger. Immerhin sucht die „aufgeklärte Diktatur" von heute die Bedürfnisse und Meinungen der Massen etwas besser zu berücksichtigen als der Stalinsche Despotismus der letzten Jahre.

Die Abkehr von Stalin und seinen jetzt zugegebenen Greueltaten wirkt freilich nicht nur auf den ausländischen Betrachter merkwürdig, zumal wenn er der heutigen Kritik Äußerungen aus der jüngsten Vergangenheit gegenüberstellt, die noch ganz anders klingen. So hat Chruschtschow Stalin 1939 als „den größten Genius der Menschheit, unseren Lehrer und Führer" bezeichnet, und 1952 nannte er ihn „den weisen Führer der Partei und des Volkes, den Inspirator und Organisator aller unserer Siege", und an einer anderen Stelle heißt es: „Wenn heute alle Republiken der Sowjetunion vor der Welt in der vollen Blüte ihrer materiellen und geistigen Kräfte dastehen, so verdanken sie dies der genialen Lehre Lenins und Stalins, der *weisen Leitung des Genossen Stalin.* Deshalb nennen alle Völker unseres Landes mit so ungewöhnlicher Herzlichkeit und dem Gefühl der Kindesliebe *den großen Stalin ihren Vater, ihren großen Führer und genialen Lehrer."* Von Mitgliedern des heutigen Führungskollektivs sind ähnliche Aussprüche bekannt.

Das für einen nichtsowjetischen Betrachter Befremdlichste an der jetzt erfolgten Liquidierung des unermeßlichen Stalinschen Ruhms ist daher nicht die Tatsache der Kritik als solcher, sondern die stillschweigende, automatische Hinnahme dieses Kurswechsels durch ein Millionenheer gehorsamer Parteigänger, wenn man von Unruhen in Tiflis absieht, die offenbar nur lokalen Charakter gehabt haben. Selbst die Abkehr von Stalin vollzog sich noch mit der von Stalin geschaffenen Disziplin; ob es freilich den neuen Machthabern auch künftig noch so leicht möglich sein wird, politische Kurswendungen zu vollziehen, ist fraglich. Der Prozeß der Auflockerung und das „Tauwetter" können nur schwer rückgängig gemacht werden.

Von der sowjetischen Außenpolitik wird in diesem Zusammenhang nicht gesprochen. Es ist einleuchtend, daß sie mit der jeweiligen innenpolitischen Lage eng zusammenhängt. Die neue außenpolitische Linie der Sowjetunion ist wesentlich durch das Gefühl militärischer Ebenbürtigkeit aufgrund des Besitzes der *Wasserstoffbombe* bestimmt, durch das Gefühl größerer Sicherheit, das der Satellitengürtel verschafft, sowie durch den Versuch, die bislang als Utopisten verurteilten *Neutralen* (Indien, die arabischen Staaten, Tito) zu gewinnen und zu unterstützen. Diesem Zweck dient auch die Anerkennung der *Möglichkeit verschiedenartiger Wege zum Sozialismus,* die von Chruschtschow stark hervorgehoben, von seinen Nachfolgern aber wieder teilweise zurückgenommen wurde. Wie nach innen eine „Versöhnung" mit der Sowjetgesellschaft versucht wird, so bemüht sich die Sowjetregierung auch nach außen – mit möglichst wenig Konzessionen –, ein Maximum an Vertrauen und Entspannung zu gewinnen. Das Schwergewicht der Aktivität verschiebt sich zum friedlichen wirtschaftlichen Aufbau und zur geschmeidigen Propaganda vor allem in den „unterentwickelten Gebieten".

Daß die Zubilligung „eigner Wege" ihre Grenzen hat, beweist nicht nur die Intervention der Warschauer Paktstaaten in der ČSSR im Sommer 1968, sondern auch der ständig ausgeübte Druck auf die Bruderparteien, die gemeinsame „Generallinie der Kommunistischen und Arbeiterparteien" einzuhalten. Immerhin konnte auf der „Internationalen Beratung der Kommunistischen und Arbeiterparteien", die vom 5. bis 17. Juni 1969 in Moskau stattfand, keine volle Einigkeit hinsichtlich der Intervention erzielt werden. Die Vertreter der KPI, der schwedischen Linkspartei-Kommunisten und – vorsichtiger formuliert – auch der Generalsekretär der KPF Waldeck-Rochet sowie drei weitere Delegierte melden Be-

126

denken an und betonen nachdrücklich die Unabhängigkeit und Gleichberechtigung aller Kommunistischen Parteien. Immer wieder wird – in erster Linie gegen Peking gerichtet, aber natürlich auch auf Moskau anwendbar – betont, daß es „heute keine ‚herrschenden‘ oder ‚untergeordneten‘ Parteien geben könne" und ebensowenig „ein Zentrum" oder mehrere „Zentren" … die die Tätigkeit der Kommunistischen Parteien leiten" (*Waldeck-Rochet, Internationale Beratung der Kommunistischen und Arbeiterparteien. Prag 1969, S. 147*). Der Vorsitzende der KPÖ, Muhri, hebt die „zunehmende Vielfalt der Wege und Formen des Übergangs zum Sozialismus und der Verwirklichung des Sozialismus" hervor und meint, sie müßten respektiert werden (*a.a.O., S. 350*). Daß damit insbesondere *demokratische* Institutionen und Errungenschaften gemeint sind, wie sie in der ČSSR 1968 eingeführt wurden oder geplant waren, macht der Hinweis darauf deutlich, daß „die österreichische Arbeiterbewegung in Jahrzehnten bedeutende demokratische Rechte errungen habe, die auf dem Weg zum Sozialismus erhalten bleiben und durch qualitativ neue demokratische Rechte und Freiheiten für die Werktätigen erweitert werden müßten" (*a.a.O.*). Es ist also der sowjetischen Führung nicht gelungen, eine vollständige Koordination der politischen Ziele und theoretischen Auffassungen zu erzielen; um der Entwicklungsfähigkeit der Kommunistischen Parteien in den westlichen Ländern mußte sie vielmehr wenigstens in der Theorie zulassen, was sie in der Praxis 1968 den tschechoslowakischen Genossen verweigert hatte.

A. Der Aufbau des Sozialismus in einem Lande

Lenin hatte aus seinen Analysen des imperialistischen Stadiums des Weltkapitalismus die Folgerung gezogen, daß die „Kette des Kapitalismus" an ihrer schwächsten Stelle – an der Peripherie –, z.B. auch in dem halbkolonial-rückständigen Rußland, reißen kann. Er hatte aber erwartet, daß sich von da aus die revolutionäre Welle bald auf die hochindustrialisierten Länder Mittel- und Westeuropas ausdehnen und daß das gut organisierte und geschulte Proletariat dieser Länder Rußland auf dem Weg zum Sozialismus helfen würde. Als es daher gelungen war, in Rußland die bürgerliche Revolution in die „proletarische" überzuführen (die freilich nach ihrer Massenbasis eher eine bäuerliche war), unternahmen russische Kommunisten bald den Versuch, im westlichen Ausland – namentlich in Deutschland – die vorhandenen Ansätze zu einer sozialistischen Revolution zu fördern. Von 1917 bis 1921 dauerte diese Periode des Versuchs der Ausbreitung der Revolution. Lenin war der Meinung, daß die russischen Revolutionäre die Führung der sozialistischen Bewegung sofort wieder verlieren müßten, wenn eins der entwickelten Länder seinerseits den Weg zum Sozialismus angetreten hätte. Noch 1920 betont er: „Ebenso wäre es verfehlt, außer acht zu lassen, daß *nach dem Sieg der proletarischen Revolution,* sei es auch nur *in einem der fortgeschrittenen Länder,* aller Wahrscheinlichkeit nach ein jäher Umschwung eintreten wird, nämlich *Rußland* wird *bald danach nicht mehr ein vorbildliches, sondern wieder ein* (im sowjetischen und im sozialistischen Sinne) *rückständiges Land werden" (Studienausgabe, Bd. II, S. 299).* Als sich diese Erwartungen jedoch nicht bestätigten und als infolge der Interventionskriege und des Kriegskommunismus (von 1917 bis 1920) das Land vor dem wirtschaftlichen Ruin stand und auf ausländische Hilfe nicht rechnen konnte, ging Lenin zur „Neuen Ökonomischen Politik" (NEP) über, das heißt, er ließ die drückende Ablieferungspflicht der Landwirtschaft fallen und ersetzte sie durch eine weit erträglichere Naturalsteuer, die dem Bauern genügend Produkte beließ, um einen Anreiz zur Mehrproduktion für den freien Markt zu geben. Ebenso wurde der Handel, der die Verbindung zwischen Stadt (Industrieproduktion) und Land herstellte, liberalisiert. Eine neue „kapitalistische" Schicht – die NEP-Männer – entstand. Da sich aber die wichtigsten Produktionsmittel (Banken, Industrie, Verkehrsmittel) nach wie vor in der Hand des Staates befanden, nannte Lenin diese Wirtschaftsordnung „Staatskapitalismus". In seinen letzten Schriften hat Lenin angedeutet, daß er den Weg von hier aus zum Sozialismus durch *genossenschaftliche Vereinigung der Bauern* (zu „Kolchosen", d. h. Kollektivwirtschaften) gehen wollte. Die NEP war von Anfang an wohl nur als *Mittel* gedacht, um die „wirtschaftliche Basis" für den Aufbau des Sozialismus zu schaffen. Zugleich mit dem Übergang zur NEP änderte sich auch die außenpolitische Linie der kommunistischen Partei, die nunmehr an revolutionären Bewegungen nicht mehr direkt interessiert war, sondern vor allem Frieden und Schutz der Sowjetunion vor neuen Interventionen brauchte. Das gilt für die gesamte folgende Periode, in der die kommunistischen Parteien die Aufgabe bekommen, die Sowjetunion moralisch zu unterstützen und eine kriegerische Intervention und wirtschaftlichen Boykott durch ihre Länder zu verhindern.

Die Theorie der Möglichkeit des Aufbaus des Sozialismus in einem Lande war also implizite schon in den letzten Arbeiten von Lenin enthalten, klar und scharf hat sie jedoch erst *Stalin* im Jahre 1924 formuliert. Aber noch im April 1924 schrieb er: „Zum Sturz der Bourgeoisie genügt die Anstrengung eines einzelnen Landes. Das zeigt die Geschichte unserer Revolution. *Zum endgültigen Sieg des Sozialismus,* zur Organisierung der sozialistischen Produktion *genügen die Anstrengungen eines einzelnen Landes, zumal eines Bauernlandes wie Rußland, nicht.* Dazu sind die Anstrengungen der Proletarier einiger fortgeschrittener Länder notwendig" (*Rosenberg, S. 196*). Im Dezember korrigiert er jedoch seine Formel, indem er sie differenziert, 1. in die Frage nach einer vollständigen *Garantie gegen die Restauration* in Rußland, für welche der Sieg der Arbeiterrevolution in Ausland notwendig sei, der der immer schwebenden Interventionsgefahr angesichts der *„kapitalistischen Umkreisung"* endgültig ein Ende bereiten würde; 2. in die Frage nach der *Möglichkeit des Aufbaus* einer vollkommen sozialistischen Gesellschaft in einem einzelnen Lande – und diese Möglichkeit bejaht er jetzt für die Sowjetunion. In der „Geschichte der KPdSU" heißt es: „... wir haben alles, was notwendig ist, uns eine sozialistische Wirtschaft, die vollendete sozialistische Gesellschaft zu errichten." Der Kapitalismus sei 1917 *politisch* geschlagen worden, und nunmehr bestehe die durchaus realisierbare Aufgabe darin, ihn auch *ökonomisch zu vernichten.* Dieser ökonomische Schlag gegen den Kapitalismus solle durch die *„sozialistische Industrialisierung"geführt werden.*

a) *Stalins Auseinandersetzung mit der „linken" und „rechten" Abweichung*

Während der Jahre von 1924 bis 1930 etwa setzte Stalin seine Konzeption vom Aufbau des Sozialismus in einem Lande gegen die „linken" und „rechten" Abweichler, d. h. gegen führende Parteifunktionäre, die andere Pläne hatten, durch.

Der radikalste Gegner Stalins war *Leo Trotzki,* der die Theorie vom Aufbau des Sozialismus in einem Lande grundsätzlich ablehnte. Er trat im Gegensatz zu ihr dafür ein, daß die Weltrevolution mit allen Mitteln gefördert wurde, lehnte das Bündnis mit den Bauern als reaktionär ab, kritisierte den bürokratischen Zentralismus der Parteidiktatur in Rußland und wollte die Entwicklung auf ein wirklich demokratisch organisiertes Proletariat stützen. Als Stalin aber aus rein praktischen Erwägungen sich auf das Bündnis mit den Klein- und Mittelbauern stützte und auch die letzteren vor Enteignung und Beschlagnahme schützte, rückten auch die Altbolschewisten *Sinowjew und Kamenew* von ihm ab und fanden sich mit Trotzki zu einer oppositionellen Gruppe zusammen. Dagegen wurde Stalin von der rechten Fraktion in der KPdSU und sogar von ausgesprochen reaktionären Kreisen unterstützt. In einer von 500 Altkommunisten unterzeichneten Resolution wurde die heftigste Kritik an der reaktionären Innen- und Außenpolitik Stalins geübt. Es hieß in ihr u. a.: „Unsere gesamte Parteipolitik leidet am Rechtskurs … Die selbstzufriedenen Verwaltungsmenschen, die Beamten, die sich nach der Obrigkeit richten, die Kleinbürger, die sich bis zu Kommandoposten durchgefressen haben und hochmütig auf die Masse herunterblicken, fühlen immer mehr Grund unter ihren Füßen und erheben immer höher ihr Haupt …" *(Rosenberg, S. 212).*

Auf diese Kritik, die auch in weiteren Kreisen der Partei Widerhall fand, antwortete Stalin mit der Verkündigung des ersten Fünfjahresplans und einem energischen Linkskurs (Ende 1927). Im Jahre 1929 begann die systematische *Liquidierung des Kulakentums* als Klasse und die *Kollektivierung der Landwirtschaft.* Diese sollte eigentlich etappenweise und allmählich folgen, aber die harten Maßnahmen der Regierung gegen die Großbauern verbreiteten Panik unter der gesamten Bauernschaft, und es setzte eine sehr rasche „Flucht in die Kolchosen" ein. Diese Flucht und andere panikartige Reaktionen der Bauern wie das Abschlachten des Viehs (15 Millionen Kühe und Ochsen, 40 Millionen Ziegen und Schafe, 7 Millionen Schweine, 4 Millionen Pferde) hatten zur Folge, daß die landwirtschaftliche Produktion in Unordnung geriet. Die Lebensmittelversorgung der Bevölkerung war erneut gefährdet, vielfach herrschte Hungersnot, und das Rationierungssystem mußte wieder eingeführt werden.

Durch die Kollektivierung der Landwirtschaft und durch die Schaffung von staatlichen „Maschinen- und Traktoren-Stationen", denen später besondere Parteifunktionäre zur Überwachung der Arbeit beigegeben wurden, erlangten die Sowjetregierung und die KPdSU direkten Einfluß auf diesen größten Sektor der Volkswirtschaft. Der Aufkauf des Getreides zu staatlich festgesetzten und sehr niedrigen Preisen und der Verkauf zu weit höheren Preisen an die Stadtbevölkerung bildeten eine Haupteinnahmequelle des Staates, der diesen Überschuß für den Aufbau der Industrie verwandte. Und zwar wurde jetzt in erster Linie die *Schwerindustrie* ausgebaut, was nur unter Zurückstellung der Konsumbedürfnisse der Massen möglich war, deren Lebensstandard im ganzen nur langsam stieg.

Die energische Linkswendung Stalins isolierte *Trotzki* von seinen altbolschewistischen Bundesgenossen Sinowjew und Kamenew, die ihren Frieden mit der Sowjetregierung machten. 1929 wurde er gewaltsam aus Rußland entfernt und der türkischen Regierung übergeben. Im Exil hörte er nicht auf, die Sowjetpolitik zu kritisieren, die bürokratische Diktatur zu brandmarken, das freie Selbstbestimmungsrecht der russischen Arbeiter und eine energische Unterstützung der Weltrevolution zu fordern. Dagegen kam es jetzt zum Bruch Stalins mit der bauernfreundlichen „rechten" Fraktion der KPdSU – mit *Bucharin, Rykow, Tomski* und ihren Anhängern. Auch mit ihnen wurde er ohne viel Mühe fertig; sie wurden ihrer führenden Posten enthoben. Die „Generallinie Stalins" hatte damit endgültig gesiegt.

b) *Von der ideologischen Auseinandersetzung zum dogmatischen System*

Diese politischen Auseinandersetzungen zwischen Stalin und den linken und rechten „Abweichlern" spiegeln sich auch in den rein ideologischen Diskussionen der zwanziger Jahre wider.

Hier stehen sich die Anhänger des *Bucharinschen* „Mechanizismus" und der „menschewisierende Idealismus" *Deborins* gegenüber.

Während der Mechanizismus stärker die *materialistische* Komponente des Diamat betont, bringt der Deborinismus mehr die *dialektische* zur Geltung. Nach den Mechanizisten kann die Dialektik auf Wechselwirkung reduziert werden. Durch diese Wechselwirkung aller Faktoren stellte sich *von allein* (d. h. ohne bewußtes und planendes Eingreifen) eine Art *Gleichgewicht* her. Das gelte zum Beispiel für das Verhältnis von ideologischen und ökonomischen Faktoren und ebenso für das zwischen den verschiedenen Zweigen der Wirtschaft. Von dieser theoretischen Basis aus verwarf Bucharin die scharfen Maßnahmen gegen die Kulaken und die forcierte Kollektivierung, weil sie ihm als unnötig erschienen. Seiner Lehre zufolge mußte ja das Übergewicht der sozialistischen Industrie von allein dazu führen, daß auch die Landwirtschaft einen sozialistischen Charakter annahm. Ebensowenig konnte er die von Stalin vertretene Ansicht teilen, daß das *Bewußtsein* der Menschen weit hinter den gesellschaftlichen Verhältnissen zurückbleiben und so zu einem Hemmschuh der Entwicklung werden kann. In seiner Rede auf der Konferenz der kommunistischen Agrarwissenschaftler *(27. 12. 1929. Fragen des Leninismus, S. 334 f.)* verwirft Stalin die Bucharinschen Theorien des „Gleichgewichts" und des „Selbstlaufs", weil beide zu einer Ablehnung

130

der aktiven Umgestaltung der ländlichen Besitz- und Arbeitsverhältnisse führen müßten. Diese Stalinsche Kritik ist nicht ideologisch, sondern *politisch-praktisch* motiviert, aber gemäß der Theorie der Einheit von Theorie und Praxis kann das praktisch Falsche auch theoretisch nicht richtig sein. Im übrigen benützt Stalin zur Diffamierung des Bucharinismus die Methode der „Zurückführung" dieser Position auf die Interessen der „Agrarbourgeoisie", auf die Weltanschauung der bauernfreundlichen „Rechten".

Ideologisch setzte sich *Deborin* mit dieser Rechtsabweichung auseinander. Seine Wirkungszeit stellt vermutlich bisher den Höhepunkt der philosophischen Entwicklung in der Sowjetunion dar. Fünf Jahre lang studierte er mit seinen Schülern die Logik Hegels getreu der Anweisung Lenins, der 1922 gefordert hatte: „Die Mitarbeiter der Zeitschrift ‚Unter dem Banner des Marxismus' müssen das systematische Studium der *Dialektik Hegels* vom materialistischen Standpunkt aus organisieren. Die Gruppe der Redakteure ... soll nach meiner Meinung eine Art ‚Gesellschaft materialistischer *Freunde der Hegelschen Dialektik*' sein" *(Lenin: Marx, Engels, Marxismus. Moskau 1947, S. 410f.).* Aber nach der Meinung der Stalinschen Generallinie gingen die Deborinisten in ihrem Hegelianismus zu weit. Während die Mechanizisten nur Selbstlauf und Kontinuität sähen, gebe es für die Anhänger Deborins nur dialektische Sprünge und bewußtes Eingreifen. Weiter habe dieser extreme Standpunkt zu einer *Trennung von Form und Inhalt* geführt, der sich in der Politik als *Trennung von Theorie und Praxis* offenbare. Die gleiche Trennung von Theorie und Praxis wurde aber Trotzki und den Trotzkisten vorgeworfen, die nur in Worten revolutionär, in ihren Taten aber reaktionär seien (weil sie gegen die Stalinsche Generallinie kämpften). Obwohl Deborin auf dem 2. Kongreß der wissenschaftlichen Marx-Engels-Institute im April 1929 einen vollen Sieg über die Bucharin-Gruppe erzielte, wurde er wenig später seinerseits von Stalin und seinen Anhängern angegriffen und des „menschewisierenden Idealismus" sowie des „Trotzkismus" angeklagt, obwohl er sich nie mit den politischen Thesen der Trotzkisten solidarisiert hatte.

Sowohl der zum Ökonomismus und zu politischer Inaktivität führende Mechanizismus wie auch der zu ultralinker Überschätzung des bewußten und geplanten Handelns führende menschewisierende Idealismus wurden als „ketzerisch" verdammt. Es ist aber kein Zufall, daß immer wieder diese typischen Abweichungen in der Geschichte des Marxismus auftauchen, weil in ihnen die beiden seit Engels meist nur eklektisch verbundenen Momente des dialektischen Aktivismus und des (positivistischen) Szientismus auseinandertreten.

Nach Abschluß dieser ideologischen Kämpfe formulierte Stalin im *4. Kapitel der Geschichte der KPdSU (Kurzer Lehrgang)* seine weltanschauliche Generallinie in einer für die Partei bis 1956 als verbindlich angesehenen Weise. Ohne die geringste Originalität, jedoch mit didaktischem Geschick, ordnete er die Thesen des dialektischen und historischen Materialismus so an, daß jeweils „praktische politische Folgerungen" aus ihnen gezogen werden konnten und der Eindruck logischer Geschlossenheit und absoluter Gewißheit entstand. Entgegen der Rangordnung der beiden Theorieteile stellte er den allgemeinen dialektischen

131

Materialismus voran und leitete die Lehren des historischen Materialismus scheinbar aus diesem ab. Innerhalb des dialektischen Materialismus riß er die dialektische Methode und die materialistische Interpretation der Erscheinungen auseinander. Diese in Millionenauflage auch getrennt und in dem Sammelband „Fragen des Leninismus" erschienene Schrift bildete bis 1956 die Grundlage der elementaren ideologischen Schulung der Partei und der gesamten Sowjetjugend. Der Geist dieser Arbeit bestimmt auch weiterhin die sowjetische Auffassung des Leninismus.

B. Theorie und Praxis der Sowjetdemokratie

a) Die „Stalinsche Verfassung" von 1936

Im November 1936 verkündete Stalin in seiner Rede über den Entwurf der Verfassung der UdSSR, daß die erste Phase des Kommunismus, der Sozialismus, in der Sowjetunion im wesentlichen bereits verwirklicht sei. Ein Ausdruck des Erreichten sei die vorgelegte neue sowjetische Verfassung, die die alte Verfassung von 1924 ablösen werde.

Stalin schildert zunächst die „Veränderungen im Leben der Sowjetunion in der Periode von 1924 bis 1936". Er betont die Erfolge der Industrialisierung (die Produktion beträgt das Siebenfache von 1913), der Kollektivierung und der Zurückdrängung des kapitalistischen Elementes im Handel und stellt fest, „daß die Ausbeutung des Menschen durch den Menschen aufgehoben, beseitigt, das sozialistische Eigentum an den Produktionsmitteln und Instrumenten sich aber als unerschütterliche Grundlage unserer Sowjetgesellschaft durchgesetzt hat" *(Fragen des Leninismus, S. 616)*. Es gibt keine Ausbeuterklassen (Gutsbesitzer, Industrielle, Kulaken) mehr, die Sowjetgesellschaft besteht vielmehr aus zwei *befreundeten* Klassen, den *Arbeitern* und den *Bauern,* und aus der Zwischenschicht der *Intelligenz.* Diese Klassen seien in ihrem Wesen durch die Revolution und den Aufbau des Sozialismus anders geworden. Das Proletariat, das nicht mehr von Kapitalisten ausgebeutet wird, sei im genauen Sinne des Wortes kein Proletariat mehr, „sondern eine völlig neue Klasse, die Arbeiterklasse der Sowjetunion" *(a. a. O., S. 618)*. Das gleiche gelte für die Bauern, die früher Kleineigentümer waren, isoliert produzierten und von Gutsbesitzern, Kulaken und Spekulanten ausgebeutet wurden, jetzt aber kollektiv auf der Grundlage moderner technischer Geräte arbeiteten und kollektive Eigentümer ihrer Arbeitsinstrumente, ihres Saatgutes, des Viehes und der Kolchosgebäude seien und von niemandem mehr ausgebeutet würden. Auch die Intellektuellen, die früher zumeist aus adligen und bürgerlichen Kreisen stammten, seien anders geworden. Über 80% von ihnen rekrutieren sich aus den Reihen der Werktätigen, und ihre gesellschaftliche Funktion bestehe nicht mehr im Dienst an der Bourgeoisie, sondern am Volke. Damit seien auch die *Grenzlinien* zwischen den Klassen verwischt, die *Klassenabgeschlossenheit* aufgehoben und der *Abstand* zwischen ihnen verringert worden. Ihre ökonomischen und politischen *Gegensätze* schließlich seien beseitigt. Wie zwischen den Klassen, so herrsche auch zwischen den *Nationen* innerhalb der Sowjetunion Frieden und brüderliche Zusammenarbeit. Dieses harmonische Nebeneinanderleben der Völker sei nur möglich, weil es keine Ausbeuterklassen mehr gäbe, die immer die Urheber nationalistischer Vorurteile und des Chauvinismus waren.

Darauf zählt Stalin sechs *„grundlegende Besonderheiten des Verfassungsentwurfs"* auf. *1. Der Entwurf zieht das Fazit aus dem bereits Erreichten, er stellt eine gesetzgeberische Registrierung der Errungenschaften des Sozialismus in der Sowjetunion dar. 2. Der Entwurf hat zur Hauptgrundlage „die Prinzipien des Sozialismus ... das sozialistische Eigentum* an Grund und Boden, Waldungen, Fabriken und Werken und anderen Produktionsmitteln und -instrumenten; die *Aufhebung der Ausbeutung* und der Ausbeuterklassen; die *Beseitigung des Elends* der Mehrheit und der Verschwendung der Minderheit; die Beseitigung der Arbeitslosigkeit; die *Arbeit als Obliegenheit und Ehrenpflicht"* ... 3. Die Verfassung ist „dazu notwendig, die gesellschaftlichen *Zustände zu verankern, die den Werktätigen genehm und vorteilhaft* sind", die *Führung* der Gesellschaft „kommt der *Arbeiterklasse* als der fortgeschrittensten Klasse der Gesellschaft" zu. 4. Alle *Nationen und Rassen* sind *gleichberechtigt.* 5. Die Verfassung steht auf dem Boden eines *„konsequenten und restlos durchgeführten Demokratismus".* Alle Bürger ohne Ansehen ihrer Rasse, ihrer Nation oder ihres Geschlechtes sind wahlberechtigt (vom 18. Lebensjahr an). 6. Im Gegensatz zur „formalen Demokratie" gewährt die Sowjetverfassung nicht nur demokratische Rechte, sondern *garantiert auch* deren *materielle Verwirklichung.*

Im nächsten Abschnitt behandelt Stalin eine Reihe bürgerlicher Kritiken am Verfassungsentwurf. Erst an letzter Stelle nennt er den eigentlich „gefährlichen" Einwand: die Kritik am Einparteienstaat. Er betont nachdrücklich: „Ich muß zugeben, daß der Entwurf ... tatsächlich das Regime der Diktatur der Arbeiterklasse aufrechterhält, ebenso wie er die jetzige führende *Stellung der Kommunistischen Partei der UdSSR unverändert beibehält.* Wenn die verehrten Kritiker dies für einen Mangel ... halten, so kann man dies nur bedauern. *Wir Bolschewiken halten dies für einen Vorzug"* (a. a. O., S. 633). Die Existenz *verschiedener* politischer Parteien sei nur dort gerechtfertigt, wo es auch verschiedene Gesellschaftsklassen mit antagonistischen Interessen gäbe; da das in der Sowjetunion der Fall sei, entfiele die Notwendigkeit des Mehrparteienstaates. Die beiden Klassen der Arbeiter und Bauern seien ja brüderlich verbunden und harmonierten in ihren Interessen (!), so daß es in der Sowjetunion „nur Boden für eine Partei, die Kommunistische Partei", gibt, die „kühn bis zum letzten die Interessen der Arbeiter und Bauern verteidigt" *(a. a. O.).* Die formale Demokratie der kapitalistischen Länder sei eine Demokratie für die Starken, die der Sowjetunion dagegen eine „für die Werktätigen, d. h. eine Demokratie für alle".

Die Verfassung von 1936 sieht in der Tat bestechend aus. Ein umfangreicher Katalog der traditionellen Grundrechte, der durch eine Reihe höchst konkreter Rechte, wie das Recht auf Arbeit, auf Erholung, auf Bildung usw., vervollständigt wird, und demokratische Bestimmungen über Wahlrecht und Wahlverfahren entsprechen den höchsten Anforderungen. Zugleich geben freilich die Durchführungsparagraphen, die die materiellen Garantien für jene Rechte enthalten, die Möglichkeit, deren faktische Ausübung einzuschränken. Wesentlich ist aber, daß die Struktur der tatsächlichen Herrschaftsverhältnisse in der Sowjetunion so beschaffen ist, daß von einer echten Demokratie „von unten" nicht gesprochen werden kann.

b) *Die Struktur der Herrschaftsverhältnisse in der Sowjetunion und die „große Reinigung" (1937/38)*

Die Herrschaftsverhältnisse in der Sowjetunion werden durch die Rolle der Partei und die Struktur der Parteihierarchie bestimmt. Im zweiten Teil dieser Arbeit habe ich Lenins Theorie der „Partei neuen Typs" ausführlich behandelt und auf ihre wichtigsten Eigenarten hingewiesen. Diese disziplinierte und hierarchisch gegliederte Kaderpartei wurde auch zur Grundlage der sowjetischen staatlichen Herrschaftsordnung. In den ersten Revolutionsmonaten spielten zwar die *Sowjets* eine hervorragende Rolle, Organe einer direkten Demokratie, die sich überall in Fabriken, Dörfern, Truppenteilen und Städten gebildet hatten und deren Mitglieder sich aus Anhängern verschiedener revolutionärer Richtungen zusammensetzten. Diese Sowjets wurden von Lenin als die Organe der revolutionären, proletarischen Regierung angesehen, im Gegensatz zum Parlament und der Provisorischen Regierung, die er als Organe der bürgerlichen Regierung bekämpfte. Seine Forderung lautete daher im Oktober 1917: „Alle Macht den Sowjets", und seine Hauptsorge galt der Gewinnung einer bolschewistischen Mehrheit in den Sowjets (vor allen Dingen Petersburgs und Moskaus). Bald aber wurde diese für den Erfolg der Revolution ausschlaggebende Institution durch den *„demokratischen Zentralismus"* der Partei- und Staatszentrale in ihrer Wirkung eingeschränkt. Trotz formeller Trennung von Staats- und Parteiapparat war jedoch eine faktische Einheit der Herrschaft gewährleistet. Die Parteiführung gab nicht nur die Richtlinien, sondern auch alle konkreten Anweisungen für die gesamte Politik. Alle eigentlichen politischen Diskussionen spielten sich daher immer ausschließlicher in den Führungsgremien der Partei ab. Das sind: der Parteitag, das Zentralkomitee (ZK), das Präsidium (Politbüro) des Zentralkomitees und das Sekretariat. Anfangs spielten die Parteitage, die von 1921 bis 1925 alljährlich einberufen wurden, noch eine gewisse Rolle bei der Festlegung der politischen Linie; nach Lenins Tod (1924) verschob sich das Gewicht immer mehr zum ZK und dessen Präsidium, und schließlich konzentrierte sich die Herrschaft über die Partei ganz in einer Hand. Man braucht sich nur die Abstände der Parteitage von 1925 bis 1952 anzusehen, um ablesen zu können, wie sich hier eine autoritäre Herrschaft immer mehr verfestigte, ganz abgesehen davon, daß auch die Parteitage keine echten Prinzipiendiskussionen und Kampfabstimmungen mehr kannten, sondern nur zur Entgegennahme von Erklärungen des ZK (d. h. letztlich Stalins) ermächtigt waren. Der 14. Parteitag fand 1925 statt, der nächste 1927, dann 1930, 1934, 1939 und 1952; die Abstände betragen also nacheinander 2, 3, 4, 5, 13 Jahre! Und das, obwohl gemäß Art. 29 der geltenden Parteisatzung alle drei Jahre ein Parteitag durchzuführen ist. Die gemäß Art. 37 alljährlich einzuberufende Parteikonferenz ist ebenfalls zwischen 1941 und 1952 nicht einberufen worden.

Die eigentlichen Entscheidungen spielten sich also in dieser Zeit und schon vorher innerhalb des ZK ab. Anfangs gab es innerhalb des ZK noch verschiedene Fraktionen, die zwar nicht organisatorisch zusammengefaßt waren, aber doch in vielen Punkten eine gemeinsame Politik anstrebten. Es kam daher noch zu Kampfabstimmungen und zu einer Art innerparteilicher demokratischer Diskussion. Aber schon auf dem X. Parteitag erklärte Lenin, „daß die Diskussion ein unerlaubter Luxus war", alle fraktionellen Gruppen wurden aufgelöst und gegen Fraktionsmacherei Disziplinarmaßnahmen der Partei angedroht. In einer Resolution hieß es: „Es ist notwendig, daß alle klassenbewußten Arbeiter sich des Schadens und der Unzulässigkeit jeder wie immer gearteten Fraktionsmacherei klar bewußt werden, die in der Praxis unweigerlich dazu führt, daß die einmütige Arbeit geschwächt wird und daß die Feinde, die sich an die Regierungspartei heranmachen, erneut verstärkte Versuche unternehmen, die Zerklüftung (der Partei) zu vertiefen und sie für die Zwecke der Konterrevolution auszunutzen" *(Geschichte der KPdSU, S. 344f.).* Damit war die freie Meinungsbildung mit Rücksicht auf die „Geschlossenheit" und „Schlagkraft" der Regierungsgewalt noch weiter eingeschränkt.

Zu Lenins Lebzeiten waren allerdings noch sogenannte Plattformen erlaubt, gemeinsame Erklärungen von Parteidelegierten, die zu bestimmten Fragen der Innen-, Außen-, Wirtschafts- oder Kulturpolitik eine gemeinsame Auffassung vertraten. Auf dem XIV. Parteitag im April 1925 wurden auch Plattformen als parteischädigend deklariert und verboten. Seit dieser Zeit kann praktisch nur die jeweilige oberste Führung durch Absprachen *vor* den Sitzungen des ZK und des Parteitages für eine Meinungsbildung sorgen, allen übrigen Delegierten sind solche Kontaktaufnahmen – wenn sie zur Bildung einer gemeinsamen Meinung führen sollen – verboten. Damit war aus der „Diktatur des Proletariats" die „Diktatur der Partei über das Proletariat", aus der Diktatur der Partei die des ZK über die Partei, und schließlich die einiger weniger führender Kommunisten über das ZK geworden (Sinowjew, Kamenew und Stalin), aus der schließlich die Alleinherrschaft des „weisen Führers und Lenkers" Stalin hervorging. Diese ganze Entwicklung war in sich folgerichtig und konsequent. Theoretisch wird sie durch einen dogmatisierten und metaphysizierten historischen Materialismus gerechtfertigt. Ich rufe nur die hier einschlägigen Grundgedanken ins Gedächtnis. Der Marxismus ist die „wissenschaftliche Politik des Proletariats". Da das Proletariat – zufolge der gleichen Theorie – die geschichtlich zur Führung bestimmte Gesellschaftsklasse ist, kann sich auch die wissenschaftliche proletarische Politik als die allein historisch berechtigte und richtige ansehen. Die Kommunistische Partei aber ist die marxistische Avantgarde des Proletariats, sie besitzt die marxistische Wahrheit, auch wenn die proletarischen Massen sie noch nicht begreifen sollten. Ihre Aufgabe ist daher, die Massen zu *führen* und nicht als „Nachtrabpolitiker" ihnen zu folgen oder sich nach ihren aktuellen Wünschen zu richten. Da aber die *Parteiführung* ihrerseits aus den „besten Marxisten" besteht, braucht sie im Grunde ebensowenig die einfachen Parteimitglieder um Rat zu fragen, sondern wird ihrerseits deren Erziehung und Schulung in die Hand nehmen. Schließlich aber bedeutet die Tatsache, daß die Parteiführung aktiv Politik treibt und so die Einheit von Theorie und Praxis realisieren kann, daß ihr *Erfolg* ihr immer auch theoretisch recht gibt. Ihre Erfolge aber kann sie – weil sie über alle Nachrichtenmittel verfügt – ohne Schwierigkeiten jederzeit propagieren und alle öffentliche Kritik ebenso leicht unterbinden. Jede Kritik an ihren Erfolgen kann als „Fraktionsmacherei" verdächtigt und zurückgewiesen werden. Wer einmal an der Macht ist, kann sich also mit Hilfe der Theorie sehr gut an ihr halten. Ein grundsätzliches Bedürfnis nach Machtkontrolle und Machtablösung besteht nicht, und die universell anerkannte und gelehrte, dogmatisch verfestigte marxistische Geschichtsbetrachtung gibt zugleich die Gewißheit, daß die Parteiführung „richtig handelt".

Da die Sowjetregierung und die Parteiführung den eigentlichen Volkswillen (den Willen des Proletariats oder richtiger den Willen der befreundeten und solidarischen Klassen der Arbeiter und Bauern) zum Ausdruck bringen, können selbst umwälzende (revolutionäre) Maßnahmen getroffen werden, ohne daß es „zum Sturz der bestehenden Macht kommt". Ein solcher revolutionärer Sprung waren z. B. die Liquidierung des Kulakentums und die Kollektivierung, die Ende 1929 mit großer Energie einsetzte. „Das war eine außerordentlich tiefgehende revolutionäre Umwälzung, ein Sprung aus einem alten qualitativen Zustand der Gesellschaft in einen neuen qualitativen Zustand, eine Umwälzung, die in ihren Auswirkungen der revolutionären Umwälzung vom Oktober 1917 gleichkam. Die Eigenart dieser Revolution bestand darin, daß sie *von oben,* auf *Initiative der Staatsmacht, mit direkter Unterstützung von unten,* durch die Millionenmassen der … Bauern vollzogen wurde" *(Geschichte der KPdSU, S. 412 f.).* Den gleichen Gedanken wiederholt Stalin 1950 in seinen berühmten Linguistikbriefen. Hier geht es ihm darum, zu zeigen, daß auch der künftige Übergang zum Kommunismus, zur höheren Phase der sozialistischen Gesellschaft, nicht auf „explosivem Wege", nicht durch „Sturz der bestehenden Macht", sondern als „allmählicher Sprung, als Revolution von oben" erfolgen wird. Es heißt dort: „Im Laufe von acht bis zehn Jahren haben wir in der Landwirtschaft unseres Landes den Übergang von der bürgerlichen, auf Einzelbauernwirtschaften beruhenden Ordnung zur sozialistischen Kollektivwirtschaftsordnung vollzogen. Das war eine Revolution, die die alte bürgerliche Wirtschaftsordnung auf dem Lande liquidierte und eine neue, die sozialistische Ordnung schuf. Diese Umwälzung vollzog sich jedoch nicht durch eine Explosion, das heißt nicht durch den Sturz der bestehenden Macht und die Schaffung einer neuen Macht, sondern durch den allmählichen Übergang von der alten, bürgerlichen Ordnung auf dem Lande zu einer neuen Ordnung. Das aber konnte vollzogen werden, weil es eine *Revolution von oben* war, weil die Umwälzung auf *Initiative der bestehenden Macht* mit Unterstützung der Hauptmassen der Bauernschaft durchgeführt wurde" *(Linguistik-briefe, S. 35).*

Diese Theorie der „Revolution von oben" ist ein direkter Ausdruck einer pseudodemokratischen Metaphysik. Sie geht davon aus, daß die Partei „die Gestalt des proletarischen Klassenbewußtseins" und die Parteiführung die einzig legitime Interpretin des (richtigen und gerechten) Klassenwillens ist, also gar nicht gegen die realen Interessen der werktätigen Massen handeln *kann.* Auch wenn sich einzelne Proletarier oder Bauern gegen die Maßnahmen der Regierung stellen, ja selbst wenn sich massenhafter Widerstand zeigt, bedeutet das nicht, daß die Regierung unrecht hat, sondern nur, daß sich die Massen täuschen und ihren *wahren Willen* und ihr *echtes Interesse* noch nicht bewußt erfaßt und erkannt haben. Schulungsarbeit muß dafür sorgen, daß sich das empirische Proletariat auf die Ebene des richtigen Klassenbewußtseins erhebt.

Diese pseudodemokratische und pseudomarxistische Metaphysik des von der obersten Parteiführung repräsentierten Volkswillens ist bisher kaum von nachstalinistischen Marxisten kritisiert und analysiert worden. Ansätze dazu finden sich in einem Interview, das Georg Lukács 1967 der Zeitung Nepszabadsag (am 24. 12.) gegeben hat. Er kritisiert als Grundfehler der Stalinzeit eine Vermengung von Taktik und Theorie. „Wir hören oft die Kritik an der falschen Stalinschen These, daß mit dem Aufbau des Sozialismus sich der Klassenkampf verschärfe. Diese These wurde zurückgewiesen, aber die Frage wurde nicht von einem marxistischen Standpunkt aus untersucht. Stimmt es, daß Stalin glaubte, daß der Klassenkampf schärfer wird, und war das die Ursache für die großen Prozesse der dreißiger Jahre? Oder – und meiner Meinung nach ist das die Wahrheit – benötigte Stalin diese Prozesse *aus taktischen Gründen* und entwickelte *aus diesem Grunde* die ‚Theorie‘, derzufolge der Klassenkampf immer schärfer wird. Das heißt aber, statt Strategie und Taktik aus einer Analyse der Ereignisse abzuleiten – wie es der marxistischen Methode entspräche – wurde die Theorie über einer Basis von – falschen oder richtigen – *taktischen Entscheidungen* errichtet." Lukács unterläßt es an dieser Stelle, die Motive für die Verwechslung von theoretischen mit taktischen Beweggründen anzugeben. Über taktische Entscheidungen hätte man diskutieren können, theoretische Fragen aber waren als „Prinzipienfragen" als unmittelbare Folge der allgemeinen marxistisch-leninistischen Theorie legitimierbar. So verwandelte sich die als Anleitung zum richtigen Handeln gedachte Theorie in eine Ideologie zur Rechtfertigung beliebiger Entscheidungen des obersten Parteiführers. Es entstand, was Leszek Kolakowski den „institutionellen Marxismus" genannt hat. Eine Lehre, die inhaltlich gar nicht mehr beschrieben werden kann, weil dieser Inhalt den jeweiligen taktischen Bedürfnissen angepaßt wird.

Im Anschluß an die Einführung der neuen Verfassung wurden im Jahre 1937 Wahlen zum Obersten Sowjet der UdSSR durchgeführt. Diese Wahlen galten – nach Angaben des „kurzen Lehrgangs" – als besonders demokratisch, weil hier erstmals das *gesamte Volk* wahlberechtigt (der Entzug des Wahlrechts der Geistlichen, ehemaliger Konterrevolutionäre usw. war aufgehoben worden) und der unterschiedliche Stimmwert der Stadt- und Landbevölkerung in Wegfall gekommen war. Zur Sicherung der Diktatur des Proletariats hatten nämlich bisher die Menschen in Städten pro Kopf etwa dreimal soviel Abgeordnete gewählt wie die Landbevölkerung. Auch trat an die Stelle einer mehrstufigen Wahl (über Wahlmänner) die direkte Wahl von Abgeordneten, auch wurde jetzt die Geheimhaltung der Stimmabgabe garantiert. Alle diese wahltechnischen Errungenschaften wurden freilich durch das Fehlen einer echten Alternative bei den Wahlen wieder hinfällig gemacht. Die KPdSU stellte eine *Einheitsliste* der Partei und der Parteilosen auf (das waren führende Funktionäre der Jugendverbände, der Gewerkschaften, der Verwaltung usw.), die nur im ganzen angenommen oder abgelehnt werden konnte und ebensoviel Kandidaten als zu vergebende Mandate enthielt. Hier hat die polnische Wahlreform – 1956 – angesetzt, derzufolge die Zahl der vorgeschlagenen Kandidaten die der zu vergebenden Sitze um etwa 50% übersteigen soll, so daß die Wahl wirklich einen gewissen Einfluß auf die Zusammensetzung des Sejm (des polnischen Parlaments) haben kann. In Wahrheit handelte es sich bei den Wahlen in der Sowjetunion um einen rituellen Vorgang, der Macht und Ansehen der Staatsführung und der allmächtigen Partei demonstrieren sollte. Im Wahlaufruf des ZK der KPdSU heißt es denn auch bezeichnenderweise: „Der 12. Dezember 1937 muß zu einem großen *Festtag der Einheit der Werktätigen* aller Völker der Sowjetunion, ihrer Vereinigung um das siegreiche Banner Lenins-Stalins werden.“

In den gleichen Jahren aber, die eine formelle Demokratisierung der Sowjetunion brachten, führte Stalin mit Hilfe der Sicherheitsorgane des Staates eine „große Reinigung“ der Partei und der Beamtenschaft sowie des Offizierkorps durch, der Zehntausende zum Opfer fielen. Alle früheren Gegener Stalins innerhalb der KP und alle aus irgendeinem sonstigen Grunde verdächtigen Parteigenossen sowie eine große Anzahl altverdienter bolschewistischer Generale wurden von Sondergerichten massenweise abgeurteilt und hingerichtet oder zu lebenslänglichen Freiheitsstrafen verurteilt (darunter allein 20 000 Offiziere der Roten Armee). Die – wie Chruschtschow 1956 in seiner Geheimrede zugegeben hat – von Stalin selbst veranlaßte Ermordung des bedeutenden Leningrader Parteiführers Kirow diente dabei als auslösender Vorwand. Der Mord an Kirow am 1. 12. 1934 wurde den ehemaligen Bucharinisten und Trotzkisten zur Last gelegt und dadurch die öffentliche Meinung für die „Reinigung“ gewonnen. Eine Rechtfertigung seines ungeheuer harten Vorgehens gegen diese verdienten alten Bolschewisten und Revolutionäre, die im „kurzen Lehrgang“ als „elendes Gewürm“, „weißgardistisches Gezücht“, „nichtswürdige Lakaien der Faschisten“ und „Scheusale“ bezeichnet wurden, gab Stalin auf dem Plenum des ZK der KPdSU im März 1937 über „die Mängel der Parteiarbeit und die Maßnahmen zur Liquidierung der trotzkistischen und anderer Doppelzüngler“. Er stelllte damals die These auf, „daß *mit jedem Schritt, den wir vorwärts tun, der Klassenkampf in der Sowjetunion sich verschärft*“. Gegen diese These wurde zwar noch nicht in den offiziellen Reden des XX. Parteitages, aber doch unmittelbar darauf von den verschiedensten kommunistischen Führern protestiert. Als erster wandte sich Walter Ulbricht in der „Prawda" vom 4. März und im „Neuen Deutschland" vom gleichen Tage gegen sie. Ulbricht schreibt dort: „Es wurde (im ZK der KPdSU) auch die von Stalin vertretene Auffassung korrigiert, daß sich mit den fortschreitenden Erfolgen des sozialistischen Aufbaus in der Sowjetunion der Klassenkampf verschärfe. Wenn Lenin gelehrt hat, daß die Anwendung von Gewalt von der Notwendigkeit hervorgerufen wird, den Widerstand der Ausbeuterklassen zu unterdrücken, so bezieht sich das auf die Periode, wo die Ausbeuterklassen in Sowjetrußland noch stark waren. Als jedoch die soziale und politische Grundlage der alten kapitalistischen Klassen beseitigt war, änderte Lenin sofort die Methoden." Und im „Neuen Deutschland" vom 18. März fügt Ulbricht hinzu: „Aber nachdem die feindlichen Klassen in der Sowjetunion liquidiert waren, gegen wen mußte sich die Verschärfung dieses Kampfes von seiten der staatlichen Sicherheitsorgane richten? Die feindlichen Klassen waren liquidiert. Die vorhandenen gegnerischen Kräfte waren keine ernste Gefahr. Der Stoß richtete sich faktisch gegen einen Teil der Kommunisten ..." (Ostprobleme, 8. Jg. 1956, S. 471 ff.). Ähnliche Kritiken gaben Palmiro Togliatti (am 15. 3.), Harry Pollit (am 24. 3.) und der Moskauer Korrespondent der „Humanité" (am 21. 3.). Die große Reinigung wird seither als unnötiger Terror und als „Verletzung der sozialistischen Gesetzlichkeit" allgemein verurteilt.

C. Sowjetpatriotismus und großrussischer Nationalismus

a) Die nationalistische Wendung Stalins

Der russische Sozialismus war anfangs weit mehr als der anderer Staaten internationalistisch eingestellt. Die internationale Solidarität der Werktätigen wog schwerer als die Zugehörigkeit zur eignen Nation. Auch als in Rußland die Oktoberrevolution und der Bürgerkrieg siegreich beendet waren, änderte sich zunächst hieran nichts. Die Verbundenheit mit ausländischen Kommunisten blieb erhalten, auch wenn sich die Energie des Arbeitswillens auf den Aufbau innerhalb der Sowjetunion konzentrierte. Das Verhältnis der innerhalb dieses Vielvölkerstaates lebenden Nationen wurde als das vollständiger (namentlich kultureller) Gleichberechtigung verstanden. Lenin und Stalin beschäftigten sich eingehend mit der Frage der unterdrückten Nationen und entwarfen eine freiheitliche Nationalitätenpolitik für die sowjetische Völkergemeinschaft. Der Nationalismus wurde als eine bürgerliche Ideologie abgelehnt, die „von den Fragen des Klassenkampfes ablenkt" und die Aufmerksamkeit „auf nationale Fragen, auf ‚gemeinsame' Fragen des Proletariats und der Bourgeoisie" hinlenkt (Stalin, Marxismus und nationale Frage. Dt. Berlin 1952, S. 20). Der bourgeoise Nationalismus schaffte so „einen günstigen Boden für die verlogene Predigt einer ‚Interessenharmonie', für die Vertuschung der Klasseninteressen des Proletariats, für die geistige Knechtung der Arbeiterschaft" (a.a.O.).

Dieser Einstellung entsprach die Geschichtsschreibung. M.N. Pokrowski, der führende sowjetische Historiker bis 1932, legte den Hauptakzent auf die Darstellung der Geschichte als einer Geschichte von Klassenkämpfen und betrachtete die Einzelereignisse mehr als Beispiele für die Illustration der Richtigkeit der marxistischen Methode. Fakten der russischen Geschichte wurden dabei kaum bevorzugt, und das alte Rußland wurde in den düstersten Farben als „Völkergefängnis" und als rückständiges und barbarisches Land geschildert, die Russifizierungspolitik der Zaren wurde angeprangert.

Mit dieser Einstellung brach bereits ein von Molotow und Stalin unterzeichneter *Erlaß über den Geschichtsunterricht* vom 16. 5. 1932. Die national-russische Geschichte, die Geschichte des Zarenreiches, wurde auf einmal in ihrem Werte gewaltig gehoben, Pokrowskis Schüler wurden heftig kritisiert, die Helden des Großen Vaterländischen Krieges von 1812 (Kutusow usw.) als ruhmreiche Vorbilder herausgestrichen, die großen Zaren Peter und Iwan Grosny (der Schreckliche) als Vorkämpfer der zentralistischen modernen Staatsmacht Rußlands gefeiert. 1940 wurden die Generals-, Marschalls- und Admiralsränge in der Roten Armee und Flotte wieder eingeführt. Diese ganze Entwicklung wurde erneut verstärkt durch den „zweiten Vaterländischen Krieg" von 1941 bis 1945 gegen den nazistischen Überfall auf die Sowjetunion. Jetzt wurden alte Orden wieder eingeführt, die Rangabzeichen in der Armee den alten Vorbildern nachgebildet, der Titel *„Garde"* wieder zu Ehren gebracht usw.

Man muß in diesen Erscheinungen zwischen dem offiziell zugegebenen „*Sowjetpatriotismus*" und dem faktisch vorhandenen, theoretisch jedoch immer wieder verleugneten *großrussischen Nationalismus* scharf unterscheiden. Der Sowjetpatriotismus wird ideologisch gerechtfertigt durch den „berechtigten Stolz auf die sozialistischen Errungenschaften der Sowjetunion" und gilt als Ausdruck der Bereitschaft, für diese Errungenschaften sich – notfalls mit der Waffe in der Hand – einzusetzen. Aber innerhalb der Sowjetunion ist das russische Volk „das führende", es hat die Oktoberrevolution getragen (obgleich die faktischen Führer der Revolution aus allen möglichen Nationalitäten stammten, waren die revolutionären Massen, namentlich in Petersburg, natürlich vorwiegend Russen) und ging führend beim Aufbau des Sozialismus voran. Das Hauptmotiv für das nationale Selbstbewußtsein ist daher auch die „Tatsache", daß „im Jahre 1917 ... *das russische Volk – als erstes in der Welt – aus der Vorgeschichte der Menschheit heraustritt und ... ihre wahre Geschichte,* den Sozialismus, *beginnt"* (*Georg Lukács, Der russische Realismus in der Weltliteratur. Berlin 1952*). Damit wird der großrussische Nationalismus zu einem integrierenden Bestandteil des Sowjetpatriotismus gemacht. Tatsächlich heißt es auch in einem Artikel der sowjetischen Philosophiezeitschrift: „Die *Liebe zum russischen Volk,* das mit den übrigen Völkern der Sowjetunion zusammen in der Vorhut des gemeinsamen proletarischen Kampfes für den Kommunismus marschiert, stellt nicht nur *einen der wichtigsten Züge des Sowjetpatriotismus* dar, sie ist ein charakteristischer Zug in jeder echt proletarischen Bewegung auch in den kapitalistischen Ländern" (*Für bolschewistische Parteilichkeit; in: „Fragen der Philosophie". 1948, 3, S. 7*).

Einen Höhepunkt des russischen Nationalismus bildete der bekannte Trinkspruch Stalins bei der Siegesfeier im Kreml am 24. Mai 1945. Er lautete: „Genossen, erlaubt mir noch einen Trinkspruch, den letzten. Ich trinke auf die Gesundheit unseres Sowjetvolkes und ganz *besonders des russischen Volkes.* Ich trinke ganz besonders auf die Gesundheit des russischen Volkes, weil es die *hervorragendste Nation unter allen Nationen* ist, die dem Verband der Sowjetunion angehören … Ich trinke auf die Gesundheit des russischen Volkes nicht nur, weil es ein *führendes Volk* ist, sondern auch, weil es einen klaren Verstand, einen festen Charakter und Ausdauer hat …, es *hat an die Richtigkeit der Politik seiner Regierung geglaubt* und Opfer gebracht, um die Zertrümmerung Deutschlands herbeizuführen …" *(Stalin, Vom Großen Vaterländischen Krieg der Sowjetunion. Moskau 1947).*

b) *Stalins ideologische Rechtfertigung des Nationalismus (1950)*

Eine eigentliche theoretische Rechtfertigung dieser Hochschätzung des russischen *Volkes* hat erst die Artikelfolge gegeben, mit der Stalin im Sommer 1950 in die Diskussion um die sowjetische Linguistik eingriff.

Wie in der Historiographie bis 1932 die Pokrowski-Schule, so herrschten in den Sprachwissenschaften bis zum Jahre 1950 N. J. Marr und seine Schüler. Marr hatte eine eigenwillige marxistische Sprachentstehungstheorie entwickelt, die sich auf einige Klassikeraussprüche berufen konnte und lange Zeit hindurch allgemein unterstützt und als orthodox-marxistisch angesehen wurde. Für ihn entstehen Lautsprachen aus der Klassenherrschaft und müssen daher auch in einer vollkommenen, klassenlosen Zukunftswelt wieder verschwinden. Sie werden dann durch eine direkte Übertragung der Gedanken, ohne störendes Dazwischentreten von Laut oder Schrift abgelöst werden. Sprachen sind also ein typischer Überbau über der sozialökonomischen Basis von Klassengesellschaften. Die Vielfalt der Sprachen aber leitet Marr aus der Kreuzung von wenigen und sehr einfachen Ursprachen ab, wogegen er die vergleichende Sprachwissenschaft des „Westens" als reaktionär und idealistisch ablehnt.

Stalin wendet sich in seinen Aufsätzen in allen Punkten gegen die Thesen Marrs. Die Sprache ist kein Überbau und kann folglich auch nicht in der klassenlosen Zukunftsgesellschaft verschwinden. Ein nicht an sprachliche „Materie" (!) gebundenes Denken wird als „idealistisch" verurteilt und als Unsinn abgelehnt. Da die Sprache nicht zum Überbau gehört, ist sie auch kein Erzeugnis der *Klassen,* sondern ein Produkt der *Völker.* Das *Volk „ist Schöpfer und Träger"* der Sprache *(Stalin, Der Marxismus und die Fragen der Sprachwissenschaft. Berlin 1951, S. 27; identische Ausgabe Stuttgart 1953).* Deshalb bleibt die Sprache auch während verschiedener historischer Epochen hindurch – trotz veränderter Sozialstruktur – die gleiche. Als Beispiel zieht Stalin hierfür immer wieder die russische Sprache heran, die seit Puschkin sich wenig geändert habe, obwohl inzwischen die feudale durch die bürgerliche und die bürgerliche durch die proletarisch-sozialistische Gesellschaftsordnung ersetzt worden sei. Aber auch die Lehre von der Sprachentstehung durch Kreuzung sei unhaltbar. Aus dem

Zusammenstoß zweier Sprachen entsteht – nach Stalin – im allgemeinen nicht eine dritte Sprache, sondern die eine der beiden geht als Sieger aus diesem Zusammenstoß hervor. „So war es zum Beispiel mit der *russischen Sprache,* mit der sich im Laufe der historischen Entwicklung die Sprachen einer Reihe anderer Völker kreuzten und die *stets als Sieger hervorging" (a.a.O., S. 36).* Die siegreiche Kraft der russischen Sprache, deren *grundlegender Wortschatz* und deren *grammatikalischer Bau* sich durch die Jahrhunderte hindurch erhielten, wird so zum Symbol der *Kontinuität des Volkes* und seiner Geschichte. Die auszeichnende Wertschätzung des russischen Volkes wird „wissenschaftlich" legitimiert. Es sieht so aus, als stehe hinter und über den Klassen, die nacheinander die politisch führende Rolle spielen, das „ewige Volk", dessen Beauftragte gleichsam diese Klassen sind. Wenn sich daher die russische Arbeiterklasse 1917 so bewährt hat, indem sie als erste Arbeiterklasse der Welt eine erfolgreiche sozialistische Revolution durchführte, dann fällt damit zugleich auch neues Licht auf das Volk, das diese Arbeiterklasse „hervorgebracht" hat und das in früheren Geschichtsperioden andere, gleichfalls hervorragende Klassen hervorbrachte. Das große, führende Volk der Russen wird schließlich beinahe wichtiger als die Klasse.

Wegen dieser seiner besonderen qualitativen Eigenart muß daher auch die russische Geschichte der aller anderen Völlker überlegen sein. Das wird von den sowjetischen Historikern auf allen Gebieten „bewiesen". Die historischen Perioden (Renaissance, bürgerliches Zeitalter usw.) müssen in Rußland früher beginnen, die bekanntesten und entscheidendsten Entdeckungen früher bereits in Rußland gemacht worden sein. Ebenso wurden die führende Rolle der Großrussen in der Vergangenheit maßlos überschätzt und die oft gewaltsamen und grausamen Aktionen des Zarismus beschönigt. Die Kämpfe der kleinen Randvölker gegen das zaristische Joch wurden jetzt als „reaktionär" und landesverräterisch verurteilt, da eine Russifizierung einer Hebung des kulturellen und sozialen Niveaus entsprochen habe.

Von dieser maßlosen Überschätzung des russischen Volkes und der relativen Abwertung der übrigen Völker der Sowjetunion hat sich Chruschtschow theoretisch und praktisch distanziert. Zumindest was die großen Völker – wie Ukrainer und Weißrussen – angeht, werden sie jetzt als ebenbürtig anerkannt. Noch immer aber sind die Russifizierungstendenzen nicht aufgegeben, denen vor allem die kleineren Völker unterliegen. Bei aller Pflege des nationalen Kulturerbes (und vielfach hat die Sowjetregierung Völkerschaften erst zu einer eignen Schrift und Literatur verholfen) wird doch das Russische als Sprache der Zentralregierung und Parteileitung eindeutig bevorzugt. Niemand kann sozial aufsteigen, der nicht das Russische vollkommen beherrscht.

D. Auf dem Wege vom Sozialismus zum Kommunismus

In der Oktoberrevolution von 1917 eroberte das russische Proletariat die politische Macht und errichtete die „Diktatur des Proletariats", die theoretisch an die Stelle der Herrschaft der bourgeoisen Minderheit die der werktätigen „Mehrheit" setzte. Auf den Kriegskommunismus der Jahre 1917–1921 folgte der Rückzug auf die NEP, die auf dem Lande und im Handel privatwirtschaftliche Unternehmen tolerierte und sogar unterstützte, um so den wirtschaftlichen Wiederaufbau des Landes zu fördern. In der Epoche der Fünfjahrpläne, die 1928 beginnt, setzte energisch die wirtschaftliche und gesellschaftliche Umgestaltung ein. Die *Industrialisierung* wurde vorangetrieben, und gleichzeitig setzte der Kampf gegen die Kulaken ein, der zur Massenflucht der Bauern in die Kollektivwirtschaften (Kolchosen) führte. Das hochindustrialisierte Land, in dem sich 1936 die industrielle Produktion der Vorkriegszeit versiebenfacht hat und in dem die beiden Formen des sozialistischen Eigentums: das gesellschaftliche (staatliche) Eigentum an den Produktionsmitteln der Industrie und das genossenschaftliche Eigentum an den landwirtschaftlichen Produktionsmitteln, vorherrschen, hat „im wesentlichen die erste Phase der kommunistischen Gesellschaft, den Sozialismus, erreicht". Es tritt in die Phase des „Übergangs vom Sozialismus zum Kommunismus" ein.

Da in der bereits sozialistischen Sowjetgesellschaft keine antagonistischen Klassen, sondern nur noch in Freundschaft verbundene Klassen bestehen, müssen auch an die Stelle der bisherigen Triebkräfte der Entwicklung andere treten. Bislang waren nämlich nach marxistischer Auffassung die „materiellen Triebkräfte der gesellschaftlichen Entwicklung" der Gegensatz von Produktivkräften und Produktionsverhältnissen und der mit diesem Gegensatz zusammenhängende Antagonismus der Klassen. An die Stelle dieser Triebkräfte treten jetzt „solche *Triebkräfte* wie die *moralische und politische Einheit der Sowjetgesellschaft, die Freundschaft der Völker der Sowjetunion, der Sowjetpatriotismus*" *(Stalin, Fragen des Leninismus, S. 708)*. An anderer Stelle werden außerdem noch „*Kritik und Selbstkritik*" und „*sozialistischer Wettbewerb*" genannt. Dagegen schreibt *(am 5. 4. 1956) die chinesische Parteizeitung kritisch: „Es wäre naiv anzunehmen, daß es im sozialistischen Staat keine* Widersprüche mehr geben könne. Diese Widersprüche zu leugnen, käme einer Leugnung der Dialektik gleich. Die Widersprüche innerhalb der verschiedenen Gesellschaften unterscheiden sich durch ihr Wesen und die Art ihrer Lösung. Aber die Gesellschaft entwickelt sich zu allen Zeiten unter dem Einfluß ständiger Widersprüche. Die sozialistische Gesellschaft entwickelt sich ebenfalls unter der Einwirkung von Widersprüchen zwischen den Produktivkräften und den Produktionsverhältnissen."

An dieser Stelle setzt Mao Tse-tungs Lehre von den antagonistischen und nichtantagonistischen Widersprüchen ein. Die in sozialistischen Gesellschaften existierenden Widersprüche bezeichnet er als „Widersprüche im Volk", die auf gewaltlosem Wege, durch Diskussion und Selbstkritik beseitigt werden können, während antagonistische Widersprüche zu ihrer Lösung gleichfalls antagonistischer Mittel (d. h. der Waffengewalt, des offenen Klassenkampfes) bedürfen. Es ist allerdings – solange es ein kapitalistisches Weltmilieu gibt – immer möglich, daß nichtantagonistische Widersprüche *im* Volk in antagonistische Widersprüche zwischen dem Volk und seinen Feinden umschlagen, wie das – nach Mao – z. B. 1956 in Ungarn geschehen ist.

a) *Stalins Vermächtnis „Ökonomische Probleme des Sozialismus in der UdSSR"* *(1952)*

Nachdem die wirtschaftlichen Rückschläge der Kriegszeit überwunden waren, wurde für die Sowjetregierung die Frage des Übergangs zum Kommunismus wieder akut. Stalin hat ihr deshalb nicht zufällig seine letzte große Schrift über die „ökonomischen Probleme des Sozialismus in der UdSSR" fast ausschließlich gewidmet.

Er betont zunächst den „objektiven Charakter" der ökonomischen Gesetze auch in der sozialistischen Gesellschaft und wendet sich damit gegen kommunistische Wissenschaftler, die der Meinung waren, die Sowjetführung könne die Wirtschaft ganz nach ihrem Willen gestalten. Zugleich aber betont Stalin, daß diese wirtschaftlichen Gesetze zeitlich begrenzte Gültigkeit haben und durch neu entstehende andere Gesetze abgelöst werden. Diese neuen Gesetze aber bedürfen, um sich durchzusetzen, des aktiven menschlichen Eingreifens. Das ökonomische Grundgesetz des Kapitalismus formuliert er wie folgt: „Sicherung des kapitalistischen Maximalprofits durch Ausbeutung, Ruinierung und Verelendung der Mehrheit der Bevölkerung des gegebenen Landes, durch Versklavung und systematische Ausplünderung der Völker anderer Länder, und schließlich durch Kriege und Militarisierung der Volkswirtschaft, die der Sicherung von Höchstprofiten dienen" (*a.a.O., S. 39 f.*). Im Gegensatz dazu stehe das ökonomische Grundgesetz des Sozialismus: „Sicherung der maximalen Befriedigung der ständig wachsenden materiellen und kulturellen Bedürfnisse der gesamten Gesellschaft durch unuterbrochenes Wachstum und stetige Vervollkommnung der sozialistischen Produktion auf der Basis der höchstentwickelten Technik" (*S. 41*). Die in diesem Gesetz zum Ausdruck kommende Möglichkeit werde durch bewußte Wirtschaftsplanung in die Wirklichkeit übergeführt.

Hierauf untersucht Stalin die sowjetische Gesellschaft, um festzustellen, durch welche Züge sie noch von der höheren Phase der sozialistischen Gesellschaft, dem Kommunismus, getrennt ist. Solche Züge sind u. a. die *„Warenproduktion"* und das mit ihr verbundene *„Wertgesetz"*. Unter Warenproduktion versteht man die Herstellung von Produkten, die nicht direkt für den Verbrauch, sondern für den *Markt* bestimmt sind. Derartige Warenproduktion ist besonders typisch für den Kapitalismus, wo sie alle Wirtschaftszweige und jedes Produkt erfaßt. Dagegen sei die Warenproduktion in der Sowjetunion bereits auf wenige Gebiete eingeschränkt. Vor allem regele sie hier noch die wirtschaftlichen Beziehungen von Stadt und Land. Dagegen sei die Arbeitskraft keine Ware mehr, weil sie nicht

144

auf dem Arbeitsmarkt an private Produktionsmittelbesitzer verkauft werden muß. Der sowjetische Staat verfüge aber unmittelbar nur über die Produktion der Industrie, die Produkte der Kollektivgüter gehörten den Kolchosbauern, und diese wollten sie nur in Warenform veräußern (*S. 17*). Der Weg zum Kommunismus müsse daher darin bestehen, daß an die Stelle der beiden bisherigen Produktionssektoren (des staatlichen und des kollektivwirtschaftlichen) ein „allumfassender Produktionssektor mit dem Verfügungsrecht über alle Konsumgüter des Landes" tritt. Das werde wahrscheinlich „auf dem Wege der Organisierung eines *einheitlichen Wirtschaftsorgans des ganzen Volkes* (in dem die staatliche Industrie und die Kollektivwirtschaften vertreten sein werden) mit dem Recht ... der Erfassung aller Konsumgüter ... und im Laufe der Zeit auch der Verteilung der Produkte ..." geschehen (*S. 18*). Dann trete an die Stelle der Warenzirkulation (die über den Markt vermittelt wird und *Geld* als Mittler benötigt) der *Produktenaustausch.*

Solange noch die Warenzirkulation besteht, gilt auch das *Wertgesetz,* das – nach Stalin – sogar recht nützlich ist, weil es zu exakter Rentabilitätsberechnung und Sparsamkeit erzieht. Aber dieses Wertgesetz kann in der sowjetischen Wirtschaft nicht mehr der „Regulatur der Verhältnisse zwischen den verschiedenen Produktionszweigen sein", weil das zu einer Bevorzugung der rentableren Leichtindustrie auf Kosten der Schwerindustrie führen würde, die auf lange Sicht wichtiger ist. Das „Gesetz der planmäßigen (proportionalen) Entwicklung der Volkswirtschaft" im Sozialismus bestimme vielmehr gerade den Vorrang der „Produktion von Produktionsmitteln" gegenüber der Produktion von Konsumgütern. Mit dem Wegfall der Warenproduktion werde auch das Wertgesetz fallen und die zur Herstellung eines Produktes aufgewandte *Arbeitszeit* direkt zum Wertmaßstab werden.

Entscheidend wichtig für den Übergang zum Kommunismus sei ferner das Verhältnis von *Stadt und Land* und das von *geistiger und körperlicher Arbeit.* Die *Gegensätze* von Stadt und Land und die von geistiger und körperlicher Arbeit, die in der kapitalistischen Gesellschaft bestehen, seien schon in der niedrigeren Phase der sozialistischen Gesellschaft beseitigt. Der Interessengegensatz aufgrund der Tatsache der „Ausbeutung des Dorfes durch die Stadt" und der körperlichen Arbeit durch die geistige sei verschwunden. „Die Kluft, die während des Kapitalismus in den Betrieben zwischen den körperlich Arbeitenden und dem leitenden Personal bestand", ist überwunden (*S. 27*). An die Stelle der *Feindschaft* von Arbeitern und Bauern, von Handarbeitern und Intellektuellen sei *Freundschaft* getreten. Alle sind „Genossen, Freunde, Mitglieder des einheitlichen Produktionskollektivs". Aber wenn auch die Gegensätze bereits gefallen seien, so bestünden doch noch immer *wesentliche Unterschiede.* Vor allem differierten Stadt und Land durch die herrschenden Eigentumsformen. Denn, während in der Industrie „allgemeines Volkseigentum an den Produktionsmitteln und den Erzeugnissen der Produktion" herrscht, überwiegt auf dem Land das „kollektivwirtschaftliche Eigentum" an den Produkten. Dieser Unterschied trage ja auch zur Aufrechterhaltung der Warenzirkulation bei. Er müsse also aus zwei Gründen überwunden werden, wenn der Übergang zum Kommunismus erfolgen solle.

Das gleiche gelte für den wesentlichen Unterschied von geistiger und körperlicher Arbeit. Er solle dadurch beseitigt werden, daß die Industriearbeiter auf das *kulturelle Niveau* von Technikern und Ingenieuren gehoben würden *(S. 29)*.

Gewisse Unterschiede von Stadt und Land, körperlicher und geistiger Arbeit würden allerdings auch dann noch bestehen, aber sie würden kein Hindernis für die Entwicklung der kommunistischen Gesellschaft bilden.

Gegen den Ökonomen Jaroschenko betont Stalin, daß, „bevor man zu der kommunistischen Formel ‚Jedem nach seinen Bedürfnissen' übergehen könne, eine Reihe von Etappen der *ökonomischen und kulturellen Umerziehung* der Gesellschaft" durchlaufen werden müsse *(S. 67)*, die dazu dienen, „die *Arbeit* aus einem lediglich dem Lebensunterhalt dienenden *Mittel* in den Augen der Gesellschaft *zum ersten Lebensbedürfnis* und das gesellschaftliche Eigentum zur unerschütterlichen und unantastbaren Grundlage der Existenz der Gesellschaft." zu machen.

Abschließend führt Stalin drei *Bedingungen* an, die erfüllt sein müssen, *um den Übergang zum Kommunismus vorzubereiten:* 1. muß die Produktion gewaltig gesteigert werden, und zwar unter Bevorzugung der Produktion von Produktionsmitteln; 2. muß das kollektivwirtschaftliche Eigentum allmählich auf das Niveau des allgemeinen Volkseigentums gehoben werden, womit zugleich die Warenzirkulation und das Wertgesetz verschwinden und der wesentliche Unterschied von Stadt und Land dahinfällt; 3. muß das „kulturelle Wachstum der Gesellschaft" so weit gediehen sein, daß allen Gesellschaftsmitgliedern eine allseitige geistige und körperliche Ausbildung zuteil wird und sie auf der Grundlage „eines allgemeinen obligatorischen polytechnischen Unterrichtes" sich frei ihren Beruf wählen und im Laufe ihres Lebens mühelos von einem Beruf zum anderen übergehen können. Die Arbeitszeit muß auf sechs, später auf fünf Stunden täglich reduziert und der Reallohn wenigstens verdoppelt werden *(S. 68–70)*.

Die Hebung des kollektivwirtschaftlichen Eigentums auf das Niveau des allgemeinen Volkseigentums braucht allerdings nicht durch eine „Verstaatlichung" zu erfolgen, da ja der Staat selbst „mit der Erweiterung des Wirkungsbereichs des Sozialismus auf die meisten Länder der Welt" absterben wird. „Der Staat wird absterben, aber die Gesellschaft wird bleiben. Folglich wird das allgemeine Volkseigentum dann nicht mehr vom Staat übernommen werden, … sondern von der *Gesellschaft* selbst, *vertreten durch ihr zentrales leitendes Wirtschaftsorgan*" *(S. 88)*.

b) *Die Kritik Titos am Stalinismus*

Für die Entwicklung des Kommunismus in der Sowjetunion und in den „Volksdemokratien" ist vielleicht – außer Stalins Tod – kein Ereignis von so großer Tragweite gewesen wie der 1948 vollzogene Bruch zwischen Jugoslawien und der Sowjetunion. Es ist deshalb von Interesse, die äußerst scharfe und tiefgehende

Kritik kennenzulernen, die Marschall Tito selbst sowie seine engsten Mitarbeiter schon seit 1948 nicht nur an der Person Stalins, sondern an Staat und Partei der Sowjetunion der Stalinära überhaupt geübt haben. Ein Teil dieser kritischen Gesichtspunkte wurde auf dem XX. Parteitag von der KPdSU selbst übernommen, andere, und zwar gerade die entscheidensten sind freilich – wenigstens in der Sowjetunion – bisher noch nicht aufgegriffen worden. Um es von vornherein deutlich auszusprechen: Tito übt am Sowjetsystem und an der Sowjetideologie Kritik von einem Standpunkt, der selbst durch Marx und Lenin bestimmt ist. Deshalb wurde er ja auch für die kommunistischen Parteien so ungemein interessant, und deshalb konnte seine Kritik in Kreisen Eingang finden, die sich jeder antisozialistischen Propaganda von vornherein verschließen. Vieles von dem, was Tito vorbringt, ist nicht gänzlich neu. Die russischen Marxisten, die in den zwanziger Jahren gegen Stalin opponierten, haben in mancher Hinsicht ähnliches gesagt. Was aber der Kritik Titos eine neue, unerhörte Tragweite verlieh, war die Tatsache, daß er selbst an der Spitze einer siegreichen sozialistischen Revolution stand und deshalb nicht als „sektiererischer und weltferner Linksabweichler" abgetan werden konnte. Tito hatte, wie Chruschtschow in seiner Geheimrede vom 25. Februar 1956 sagte, „einen Staat und ein Volk hinter sich, die durch eine harte Schule des Kampfes für die Freiheit und Unabhängigkeit gegangen waren, ein Volk, das seine führenden Männer unterstützte". Ich fasse die wichtigsten jugoslawischen Anklagepunkte wie folgt zusammen:

1. Die Sowjetunion ist unter Stalin ein *imperialistischer Staat* geworden und treibt daher eine unsozialistische Außenpolitik.

2. In der Sowjetunion herrscht ein Verhältnis der Ungleichheit und der Unterdrückung zwischen den Nationen, da in Theorie und Praxis die Lehre von der *„führenden Nation"*, den Großrussen, vertreten wird.

3. In der Sowjetunion hat sich ein neuer *Klassenstaat* mit einer (wirtschaftlich und politisch bevorrechteten) bürokratischen Oberschicht herausgebildet. Der Weg zur *klassenlosen Gesellschaft* ist daher verlassen worden.

4. In der Sowjetunion herrscht ein *zentralistischer Bürokratismus,* der sich auf dem Gebiet der Wirtschaft als *Staatskapitalismus,* auf politischem Gebiet als Herrschaft der Verwaltungsbehörden und der politischen Polizei ausdrückt. Der Weg zur sozialistischen Demokratie wurde also verlassen und der wirkliche Sozialismus verraten.

5. Die *Ideologie* der Sowjetunion hat vom Marxismus-Leninismus nur noch den Namen, in Wahrheit handelt es sich um eine dogmatisch erstarrte, wirklichkeitsfremde Lehre, die den Machthabern zur *Verschleierung der wahren Verhältnisse* dient.

Tito erblickte seine Aufgabe darin, gegenüber dem sowjetischen Verrat am Sozialismus eine wirklich sozialistische Gesellschaft aufzubauen und eine Renaissance des Marxismus-Leninismus herbeizuführen.

1. *Der sowjetische Imperialismus.* Der Anstoß für den Bruch und die nachfolgende prinzipielle Auseinandersetzung mit Moskau war das Verhältnis der Sowjetunion namentlich zu den „brüderlich befreundeten sozialistischen Völkern"

des Ostblocks. Ein Verhältnis, das Tito sich nicht scheut als imperialistische Ausbeutung zu kennzeichnen. Als Beispiele imperialistischen Verhaltens nennt Tito die Annexionen der baltischen Randstaaten, Ostpolens und Ostrumäniens sowie Kareliens durch die Sowjetunion, die ungleichen Wirtschaftsbeziehungen zu den „Satellitenstaaten", die autoriäre und diktatorische Herrschaft über die kommunistischen Parteien außerhalb der Sowjetunion usf. Während aber bürgerliche Kritiker oft bei diesem Vorwurf stehenbleiben, sucht Tito als Marxist ganz konsequent nach den *gesellschaftlichen Ursachen* einer derartigen unsozialistischen Außenpolitik, die jede echte Solidarität unter den Völkern des sozialistischen Lagers und die prinzipielle Gegnerschaft gegen Unterdrückung vermissen läßt, indem sie die *eigne* imperialistische Herrschaft als „fortschrittlich" und „sozialistisch" hinstellt. Bevor wir auf diese gesellschaftlichen Wurzeln des sowjetischen Imperialismus eingehen, soll aber noch kurz der Anklagepunkt des großrussischen Nationalismus erwähnt werden.

2. *Der großrussische Nationalismus.* Der russische Nationalismus und die Rede von den Russen als „dem führenden Volke" der Sowjetunion stellten nicht nur eine theoretische Abkehr vom Prinzip der Gleichberechtigung der Völker dar, sondern führte auch zu den schrecklichsten Verfolgungen von kleinen ethnischen Minderheiten, unter denen Tito die Wolgadeutschen, die Krimtataren, die Kalmücken, die Tschetschenzen, die Nord-Ostjäten und die Völker der baltischen Staaten nennt. All diese Völkerschaften wurden z. T. in die sibirische Taiga deportiert, z. T. auch vollständig vernichtet. Ebenso brutal war das Vorgehen der russischen Kommunisten gegen eine Reihe führender *ukrainischer* Kommunisten wie Kossior, Postischew, Tschubar, Skripnik und Popow.

3. *Beides aber – Imperialismus wie Nationalismus –* spiegelt nur die neuentstandenen *Herrschaftsverhältnisse des sowjetischen Klassenstaates* wider. Eine kleine führende Bürokratenschicht verfügt nicht nur über alle politische, sondern auch über alle ökonomische Macht im Staate. Die Wirtschaftspolitik erfolgt ausschließlich in ihrem Interesse. Die imperialistischen Expansionsbedürfnisse entsprechen ihrer Mentalität. Die Entstehung dieser bürokratischen Herrenschicht hängt – wie Kardelj in seinem Referat auf dem 6. Kongreß der KPJ zeigt – damit zusammen, daß das russische Proletariat zu schwach war, um nach der Revolution gleich zum Aufbau des Sozialismus überzugehen; daß ein großer Unterdrückungsapparat geschaffen werden mußte, um die Menge der kleinbürgerlich-bäuerlichen Warenproduzenten in Schach zu halten, die ihrem Wesen nach antisozialistisch eingestellt waren und daß dieser Unterdrückungsapparat sich schließlich gegen das Proletariat selbst wandte, dem schrittweise alle Organe einer direkten Demokratie (die Räte auf lokaler und betrieblicher Ebene) genommen wurden. So entstand „eine selbständige Bürokratenkaste mit eigenen Gesellschaftsinteressen ...., die an das Weiterbestehen staatskapitalistischer Verhältnisse gebunden waren" (Kardelj).

4. *Der zentralistische Despotismus,* der den Interessen der neuen Oberschicht entspricht und ihre Macht konserviert, zeigt sich sowohl in der Organisation des *staatlichen und wirtschaftlichen Lebens* wie auch im Aufbau und den Machtver-

hältnissen innerhalb der *Partei*. Ein gewaltiger zentralistischer bürokratischer Staat wurde aufgebaut, dessen Unterdrückungsorgane keineswegs, wie behauptet wurde, bloß nach „außen" gerichtet sind, sondern den offenen Kampf der Meinungen und die freie Entfaltung einer sozialistischen Demokratie verhindern. Tito versteht unter der hier geforderten Freiheit der Meinungsäußerung natürlich nur die Freiheit für Menschen, die auf dem Boden des Sozialismus stehen, aber auch denen ist in der Sowjetunion der Mund verbunden. Kardelj erblickt in der Rede Stalins aus dem Jahre 1931 *„Die neue Lage – die neuen Aufgaben des Wirtschaftsaufbaus"* so etwas wie eine *„Magna Charta der Sowjetbürokratie". Ihr Hauptziel sei die Errichtung einer absoluten Macht der Fabrikdirektoren* über die Arbeiter gewesen, denen sogar das Recht eingeräumt wurde, Arbeiter wegen „Disziplinlosigkeit" mit Gefängnis zu bestrafen. Wie in der Fabrik, so herrschten auch in den Kolchosen und Sowchosen und in allen Verwaltungen die *von oben eingesetzten* und mit größter Machtvollkommenheit ausgestatteten Direktoren, Vorsitzenden usw. Diese politische Vormachtstellung hat denn auch nicht zufällig zu einer ökonomischen Privilegierung geführt, die weit über das für die erste Phase des Kommunismus notwendige und angemessene Maß hinausging. Es handelt sich namentlich bei den zum Gehalt hinzukommenden *Prämien* für Erfüllung und Überfüllung des Solls der Betriebe „um eine Belohnung für den der Arbeiterklasse herausgepreßten und geraubten Betrag des Mehrproduktes. Diese Privilegien sind (also) in Wahrheit nur eine der Formen kapitalistischer Aneignung unter staatskapitalistischen Verhältnissen" (Kardelj). Die vielgepriesene Stalinsche Verfassung von 1937, die eine Anzahl formal-demokratischer Institutionen des „Westens" übernommen hat, bedeutet – nach Kardelj – in Wahrheit die Vollendung der Vernichtung der demokratischen Reste, die noch hier und dort in lokalem und betrieblichem Rahmen existierten. Kardelj weist treffend darauf hin, daß die parlamentarischen Formen des Westens mit der Aufgabe des Mehrparteiensystems ihren Sinn vollkommen verlieren und zu einer bloßen Fassade werden. Die für den sozialistischen Staat von den Titoisten vorgeschlagene Form der Demokratie besteht in einer starken *Dezentralisierung* aller politischen und wirtschaftlichen Funktionen, die nicht unbedingt von zentraler Stelle aus geregelt werden müssen, und in dem Ausbau der Organe einer direkten Demokratie zunächst auf lokaler Ebene mit dem Bestreben, *von unten her* zu einer wirklich lebendigen Demokratie zu gelangen. Selbstverwaltung der Werktätigen und Dezentralisierung, das sind die beiden Hauptgesichtspunkte für den jugoslawischen Weg zum demokratischen Sozialismus. Über die Probleme und Schwierigkeiten auf diesem Wege können wir in unserem Zusammenhang nicht berichten.

5. Angesichts der Tatsache, daß sich die Sowjetunion schon seit den späten zwanziger Jahren von allen Kennzeichen eines sozialistischen Gemeinwesens zunehmend entfernt hat, kann die verbale Aufrechterhaltung einer „marxistisch-leninistischen Ideologie" nur den Zweck haben, die Bevölkerung über die wahre Lage zu täuschen. Alles, was hier geschieht, erfolgt nicht aufgrund, sondern lediglich *unter dem Deckmantel des Sozialismus"* (Tito). Einen theoretischen *Hauptfehler Stalins* erblickt Tito darin, daß dieser das *staatliche Eigentum als*

die „höhere Form sozialistischen Eigentums" gegenüber dem genossenschaftlichen Eigentum ansehe. Für Tito ist „das staatliche Eigentum (umgekehrt) die niedrigste Form des Gesellschaftseigentums und nicht die höchste" (*Tito, Die Fabriken in Jugoslawien werden von Arbeitern verwaltet. Belgrad 1950, S. 47*). Der von Stalin und der sowjetrussischen KP eingeschlagene Weg werde daher auch niemals zum „*Absterben des Staates"* führen, was doch (nach Engels) allmählich, schrittweise nach der Schaffung der sozialistischen Gesellschaft erfolgen müsse. Tito meint, bei dem in der Sowjetunion eingeschlagenen Weg könne man das Absterben des Staates nur von einem plötzlich einsetzenden *Sprung* erwarten, der freilich nie erfolgen werde. Stalin, der – wie wir gehört haben – ausdrücklich einen sprunghaften (explosiven) Übergang vom Sozialismus zum Kommunismus ablehnt, glaubte das Problem durch Ersetzen des bisherigen Staates durch ein „zentrales leitendes Wirtschaftsorgan" aus der Welt schaffen zu können, eine Instanz also, die unter anderem Namen die Funktionen des für tot erklärten Staates fortsetzen würde.

c) *Der XX. Parteitag der KPdSU*

Der XX. Parteitag der KPdSU, der in Moskau vom 14. bis 25. Februar 1956 tagte, war – nach der Auffassung der Beteiligten selbst – der bedeutendste Parteitag seit dem Tode Lenins (Mikojan). Er spiegelte die Verschiebungen der Machtverhältnisse der Führungsgruppen der Sowjetgesellschaft wider und leitete eine große Anzahl von Reformen und Korrekturen mit erheblichen Auswirkungen auf die sowjetische Innen- und Außenpolitik ein.

In gewisser Weise kann man die von Chruschtschow, Bulganin usw. eingeleiteten Reformen und Neuformulierungen als Antworten auf die theoretische Herausforderung Titos ansehen, mit dem sich die sowjetischen Staatsmänner 1955 versöhnt hatten. Wir folgen daher bewußt den 5 Punkten der Titoschen Kritik, um zu sehen, in welcher Weise die sowjetischen Machthaber ihr Folge geleistet oder sie auch umgangen haben.

1. Der sowjetische *Imperialismus,* der im Weltmaßstab zu der Konzeption der zwei „Lager" und der Verurteilung der großen Neutralen (etwa Indiens) geführt hatte, wurde revidiert. Rußland fühlt sich durch den Besitz der Wasserstoffbombe und durch den Schutzgürtel befreundeter Staaten an seinen Grenzen nicht mehr so stark bedroht und geht zu einer Politik der Entspannung (Koexistenz) über. Die Neutralen gewinnen an Bedeutung und werden respektiert. Die Sowjetunion erhebt auch nicht mehr den Anspruch darauf, ein Monopol für sozialistische Rezepte zu besitzen, sondern anerkennt den *„besonderen Weg jedes Landes zum Sozialismus".* Die Kominform, der Tito vorgeworfen hatte, ein bloßes Instrument der russischen Hegemoniepolitik zu sein, wird aufgelöst. Tito wird als sozialistischer Staatsmann anerkannt, der gegen ihn gerichtete Kominformbeschluß und die ZK-Beschlüsse der kommunistischen Parteien werden aufgehoben. Jugoslawien wird von Chruschtschow in seinem Rechenschaftsbericht des ZK vom 14. 2. 1956 ausdrücklich als sozialistisches Land an-

erkannt *(S. 44 f.)*. In begrenztem Rahmen wird Volkspolen unter Gomulka größere Selbständigkeit gewährt.

Daß diese Selbständigkeit nur innerhalb eines begrenzten Rahmens zugebilligt wird, haben die Ereignisse im Jahre 1968 (Intervention der Warschauer-Pakt-Staaten in der Tschechoslowakei – gegen den Willen der amtierenden Regierung und Parteiführung) deutlich gezeigt. Immerhin mußte sich die sowjetische Führung angesichts der prinzipiellen Gegnerschaft der chinesischen Kommunistischen Partei mit einer nur partiellen Gleichrichtung der westeuropäischen Kommunistischen Parteien (Italiens, Schwedens, Frankreichs, Österreichs) begnügen. Um Einfluß und Stimmengewinn kämpfende Kommunistische Parteien in demokratischen Ländern genießen ein größeres Maß an Selbständigkeit als „regierende" Parteien.

2. Der *großrussische Nationalismus* wird seit 1956 zurückgewiesen. Damit fällt z. T. auch die geradezu groteske Ablehnung aller „westlichen" Errungenschaften auch auf so wertneutralen Gebieten wie denen der Naturwissenschaft und Technik. Der Prioritätsanspruch russischer Erfinder und Entdecker wird schon seit Stalins Tod nicht mehr betont. Chruschtschow korrigiert persönlich einige Geschichtsfälschungen zugunsten der Großrussen, die unter Stalins Herrschaft vorgenommen wurden. Eine Anzahl von Angehörigen völkischer Minderheiten wird rehabilitiert (namentlich ein Teil der von Tito genannten Ukrainer). Das Vorgehen Stalins gegen kaukasische Völker, das schon Lenin mit Sorge erfüllt hatte, wurde verurteilt, Berijas Darstellung der Verhältnisse in *Georgien* und den anderen kaukasischen Republiken angegriffen. Namentlich der Ukraine gegenüber wurden Fehler der Vergangenheit wiedergutgemacht. Auch die nationalistische Verherrlichung der russischen (vorrevolutionären) Vergangenheit ist im Abnehmen begriffen. Der Historiker Pokrowski gelangte wieder zu Ehren.

3. Dagegen sind die Privilegien der bürokratischen Führungsschicht bisher nicht angetastet worden. In der Ära Chruschtschow sah es so aus, als bemühe sich die von Chruschtschow repräsentierte *Partei*-Führung um eine Verringerung des Abstands zwischen den Lebens- und Einkommensverhältnissen der Wirtschaftsmanager und der einfachen Arbeiter. Einige Privilegien wurden abgebaut oder eingeschränkt, Statussymbole – wie Chauffeure – einigen Direktoren genommen. Im großen und ganzen scheint dieser Kampf aber ohne Erfolg geblieben zu sein. Auch die von Chruschtschow beschlossene Parteireform, die eine direktere Kontrolle der Wirtschaft und ihrer Leitung ermöglichen sollte, wurde nach seinem Sturz wieder rückgängig gemacht. Die sowjetische Führung unter Breschnew und Kossygin scheint in mancher Hinsicht wieder ein relatives Gleichgewicht der parteibürokratischen und technokratischen Eliten zu spiegeln, wie es zu Beginn der Ära Chruschtschow durch ihn und Bulganin repräsentiert wurde. Zahlreiche Beobachter berichten von einer die wirtschaftliche Entwicklung hemmenden Immobilität der sowjetischen Führung, von einer Unfähigkeit zu durchgreifenden Reformen, die dringend erforderlich wären. Während die Wirtschaftsmanager eine rasche Förderung der Reformen vom Typ Liberman (vermehrte Selbständigkeit der Betriebe, Rentabilitätsprinzip, verstärkte Berück-

sichtigung des Wertgesetzes und der Marktrelationen usw.) wünschen, scheint die Parteibürokratie immer wieder zu bremsen, weil sie politische Konsequenzen wie in der ČSSR befürchtet.

4. Seit dem XX. Parteitag sind auch Ansätze einer Korrektur am bürokratischen Despotismus spürbar. Ein westlicher Kommentator hat sehr anschaulich von einem „aufgeklärten Despotismus" gesprochen, der an die Stelle des brutalen Stalinschen Despotismus getreten sei. In erster Linie ist hier die „Abkehr vom Persönlichkeitskult" und von der Einmanndiktatur Stalinscher Art zu erwähnen. Sie wird als eine Wiederherstellung der „Leninschen Normen des Parteilebens" gepriesen und dürfte zahlreiche Motive haben. In erster Linie geht sie wohl auf das Sicherheitsbedürfnis der Mitglieder der obersten Führungsgruppe selbst zurück, die unter Stalins Einmannherrschaft sämtlich um ihr Leben gezittert haben. Die Atmosphäre wechselseitigen Mißtrauens ist so groß, daß kein einzelner sich über seine Kollegen aufschwingen und zum Alleinherrscher machen kann, die einzig mögliche Lösung war daher die „kollektive Führung", zu der ein nicht genau bekannter Kreis von Persönlichkeiten, wohl in erster Linie das Präsidium des ZK, gehört. Für die Verletzungen „der Normen des Parteilebens" in den vergangenen 20 Jahren wird dabei ganz ausschließlich der verstorbene Diktator verantwortlich gemacht, dessen despotischer und größenwahnsinniger Charakter von Chruschtschow auf seiner Geheimrede anschaulich geschildert wurde. Diese unmarxistische Zurückführung aller Fehler in der Vergangenheit auf die persönlichen Eigenschaften eines einzelnen führenden Mannes wurde von Palmiro Togliatti einer vorsichtigen Kritik unterzogen. Es schien ihm notwendig, zu untersuchen, ob nicht in der sowjetischen Gesellschaft selbst Keime des Verfalls vorhanden (gewesen) seien. Seine Kritik wurde jedoch von der Prawda energisch zurückgewiesen.

Außer der Abkehr von der Einmanndiktatur, die de facto durch die Diktatur eines kleinen Gremiums von Führern ersetzt wurde, stellen die Maßnahmen zur Dezentralisierung auf dem Gebiet der Landwirtschafts-, Handels- und Industrieplanung und die Heranziehung örtlicher Sowjets zu diesem Zwecke gewisse Ansätze einer Korrektur des Bürokratismus dar.

Auch die Erweiterung des Kompetenzbereiches der Unionsrepubliken namentlich auf wirtschaftlichem Gebiet muß in diesem Zusammenhang erwähnt werden. Diese Maßnahmen sind freilich in erster Linie aus technischen Zweckmäßigkeitserwägungen hervorgegangen, denn die allzu zentrale Planung hatte auf allen Gebieten der Wirtschaft zu schweren Mißständen und einer übermäßigen Aufbauschung des bürokratischen Apparates geführt. Chruschtschow berichtete denn auch von 750 000 Personen, die bisher in der Verwaltung beschäftigt waren und jetzt für die Arbeit in der Produktion frei geworden seien. Weitere Rationalisierungsmaßnahmen würden den Apparat noch stärker einschränken. Von einem Fortschritt dieser Tendenzen ist allerdings seit langem nichts mehr zu hören.

Bei allgemeiner Einschränkung einer weltfremden und papiernen bürokratischen Planungsarbeit soll aber keineswegs das Prinzip der zentral gelenkten

Wirtschaft aufgegeben werden, diese soll sich nur geschmeidiger den Bedürfnissen und Möglichkeiten lokaler Art anpassen. Außerdem hofft die Sowjetführung auf diese Weise „die revolutionäre, schöpferische Rolle der Massen", der Intelligenz wie der Industriearbeiter und Kolchosbauern, zu beleben.

Für die zahlreichen Verletzungen der „sozialistischen Gesetzlichkeit" in der Vergangenheit wird in erster Linie der inzwischen „entlarvte Volksfeind Berija" verantwortlich gemacht. Zur künftigen Gewährleistung der „sozialistischen Gesetzlichkeit" soll eine Strafrechts- und Strafprozeßrechtsreform beitragen sowie die Erweiterung der Aufsichtsbefugnisse der Staatsanwaltschaft auch gegenüber den Sicherheitsorganen. In Nr. 2, 1956, von „Sowjetstaat und Recht" werden in diesem Zusammenhang zwei Grundsätze der sowjetischen Beweistheorie kritisiert, die der bekannte Jurist Wyschinski formuliert hatte: 1. die Auffassung, daß in bestimmten Fällen die Wahrscheinlichkeit als ausreichend angesehen wurde, um ein Urteil zu fällen, und 2. die Annahme eines Verbrechens ausschließlich aufgrund des persönlichen Geständnisses des Angeklagten ohne jedes weitere Beweismittel. Gleichzeitig rief Chruschtschow freilich dazu auf, den Mitarbeitern der Staatssicherheitsorgane kein Mißtrauen entgegenzubringen, sondern sie tatkräftig zu unterstützen (a. a. O., S. 123).

Auch die Tätigkeit des Obersten Sowjets sollte im Zeichen der Demokratisierung aktiviert werden, statt einmal jährlich sollte er nunmehr (wie es die Verfassung vorsieht) zweimal einberufen werden, und das Recht auf Abberufung von Deputierten durch die Wähler sollte gegebenenfalls in Wirksamkeit treten.

Etwas weiter als die Ansätze zu einer Konkretisierung der rein formellen Demokratie in der Sowjetunion ist die polnische KP unter Führung Gomulkas gegangen. Außer Maßnahmen zur Belebung der Fabrik-, Dorf- usw. Sowjets und der Kreis- und Wojewodschaftsräte wurde dort auch ein neues Wahlgesetz vorgelegt, das Möglichkeiten echter Wahl insofern eröffnet, als – bei Aufrechterhaltung der Einheitslisten – eine weit größere Zahl von Kandidaten vorgeschlagen wird, als Sitze zur Verfügung stehen.

5. Am wenigsten läßt sich bisher über die Entwicklung der „reinen Theorie" sagen. Hier wird Stalin weniger ein Abweichen als seine Abstraktheit zum Vorwurf gemacht, und man strebt allgemein nach einer größeren Wirklichkeitsnähe. Im Vordergrund des Interesses stehen die wirtschaftlichen Bestandteile der Theorie. Hierfür ist kennzeichnend, daß der Nationalökonom Varga, der sich Stalins Ungnade zugezogen hatte, weil er der kapitalistischen Wirtschaft Chancen gab, rehabilitiert wurde. Mikojan machte in seiner Diskussionsrede auf dem XX. Parteitag Stalin zum Vorwurf, er habe in seinen „ökonomischen Problemen des Sozialismus in der UdSSR" die falsche Behauptung aufgestellt, in USA, England und Frankreich werde infolge der Aufspaltung des Weltmarktes der Umfang der Produktion zurückgehen. Dagegen wird Lenins Hinweis auf die Möglichkeit der Produktionssteigerung auf einzelnen Sektoren und in einzelnen Ländern des „verfaulenden" imperialistischen Kapitalismus in Erinnerung gebracht. Im übrigen sei diese letzte Stalinschrift auch in anderer Beziehung unzulänglich. Daß man die Stalinrede vom März 1937, in der von der Zuspitzung des Klassen-

kampfes in der Sowjetunion geredet wird, als einen Vorwand für die auf sie folgenden Unterdrückungsmaßnahmen und Massenliquidierungen verurteilte, habe ich schon erwähnt. Man erblickte in dieser Feststellung auch einen theoretischen Fehler Stalins, der freilich an anderer Stelle selbst betont hatte, daß es in der Sowjetunion keine „feindlichen" Klassen mehr gebe.

Schon vor dem XX. Parteitag wurde gegen Stalins „Katechismus" eingewandt, er habe die Zahl der Grundzüge der Dialektik ungebührlich beschränkt und namentlich die „Negation der Negation" unter den Tisch fallen lassen. Lenins weit differenziertere Auffassung von der Dialektik in den nachgelassenen „Philosophischen Heften" wird dagegen den Ideologen als Muster empfohlen. Ebenfalls schon im Herbst 1955 hat ein *P. N. Trussow* Kritik an der Theorie der „Revolution von oben" in Stalins Linguistikbriefen geübt, freilich ohne Stalin selbst zu nennen. Dieser Theorie wirft er vor, die Bedeutung der Initiative der Massen zu vernachlässigen und die schöpferischen Fähigkeiten des Volkes zu unterschätzen. In Wahrheit gebe es sowohl eine Initiative von unten – die dann von oben aufgegriffen und unterstützt wird (wie der Fall der Subbotniks der Stachanowbewegung und des sozialistischen Wettbewerbs zeige) als auch eine Initiative von oben mit Unterstützung von unten (vgl. *Sowjetwissenschaft, Gesellschaftswissenschaftliche Beiträge. 1956, S. 1177).* So werden an Einzelheiten der Stalinschen Dogmatik hier und dort Korrekturen angebracht, ohne daß man von einer grundlegenden Umgestaltung des Systems des dialektischen und historischen Materialismus, wie es unter Stalin formuliert wurde, sprechen könnte. Für den noch immer herrschenden Dogmatismus und die Buchstabengelehrtheit, gegen die sich Stalin (verbal) selbst empört hatte, machte die „Prawda" am 28.3.1956 den „Persönlichkeitskult" verantwortlich, „bei dem die Meinung vertreten wurde, daß es nur einem Menschen, Stalin, beschieden sei, die Theorie weiterzuentwickeln, sie voranzutreiben und etwas Originales und Neues hervorzubringen, während alle anderen bloß seine Gedanken zu popularisieren und seine Formulierungen darzulegen hätten. All dies hemmte die Entwicklung der marxistisch-leninistischen Theorie."

Eines freilich haben Chruschtschow wie seine Nachfolger mit allem nötigen Nachdruck immer wieder betont: die Losung der Koexistenz auf außenpolitischem Gebiet kann nicht auf das Gebiet der Ideologie übertragen werden. Eine solche Übertragung wäre „ein schädlicher Irrtum", die Aufgabe liegt vielmehr darin, „die bürgerliche Ideologie (d.h. alle Auffassungen, die den sowjetischen widersprechen) unermüdlich zu entlarven und ihren volksfeindlichen, reaktionären Charakter aufzudecken" *(Rechenschaftsbericht Chruschtschows auf dem XX. Parteitag, S. 154).*

d)*Die Entwicklung bis zum XXI. Parteitag der KPdSU (Januar 1959)*

Seit den Auseinandersetzungen in der Führungsgruppe der Sowjetunion, der nacheinander die Exponenten der Armee (Schukow), des Staats- und Verwaltungsapparates (Bulganin) und der Parteiopposition (Molotow, Schepilow usw.)

zum Opfer fielen, hatte sich die Machtposition Chruschtschows weiter gefestigt, ohne daß er die Machtvollkommenheit, die Stalin seit 1934 etwa besaß, auf seine Person vereinigt hätte. Der von ihm bestimmte Kurs der sowjetischen Innenpolitik steuerte mit unverminderter Zielstrebigkeit den „Kommunismus", das höhere Stadium der sozialistischen Gesellschaft, an.

Diesem Ziel dienten die technisch-wirtschaftlichen Anstrengungen, die sowohl der Ausweitung der Produktion von Produktionsmitteln (namentlich im Bereich der Schwer- und chemischen Industrie) als nunmehr auch der Steigerung der Konsummittelproduktion galten. Der amerikanische Lebensstandard sollte – zunächst freilich nur in der Ernährung! – eingeholt und überholt werden. Stärker von der Ideologie beeinflußt waren die Versuche, durch geeignete Maßnahmen das „Niveau des Kolchoseigentums" auf das des „allgemeinen Volkseigentums" zu heben und die „wesentlichen Unterschiede von Stadt und Land" wie von „körperlicher und geistiger Arbeit" allmählich zu überwinden.

Diesem Ziele diente der Verkauf der staatlichen Maschinen-Traktoren-Stationen (MTS) an die Kolchosen, die dadurch wirtschaftlich gestärkt – oder (zum Zwecke des Kaufs der Stationen) zum Zusammenschluß in Groß-Kolchosen genötigt wurden. Diesen erstarkten Wirtschaftseinheiten werden in zunehmendem Maße Funktionen übertragen, die bislang der Staat ausgeübt hat. Schulen, Straßen, Krankenhäuser sind von ihnen zu bauen, Elektrizitätswerke – nicht nur für den Eigenbedarf, sondern für den des gesamten Gebietes – zu errichten usw. Gleichzeitig geht man zum System des *Leistungslohnes* (in Geld) über, der die Lage des Kolchosbauern der des Industriearbeiters annähern soll. Indem so die Kolchosverwaltung allmählich immer mehr nichtlandwirtschaftliche Aufgaben übernimmt und ihre Verantwortung auf die Produktion eines immer größeren Gebietes ausgedehnt wird, sollen offenbar Gebilde geschaffen werden, die in der Mitte zwischen dem ehemaligen genossenschaftlichen Eigentum und dem der Gesamtgesellschaft liegen. Durch Hebung der kulturellen Arbeit auf dem Dorfe (Kino, Fernsehen, Klubs usw.) versucht man den Unterschied der dörflichen und städtischen Lebensverhältnisse zu verringern.

Die Überwindung der „wesentlichen Unterschiede" von geistiger und körperlicher Arbeit wird einerseits durch die Verbesserung der Volksbildung (polytechnischer Unterricht), andererseits durch eine stärkere Heranziehung höherer Schüler und Studenten zur „Produktionstätigkeit" angestrebt. Diese Verbindung von Unterricht und Arbeit hatte schon Marx als sozialistisches Erziehungsprinzip empfohlen. Offenbar ist dabei auch die Nebenabsicht im Spiel, die Kluft, die die sowjetische Führungsschicht (die nur „geistige Arbeit" leistet) von den handarbeitenden Massen trennt, zu überbrücken. Diesem Zwecke dienten u. a. die „freiwilligen" Einsätze von Parteifunktionären des Moskauer Gebiets auf dem Lande.

Endlich hat man auch eine Reihe von Maßnahmen zum Abbau des Staatsapparats ins Auge gefaßt, deren Tragweite allerdings bei näherem Hinsehen sehr verringert wird. So sollen z. B. die *Gewerkschaften* zur Übernahme weiterer Funktionen herangezogen werden, die früher den Staatsorganen zukamen. Hierunter rechnet ein Leitartikel der Zeitschrift „Sowjetstaat und Recht" (März 1958): die Verwaltung des Sozialversicherungs- und Sanatoriums-Wesens, die Beteiligung an der Ausarbeitung der Industrie-Finanzpläne, an der Festsetzung der Normen, der Zuteilung von Wohnraum, der Ernennung von Wirtschaftsführern usf.

Ein Aufsatz des Akademiemitglieds Ostrowitjànow beleuchtet vielleicht am besten den Unterschied, der zwischen der Stalinschen Methode des Übergangs zum Kommunismus und der Chruschtschowschen besteht. Stalin hatte bekanntlich für den *Staat* die dialektische Formel geprägt: „höchste *Steigerung* der staatlichen Macht mit dem Zwecke der Überflüssigmachung des Staates". Er lehnte also jeden Gedanken an einen schrittweisen Abbau des Staates und eine Übertragung staatlicher Funktionen an gesellschaftliche Organe (wie die Gewerkschaften) vorderhand ab. Dagegen hat Chruschtschow – wie wir gesehen haben – eine allmähliche Schwächung des Staatsapparats, oder genauer gesagt, einzelner Funktionen des Staates (nach innen) als geeignetes Mittel zur „Vorbereitung des Übergangs zum Kommunismus" ins Auge gefaßt. Während Stalin auf politischem Gebiet dialektisch dachte, lehnte er jedoch auf wirtschaftlich-gesellschaftlichem Gebiet eine spontane dialektische Bewegung ab. Aus diesem Grunde hatte er noch in seiner letzten Schrift ausdrücklich den Verkauf der MTS an die Kolchosen untersagt, weil er die „Sphäre der Warenproduktion", innerhalb derer das (für die kapitalistische Produktion kennzeichnende) Wertgesetz gilt, erweitern würde. Als geeignetes Mittel, um den Übergang zum Kommunismus vorzubereiten, erschien ihm hier eine zunehmende Einschränkung der Warenproduktion (d. h. der über „Märkte" erfolgenden Verteilung von Gütern) und ihr Ersatz durch den „Produktenaustausch". Gegen diese Stalinsche These wendet sich Ostrowitjànow mit großem Nachdruck: „In den letzten Jahren war die Ansicht verbreitet, die Warenzirkulation sei unvereinbar mit der Perspektive des Übergangs vom Sozialismus zum Kommunismus. Eine solche Fragestellung ist nicht richtig. Die *Dialektik der Entwicklung der sozialistischen Wirtschaft* besteht gerade darin, daß wir *durch eine allseitige Entwicklung* der Ware – Geld – Beziehung im Stadium des Sozialismus *zum Absterben* der Warenproduktion und der Geldzirkulation in der höheren Phase des Kommunismus kommen werden." Das heißt aber nichts anderes, als daß Ostrowitjànow die dialektische Betrachtungsweise auf die Wirtschaft anwendet und – im Gegensatz zu Stalin – auf deren Automatik mehr vertraut als auf administrative Eingriffe.

Ein eigentümlicher Beitrag Chruschtschows zur allgemeinen marxistisch-leninistischen politischen Theorie in der Sowjetunion war seine These, daß *die Partei,* weil sie „tiefere Wurzeln im Volke habe als der Staat", auch *nach Absterben* des Staates weiter existieren werde. Auch wenn diese Formel von seinen Nachfolgern vermieden wird, findet sich doch in den Reden Breschnews auf dem XXIII. Parteitag noch der gleiche Gedanke. Die Rolle und Bedeutung der Partei – so heißt es bei ihm – werde beim Herannahen des Kommunismus immer *größer.*

156

e) *Der XXII. Parteitag und das neue Programm der KPdSU (Herbst 1961);
der XXIII. Parteitag (Frühjahr 1966)*

Der XXII. Parteitag der KPdSU im Herbst 1961 war durch drei Ereignisse cha-
rakterisiert: 1. durch die Annahme des neuen Parteiprogramms, des dritten der
KPdSU (bzw. der Vorgängerpartei, der SDAPR = Sozialdemokratische Arbeiterpartei Rußlands), 2. durch die überraschende abermalige Verurteilung Stalins,
die durch seine Verweisung aus dem Lenin-Mausoleum auch nach außen hin
spektakulären Ausdruck fand, und 3. – mehr am Rande – durch das abermalige
Zutagetreten der Differenzen innerhalb des Ostblocks, vor allem zwischen der
Sowjetunion und ihren europäischen Verbündeten einerseits und Albanien und
Rotchina andrerseits.

1. Das *neue Parteiprogramm* (das erste stammt aus dem Jahre 1903, das
zweite von 1919) erhebt den Anspruch, die Entwicklung der Sowjetunion und
der „gesamten fortschrittlichen Menschheit" für die nächsten Jahrzehnte zu bestimmen. Es zerfällt in zwei Teile, einen ersten, in dem „der Übergang vom Kapitalismus zum Kommunismus" als „der Entwicklungsweg der Menschheit" geschildert wird, und einen zweiten, in dem „die Aufgaben der KPdSU beim Aufbau
der kommunistischen Gesellschaft" verzeichnet werden.

Der erste Teil kann auch als der „diagnostische" bezeichnet werden, hier
schildern die anonymen, sehr entscheidend von Chruschtschows Ansichten geprägten Verfasser, wie sie sich die heutige Weltlage vorstellen. Die Macht und
das ständige Wachstum des „sozialistischen Weltsystems" wird unterstrichen
und die „Krise des Weltkapitalismus" erneut behauptet. Das Programm spricht
von einer „dritten Etappe" dieser Krise, deren erste nach dem Ersten Weltkrieg
und der Oktoberrevolution und deren zweite „im Laufe des Zweiten Weltkrieges" eingetreten sei. Für diese dritte Etappe werden „der Abfall der Kolonien",
die Entwicklung des „staatsmonopolistischen Kapitalismus" und „das Umsich-
greifen des Militarismus" als charakteristisch hingestellt. Ökonomisch sei sie
durch „schleppende Produktionszunahme, periodische Krisen, ständige Unter-
belastung der Produktionskapazitäten und chronische Arbeitslosigkeit" gekennzeichnet. Trotz des immer schwerer werdenden „bürokratischen Jochs"
seien aber alle „Versuche einer staatlichen Regelung der kapitalistischen Wirtschaft nicht imstande, die Konkurrenz und die Anarchie der Produktion zu beseitigen." „Die Dialektik des staatsmonopolistischen Kapitalismus sei so beschaffen, daß er nicht etwa, wie die Bourgeoisie hoffe, das kapitalistische System
festige, sondern die Widersprüche des Kapitalismus noch mehr verschärfe" *(zit.
nach der Ausgabe von C. W. Gasteyger, in: „Perspektiven der sowjetischen Politik". Köln-Berlin 1962, S. 152f.).* Arbeitslosigkeit, Kriegsgefahr und Unterkon-
sumtion (Zurückbleiben der zahlungsfähigen Nachfrage hinter der gesteigerten
Produktion) seien unvermeidlich. Der kapitalistische Weltmarkt sei von „zahllo-
sen Zollschranken und Restriktionswällen durchschnitten und in abgekapselte
Devisen- und Fianzzonen geteilt" *(S. 155).* Auch die Ausbreitung des sozialistischen Weltlagers verschärfe diese Krise. Endlich werde die Schicht der „Mono-

polisten" immer mehr zu einer reinen Schmarotzerklasse, deren eigentliche Aufgaben von angestellten Direktoren, Ingenieuren und Technikern ausgeführt würden. Der „relativ hohe Lohn in den wenigen entwickelten kapitalistischen Ländern beruhe auf dem Elend der Völker Asiens, Afrikas und Lateinamerikas" *(S. 157).* Ungleichmäßige Entwicklung der verschiedenen kapitalistischen Länder (USA einerseits – die europäischen Staaten andrerseits, Japan usw.) sowie der Wirtschaftszweige innerhalb der einzelnen Gebiete sei eine weitere Folge dieses Wirtschaftssystems, das immer mehr den industriellen Fortschritt hemme. EWG und EFTA seien keineswegs Lösungen der internationalen Handelsprobleme, sondern stellten nur „neue Formen der Aufteilung des kapitalistischen Weltmarkts dar und würden zu Herden schwerer Reibungen und Konflikte" *(S. 158 f.).* Zwischen den meisten Industrienationen hätten sich die wirtschaftlichen Gegensätze verschärft. Angesichts dieses „volksfeindlichen" Wirtschaftssystems seien die herrschenden Schichten genötigt, die Demokratie abzubauen und die „Rechte des Volkes" mehr und mehr einzuschränken, in vielen Ländern tauchten neue „faschistische" Regime auf.

Diesem düsteren Bild der wirtschaftlichen, politischen und moralischen Situation der westlichen Länder wird dann ein um so strahlenderes der sozialistischen Staaten, aber auch der um ihre Unabhängigkeit kämpfenden Entwicklungsländer gegenübergestellt. Die revolutionäre Weltbewegung wird in zwei Gestalten: als sozialistische und als „nationale Befreiungsbewegung" vorgeführt. Die sozialistische (bzw. kommunistische) Revolution habe große Chancen, auf friedlichem Wege voranzukommen, scheue sich aber notfalls auch nicht vor Gewalt. Sie entstehe überall aus den lokalen Bedingungen der Länder selbst und brauche nicht „eingeführt" zu werden, ja „könne nicht von außen aufgezwungen werden". Die Arbeiterparteien und ihre Verbündeten seien heute im allgemeinen stark genug, um einen „imperialistischen Krieg zu verhindern". Je stärker die kommunistischen Parteien würden, desto größer sei die Chance eines reibungslosen Übergangs zum Sozialismus und Kommunismus. Niemals aber dürfe der Kampf gegen die „opportunistischen" und „rechtssozialistischen" Gruppen vernachlässigt werden, allein die kommunistischen Parteien seien die „Avantgarde des Proletariats". Die „nationalen Befreiungsbewegungen" der Entwicklungsländer werden mit betonter Sympathie beschrieben und vor der westlichen Entwicklungshilfe als einer getarnten Form des „Neokolonialismus" gewarnt. Zugleich sollten sie „die Grundpfeiler des Feudalismus" durch „tiefgreifende Agrarumbildungen und eine breite Bauernbewegung" zerstören. Die internationale Selbständigkeit könne nur von einer demokratischen Organisation im Inneren getragen werden. Die Arbeiterparteien in diesen Ländern sollten eine „nationale Front" mit den anderen „antiimperialistischen Kräften" anstreben und das *„Banner des Nationalismus"* entfalten. Dieser Nationalismus unterdrückter Völker sei – im Gegensatz zu dem unterdrückender – völlig legitim und werde vom Marxismus-Leninismus anerkannt. Endlich wird aber auch betont, daß der einzig sichere Weg zu wirtschaftlichem Wachstum und damit gesicherter Unabhängigkeit der sozialistische Aufbau sei. Nur durch ihn könne in kürzester Zeit der gewünschte materielle und kulturelle Aufstieg erreicht werden. Im Unterschied zur Stalinzeit und in Übereinstimmung mit den früheren Äußerungen Chruschtschows wurde hier die nützliche Rolle der *Neutralen* unterstrichen, die zusammen mit dem „sozialistischen Lager" den Weltfrieden festigten *(S. 177)*. In gesonderten Kapiteln wurde ausdrücklich noch einmal der Kampf gegen die bürgerliche „Ideologie" und den sozialistischen Reformismus hervorgehoben und das Prinzip der *„friedlichen Koexistenz"* als Grundpfeiler der sowjetischen Außenpolitik erläutert. Kriegsverhütung und weltweite Abrüstung seien die Hauptziele der KPdSU auf dem Gebiet der Außenpolitik. Diesen Zielen dienten aber u. a. auch „hohe Wachsamkeit" und „Maßnahmen, die erforderlich sind, um die Sicherheit und Unantastbarkeit unseres sozialistischen Vaterlandes und des gesamten sozialistischen Lagers zu gewährleisten" *(S. 188)*.

Auf diesen „diagnostischen" Teil, der am Schluß in programmatische Erklärungen zur Außenpolitik ausmündete, folgte der „therapeutische", der uns hier mehr interessieren soll. Hier wurden die Aufgaben der Partei für die nächsten zwei, drei Jahrzehnte umrissen und Planziele auf allen Gebieten des wirtschaftlichen, politischen und kulturellen Lebens aufgestellt.

An erster Stelle stand natürlich der „wirtschaftliche Aufbau". In „zwei Jahrzehnten soll die materielle und technische Basis des Kommunismus geschaffen werden" *(S. 193)*. Die Voraussetzungen hierfür werden lediglich allgemein umschrieben (Anwendung der Chemie in der Volkswirtschaft, hohes Kulturniveau und technisches Wissen der Werktätigen, höhere Arbeitsproduktivität, immer vollständigere Automatisierung usw.). Vollbeschäftigung und Verbesserung der Arbeitsbedingungen, „weitere Entwicklung der Schwerindustrie", aber auch „technische Neuausrüstung der Konsumgüterindustrie" und besonders des Bauwesens (Wohnungsbau!) stehen weiter auf dem Programm. Endlich wird auch die Rüstung nicht vergessen. Besonders starke Beachtung fanden die zahlenmäßigen Angaben, die in diesem Zusammenhang gemacht wurden:

1. „In den nächsten zehn Jahren" soll das *„Volumen der Industrieproduktion* um das *Zweieinhalbfache"*,

2. „binnen *20 Jahren* mindestens auf das *Sechsfache"* gesteigert werden.

Durch die Erfüllung dieser Planziele sollen die USA nicht nur ein-, sondern auch beträchtlich „überholt" werden. Allerdings gehen die Verfasser des Programms dabei davon aus, daß die USA in der Zwischenzeit ihr Produktionsvolumen nicht mehr nennenswert steigern können.

Um diese Produktionsziffern zu erreichen, müsse die Produktionskapazität „in zehn Jahren auf das Doppelte und innerhalb von 20 Jahren auf das Vier- bis Viereinhalbfache erhöht werden" *(S. 195)*. Auf diese fundamentalen Zahlenprojekte folgen weitere Angaben über die Struktur der Wirtschaft, den Ausbau der Stromerzeugung, der Atomenergie, der chemischen und Kunststoffproduktion usw. Ein Punkt, der im gesamten Ostblock große Beachtung fand, ist der Hinweis auf die Verwendung der *„Kybernetik,* elektronischer Rechenmaschinen und Steuerungsanlagen" für die „Aufstellung der Pläne, Rechnungsführung, Statistik und Verwaltung" *(S. 197)*. Das zeigt, wie auf dem Umweg über Polen (vor allem den polnischen Planexperten Prof. Oskar Lange) moderne Methoden allmählich auch in der Sowjetunion Fuß zu fassen beginnen. Natürlich wird von den sowjetischen Ideologen diese in den USA und in anderen westlichen Ländern entwickkelte Wissenschaft als „Bestandteil des dialektischen Materialismus" vereinnahmt.

Große Aufmerksamkeit wird offenbar auch der Frage der „Standortverteilung" der Industrien gewidmet. Im Unterschied zu früheren Epochen der sowjetischen Geschichte erscheint die Entstehung von Mammutstädten und Industriezentren *jetzt nicht mehr* als Ideal, und es wird eine „Auflockerung der übermäßigen Konzentration der Bevölkerung in den Großstädten" *(S. 199)* gefordert. In vielen dieser praktischen Fragen ist die Ähnlichkeit der Probleme und Tendenzen in *allen* hochindustrialisierten Staaten auffallend, nur daß in westlichen Ländern die Lösungen, soweit sie angestrebt werden, rein praktisch und nicht mit ideologischen Argumenten motiviert werden.

Ein besonderer Abschnitt ist der *Landwirtschaft* gewidmet. Einmal, weil ihr Chruschtschows Aufmerksamkeit seit jeher in hohem Maße galt, zum anderen, weil in der Tat die Steigerung der Industrieproduktion von einer vorherigen Steigerung der Arbeitsproduktivität der sehr rückständigen sowjetischen Landwirtschaft abhängig ist, aus der auf diese Weise Arbeitskräfte freigesetzt werden können. Intensivierung der Produktion und Schaffung eines „Überflusses an Agrarprodukten" zur besseren (und qualitativ höherwertigen) Versorung der Bevölkerung stehen hier im Vordergrund. Aber in diesem Zusammenhang wird auch ein *politisches Problem* erörtert, das der sozialen Organisation der Landwirtschaft.

Um die Landbevölkerung zu beruhigen, wird zunächst mit Nachdruck erklärt: „Die *Kolchosordnung ist ein unveräußerlicher Bestandteil der sozialistischen Sowjetgesellschaft" (S. 203)*. Allerdings heißt das *nicht,* daß sie auch im künftigen Kommunismus noch erhalten bleiben wird. Aber, während sich Stalin die Hebung des „kollektivwirtschaftlichen Eigentums auf das Niveau des allgemeinen Volkseigentums" (siehe dieses Buch, S. 146) im Grunde doch als eine Art „Verstaatlichung" der Genossenschaften vorstellte, will Chruschtschow *zunächst* den Kolchosen zu höherer Blüte verhelfen: „Das wirtschaftliche Aufblühen der Kolchosordnung schafft (dann) die Voraussetzung für die *allmähliche* (!) Annäherung und die spätere Verschmelzung des Kolchoseigentums mit dem Volkseigentum zum einheitlichen kommunistischen Eigentum" *(S. 204)*. Diese These liegt ganz auf der Linie früherer Verlautbarungen und Maßnahmen (wie des Verkaufs der staatlichen MTS an die Kolchosen). Durch eine schrittweise Erweiterung der ökonomischen Aufgaben der Kolchosen (und Kolchosvereinigungen) sollen diese mehr und mehr in die Rolle von „Kreiswirtschaftsräten" hineinwachsen, so daß gleichsam auf „kaltem Wege" der Unterschied der beiden Eigentumsarten verschwinden würde. Wichtiger noch als diese allmähliche Anhebung der Kolchosen auf das Niveau des „Volkseigentums" scheint Chruschtschow jedoch die Überwindung der (erheblichen) Überreste privaten (Nutzungs)-Eigentums an Produktionsmitteln zu sein. Den Kolchosbauern wird ja bekanntlich die Bewirtschaftung eines Stückchens „Hofland" gestattet, auf dem sie nicht nur für den Eigenbedarf der Familie, sondern auch für den „freien" Markt Gemüse, Geflügel, Eier usw. erzeugen dürfen. Die Eierversorgung z. B. soll in der Sowjetunion noch immer zu einem sehr hohen Prozentsatz auf der Produktion der bäuerlichen Eigenbetriebe beruhen. Schon mehrfach hat die Sowjetregierung in vergangener Zeit den Versuch unternommen, diesen „privatwirtschaftlichen" Überrest zu „liquidieren", aber alle derartigen Versuche sind bisher an dem passiven Widerstand der Bauern gescheitert. Chruschtschow versuchte es auf „stillem Wege", indem er die „Kolchosbauern davon zu überzeugen" suchte, „daß es für sie nicht vorteilhaft sei, eine Nebenwirtschaft auf dem Hofland zu haben", so daß sie „freiwillig darauf verzichten" *(S. 210).* Um diese Überzeugung hervorzurufen, werden eine ganze Anzahl Maßnahmen eingeleitet.

An erster Stelle steht der schrittweise Übergang zur Entlohnung der Kolchosniki in *Geld,* statt wie bisher üblich, weithin in Naturalien. Dadurch werden die Bauern gezwungen, Saatgut und Futtermittel käuflich zu erwerben, wenn sie ihr Hofland bebauen und eignes Vieh halten wollen. Zugleich wird durch ein verbessertes und vermehrtes Angebot von *Industriewaren* auf dem Dorfe der Anreiz erhöht, diese Lohngelder für unmittelbare Konsumzwecke auszugeben. Endlich sollen die Kolchosen selbst zu billigen Preisen alle von den Bauern benötigten Nahrungsmittel abgeben, so daß den Bauern die Arbeit auf dem eignen Hofland als unrentabel und überflüssig erscheint. Grund für diese Maßnahmen ist nicht allein die ideologische Feindschaft der Sowjetführung gegenüber dem „Privateigentum" (es handelt sich streng genommen nur um ein der bäuerlichen Familie zur Gesamthand überlassenes dauerndes Nutzungsrecht am Hofland), sondern auch die Erkenntnis, daß die Bauern häufig ihre beste Arbeitskraft auf die Bebauung des Hoflandes verwenden und nur mit halber Energie auf der Kolchose arbeiten. Um das zu verhindern, wird zugleich angestrebt, das Prinzip des *Leistungslohnes* auf die ländliche Arbeit der Kolchosbauern auszudehnen. Auch diese Maßnahme wird ideologisch als ein weiterer Schritt zur Annäherung der dörflichen Lebensbedingungen an die städtischen hingestellt. Abschließend malen die Programmverfasser die Perspektive einer kulturellen Verstädterung des Dorfes in bunten Farben weiter aus: „Allmählich werden sich die Kolchosdörfer in größere Ortschaften von städtischem Typus mit modern eingerichteten Wohnhäusern, kommunalen und sonstigen Dienstleistungsbetrieben, Kulturstätten und Einrichtungen des Gesundheitsschutzes verwandeln. In letzter Instanz werde zwischen den kulturellen und sozialen Lebensverhältnissen der Dorfbevölkerung kein Unterschied mehr bestehen" *(S. 212).*

In den folgenden Abschnitten wird ein umfangreicher Katalog von künftigen Leistungen des Staates aufgestellt, die von kostenloser Internatserziehung („auf Wunsch der Eltern") bis zur Abgabe von Mittagessen in den Betrieben und zur unentgeltlichen Benutzung der städtischen öffentlichen Verkehrsmittel reichen. Lösung des Wohnungsproblems und mietfreie Wohnung nach Ablauf von 20 Jahren sowie Verkürzung der Arbeitszeit auf endlich 30 Stunden wird im gleichen Zusammenhang versprochen.

Wichtiger sind die „Aufgaben der Partei auf staatlichem Gebiet". Hier finden sich auch eine Anzahl von Thesen, die im Ausland Beachtung gefunden haben und deren Bedeutung diskutiert werden soll. Gleich einleitend wird behauptet, die Sowjetunion sei nunmehr – entgegen der Stalinschen Definition – nicht mehr ein Staat der „Diktatur des Proletariats" (das freilich mit Einverständnis aller übrigen Werktätigen durch die KPdSU seine Herrschaft ausübte), sondern „ein *Staat des gesamten Volkes" (S. 227)*. „Die Diktatur des Proletariats" habe „den vollständigen und endgültigen Sieg des … Sozialismus und den Übergang zum entfalteten Aufbau des Kommunismus gesichert", und damit sei ihre „historische Mission erfüllt, und vom Standpunkt der inneren Entwicklung in der UdSSR sei sie nicht mehr notwendig" *(a. a. O.)*. Diese These ist deshalb so erstaunlich, weil die Marxisten früher (z. Z. des Gothaer Programms 1875 z. B.) immer wieder die Formel „freier Volksstaat" abgelehnt und lächerlich gemacht haben. *Jeder Staat,* so kann man bei Engels wie bei Lenin lesen, ist Klassenstaat, stellt eine Diktatur der herrschenden Klasse dar, erst mit dem Wegfall (dem „Absterben") des Staates konnte nach dieser Auffassung auch die Diktatur der herrschenden Klasse wegfallen. Umgekehrt galt die Aufhebung der Klassenspaltung als die Voraussetzung dieses Absterbens. Nunmehr aber ist zwischen diese beiden Phasen der historischen Entwicklung offenbar ein *neues Zwischenstadium* getreten, in dem zwar noch ein „Staat", aber keine Klassendiktatur mehr besteht. Im Grunde handelt es sich hierbei um eine konsequente Weiterbildung der Stalinschen Lehre vom sowjetischen Staat und seiner Behauptung, daß es zwischen der Sowjetbevölkerung und ihrer Regierung (bzw. der Parteiführung) keine Gegensätze, sondern nur vollständige Interessenharmonie gebe. An dieser Lehre vom „Staat des ganzen Volkes" und dem Ende der „Diktatur des Proletariats" in der Sowjetunion haben chinesische Kommunisten wiederholt scharfe Kritik geübt. Aber auch Chruschtschows Nachfolger haben sie nicht fallengelassen.

An diese terminologische Neuerung schließen sich Erörterungen über die „allseitige *Entfaltung und Vervollkommnung der sozialistischen Demokratie,* die aktive Beteiligung aller Bürger an der Staatsverwaltung und an der Leitung des Wirtschafts- und Kulturaufbaus" usw. an. Das Fernziel lautet: Verwandlung der „Organe der Staatsgewalt" „in Organe der *gesellschaftlichen Selbstverwaltung" (S. 228).* Das ist die neue Formel für das „Absterben des Staates" bzw. den *Wegfall der politischen Funktionen des Staates.*

Die konkreten Vorschläge, die zu dieser Entfaltung der „Demokratie" gemacht werden, sind vor allem Bestimmungen über die Beschränkung der Wiederwahlmöglichkeit in staatlichen und Parteiorganen (vgl. hierzu die Bestimmungen des gleichzeitig mit dem Parteiprogramm verabschiedeten neuen *Parteistatuts).* Die *Sowjets sollen:*

1. Bei jeder Wahl zu mindestens *einem Drittel* erneuert werden, um möglichst viele Bürger (wenigstens einmal) an ihrer Tätigkeit zu beteiligen.

2. Die Möglichkeit der Wiederwahl soll auf drei Amtsperioden beschränkt werden, in Ausnahmefällen kann darüber hinaus eine Wiederwahl erfolgen, aber nur mit einer Mehrheit von drei Vierteln der abgegebenen Stimmen *(S. 229).*

Durch diese Maßnahmen glaubt die sowjetische Führung eine „bessere Kontrolle der Verwaltung" (!) und die zunehmende Beteiligung der Bevölkerung an der Selbstverwaltung erzielen zu können. In diesem Zusammenhang wird auch eine Intensivierung der Arbeit der „Kommissionen" der Sowjets gefordert und die Entbindung der in ihnen tätigen Deputierten von ihrer beruflichen Arbeit für bestimmte Zeiten angeregt. Eine Gefahr für die gegenwärtige Herrschaftsstruktur ist deshalb nicht gegeben, weil sich die freie Mitwirkung der Bevölkerung in sehr engen Grenzen (meist rein technischen Detailfragen) bewegt und weil die – nach wie vor streng zentralistisch und hierarchisch geleitete Partei – die ausschlaggebende Macht bleibt. Immerhin ist es denkbar, daß durch die angegebenen und ähnliche Neuerungen eine gewisse „Kontrolle der Verwaltung" erreicht wird.

Es ist nicht recht deutlich, ob die „Sowjets" von den Verfassern des Programms bereits als Modelle der künftigen gesellschaftlichen Selbstverwaltung angesehen werden oder ob sie ausschließlich Organe „sozialistischer Demokratie" sein sollen. Für die letztere Deutung spräche, daß in einem gesonderten Abschnitt die *Rolle der gesellschaftlichen Organisationen* und die allmähliche Übernahme staatlicher Funktionen durch sie behandelt wird. Hier werden in erster Linie die *Gewerkschaften,* sodann die *Genossenschaften* und schließlich der *Komsomol* genannt. Die den Gewerkschaften zugewiesenen Aufgaben betreffen die Arbeitsdisziplin, die Qualifikation der Arbeiter und ihre sozialen Bedürfnisse (Erholung, ärztliche Betreuung, Wohnungszuweisung, Freizeitgestaltung usw.), *nicht* jedoch die wirkliche *Mitsprache* innerhalb des Betriebes. Das Programm ist hier sehr viel zurückhaltender als manche Äußerungen, die während der jahrelangen vorausgehenden Diskussion in sowjetischen Zeitschriften zu lesen waren. Vermutlich haben die sowjetischen Betriebsleiter hier einen Teilsieg errungen.

Dem *Komsomol* wird eine Reihe erzieherischer Aufgaben überantwortet, die bisher von staatlichen Stellen erfüllt wurden. Auffallend und für den Stil des neuen Programms charakteristisch ist die nachdrückliche Unterstreichung der *„kommunistischen Moral".* Zu ihr gehören vor allem „Hingabe an die Heimat", Bereitschaft zu ihrer Verteidigung, Arbeitsfreude und Disziplin.

Die *Genossenschaften* (Konsum-, Wohnbaugenossenschaften sowie Kolchosen) sollen ebenfalls ihre Tätigkeit steigern, zusätzliche Organisationen für Spezialaufgaben (wie die Journalisten- und Schriftstellerverbände, die „Organisation der Neuerer und Erfinder" usw.) werden zu erhöhter Aktivität aufgefordert. In ihnen allen soll das hauptamtliche Führungspersonal bei jeder Wahl zu etwa der *Hälfte* erneuert werden, um auch hier möglichst viele Menschen an der „Führung zu beteiligen".

Das „Absterben des Staates", das am Ende dieses Abschnittes ausdrücklich erwähnt wird, könne freilich erst erfolgen, wenn dafür die entsprechenden Vorbedingungen vorhanden sind:

1. „der Aufbau einer entwickelten kommunistischen Gesellschaft",
2. „die endgültige Aufhebung der Gegensätze zwischen Kapitalismus und

Kommunismus in der internationalen Arena zugunsten des Kommunismus" *(S. 236)*.

Das bedeutet, daß der Übergang zum kommunistischen Endstadium der Gesellschaftsentwicklung nicht von der Sowjetunion allein abhängt, sondern erst nach dem „Sieg des Kommunismus" im Weltmaßstab erwartet werden darf.

Die Notwendigkeit starker militärischer Kräfte wird im nächsten Abschnitt mit der Existenz „kapitalistischer" Staaten begründet, „vom Standpunkt der inneren Verhältnisse aus brauche die Sowjetunion keine Armee mehr" *(S. 237)*. Sicher kann das gleiche kaum „vom Standpunkt" der Beziehungen zwischen den Einzelstaaten des sozialistischen Lagers gesagt werden (z. B. für die Beziehungen zwischen der Sowjetunion und China).

Für die Beziehungen der einzelnen Völker der Sowjetunion wird eine weitere Annäherung, die Verstärkung der gemeinsamen Züge und im übrigen „weder Ignorieren noch Übertreiben der nationalen Besonderheiten" verlangt. Die alte Stalinsche Formel von der „nationalen Form" und dem „sozialistischen Inhalt" der Kultur wird wiederholt, aber durch die Perspektive auf eine „weitere gegenseitige Bereicherung" der nationalen Kulturen ergänzt. Scharf wird der „Chauvinismus" der einzelnen Völker verurteilt, das „Idealisieren der (nationalen) Vergangenheit", die Kultivierung „überlebter Sitten und Gebräuche" sowie die „Absonderung" einzelner Gebiete von der Union. Ein ständiger Austausch der „Kader" (d. h. der leitenden Personen) zwischen den Republiken und Gebieten sei durchzuführen.

Bezeichnend für die zugleich vorsichtig formulierte und entschieden geförderte Russifizierung der Völker der Sowjetunion ist die Formel: „Der sich gegenwärtig vollziehende Prozeß, außer der Muttersprache auch *freiwillig Russisch zu lernen,* hat positive Bedeutung, da das zum Erfahrungsaustausch wie auch dazu beiträgt, daß jede Nation und jede Völkerschaft der kulturellen Errungenschaften aller anderen Völker der UdSSR und der Weltkultur teilhaftig wird ..." *(S. 242)*.

In dem Abschnitt, der sich mit „Ideologie, Erziehung, Bildung, Wissenschaft und Kultur" beschäftigt, steht die Darstellung der *„kommunistischen Moral"* im Mittelpunkt (vgl. unter Texte). In der moralischen Erziehung aller „Sowjetmenschen" sowie in ihrer damit weithin zusammenfallenden ideologischen Schulung wird jetzt eine der wesentlichsten Voraussetzungen für den Übergang zum Kommunismus, das „Absterben des Staates", der Wegfall staatlichen Zwanges, gesehen.

Im Mittelpunkt dieses Registers der Moral „der Erbauer des Kommunismus" steht die Liebe zur gewissenhaften Arbeit für das gemeinsame Vaterland der Werktätigen. Während im sozialistischen Stadium, das heißt im allgemeinen auch noch in der Gegenwart, das sogenannte „Prinzip der materiellen Interessiertheit" als leistungssteigerndes Mittel begrüßt und gerühmt wird, sollen die Arbeiter künftig mehr und mehr aus sittlichen Motiven heraus für die Gemeinschaft tätig sein. Die „Brigaden der kommunistischen Arbeit", in denen derartige hochmoralische Bürger vereinigt sind, sollen bereits heute „lebendige Keimzellen" dieser kommunistischen Arbeitsmoral darstellen.

Die Pläne zur Entwicklung der Volksbildung sehen – im Geiste des Stalinschen Testaments – den Ausbau einer allgemeinen und obligatorischen polytechnischen Bildung vor. Im zweiten Jahrzehnt des 20-Jahrprogramms sollen alle Sowjetbürger eine elfjährige *Mittelschulbildung* erhalten, die mit einer „den Kräften der Schüler angepaßten gesellschaftlich nützlichen Arbeit" verbunden sein müsse. Den Schulen werden vier Hauptaufgaben gestellt: 1. die Vermittlung „wissenschaftlicher Grundbegriffe", 2. die Vermittlung der kommunistischen Weltanschauung, 3. die auf die Praxis ausgerichtete polytechnische Ausbildung und 4. die „ethische, ästhetische und körperliche Erziehung". Noch einmal wird auf den Ausbau von Internatsschulen hingewiesen.

Ausführlich läßt sich das Programm auch über die Aufgabe der Wissenschaften aus, deren wichtigste Forschungs- und Lehrgebiete ziemlich vollständig aufgezählt werden. Alles das fällt offenbar auch unter die Initiative und Kontrolle der Parteiführung. Ähnlich wird die Kunst in die programmatischen Aufgaben einbezogen und auf „Volksverbundenheit" und „Parteilichkeit" ausgerichtet *(S. 258)*.

2. Das *neue Parteistatut* und die *„innerparteiliche Demokratie"* in der KPdSU. Bereits im letzten Abschnitt des neuen Programms werden Maßnahmen zur „systematischen Erneuerung" der Parteikader aufgezählt, die den oben erwähnten Bestimmungen über die Beschränkung der Wiederwahlmöglichkeit in den Sowjets entsprechen. Es wird ein ziemlich kompliziertes System der „Rotation" entworfen, dessen Eigenart vor allem darin besteht, daß der Wechsel in den untersten Institutionen am raschesten (bei jeder Neuwahl 50%) und in den höchsten am langsamsten (jeweils 25%) erfolgt. Eine Begründung für diese unterschiedlichen Zahlen wird allerdings nicht gegeben. Vermutlich würden die Verfasser darauf hinweisen, daß die höheren Gremien ein größeres Maß von Erfahrung benötigen, um ihre Aufgaben erfüllen zu können, und daß die notwendige Kontinuität sichergestellt werden müsse.

Zu den wenigen organisatorischen und ideologischen Änderungen, die in der Ära nach Chruschtschow beobachtet werden konnten, gehört die Zurücknahme dieser detaillierten „Normen" für die regelmäßige Erneuerung der Partei- (und analog auch der Sowjet-) Führungsgremien. Breschnew sagte in seinem Rechenschaftsbericht auf dem XXIII. Parteitag (Frühjahr 1966), diese Normen hätten „sich in der Praxis nicht bewährt" und die Auswahl der Kader „nach ihrer sachlichen und politischen Eignung" sei durch die Normen beeinträchtigt worden. Während früher jedes Jahr nur 30 bis 35% der Sekretäre der Grundorganisationen der Partei gewechselt hätten, seien es in den „letzten Jahren 60% geworden", wobei die meisten Sekretäre nur „wegen Ablaufs der statutarischen Frist freigestellt" worden seien *(Protokoll, S. 155)*. Der Parteitag faßte einen entsprechenden Beschluß, durch den der § 25 aus dem Parteistatut gestrichen wurde. Erhalten blieb lediglich der allgemein und unverbindlich gehaltene Satz, daß die Parteiorgane sowohl systematisch in ihrer Zusammensetzung erneuert als auch vom Prinzip der Kontinuität der Leitung bestimmt sein sollten.

Das Parteistatut betont einleitend (wie auch schon im *Programm, S. 262)*, daß die KPdSU jetzt zum „kampferprobten *Vortrupp des Sowjetvolkes*" *(S. 269)* geworden sei. Wie der sowjetische Staat ist also nach heutiger Lehre auch die Partei nicht mehr ausschließlich ein Organ der Herrschaft der Arbeiterklasse. Diese terminologische Regelung hat weitreichende Konsequenzen. Während nämlich in dem neuen Programm der jugoslawischen Kommunisten von einem *Absterben der Partei* im Zusammenhang mit dem Übergang zur vollendeten klassenlosen Gesellschaft gesprochen wird, vertrat Chruschtschow die These, daß die Partei auch nach der Vollendung des Aufbaus der kommunistischen Gesellschaft (wenigstens zunächst) noch erhalten bleiben müsse. Aus diesem Grunde müsse sie auch schon heute von ihrer Verbindung mit dem Gedanken der „Klassen-Diktatur" losgelöst werden. Im Gegensatz zu den jugoslawischen Anschauungen betont daher das Programm, daß die Rolle der Partei beim Herannahen des Kommunismus immer größer wird *(S. 262)*. Diese wachsende Bedeutung wird mit dem Umfang und der Kompliziertheit der *neuen Aufgaben* der „wachsenden Rolle" der Massen und dem „Ausbau der sozialistischen Demokratie" sowie mit der immer größer werdenden Bedeutung der „Theorie des wissenschaftlichen Kommunismus" begründet. Die gleiche These wird von Breschnew in seinem Rechenschaftsbericht auf dem XXIII. Parteitag wiederholt vertreten.

Im ersten Abschnitt werden „Pflichten und Rechte" der Parteimitglieder geschildert. Diese Pflichten beziehen sich auf das gesamte Leben und Verhalten; die Genossen haben in jeder Hinsicht ideologisch, politisch und moralisch „vorbildlich" zu sein, die „kommunistische Moral" und den Sowjetpatriotismus beispielhaft zu verkörpern, die Einheit der Partei zu erhalten, Disziplin zu wahren und „Kritik und Selbstkritik zu entfalten".

Diesen altbekannten Pflichten folgen die Rechte: Recht auf Wahl und auf Wählbarkeit, auf Kritik und auf Anwesenheit, wenn die eigene Tätigkeit kritisiert wird, und eine Art Petitionsrecht an alle Parteiinstanzen bis zum ZK der KPdSU hinauf (aber offenbar „auf dem Dienstwege"). Es folgen Bestimmungen über die „ausschließlich individuelle" Aufnahme von Mitgliedern, lediglich aufgrund von Empfehlungen durch drei Parteimitglieder, die mindestens schon drei Jahre der Partei angehören usw. (seit 1966 müssen die Bürgen für ein neuaufzunehmendes Parteimitglied fünf Jahre der Partei angehören); endlich *Parteistrafen,* die von der einfachen über die strenge Rüge und die Rückverweisung in den Kandidatenstand (die Strafe einer Rücküberweisung in den Kandidatenstand wurde 1966 als unzweckmäßig und unwürdig für die Partei aufgehoben) bis zum Parteiausschluß reichen. Gegen diese Strafen soll ein Berufungsrecht „bei den übergeordneten Parteiorganen" bestehen. Der Parteiausschluß von ZK-Mitgliedern und -Kandidaten kann allein von den Parteitagen oder dem Plenum des ZK mit Zweidrittelmehrheit beschlossen werden. Bei jedem strafrechtlich zu ahndenden Vergehen wird der Betreffende aus der Partei ausgeschlossen.

Am meisten dürften die Angaben über die „innerparteiliche Demokratie" interessieren. Hier ist nach wie vor die Leninsche These vom „demokratischen Zentralismus" maßgeblich: Wählbarkeit aller Organe, aber zugleich absolute Unterordnung der Minderheit unter die Mehrheit und der unteren Organe unter die oberen (letztlich das ZK bzw. dessen Präsidium). Neu sind hier lediglich die bereits erwähnten Bestimmungen über die Erneuerung der Kader und die Einschränkung der Möglichkeit der Wiederwahl (vgl. Texte). Wie im Parteiprogramm, wird auch hier eine Liste von Tugenden des „Kämpfers für den Kommunismus" aufgestellt. Besondere Abschnitte sind dem Komsomol und den Parteiorganisationen in der Sowjetarmee gewidmet. Das Parteipräsidium, das zwischen den Parteitagen und den Plenarsitzungen des ZK die laufenden Geschäfte führt, wird seit 1966 wieder *Politbüro* genannt, um auch durch den Namen die Rückkehr zu den „Leninschen Normen des Parteilebens" zu unterstreichen. Natürlich entfällt auch für das ZK die formelle Pflicht zur regelmäßigen Kadererneuerung, wie sie 1961 fixiert wurde.

Trotz der zahlreichen Hinweise auf die innerparteiliche Demokratie bleibt es bei dem Leninschen (und Stalinschen) Verbot der Bildung von Fraktionen und Plattformen: „Jede Erscheinung von *Fraktionsmacherei und Gruppenbildung ist unvereinbar mit marxistisch-leninistischer Parteilichkeit,* unvereinbar mit der Parteizugehörigkeit" *(S. 269).*

3. *Die abermalige Verurteilung Stalins und die Differenzen im Ostblock*
Die eigentliche große Überraschung des XXII. Parteitags war die entschiedenste *öffentliche* Kritik an Stalin, die jemals in Moskau zu hören war. Stalins Leiche wurde bekanntlich aufgrund einer Resolution des Parteitages aus dem Lenin-Mausoleum entfernt und an der Kremlmauer unter den minder bedeutenden Helden der Sowjetunion beigesetzt. Der Grund für diesen neuerlichen Ausbruch des Hasses gegenüber dem toten Diktator wird von informierten Beobachtern darin erblickt, daß Chruschtschow seinen innerparteilichen Gegnern, die ihn im Juni 1957 beinahe ausgebootet hätten, eine erneute Demonstration seiner Macht geben wollte. Zugleich sollte die sowjetische Bevölkerung mehr und mehr an diese Umwertung der sowjetischen Geschichte gewöhnt werden, so daß es für die Alt-Stalinisten immer unmöglicher wird, Chruschtschow der Entstalinisierung wegen anzuklagen. Daß die Gegner Chruschtschows nicht völlig entmachtet waren, ging u. a. auch daraus hervor, daß Molotow in einem Brief an das ZK das neue (von Chruschtschow inspirierte) Programm als „antirevolutionär", „revisionistisch" und „pazifistisch" bezeichnen konnte, ohne daß ihm deshalb ein Prozeß gemacht worden wäre. Vermutlich spielte dabei auch die Tatsache eine Rolle, daß Rotchina nach wie vor zu Stalin hält und diese Einstellung auch durch die Niederlegung eines gewaltigen Kranzes an Stalins Sarg kurz vor dessen Entfernung aus dem Mausoleum noch einmal demonstrativ unterstrich. Es geht aber im Grunde gar nicht mehr um Stalin, sondern um zwei Richtungen innerhalb des Weltkommunismus, die sich vor allem – aber nicht nur – in Fragen der Außenpolitik immer feindlicher gegenüberstehen. Der Streit geht um die Einschätzung der Möglichkeiten der „friedlichen Koexistenz von Staaten mit verschiedener Gesellschaftsordnung". Chruschtschow und seine Nachfolger scheinen davon überzeugt, daß die „friedliebenden Kräfte", d.h. die kommunistischen Parteien, die Neutralisten und alle Pazifisten und Atombombengegner der Welt, stark genug seien, um einen imperialistischen Krieg (nicht nur einen Welt-

krieg) zu verhindern. Die Beilegung des Suez-Krieges und die Vereinbarung über die Nichtweitergabe von Atombomben erschienen ihnen als Beweise für die Richtigkeit dieser These. Dabei behaupteten sie keineswegs, wie ihnen ihre Gegner unterstellen, der „Imperialismus" der kapitalistischen Staaten sei harmlos geworden, sondern lediglich die Mächte des „Friedenslagers" seien innerhalb der westlichen Länder und im Weltmaßstab stark genug, um Aggressionen zu verhindern. Als Konsequenz aus dieser These folgt, daß die Ausbreitung des Kommunismus mit friedlichen Mitteln und auf dem Umweg über die nationalen (antiimperialistischen) Bewegungen in den Entwicklungsländern am meisten Chancen haben und in erster Linie gefördert werden sollen. Die entgegengesetzte Position, die von den chinesischen Kommunisten eingenommen wird, besagt, daß die Kriegsgefahr nach wie vor besteht und erst mit der Vernichtung der imperialistischen Staaten überwunden ist. Daraus folgt, daß die Hauptaufgabe der „sozialistischen Länder" in der Festigung ihrer „Verteidigungsfront" besteht und die Unterstützung von Ländern, die noch nicht zu diesem Lager gehören, entsprechend eingeschränkt werden muß. Die Sowjetunion neigt dazu, auf dem Weg über eine (wenn auch weit geringere als die westliche) Entwicklungshilfe die politische Beeinflussung von Entwicklungsländern zu versuchen, während Rotchina der direkten propagandistischen, organisatorischen und militärischen Hilfe für die einheimischen kommunistischen Parteien den Vorzug gibt (zum Teil natürlich, weil es zu erheblicherer Wirtschaftshilfe gar nicht imstande ist). Am deutlichsten wird die unterschiedliche Position im Verhalten beider Staaten gegenüber Indien. Für China ist Indien ein (wenngleich relativ harmloserer) Bestandteil der „imperialistischen" Welt, das entspricht der Einstellung Stalins, der nur *zwei* Lager kannte und überzeugt war, „wer nicht für ihn sei, sei gegen ihn". Die Sowjetregierung erblickt in Indien ein wichtiges Mitglied der „dritten Welt", des neutralen Lagers, dem für die Erhaltung des Friedens eine entscheidende Bedeutung zukommt. Sie ist daher auch eher bereit, vorläufig die Kongreßpartei Nehrus zu unterstützen und den indischen Kommunisten zu Geduld und Abwarten zu raten, während die Chinesen (deren Anhänger in der KPI in der Minderzahl sind) auf eine kompromißlose Opposition gegen die Regierung drängen.

So hängt die Verurteilung Stalins nicht nur mit den Machtkämpfen innerhalb der KPdSU, sondern auch innerhalb des Ostblocks zusammen. Ohne China wäre gewiß auch die Opposition Molotows gegen Chruschtschow sehr viel früher überwunden gewesen und hätte sich natürlich auch der Widerstand des kleinen Albanien und seiner stalinistischen Parteiführung gegen die KPdSU nicht aufrechterhalten lassen. Solange sich die beiden östlichen Großmächte gegenseitig schonten, vollzog sich ihre wechselseitige Polemik zum Teil in der Form, daß Chruschtschow über Albanien sich beschwerte und die chinesischen Ideologen Tito angriffen.

4. *Der XXIII. Parteitag und die Nachfolger Chruschtschows*

Nikita Chruschtschow wurde 1964 auf dem Herbstplenum des Zk der KPdSU abgewählt, aber sein Nachfolger Breschnew und der Ministerpräsident Kossygin haben in der Außen-wie Innenpolitik im wesentlichen seinen Kurs forgesetzt. Gründe für die Absetzung (bzw. Abwahl) Chruschtschows durch das oberste Parteiführungsgremium waren dessen impulsive einsame Entschlüsse vor allem in der Wirtschaftspolitik und die mißglückten Partei-Reformpläne. Aufgrund dieser Pläne hätte die gesamte Parteistruktur der Wirtschaftsstruktur angepaßt werden müssen. Dadurch wäre die ohnehin schon durch das 1961 eingeführte Rotationsprinzip hervorgerufene Unruhe unter den Parteifunktionären noch weiter vergrößert worden. Daß die Pläne, die Chruschtschow 1961 verkündet hatte, weit über die realen Möglichkeiten der Sowjetunion hinausgingen, zeigte sich 1966 und wurde von Breschnew offen zugegeben. Vor allem auf dem *Bausektor* und in der *Landwirtschaft* sei die Erzeugung erheblich hinter dem Plan zurückgeblieben. In Fortsetzung der von Chruschtschow eingeschlagenen Linie forderte Breschnew auch 1966 eine beschleunigte Entwicklung der Agrarproduktion und der *Konsumgüterproduktion* überhaupt. „Einst mußten wir uns bewußt einschränken", erklärte er, „um ein hohes Entwicklungstempo der Schwerindustrie zu sichern. Heute besitzen wir mächtige Produktivkräfte. Sie gestatten uns, die Zweige der gesellschaftlichen Produktion rascher voranzubringen, die die materiellen, kulturellen und sonstigen Bedürfnisse der Wehrtätigen unmittelbar befriedigen" *(Protokoll, S. 80).* Offenbar erwies sich die Unzulänglichkeit der Agrarproduktion als ein schwerwiegender Hemmschuh für die allgemeine Wirtschaftsentwicklung. Aus diesem Grunde wurden 1966 eine Anzahl von Verbesserungen der dörflichen Lebensbedingungen beschlossen, unter denen die Einbeziehung der Kolchosbauern in fas staatliche Rentensystem und die Verbesserung und Verbilligung der Konsumgüterversorgung des Dorfes wie die allmähliche Einführung fester Monatslöhne zu erwähnen sind.

Auf dem Gebiet der Industriellen Produktion wird abermals die Bedeutung der „Produktivkraft Wissenschaft" und namentlich auch der elektronischen Datenverarbeitung hervorgehoben. Bemängelt wird die unzulängliche Verbindung von Wissenschaft und Produktionstechnik, die durch direkte Kontakte von Großbetrieben mit Hochschulen und Forschungsinstituten verbessert werden soll.

Auf dem Gebiet von Kunst und Literatur herrschen etwa die gleichen Auffassungen wie unter Chruschtschow. Die sowjetischen Künstler und Schriftsteller werden an das Prinzip der Parteilichkeit erinnert. Zugleich wird das „schändliche Treiben" derjenigen gebrandmarkt, die „die Verleumdung unseres heldenhaften Volkes zu ihrem Beruf machen" *(S. 125).* Wie borniert und eng die gegenwärtig herrschende Auffassung von parteilicher Kunst ist, haben die Verfolgungen hervorragender Schriftsteller wie Solschenizyn gezeigt. Georg Lukács hat aber mit Recht bemerkt, daß ohne eine – allein in der Literatur für die breiten Massen zu leistende – Verarbeitung und Objektivierung der Grauen der Stalinzeit eine Gesundung der Sowjetgesellschaft und eine bessere Zukunft nicht verwirklicht werden können. Offenbar ist die Mehrheit der gegenwärtigen sowjetischen Machthaber noch immer an der Verharmlosung (als „Epoche des Persönlichkeitskults") oder gar partieller Rehabilitierung (vor allem bei einigen führenden Militärs) Stalins und seiner Zeit interessiert. Wer realistisch schildert, was damals war (und heute noch durch die Opfer und Henker gegenwärtig bleibt), gilt – wie das bei konservativen Kulturkritikern überall üblich ist – als „Nestbeschmutzer". Nicht diejenigen gelten als „unsauber", die Greultaten begangen oder gedeckt haben, sondern diejenigen, die sie literarisch darstellen.

Zur Ideologie wußte Breschnew 1966 nichts Neues zu sagen. Allenfalls könnte man seinen Hinweis auf die erhöhte Bedeutung der Sozialwissenschaften für die Partei – wobei auch die Soziologie erwähnt wurde – als ein Novum ansehen. Als er 1968 die sowjetische Intervention in die ČSSR durch eine Theorie der Verpflichtung des Eingreifens in sozialistischen Bruderländern, die sich in Gefahr einer kapitalistischen Restauration befinden, zu rechtfertigen suchte, hat man von einer „Breschnew-Doktrin" gesprochen. Später wurde dementiert, daß Breschnew derartiges gesagt habe. Vor allem müßte auch kritisiert werden, daß die Beurteilung über die *Existenz* einer solchen Gefahr nicht gut der nationalen kommunistischen Parteiführung genommen werden dürfe, weil sonst ein Recht auf willkürliche Intervention verlangt würde.

II. Gesichtspunkte zur Kritik

A. Der Sozialismus in einem Lande

Die These von der Möglichkeit des Aufbaus des Sozialismus in einem Lande wie dem rückständigsten Großstaat Europas, Rußland, widersprach so sehr sämtlichen Grundüberzeugungen des Marxismus, daß sie von Stalin erst sehr spät aufgestellt wurde.

Noch am 24. 1. 1918 sagte Lenin: „Der endgültige Sieg des Sozialismus in einem einzigen Lande ist unmöglich ..." Aber entgegen den Erwartungen von Marx und Engels hat „der Russe den Anfang gemacht, der Deutsche, der Franzose, der Engländer werden das Werk zu Ende führen, und der Sozialismus wird den Sieg davontragen" *(Ausgew. Werke, Bd. 7, S. 283)*. An anderer Stelle heißt es bei Lenin, „daß die russische Revolution eine hoffnungslose Sache wäre, wenn sie allein bliebe, wenn es in den anderen Ländern keine revolutionäre Bewegung gäbe" *(a. a. O., S. 294)*, und er schließt seine Rede mit dem Ausruf: „Unsere Rettung ... das wiederhole ich nochmals – ist die europäische Revolution."

In der Frage nach der Möglichkeit einer Revolution in Rußland hatte in den siebziger und achtziger Jahren des 19. Jahrhunderts der Agrarsozialismus russischer Revolutionäre eine große Rolle gespielt, der sich auf die Überreste einer bäuerlichen Gemeinwirtschaft auf dem russischen Dorfe (die sogenannte Obschtschina) stützen wollte. Marx und Engels haben noch zu dieser Frage persönlich Stellung genommen, und Engels schreibt in seiner letzten Äußerung zu dieser Frage: „Wenn die russische (Bauern-) Revolution das Signal gibt zu einer Arbeiterrevolution im Westen, so daß beide einander ergänzen, dann kann das russische Grundeigentum [eben die Obschtschina] zum Ausgangspunkt einer kommunistischen Entwicklung werden" *(Internationales aus dem Volksstaat.*

Berlin 1894, S. 67). Die irrtümliche Erwartung einer proletarischen Revolution im hochindustrialisierten Westen mußte daher erst vollständig begraben werden, ehe die Stalinsche These von der Möglichkeit des Aufbaus des „Sozialismus in einem Lande" aufgestellt werden konnte.

Man kann an der Bezeichnung des sowjetrussischen Experimentes der forcierten Industrialisierung eines rückständigen Agrarlandes durch zentralistische staatskapitalistische Planwirtschaft als eines „sozialistischen" erhebliche Kritik üben. Aber im Grunde war ja auch schon die Oktoberrevolution keine „proletarische". Es handelte sich um einen Umsturz der zaristisch-feudalen Herrschaftsverhältnisse durch eine revolutionäre Minderheit (die Kommunistische Partei, die an der Spitze der verschiedenen revolutionären Gruppen stand bzw. diese am geschicktesten zusammenzufassen wußte), die sich vornehmlich auf die landhungrigen Gutsbauern und die kriegsmüden Soldaten stützte, denen sie Landbesitz und Frieden versprach. Die proletarische Theorie diente dieser Revolution nur als ideologisches Band. Die marxistische Theorie der proletarischen Revolution stand zu dem wirklichen „Inhalt" dieser Revolution in Widerspruch, und dieser Widerspruch mußte sich alsbald auch in der Praxis selbst zeigen. Er führte von dem echten revolutionären Elan der Sowjets zur Herrschaft der kommunistischen Kaderpartei über das weithin bäuerliche Volk, das von 1928 ab *gegen seinen Willen* zur Kollektivierung gebracht wurde. Der ehemalige Kommunist und Antistalinist Arthur Rosenberg meint: „Indirekt rechtfertigt die Existenz der Bauernmassen die Partei- und Apparatdiktatur über Sowjetrußland" *(S. 229)*. Die Behauptung, daß die vom ZK der KPdSU durchgeführte Politik „den Interessen der Werktätigen" der Sowjetunion entspricht, kann zumindest sehr in Zweifel gezogen werden, wenn man die Entwicklung der *Reallöhne* ins Auge faßt. *Fritz Sternberg* hat in seinem Buch „Marx und die Gegenwart" gezeigt, wie in der Sowjetunion die Konsumgüterproduktion, einschließlich der elementarsten Konsumbedürfnisse Nahrung, Wohnung und Kleidung, gegenüber der schwerindustriellen Produktion vernachlässigt wurde. Wenn man nur die zehn Jahre von 1940 bis 1950 ins Auge faßt, so ergibt sich für die Produktion von Produktionsmitteln folgende Reihe:

1940: 100%; 1946: 82%; 1948: 130%; 1950: 205%

das heißt, bis zum Jahre 1950 wurde in der Produktion von Produktionsmitteln der Vorkriegsstand um 100% überschritten. Für die Konsumgüter ergibt sich dagegen das folgende Bild:

1940: 100%; 1946: 67%; 1948: 99%; 1950: 123%

Wenn man dabei berücksichtigt, daß der Krieg einen totalen Produktionsausfall für mehrere Jahre und darüber hinaus massive Zerstörungen gebracht hat, muß man feststellen, daß der Lebensstandard (angesichts der inzwischen weiter gewachsenen Bevölkerung!) in den zehn Jahren von 1940 bis 1950 jedenfalls nicht nennenswert gestiegen ist, und das bei Verdoppelung der schwerindustriellen Produktion! Diese statistische Übersicht erklärt zugleich auch das seinerzeit ungewöhnliche rasche Wachstum der sowjetrussischen Industrieproduktion. In keinem kapitalistischen Lande der Erde ist eine so gewaltige Akkumulation möglich, weil sich dort die Arbeiter gegen eine derartige „Ausbeutung" erfolgreich zur Wehr setzen können, was den gleichgeschalteten sowjetischen Gewerkschaften unmöglich ist. Hinzu kam noch das durch die im Zuge der Industrialisierung erfolgende Verstädterung weiter gewachsene Wohnungselend und die unzulängliche Lebensmittelversorgung.

Sofort nach Stalins Tod 1953 begann die Partei- und Staatsführung den wirtschaftspolitischen Kurs – oder doch das wirtschaftspolitische Programm – in Richtung auf eine Verbesserung der Konsumgüterproduktion zu ändern. *Malenkow*, der diesen Gedanken als erster öffentlich vertrat, wurde dafür noch getadelt, aber unter Chruschtschow wurde die Forderung nach einer ständigen Verbesserung der Konsumgüterversorgung der Bevölkerung (namentlich auch der Versorgung mit Nahrungsmitteln und Wohnungen) allgemein akzeptiert. Trotz aller Bemühungen der Regierung und der Parteileitung scheint aber nach Breschnews eignen Äußerungen auf dem XXIII. Parteitag die Versorgung mit einigen Lebensmitteln noch immer unzulänglich zu sein. „Das Zurückbleiben der Agrarproduktion hat begonnen, unseren Vormarsch merklich zu hemmen, hat die Zuwachsraten der Leicht- und der Nahrungsmittelindustrie negativ beeinflußt und es nicht möglich gemacht, die Maßnahmen, die zur Hebung des Lebensstandards des Volkes vorgesehen waren, in vollem Umfang zu realisieren" (*Protokoll, S. 66*). Insbesondere wurde von Breschnew die unzulängliche Versorgung der Bevölkerung mit Fleisch bemängelt *(Protokoll, S. 108)*. Gleichzeitig weigert sich der Erste Parteisekretär jedoch, von einer „Krise" der sowjetischen Wirtschaft zu sprechen *(S. 75)*. Im Gegensatz dazu steht die Analyse der beiden polnischen oppositionellen Marxisten *Karol Modzelewski* und *Jacek Kuron,* die in einem „offenen Brief an die polnische Vereinigte Arbeiterpartei" von einer „ökonomischen Krise des Systems" der bürokratisch-zentralistischen Planwirtschaft sprechen. Ihre Analyse ist zwar auf die polnischen Verhältnisse bezogen, dürfte aber – wie die Verfasser selbst anmerken – im großen und ganzen auch für die sowjetischen Gültigkeit haben. Diese Krise erklärt sich nach Modzelewski und Kuron daraus, daß in der Periode der *intensiven* industriellen Entwicklung die bürokratische Herrschaft über die sozialistische Gesellschaft zu einer Bremse der weiteren Entwicklung wird. Das „Klassenziel der Bürokratie" sei nämlich die „Produktion für die Produktion". Während der Industrialisierungsphase eines unterentwickelten Landes stimme dieses Klassenziel mit den Interessen dieses Landes und seiner Bevölkerung im wesentlichen überein, sobald aber die industrielle Grundlage einmal geschaffen sei, trete das Klassenziel der Bürokratie in scharfen Gegensatz gegen die Notwendigkeiten des durch Steigerung der Produktivität und Rationalisierung der Produktion zu erzielenden wirtschaftlichen Wachstums. Werde in dieser Phase die Produktion für die Produktion (d. h. die vorrangige Steigerung der Produktionsmittelproduktion) beibehalten, dann „bedeutet das, ... daß der Konsum unter das gesellschaftlich unabdingbare Niveau absinkt". *(Sonderheft der Zeitschrift „International". Frankfurt/M. 1968, S. 34).* „Die Aufrechterhaltung der Produktion als Produktionsziel nach der Vollendung der industriellen Grundlagen – d. h. unter Bedingungen ,industrieller

Sättigung' – ist die eigentliche Wurzel des Widerspruchs zwischen dem bereits entwickelten Industriepotential und dem niedrigen Konsumniveau" *(a. a. O., S. 35)*. Die Symptome der Systemkrise, die die beiden polnischen Autoren aufzählen, stimmen zum Teil mit den von Breschnew selbst gerügten Mängeln der sowjetischen Wirtschaft überein: unzureichende Ausnutzung der Produktionskapazitäten, unzulängliche Qualität der Produkte usw. Aber die Überwindung der Krise erscheint den beiden Polen im Rahmen des bestehenden politischen Systems (d. h. unter Beibehaltung der existierenden „Produktionsverhältnisse", die durch die Verfügung der Bürokratie über die Produktionsmittel gekennzeichnet sind) unmöglich. Selbst wenn man die Planindices verfeinert, und sogar bei Einführung des Rentabilitätsprinzips, würde keine prinzipielle Änderung eintreten. Solange eine auf Produktionssteigerung allein orientierte Wirtschaftsleitung den Betrieben entsprechend ihrer Planerfüllung und Übererfüllung Vorteile einräumt, muß es im Interesse der Betriebe (der Direktoren wie der Arbeiter) liegen, die Planindices niedrig anzusetzen, Vorräte zu verheimlichen und mit möglichst geringem Arbeitsaufwand möglichst viel Rohstoff zu verarbeiten (also Rohstoff zu verschwenden!). Auch würde „die Nichtanpassung des Sortiments und der Qualität der Produkte an die Bedürfnisse fortbestehen ... Denn nur der ... Konsument kann bestimmen, in welchem Grad die Produktion seinen Bedürfnissen angepaßt ist. Ein ökonomisches Entscheidungszentrum, das allein und unabhängig vom Markt die Preise bestimmt und die Betriebe entsprechend der Erfüllung der von einer Zentralbehörde festgesetzten Leistungsindices beurteilt ..., ist dazu nicht in der Lage" *(S. 40)*.

Modzelewski und Kuron folgern aus ihrer Analyse, daß eine Überwindung der wirtschaftlichen Krise des Systems unmöglich ist, „solange diese Eigentumsverhältnisse weiter bestehen" *(S. 43)*. Sie halten nur zwei Wege zur Überwindung dieser Eigentumsverhältnisse für möglich, entweder den zu einer technokratischen Marktwirtschaft („Sozialismus der Direktoren") oder den einer proletarischen Revolution, durch die es der Arbeiterklasse möglich gemacht würde, ihre realen Interessen (an Konsumsteigerung und demokratischer Selbstbestimmung) zu verwirklichen.

Während die erste manifeste Krise des bürokratischen Systems 1956/57 noch durch Konzessionen der Bürokratie und Ausnutzung der in den vorausgehenden Jahren angesammelten Reserven – in der Industrie – und durch Entstalinisierung der Landwirtschaftspolitik, die zu einer raschen Steigerung der Agrarproduktion führte, überwunden werden konnte, werde etwas Ähnliches künftig nicht mehr möglich sein. Stagnation des Wirtschaftswachstums und Zurückbleiben der Reallöhne machten eine radikale Änderung immer notwendiger.

Man kann sich fragen, ob die von Breschnew 1966 genannten Prozentzahlen für das sich langsam ändernde Verhältnis zwischen der Produktion in der Gruppe A (Produktionsmittel-Erzeugung) und in der Gruppe B (Konsumgüter-Erzeugung) ausreichen, um die Kritik von Modzelewski und Kuron zu widerlegen. Dort heißt es: „Wenn in den verflossenen fünf Jahren die Produktion in der Gruppe A um 58% und in der Gruppe B um 36% gewachsen ist, so ist darum im neuen Fünfjahresplan vorgesehen, die Produktion von Produktionsmitteln um 49–52% und die ... von Konsumgütern um 43–46% zu erhöhen" *(Protokoll, S. 80f.)*. Der Abstand zwischen dem Wachstum hätte sich also von 12 auf 6% verringert. Aber abgesehen von der Frage, ob dieser Plan auch realisiert worden ist, bleibt selbst hier noch die eindeutige Bevorzugung der Produktionsmittel-Produktion bestehen, die in erster Linie der Befriedigung des Prestigebedürfnisses der Bürokratie dient.

Seit der Kollektivierung der Landwirtschaft, die dem russischen Staat die direkte Kontrolle über die Gesamtwirtschaft gab, besteht in der Sowjetunion das größte, umfassendste und allseitigste Wirtschaftsmonopol der Erde, dem gegenüber die werktätige Bevölkerung keinerlei reale und institutionell gesicherte Verteidigungsmöglichkeiten besitzt. Besonders kraß ist bekanntlich die Ausbeutung der Landwirtschaft. Der Staat bestimmt die Preise für Industrieprodukte und die Getreidepreise, die 1966 angehoben wurden, um die Agrarproduktion zu fördern. Die beiden oppositionellen Richtungen, die sich in den zwanziger Jahren gegen diese sowjetische Politik wandten, wollten von zwei entgegengesetzten Seiten aus den „Verrat am Sozialismus" verhindern. Trotzki erschien ein sozialistisches Land ohne Proletariat als undenkbar, zumal für ihn Sozialismus und Demokratie der Werktätigen synonyme Begriffe waren. Er forderte daher eine Ausweitung der Revolution in die hochindustrialisierten Länder, die allein den wirklichen Sozialismus realisieren könnten. Bucharin dagegen wollte den realen Verhältnissen des Landes Rechnung tragen und den bäuerlichen Massen, die die überwältigende Mehrheit des Volkes bildeten, entgegenkommen, statt sie im Namen einer ihnen fremden proletarischen Theorie zu beherrschen und gewaltsam zu verwandeln. Trotzki wollte dem revolutionären Denken, Bucharin der sowjetischen Wirklichkeit gerecht werden, aber Stalin hat schließlich allein Erfolg gehabt, indem er seine diktatorische Praxis mit Hilfe der revolutionären Ideologie verschleierte und eine „Revolution von oben" durchführte.

Der „Sozialismus in einem Lande" ist in Wahrheit der Versuch einer aktiven politischen Minderheit, ein wirtschaftlich rückständiges Land auf bürokratisch-planwirtschaftlichem Wege zu industrialisieren. Damit holt Rußland in anderer Form eine Entwicklung nach, die im 19. Jahrhundert in den westeuropäischen Ländern und in den USA eingesetzt hat. Die Entbehrungen und das Elend, die die sowjetische Industrialisierung mit sich brachte, sind wohl von anderer Art als das der frühindustriellen Entwicklung im Westen, ob sie freilich „kleiner" waren, kann man bezweifeln. Auf der einen Seite steht das Millionenheer der ehemaligen Zwangsarbeiter, Deportierten und Inhaftierten, die Masse der jahrelang im Existenzminimum lebenden Kolchosbauern usw. – auf der anderen Seite Hungerlöhne, Kinder- und Frauenarbeit, Arbeitslosigkeit und Krisen.

Die von Stalin dogmatisierte leninistische *Weltanschauung* war der völlig angemessene Ausdruck für die angegebenen Herrschaftsverhältnisse. Rosenberg schrieb schon 1930: „Die volle geistige Freiheit, die zur echten sozialistischen Gesellschaft gehört, ist ... in Sowjetrußland nicht vorhanden, weil die herrschende Parteidiktatur ohne eine dogmatisch starre, für jeden verbindliche

174

Lehre, den sogenannten Leninismus, nicht leben kann" *(S. 229)*. Daran hat weder der XX. Parteitag noch die Ablösung Chruschtschows etwas Wesentliches geändert.

Im Verlauf der wachsenden Differenzierung der Sowjetwirtschaft und aufgrund ihres höheren industriellen Reifegrades sind die durchschnittlichen Zuwachsraten der gesamten Industrieproduktion allmählich gefallen. Während sie zwischen 1946 und 1950 13,6% betrugen, waren sie zwischen 1956 und 1958 auf 10,3% und zwischen 1959 und 1965 auf 9,0% gefallen. Für das Planjahrfünft 1966–1970 waren nur noch 8,5% vorgesehen. Im Vergleich dazu wies das Wachstum der industriellen Produktion der BRD sehr viel stärkere Schwankungen auf. Gegenüber dem jeweiligen Vorjahr betrug es
1960: 11,2%; 1961: 6,3%; 1962: 4,3% usw.
1966: 1,8%; 1967: $-2,4\%$; 1968: $+11,7\%$.

Die Entwicklung der Sowjetherrschaft zeichnet sich demgegenüber durch größere Stetigkeit aus. Im Verlauf der über 50 Jahre seit der Oktoberrevolution hat das Land trotz Bürgerkriegs, Interventionskriegs und starker Verwüstungen während des Zweiten Weltkriegs den Abstand, der es von der ersten Industriemacht der Erde trennt, erheblich verringert. Während im Jahr 1913 die russische Industrieproduktion nur 12,5% der amerikanischen betrug, erreichte sie 1967 rund 65%. Dieser gewaltige Produktionsfortschritt wurde mit großen Entbehrungen, namentlich der ländlichen Bevölkerung der Sowjetunion, erkauft, trägt aber jetzt zur allmählichen Hebung des Lebensstandards bei.

B. Zur Frage der Sowjetdemokratie

Konkrete domokratische Freiheit kann nur garantiert werden, wenn es eine Reihe *unabhängiger,* einander kontrollierender *Gruppen* gibt, die dem Individuum einen echten *Entscheidungsspielraum* lassen. Das ist der Fall, wenn die verschiedenen *Formen der Macht:* rein politische, wirtschaftliche, militärische, geistige (kulturelle und religiöse), voneinander unabhängig sind und wenn außerdem vor allem auf politischem Gebiet nicht eine einzige, sondern wenigstens *zwei* einander kontrollierende und sich in der Herrschaft ablösende oder balancierende Gruppierungen vorhanden sind. So ist in der Bundesrepublik nicht nur die geistig-kulturelle Macht von Kirchen, Universitäten und anderen Institutionen oder auch Einzelpersonen von der staatlich-politischen relativ unabhängig, sondern auch die politische Macht selbst ist auf verschiedene Parteien verteilt, von denen i. allg. einer immer die Aufgabe der Opposition (d.h. der kritischen Kontrolle der Machtausübung durch die Regierungsparteien) zufällt. So entsteht ein allerdings ständig gefährdetes, labiles Gleichgewicht, das allein so etwas wie Freiheit gewährleisten kann. Die mit diesem Pluralismus verbundenen Nachteile brauchen nicht verschwiegen zu werden, sie müssen im Gegenteil ständig analysiert, kritisiert und bekämpft werden. Der pluralistisch-demokratische Staat ist immer verbesserungsbedürftig, aber er ist dafür auch *verbesserungsfähig*. Die bürokratische Diktatur kann sich zwar immer als „vollkommene Domokratie" ausgeben, Korrekturen sind an ihr aber kaum möglich. Garantien für Freiheit kann sie nicht geben.

Aus dem angeführten Grunde muß man die heute in der Sowjetunion verbreitete *Kritik an der Stalinschen Willkürherrschaft* als *oberflächlich* bezeichnen. Es war nicht die Schuld Stalins allein, daß es zu einer unkontrollierten Diktatur gekommen ist, die sozialen und politischen Strukturen drängten auf eine Einmanndiktatur hin. Der theoretisch denkbare „gute Diktator" ist ein so seltener Glücksfall, daß man auf ihn nicht setzen kann. Stalin war vermutlich nicht viel schlechter, als ein anderer an seiner Stelle gewesen wäre. Wichtiger als der Charakter des Politikers sind die Kontrollmöglichkeiten, die der Gesellschaft gegeben sind. Wo sie fehlen, gibt es keinen Schutz vor Willkürherrschaft und Verfolgung. Die Rücksicht auf die öffentliche Meinung, soweit diese sich artikulieren kann, vermag wohl zu einer Mäßigung des Machtmißbrauchs zu führen, aber Freiheit vermag auch die „kollektive Führung" der Sowjetunion nicht zu geben, solange sie an der Einparteienherrschaft, am Fraktionsverbot, an der staatlichen Abhängigkeit der Gewerkschaften und am ideologischen Interpretations-Monopol des Marxismus-Leninismus festhält. All dies aber könnte sie nur aufgeben, indem sich die bürokratische Führungsschicht selbst aufgibt. Die Sowjetunion ist vielleicht in das Zeitalter des „aufgeklärten Despotismus der Partei" eingetreten, die Epoche der „wahren proletarischen Demokratie" liegt ihr jedenfalls noch fern.

Modzelewski und Kuron fügen ihrer Kritik am System des bürokratischen Sozialismus sowjetischen Typs eine Reihe von programmatischen Forderungen an, die darauf berechnet sind, die demokratische Herrschaft der Werktätigen an die Stelle der bürokratischen Diktatur zu setzen. Zu diesen Forderungen gehört 1. die Einführung der Arbeiterdemokratie im Betrieb. „Wenn es im Betrieb keine Arbeiterdemokratie gibt, kann es sie um so weniger im Staat geben ... Wenn der Arbeiter in seiner Arbeit ein Sklave ist, dann wird seine Freiheit außerhalb sehr rasch zur ,Sonntagsfreiheit', zu einer fiktiven Freiheit also. Die Arbeiterklasse kann nicht Herrin ihrer Arbeit und der Produktion sein, wenn sie keine Kontrolle über die Bedingungen und Ziele ihrer Arbeit im Betrieb hat" (*S. 67*). Arbeiterräte müssen den Fabrikdirektor zu einem „untergeordneten Funktionär machen". Die Produktion muß „nach dem wirklichen Klassenziel" der Werktätigen organisiert werden. 2. Für die Lenkung der gesamten Volkswirtschaft soll ein *Zentralrat der Arbeiterdelegierten* verantwortlich sein, nicht eine unkontrollierbare Bürokratie. 3. „Damit das Rätesystem zum Ausdruck des Willens, der Meinung, der Aktivität der Arbeiterklasse werden kann, muß die Arbeiterklasse sich auf der *Grundlage der Pluralität der Parteien* organisieren. Was bedeutet die Pluralität der Arbeiterparteien in der Praxis? Das Recht für jede von der Arbeiterklasse anerkannte politische Gruppe, ihre eigne Zeitung herauszugeben, ihr Programm über moderne Informationsmittel zu erläutern, Kader zu organisieren, Agitation zu betreiben – kurz: eine Partei zu bilden. Die Pluralität der Arbeiterparteien erfordert die *Freiheit der Rede, der Presse, der Versammlungsfrei-*

heit, die Aufhebung der präventiven Zensur ..." *(S. 68).* Eine monopolistische Macht – so erklären die beiden polnischen Marxisten – kann keinen Arbeitercharakter haben. Die Arbeiterklasse hat keine Möglichkeit, die Entscheidungen der Staatsmacht tatsächlich zu beeinflussen, wenn es nur eine – im Monopolbesitz der Macht befindliche – Partei gibt. Um die Diktatur der *Klasse* zu etablieren, muß sichergestellt werden, daß die politischen Institutionen (Parteien, Räte usw.) wirklich *Instrument* der Klasse und nicht zu Herrschaftsgebilden *über* die Klasse werden. Die Pluralität der Arbeiterparteien erscheint ihnen als einzig geeignetes Mittel, um diese Unterordnung der Parteien unter die Klasse sicherzustellen. Diese Erkenntnis kann man als Frucht der Erfahrung einer fast fünfzigjährigen bürokratischen Diktatur ansehen. Auch die Unabhängigkeit der Gewerkschaften vom Staat erscheint Modzelewski und Kuron als notwendige Voraussetzung der proletarischen Demokratie. Die Gewerkschaften „müssen absolut unabhängig vom Staat sein und das Recht haben, wirtschaftliche und politische Streiks durchzuführen" *(S. 69).* Der von Leninisten und Stalinisten gegen die Pluralität von Arbeiterparteien immer wieder erhobene Einwand, diese könnte zur Restauration des Kapitalismus führen, erscheint den beiden polnischen Autoren als irreale Fiktion. Im Gegenteil, je konkreter und nacherfahrbarer die Arbeiterdemokratie sein würde, um so geringer sei die Neigung zu einer Restauration. Ein allgemeiner politischer Aufklärungsunterricht der Arbeiter würde im übrigen dafür sorgen, daß diese über ihre Interessen informiert und zum Verständnis der Wirtschaftsprozesse gebracht werden *(S. 70).*

Die von Modzelewski und Kuron vorgeschlagenen Strukturänderungen bürokratisch verfasster sozialistischer Gesellschaften würden eine funktionsfähige Sowjetdemokratie erst schaffen, die vielleicht den pluralistischen und parlamentarischen Demokratien des Wesens überlegen wäre. Das Problem der innerbetrieblichen Knechtschaft der Mehrzahl unserer Staatsbürger und die mit ihr verbundene Unfähigkeit, als Staatsbürger selbstbewußt, kritisch und aktiv die eignen Interessen zu vertreten, hat zur Forderung nach „Demokratisierung" von Betrieb, Schule und Familie geführt. Die konservativen Kräfte in den bürokratisch-sozialistischen wie in den bürokratisch-kapitalistischen Gesellschaften scheinen diesen Forderungen – im je eignen Machtbereich – mit einem verwandten Mißtrauen zu begegnen. Im „feindlichen Lager" sieht man sie freilich gern: Konservative Blätter applaudierten bei uns den jugoslawischen Arbeiterräten und den tschechoslowakischen demokratischen Kommunisten, Kommunistische Parteien unterstützen die Forderung nach innerbetrieblicher Demokratie in kapitalistischen Betrieben, treten dort für „Mitbestimmung" ein, wo nicht kommunistische, sondern kapitalistische Direktorenmacht eingeschränkt werden soll.

C. Ursprung und Bedeutung des Sowjetpatriotismus und des großrussischen Nationalismus

Die Ausbreitung des Sowjetpatriotismus vollzieht sich nicht zufällig fast gleichzeitig mit der Entstehung einer neuen *Klassenschichtung* in der UdSSR. Der Kriegskommunismus von 1917–1921 hatte eine fast vollständige Gleichheit der Lebensverhältnisse für die gesamte Bevölkerung gebracht, in den Jahren der NEP waren dann neue ökonomisch bevorzugte Gruppen entstanden, die jedoch später allmählich wieder liquidiert wurden. Durch den Aufbau des bürokratischen Staats- und Parteiapparates und durch die Industrialisierung entstand aber eine neue „Manager"-Schicht, die heute vielleicht 20 Millionen umfaßt und sich nach Einkommen und Lebenszuschnitt weit über den Rest der Sowjetmenschen erhebt. Die Sowjetideologie hatte daher die Aufgabe, die zweifellos vorhandenen Spannungen und Ressentiments der Unterschichten ideologisch zu überwinden und zu betäuben. Dazu diente einmal die dauernde Rede von der „Klassensolidarität", von der engen „Freundschaft und brüderlichen Hilfe" von Arbeitern, Bauern und Intelligenz.

Die gleiche Funktion hat aber auch der Sowjetpatriotismus zu erfüllen. Er soll im Grunde, genauso wie das Stalin dem bürgerlichen Nationalismus vorwirft, „von den Fragen des Klassenkampfes ablenken", indem er die gemeinsame Staats- und Volkszugehörigkeit betont, die Ober- und Unterschicht verbindet. Die Aufnahme der patriotischen und nationalistischen Propaganda folgt aber auch nicht zufällig auf die „Machtübernahme" Hitlers in Deutschland, die dem Praktiker Stalin die Kraft und Nützlichkeit nationalistischer Ideen demonstriert hatte. Verstärkt wurde diese ideologische Tendenz während des Zweiten Weltkrieges, weil damals die Einmütigkeit der Bevölkerung besonders dringend notwendig war und sich das Nationalbewußtsein als äußerst brauchbares Mittel zur Hebung der Kampfmoral erwies. Die Betonung der Bedeutung der russischen Sprache und der slawischen Völker- und Sprachfamilie war außerdem ein willkommenes Werkzeug der Integrierung der slawischen „Brudernationen" nach dem Zweiten Weltkrieg. Die ideologische Rechtfertigung des großrussischen Nationalismus durch Stalins Linguistikbriefe, in denen die „schöpferische Rolle des Volkes" (nicht der Klassen!) hervorgehoben und die immer „siegreiche russische Sprache" gefeiert wird, zeigt nicht zufällig Anklänge an die romantische Volksgeisttheorie. Die Bezeichnung des russischen Volkes als „eines führenden" und das aus diesem Führungsanspruch hervorgehende Verhalten gegenüber den „brüderlich verbundenen" sozialistischen Nachbarländern spiegelte ebenfalls bourgeoise und chauvinistische Tradition des 19. Jahrhunderts wider. Alexander Herzen z. B., „dieser zum Revolutionär aufgebauschte panslawistische Belletrist" (Engels), hielt das russische – aufgrund des Überlebens von bäuerlichem Gemeineigentum – für berufen, dem „verfaulten Westen" die Segnungen eines Sozialismus zu bringen, der den mühseligen Umweg über den Kapitalismus sich erspart hat. Von ihm und seinen Gesinnungsgenossen in den achtziger und neunziger Jahren schreibt *Engels:* „Mit diesen Leuten rechten wir nicht, wenn sie ihr russisches Volk für das auserwählte Volk der sozialen Revolution hielten. Aber ihre Illusion brauchen wir deshalb nicht zu teilen. *Die Zeit der auserwählten Völker ist für immer vorbei" (Internationales aus dem Volksstaat. Berlin 1894, S. 71).*

D. Ideal und Verwirklichungschancen des Kommunismus

Wenn man die Geschichte des kommunistischen Zukunftsideals – von Marx bis Breschnew – verfolgt, stellt man eine immer weitergehende Ernüchterung und Banalisierung des Zieles fest. Bei Marx wird vom vollständigen Aufhören der Entfremdung, von der allseitig freien Entwicklung des Menschen, von der totalen Freiheit des Individuums geredet. An die Stelle des absterbenden Staates tritt die freie Assoziation der freien Menschen. Die Arbeit hört auf, Zwangsarbeit zu sein, und wird eine freie Äußerung des menschlichen Gattungswesens. Die menschliche Produktion endlich wird zu einer echten Bestätigung und Verwirklichung des menschlichen Wesens, das so von allen allseitig und ganz angeeignet werden kann.

Von diesen Thesen finden sich auch noch einige bei Stalin und seinen Nachfolgern. Aber die Beleuchtung ist grau und sachlich geworden. An die Stelle der freien allseitigen Betätigung tritt die Möglichkeit, aufgrund des „obligatorischen polytechnischen Unterrichts" von einem Produktionssektor zum anderen wechseln zu können, an die Stelle des absterbenden Staates „das *zentrale leitende Wirtschaftsorgan".* Von einem Abbau der *Parteiherrschaft* ist nicht die Rede. Im Gegenteil, unter den von Stalin angegebenen sozialökonomischen Bedingungen würde der Partei, die zweifellos die Herrschaft über das „zentrale leitende Wirtschaftsorgan" ausüben dürfte, eine noch größere Macht zukommen als heute. Sie würde bestimmen, wessen die Menschen „bedürfen", und für ihre Dekrete brauchten streng ökonomische Gesichtspunkte (Rentabilität usw.) keine Rolle mehr zu spielen. Die privilegierte Stellung der Industriemanager wäre dahin und die Macht vollends in einer einzigen Hand konzentriert. Deshalb geht auch heute der Kampf in der sowjetischen Oberschicht um die Frage des früher oder später stattfindenden Übergangs zum Kommunismus. Die Massen werden dabei von den beiden miteinander ringenden Gruppen der Parteifunktionäre und der Industriemanager als Hilfstruppen angesehen. Da die Partei unmittelbar über die „Massenmedien" (Funk, Presse, Fernsehen, Film usw.) verfügt, hat sie hierbei von vornherein die größeren Chancen. Aber die Industriemanager sind einstweilen noch unentbehrlich, ihr Einfluß zeigt sich bei den meisten Reformmaßnahmen, die oft eine Erweiterung des Ermessensspielraums der Fabrikdirektoren vorsehen. Auch wenn der Übergang zum Kommunismus eines Tages die gegenwärtig bestehenden gewaltigen Unterschiede der Einkommens- und Lebensverhältnisse zwischen Industriearbeiterschaft, Kolchosbauern und Managern ausgleichen sollte, wird das wesentlichste Merkmal der Marxschen Vorstellung von Sozialismus und Kommunismus noch fehlen: die persönliche Freiheit. Das sowjetische Ideal mag zwar realistischer erscheinen als das Marxsche, aber dafür hat es aufgehört, „ideal" zu sein.

Wenn man ferner die auf dem XX. Parteitag eingeleiteten Reformen mit den kritischen Gesichtspunkten vergleicht, die Tito und Kardelj gegen die Sowjetunion vorgebracht hatten, dann kommt man zu der Erkenntnis, daß zwar an einzelnen *Symptomen* Korrekturen angebracht wurden, das Grundübel aber, nämlich die absolute Klassenherrschaft einer neuen Oberschicht, nicht beseitigt wurde. Die gewaltige Betonung der Fehler des einen „Führers Stalin" und die Zurückführung aller „Abweichungen" von der sozialistischen Gesetzlichkeit und von den Prinzipien der Gleichberechtigung der Völker usw. auf die Charakterdefekte dieses einen Menschen ist im Grunde ebenso „unmarxistisch" wie der verurteilte Persönlichkeitskult selbst. Es handelt sich um einen Persönlichkeitskult mit umgekehrten Vorzeichen. Man hat den Eindruck, als wollten die sowjetischen Führer durch das ständige Wiederholen magischer Beschwörungsformeln den sozialistischen Charakter der Sowjetunion wiederherstellen. Solche Formeln sind „Treue zum Leninismus", „kollektive Führung", „Abkehr vom Persönlichkeitskult" usf.

Zusammenfassend kann man die von Chruschtschow und seinen Mitarbeitern auf dem XX. Parteitag eingeleiteten und von seinen Nachfolgern fortgesetzten Reformen als einen Versuch der Versöhnung von Partei- und Staatsführung mit den sowjetischen Massen ansehen. Eine Versöhnung, die man durch Milderung des Terrors, Hebung des Lebensstandards, Betonung der Friedensliebe und eine Reihe von schmeichelhaften Reden zustande zu bringen sucht. Zu diesen schmeichelhaften Reden gehören vor allem die Formeln von der „schöpferischen Kraft der Massen" und die Betonung der kollektiven Weisheit der ganzen (1966 12,5 Millionen Mitglieder umfassenden) Partei. Diese Hervorhebung der Qualitäten des Volkes soll wohl auch über die noch immer fehlende effektive Demokratie hinwegtäuschen helfen. Eine Verhärtung der weltpolitischen Lage und vermehrte Schwierigkeiten beim Aufbau des Kommunismus können außerdem jederzeit als willkommener Vorwand zur Wiederherstellung der strengen Diktatur alten Stils dienen. Es fragt sich aber, ob man die eingeleitete Entwicklung wirklich wieder vollständig rückgängig machen könnte und ob nicht allmählich – aufgrund der Hebung des Bildungsniveaus, die von den Sowjets erstrebt wird – im russischen Volk und in den anderen Völkern der Sowjetunion ähnliche Freiheitsbestrebungen entstehen werden wie in den Volksdemokratien. Das Interesse der gesamten bürokratischen Oberschicht der Sowjetunion ist es freilich, derartige Entwicklungen zu verhindern.

Die Entwicklung im Inneren der Sowjetunion findet aber nicht in einer Isolierstation statt. Die Veränderungen in den benachbarten Volksdemokratien werden nicht ohne Rückwirkungen auf das „Mutterland des Sozialismus" bleiben. Hauptsächlich die Furcht vor derartigen Rückwirkungen bestimmte die Sowjetführer zur Umfälschung des ungarischen Aufstands in eine Konterrevolution und zur Intervention in die ČSSR 1968. Solange aber die Sowjetunion außenpolitisch als imperiale Macht auftritt (wie sie das noch immer gegenüber der Mehrheit der

Volksdemokratien tut), kann sich auch in ihrem Inneren kein wirklich demokratisches Leben entfalten. Diesen engen Zusammenhang zwischen auswärtiger und innerer Unterdrückung hat wiederum kein anderer als Friedrich Engels auf eine präzise Formel gebracht:

„Ein Volk, das andre unterdrückt, kann sich nicht selbst emanzipieren. Die Macht, deren es zur Unterdrückung der andern bedarf, wendet sich schließlich immer gegen es selbst. Solange russische Soldaten noch in Polen stehen, kann das russische Volk sich weder politisch noch sozial befreien..." (*Internationales aus dem Volksstaat. Berlin 1894, S. 40*). Was hier Engels vom zaristischen Rußland sagt, gilt bis zu einem gewissen Grade auch heute wieder. Die Rote Armee mit ihren militärischen Sonderinteressen spielt neben der riesigen Verwaltungsbürokratie – ganz im Sinne der Leninschen Definition des bürgerlichen Staates – die Hauptrolle bei der Aufrechterhaltung der Funktionen des klassischen Unterdrückerstaates. Der einzige Unterschied ist, daß in diesem Staatsgebilde die dynamische Theorie des ursprünglichen Marxismus als Element der Gärung und Umgestaltung eingeschlossen ist, das eines Tages auch in Rußland zum theoretischen Werkzeug einer wirklich sozialistischen Opposition werden könnte, wie das in Polen geschehen ist.

Ein hervorstechendes Merkmal des Parteiprogramms von 1961 ist der penetrante *Moralismus*, den es – nicht nur im „Sittenkodex der Baumeister des Kommunismus" – an den Tag legt. Hier werden auf der ganzen Welt und bei allen Völkern hochgehaltene moralische Prinzipien zum besonderen Eigentum der sowjetischen Bevölkerung und der KPdSU erklärt. Im Gegensatz zu Marx soll offenbar durch eine Kombination von ideologischer Indoktrination und Moralisierung die Bevölkerung für den Kommunismus „reif" gemacht werden. Offenbar glaubt die Parteiführung nicht mehr an die natürliche „Güte" des Menschen, die ja nach Wegfall von Ausbeutung und Unterdrückung in der klassenlosen Gesellschaft spontan, mühelos zum Vorschein kommen müßte. Intensive moralische Erziehung durch alle Organe der Gesellschaft und des Staates (unter oberster Inspektion durch die Partei) soll den äußeren Zwang (Gefängnisse und Polizei) mehr und mehr überflüssig machen. Wie sich Chruschtschow diese neue Welt vorstellte, das ging u. a. daraus hervor, daß er für eine Entwicklung der Kameradschafts- und Betriebsgerichte eintrat, die aus Laien bestehen und Tadel sowie Verbannung aus dem Werk oder der Ortschaft verhängen können. In ihnen erblickte er Institutionen der kommunistischen Zukunftsgesellschaft, die dazu bestimmt sind, einmal vollständig die ordentlichen Gerichte abzulösen.

Von allen Programmpunkten haben aber zwei gewiß die volle Zustimmung der Sowjetbevölkerung gefunden: die Forderung nach Frieden und nach Steigerung der Konsumgüterproduktion und des Wohnungsbaus. Mehr als an den Triumphen der Weltraumfahrt, die den technikbegeisterten und patriotischen Sowjetbürger zutiefst befriedigt haben sollen, muß der Bevölkerung daran gelegen sein, in den Genuß der Annehmlichkeiten zu gelangen, die ein Industrieland des 20. Jahrhunderts bieten kann.

III. Texte

A. Der Aufbau des Sozialismus in einem Lande

1. Zu Stalins Auseinandersetzung mit der „linken" und „rechten" Abweichung

Auf dem XVI. Parteitag 1930 setzte sich Stalin vor allem mit den sogenannten Rechtsopportunisten auseinander. Sein Schlußwort zum Politischen Rechenschaftsbericht des ZK ist charakteristisch für den Stil der damaligen Auseinandersetzungen und sei daher hier in Auszügen wiedergegeben.

Es sei mir gestattet, jetzt zu den Reden der ehemaligen Führer der Rechtsopposition überzugehen.

Was fordert der Parteitag von den ehemaligen Führern der Rechtsopposition? Vielleicht Reuebekenntnisse, Selbstgeißelungen? Natürlich nicht! Niemals wird unsere Partei, wird unser Parteitag es sich einfallen lassen, von Parteimitgliedern irgend etwas zu fordern, was sie erniedrigen könnte. Der Parteitag fordert von den ehemaligen Führern der Rechtsopposition drei Dinge:

Erstens sollen sie sich Rechenschaft darüber geben, daß zwischen der Parteilinie und der Linie, die sie verteidigt haben, ein Abgrund klafft, daß die Linie, die sie verteidigt haben, objektiv nicht zum Sieg des Sozialismus, sondern zum Sieg des Kapitalismus führt (Zurufe: „Sehr richtig!");

zweitens sollen sie diese Linie als antileninistisch brandmarken und offen und ehrlich von ihr abrücken (Zurufe: „Sehr richtig!");

drittens sollen sie Schulter an Schulter mit uns einen entschiedenen Kampf gegen alle und jedwede Rechtsabweichler führen. (Zurufe: „Sehr richtig!" Stürmischer Beifall.)

Das ist es, was der Parteitag von den ehemaligen Führern der Rechtsopposition fordert.

Enthalten diese Forderungen irgend etwas, was sie als Leute, die Bolschewiki bleiben wollen, erniedrigen könnte?

Es ist klar, daß es hierin nichts Erniedrigendes gibt noch geben kann. Jeder Bolschewik, jeder Revolutionär, jedes sich selbst achtende Parteimitglied wird verstehen, daß man in den Augen der Partei nur steigen und gewinnen kann, wenn man klare und unbestreitbare Tatsachen offen und ehrlich anerkennt ...

Wodurch ist dieses mehr als seltsame Verhalten der ehemaligen Führer der Rechtsopposition zu erklären?

Wodurch ist die Tatsache zu erklären, daß sie in der verflossenen Periode kein einziges Mal versucht haben, ihre Verpflichtungen freiweillig, ohne einen Druck von außen, zu erfüllen?

Das ist mindestens durch zwei Umstände zu erklären.

Erstens dadurch, daß sie, von der Richtigkeit der Parteilinie noch nicht vollständig überzeugt, heimlich eine gewisse Fraktionsarbeit fortsetzten, sich zeitweilig ruhig verhielten und auf eine günstige Gelegenheit lauerten, um von neuem offen gegen die Partei aufzutreten. Wenn sie zu ihren Fraktionsversammlungen zusammenkamen und Parteifragen diskutierten, kalkulierten sie gewöhnlich so: Warten wir das Frühjahr ab, vielleicht erleidet die Partei bei der Aussaat eine Schlappe – dann werden wir gehörig dreinschlagen. Aber der Frühling brachte ihnen keine Gewinnpunkte, da die Aussaat günstig verlief. Dann kalkulierten sie wieder: Warten wir den Herbst ab, vielleicht erleidet die Partei bei der Getreidebeschaffung eine Schlappe – dann werden wir auf das ZK einschlagen. Aber auch der Herbst brachte ihnen eine Enttäuschung, und sie hatten wieder das Nachsehen. Und da Frühling und Herbst sich jedes Jahr wiederholen, so blieben die ehemaligen Führer der Rechtsopposition weiter auf der Lauer liegen und hofften abwechselnd mal auf den Frühling, mal auf den Herbst. (Allgemeines Lachen im Saal.)

Selbstverständlich konnten sie, da sie eine Jahreszeit nach der anderen dasaßen und auf einen günstigen Augenblick lauerten, um über die Partei herzufallen, ihre Verpflichtungen nicht einhalten.

Schließlich die zweite Ursache. Sie, diese zweite Ursache, besteht darin, daß die ehemaligen Führer der Rechtsopposition unser bolschewistisches Entwicklungstempo nicht verstehen, an dieses Tempo nicht glauben und überhaupt sich gegen alles verschließen, was über den Rahmen der allmählichen Entwicklung, über den Rahmen des Selbstlaufs hinausgeht. Mehr noch, unser bolschewistisches Tempo, unsere neuen Entwicklungswege, die mit der Rekonstruktionsperiode zusammenhängen, die Verschärfung des Klassenkampfes und die Auswirkungen dieser Verschärfung rufen bei ihnen Unruhe und Konfusion hervor, flößen ihnen Angst und Schrecken ein. Es ist daher verständlich, daß sie alles von sich fernhalten, was mit den schärfsten Losungen unserer Partei zusammenhängt.

Sie leiden an derselben Krankheit, an der Tschechows bekannter Held Bjelikow litt, ein Griechischlehrer, der „Mann im Futteral". Erinnern Sie sich der Erzählung Tschechows „Der Mann im Futteral"? Dieser Held ging bekanntlich stets in Galoschen, im wattierten Mantel, mit einem Regenschirm, bei heißem und bei kaltem Wetter. „Gestatten Sie, wozu brauchen Sie Galoschen und einen wattierten Mantel im Juli, bei solcher Hitze?" fragte man Bjelikow. „Für alle Fälle", antwortete Bjelikow, „es kann doch etwas passieren: vielleicht tritt plötzlich Frost ein, was dann?" (Allgemeine Heiterkeit, Beifall.) Er fürchtete wie die Pest alles Neue, alles, was außerhalb des gewohnten grauen Spießerlebens lag. Es wurde eine neue Speisehalle eröffnet – Bjelikow war schon besorgt: „Es kann ja ganz gut sein, eine Speisehalle zu haben, aber schauen Sie, daß nur nichts passiert." Man organisierte einen Theaterzirkel, eröffnete einen Lesesaal – Bjelikow war wieder in Unruhe: „Ein Theaterzirkel, ein neuer Lesesaal, wozu das? Schauen Sie, daß da nichts passiert." (Allgemeine Heiterkeit.)

Dasselbe muß man von den ehemaligen Führern der Rechtsopposition sagen.

... zum Beispiel die Frage der außerordentlichen Maßnahmen gegen die Kulaken. Erinnern Sie sich, welchen hysterischen Auftritt uns die Führer der Rechtsopposition bei dieser Gelegenheit bereiteten? „Außerordentliche Maßnahmen gegen die Kulaken? Wozu das? Ist es nicht besser, eine liberale Politik gegenüber den Kulaken zu betreiben? Schaut, daß bei dieser Geschichte nichts passiert." Und jetzt führen wir die Politik der Liquidierung des Kulakentums als Klasse durch, eine Politik, die im Vergleich mit den außerordentlichen Maßnahmen gegen das Kulakentum eine Bagatelle ist. Und nichts ist passiert.

Oder zum Beispiel die Frage der Kollektivwirtschaften und Sowjetwirtschaften. „Sowjetwirtschaften und Kollektivwirtschaften? Wozu das? Haben wir es so eilig? Schaut, daß mit diesen Sowjetwirtschaften und Kollektivwirtschaften nichts passiert."

Und so weiter und dergleichen mehr.

Diese Angst vor dem Neuen, dieses Unvermögen, an neue Fragen auf neue Art heranzutreten, diese Unruhe, „daß nur nichts passiert", diese Charakterzüge des Mannes im Futteral hindern die ehemaligen Führer der Rechtsopposition daran, wirklich mit der Partei eins zu werden ...

Das, Genossen, sind die Umstände, die die ehemaligen Führer der Rechtsopposition daran hindern, dem Kern der Partei näherzukommen und restlos mit ihm eins zu werden.

Wie kann dem abgeholfen werden?

Es gibt dafür nur ein Mittel: „Sie müssen endgültig mit ihrer Vergangenheit brechen, sie müssen völlig umrüsten und mit dem ZK unserer Partei eins werden in seinem Kampf für ein bolschewistisches Entwicklungstempo, in seinem Kampf gegen die rechte Abweichung.

Andere Mittel gibt es nicht.

Wenn die ehemaligen Führer der Rechtsopposition das tun können – gut. Können sie es nicht, dann mögen sie die Folgen sich selbst zuschreiben.

Stalin, Werke, Bd. 13, S. 7, 10ff.

Auf dem XVII. Parteitag 1934 konstatierte Stalin dann den Sieg seiner Generallinie mit den folgenden Worten:

Ich gehe zur Frage der Partei über.

Der jetzige Parteitag steht im Zeichen des vollen Sieges des Leninismus, im Zeichen der Liquidierung der Überreste der antileninistischen Gruppierungen.

Zerschlagen und zerstreut ist die antileninistische Gruppe der Trotzkisten. Ihre Organisatoren treiben sich jetzt im Ausland in den Hinterhöfen der bürgerlichen Parteien herum. Zerschlagen und zerstreut ist die antileninistische Gruppe der rechten Abweichler. Ihre Organisatoren haben sich schon längst von ihren Anschauungen losgesagt und geben sich jetzt alle erdenkliche Mühe, ihre gegen die Partei begangenen Sünden wiedergutzumachen.

Zerschlagen und zerstreut sind die Gruppierungen nationalistischer Abweichungen. Ihre Organisatoren haben sich entweder endgültig mit der interventionslüsternen Emigration zusammengetan oder Reueerklärungen abgegeben.

Die meisten Anhänger der antirevolutionären Gruppen waren gezwungen, die Richtigkeit der Parteilinie anzuerkennen, und haben vor der Partei kapituliert.

Mußte man auf dem XV. Parteitag noch die Richtigkeit der Linie der Partei beweisen und einen Kampf gegen bestimmte antileninistische Gruppierungen führen, auf dem XVI. Parteitag aber mit dem letzten Anhänger dieser Gruppierungen aufräumen, so braucht man auf diesem Parteitag nichts zu beweisen, und es gibt wohl auch niemand, der geschlagen werden müßte. Alle sehen, daß die Parteilinie gesiegt hat. (Beifallssturm.)

Gesiegt hat die Politik der Industrialisierung des Landes. Ihre Ergebnisse sind heute für jedermann offenkundig. Was kann man gegen diese Tatsache einwenden?

Gesiegt hat die Politik der Liquidierung des Kulakentums und der durchgängigen Kollektivierung. Ihre Ergebnisse sind ebenfalls für jedermann offenkundig. Was kann man gegen diese Tatsache einwenden?

Auf Grund der Erfahrungen unseres Landes ist bewiesen worden, daß der Sieg des Sozialismus in einem einzelnen Lande durchaus möglich ist. Was kann man gegen diese Tatsache einwenden?

Es ist offenkundig, daß alle diese Erfolge und vor allem der Sieg des Fünfjahrplans alle und jegliche antileninistischen Gruppierungen vollständig demoralisiert und aufs Haupt geschlagen haben.

Man muß feststellen, daß die Partei jetzt einheitlich und geschlossen dasteht wie nie zuvor. (Stürmischer, lang anhaltender Beifall.)

Stalin, Werke, Bd. 13, S. 308

Bei aller Kritik an Stalin wurden jedoch seine Verdienste bei der Bekämpfung der „rechten" und „linken" Abweichung von Chruschtschow wie von seinen Nachfolgern ausdrücklich anerkannt und damit die „Generallinie" als noch immer verbindlich bezeichnet. In seiner Geheimrede vom 25.2.1956 führt er mitten unter den heftigsten Anklagepunkten gegen Stalin doch folgendes an:

Dabei ist festzuhalten, daß sich die Partei in einem harten Kampf gegen die Trotzkisten, die Rechten und die bürgerlichen Nationalisten durchgesetzt und daß sie alle Feinde des Leninismus ideologisch entwaffnet hatte. Der erfolgreiche Verlauf dieses ideologischen Kampfes hatte die Partei gestärkt und gestählt, und *hierbei spielte Stalin eine positive Rolle.*

Ostprobleme, 1956, S. 869

2. Zu Stalins Dogmatisierung des Leninismus

a) *Leitsätze der dialektischen Methode*

Es ist nicht schwer zu begreifen, welche gewaltige Bedeutung die Ausdehnung der Leitsätze der dialektischen Methode auf die Erforschung des gesellschaftlichen Lebens, auf die Erforschung der Geschichte der Gesellschaft hat, welche gewaltige Bedeutung der Anwendung dieser Leitsätze auf die Geschichte der Gesellschaft, auf die praktische Tätigkeit der Partei des Proletariats zukommt.

Wenn es in der Welt keine isolierten Erscheinungen gibt, wenn alle Erscheinungen miteinander verbunden sind und einander bedingen, so ist es klar, daß jede gesellschaftliche Ordnung und jede gesellschaftliche Bewegung in der Geschichte nicht vom Standpunkte „ewiger Gerechtigkeit" oder irgendeiner anderen vorgefaßten Idee einzuschätzen sind, wie dies nicht selten die Historiker tun, sondern vom Standpunkte der Bedingungen, die diese Ordnung und diese gesellschaftliche Bewegung hervorgebracht haben und mit denen sie verbunden sind.

Die auf Sklaverei beruhende Gesellschaftsordnung ist unter modernen Bedingungen ein Unsinn, eine widernatürliche Dummheit. Die Sklaverei unter den Bedingungen der sich zersetzenden Urgemeinschaft ist eine völlig verständliche und gesetzmäßige Erscheinung, weil sie im Vergleich mit der Urgesellschaft einen Schritt vorwärts bedeutet.

Die Forderung der bürgerlich-demokratischen Republik war unter den Bedingungen der Existenz des Zarismus und der bürgerlichen Gesellschaft in Rußland, sagen wir im Jahre 1905, eine völlig verständliche, richtige und revolutionäre Forderung, denn die bürgerliche Republik bedeutete damals einen Schritt vorwärts. Die Forderung der bürgerlich-demokratischen Republik ist für unsere gegenwärtigen Bedingungen in der Sowjetunion eine unsinnige und konterrevolutionäre Forderung, denn im Vergleich mit der Sowjetrepublik wäre die bürgerliche Republik einen Schritt zurück.

Alles hängt ab von den Bedingungen, von Ort und Zeit.

Es ist verständlich, daß ohne ein solches historisches Herangehen an die gesellschaftlichen Erscheinungen die Existenz und die Entwicklung einer Wissenschaft von der Geschichte unmöglich ist, denn nur ein solches Herangehen bewahrt die historische Wissenschaft davor, in ein Chaos von Zufälligkeiten und in einen Haufen unsinnigster Fehler verwandelt zu werden.

Ferner. Wenn die Welt sich in ununterbrochener Bewegung und Entwicklung befindet, wenn das Absterben des Alten und das Heranwachsen des Neuen ein Entwicklungsgesetz ist, so ist es klar, daß es keine „unerschütterlichen" gesellschaftlichen Zustände, keine „ewigen Prinzipien" des Privateigentums und der Ausbeutung, keine „ewigen Ideen" der Unterwerfung der Bauern unter die Gutsbesitzer, der Arbeiter unter die Kapitalisten mehr gibt.

Also kann man die kapitalistische Ordnung durch die sozialistische Ordnung ersetzen, ebenso wie die kapitalistische Ordnung seinerzeit die Feudalordnung ersetzt hat.

Also darf man sich nicht auf diejenigen Schichten der Gesellschaft orientieren, die sich nicht mehr entwickeln, auch wenn sie im gegenwärtigen Augenblick die vorherrschende Kraft darstellen, sondern muß sich auf diejenigen Schichten orientieren, die sich entwickeln, die eine Zukunft haben, auch wenn sie im gegenwärtigen Augenblick nicht die vorherrschende Kraft darstellen.

In den achtziger Jahren des vorigen Jahrhunderts, in der Epoche des Kampfes der Marxisten gegen die Volkstümler, stellte das Proletariat in Rußland eine unbedeutende Minderheit im Vergleich zur Einzelbauernschaft dar, die die gewaltige Mehrheit der Bevölkerung ausmachte. Aber das Proletariat als Klasse entwickelte sich, während die Bauernschaft als Klasse zerfiel. Und eben weil das Proletariat sich als Klasse entwickelte, orientierten sich die Marxisten auf das Proletariat. Und sie gingen nicht fehl, denn bekanntlich wuchs das Proletariat dann aus einer unbedeutenden Kraft zu einer erstrangigen historischen und politischen Kraft heran.

Um also in der Politik nicht fehlzugehen, muß man vorwärts schauen und nicht rückwärts.

Ferner. Wenn das Umschlagen langsamer quantitativer Veränderungen in rasche und plötzliche qualitative Veränderungen ein Entwicklungsgesetz darstellt, so ist es klar, daß die von unterdrückten Klassen vollzogenen revolutionären Umwälzungen eine völlig natürliche und unvermeidliche Erscheinung darstellen.

Also kann der Übergang vom Kapitalismus zum Sozialismus und die Befreiung der Arbeiterklasse vom kapitalistischen Joch nicht auf dem Wege langsamer Veränderungen, nicht auf dem Wege von Reformen, sondern einzig und allein auf dem Wege qualitativer Veränderung der kapitalistischen Ordnung, auf dem Wege der Revolution verwirklicht werden. Um also in der Politik nicht fehlzugehen, muß man Revolutionär sein und nicht Reformist.

Ferner. Wenn die Entwicklung in Form des Hervorbrechens der inneren Widersprüche, in Form von Zusammenstößen gegensätzlicher Kräfte auf der Basis dieser Widersprüche verläuft mit dem Ziel, diese Widersprüche zu überwinden, so ist es klar, daß der Klassenkampf des Proletariats eine völlig natürliche und unvermeidliche Erscheinung ist.

Also darf man die Widersprüche der kapitalistischen Zustände nicht verkleistern, sondern muß sie aufdecken und entwirren, darf man den Klassenkampf nicht eindämmen, sondern muß ihn zu Ende führen.

Um also in der Politik nicht fehlzugehen, muß man eine unversöhnliche proletarische Klassenpolitik und nicht eine reformistische Politik der Interessenharmonie zwischen Proletariat und Bourgeoisie, nicht eine Paktiererpolitik des „Hineinwachsens" des Kapitalismus in den Sozialismus durchführen.

186

So verhält es sich mit der marxistischen dialektischen Methode, wenn man sie in ihrer Anwendung auf das gesellschaftliche Leben nimmt, in ihrer Anwendung auf die Geschichte der Gesellschaft.

b) *Leitsätze des philosophischen Materialismus*

Es ist leicht zu begreifen, welche gewaltige Bedeutung die Ausdehnung der Leitsätze des philosophischen Materialismus auf die Erforschung des gesellschaftlichen Lebens, auf die Erforschung der Geschichte der Gesellschaft hat, welche gewaltige Bedeutung der Anwendung dieser Leitsätze auf die Geschichte der Gesellschaft, auf die praktische Tätigkeit der Partei des Proletariats zukommt.

Wenn der Zusammenhang der Naturerscheinungen und ihre wechselseitige Bedingtheit Gesetzmäßigkeiten der Entwicklung der Natur darstellen, so folgt daraus, daß der Zusammenhang und die wechselseitige Bedingtheit der Erscheinungen des gesellschaftlichen Lebens ebenfalls nichts Zufälliges, sondern Gesetzmäßigkeiten der Entwicklung der Gesellschaft darstellen.

Also hört das gesellschaftliche Leben, die Geschichte der Gesellschaft auf, eine Anhäufung von „Zufälligkeiten" zu sein, denn die Geschichte der Gesellschaft wird zur gesetzmäßigen Entwicklung der Gesellschaft, und die Erforschung der Geschichte der Gesellschaft verwandelt sich in eine Wissenschaft.

Also darf sich die praktische Tätigkeit der Partei des Proletariats nicht auf die frommen Wünsche „hervorragender Persönlichkeiten", nicht auf Forderungen der Vernunft", der „allgemeinen Moral" usw. gründen, sondern muß sich auf die Gesetzmäßigkeiten der Entwicklung der Gesellschaft, auf die Erforschung dieser Gesetzmäßigkeiten gründen.

Ferner. Wenn die Welt erkennbar ist und unser Wissen von den Entwicklungsgesetzen der Natur zuverlässiges Wissen ist, das die Bedeutung objektiver Wahrheit hat, so folgt daraus, daß das gesellschaftliche Leben, die Entwicklung der Gesellschaft ebenfalls erkennbar ist und daß die Ergebnisse der Wissenschaft bezüglich der Entwicklungsgesetze der Gesellschaft zuverlässige Ergebnisse sind, die die Bedeutung objektiver Wahrheiten haben.

Also kann die Wissenschaft von der Geschichte der Gesellschaft trotz aller Kompliziertheit der Erscheinungen des gesellschaftlichen Lebens zu einer genauso exakten Wissenschaft werden wie, sagen wir, die Biologie, zu einer Wissenschaft, die imstande ist, die Entwicklungsgesetze der Gesellschaft in der Praxis auszunutzen.

Also darf sich die Partei des Proletariats in ihrer praktischen Tätigkeit nicht von irgendwelchen zufälligen Beweggründen leiten lassen, sondern muß sich von den Entwicklungsgesetzen der Gesellschaft, von praktischen Schlußfolgerungen aus diesen Gesetzen leiten lassen.

Also verwandelt sich der Sozialismus aus einem Traum von einer besseren Zukunft der Menschheit in eine Wissenschaft.

Also muß die Verbindung von Wissenschaft und praktischer Tätigkeit, die Verbindung von Theorie und Praxis, ihre Einheit zum Leitstern der Partei des Proletariats werden.

Stalin, Über dialektischen und historischen Materialismus; zit. nach: Fragen des Leninismus, S. 647ff. (Aufgenommen in die Geschichte der KPdSU, Kap. IV.) Vgl. die kommentierte Ausgabe von I. Fetscher, Frankfurt/M. 1960⁶, S. 58–71

B. Theorie und Praxis der Sowjetdemokratie

1. Zur Einführung der Verfassung von 1939

Auf dem VIII. Außerordentlichen Sowjetkongreß im November 1936 sprach Stalin zum Entwurf der neuen Verfassung der UdSSR. Er führte über den „Demokratismus" und die bürgerliche Kritik an dem Entwurf folgendes aus:

Die fünfte Besonderheit des Entwurfs der neuen Verfassung ist ihr konsequenter und restlos durchgeführter Demokratismus. Vom Standpunkte des Demokratismus kann man die bürgerlichen Verfassungen in zwei Gruppen teilen: die eine Gruppe der Verfassungen verneint die Gleichberechtigung der Staatsbürger und die demokratischen Freiheiten glattweg oder macht sie faktisch zunichte. Die andere Gruppe der Verfassungen akzeptiert mit Vorliebe die demokratischen Grundsätze und streicht sie sogar heraus, macht aber dabei solche Vorbehalte und Einschränkungen, daß die demokratischen Rechte und Freiheiten sich als vollständig verstümmelt erweisen. Sie sprechen von gleichem Wahlrecht für alle Staatsbürger, machen aber dieses Recht sofort von der Ansässigkeit und einem Bildungs- und sogar Vermögenszensus abhängig. Sie sprechen von gleichen Rechten der Staatsbürger, machen aber sofort den Vorbehalt, daß dies für die Frauen nicht gilt oder nur teilweise gilt. Usw. usf.

Eine Besonderheit des Entwurfs der neuen Verfassung der UdSSR besteht darin, daß er von derartigen Vorbehalten und Einschränkungen frei ist. Für ihn gibt es keine aktiven oder passiven Staatsbürger, für ihn sind alle Staatsbürger aktiv. Er erkennt keinen Unterschied in den Rechten zwischen Männern und Frauen, „Ansässigen" und „Nichtansässigen", Besitzenden und Nichtbesitzenden, Gebildeten und Ungebildeten an. Für ihn sind alle Bürger in ihren Rechten gleich. Nicht die Vermögenslage, nicht die nationale Herkunft, nicht das Geschlecht, nicht die Dienstleistung, sondern die persönlichen Fähigkeiten und die persönliche Arbeit jedes Bürgers bestimmen seine Stellung in der Gesellschaft.

Schließlich noch eine Besonderheit des Entwurfs der neuen Verfassung. Die bürgerlichen Verfassungen beschränken sich gewöhnlich darauf, die formalen Rechte der Staatsbürger zu fixieren, ohne sich um die Bedingungen der Verwirklichung dieser Rechte, um die Möglichkeit ihrer Verwirklichung, um die Mittel zu ihrer Verwirklichung zu kümmern. Man spricht von Gleichheit der Staatsbürger, vergißt aber, daß es keine wirkliche Gleichheit zwischen Unternehmer und Arbeiter, zwischen Gutsbesitzer und Bauer geben kann, wenn die ersteren den Reichtum und das politische Gewicht in der Gesellschaft besitzen, die anderen aber beides entbehren, wenn die ersteren die Ausbeuter und die anderen die Ausgebeuteten sind. Oder weiter: man spricht von Rede-, Versammlungs- und Pressefreiheit, vergißt aber, daß alle diese Freiheiten sich für die Arbeiterklasse in leeren Schall verwandeln können, wenn sie der Möglichkeit beraubt ist, geeignete Räumlichkeiten für Versammlungen, gute Druckereien, genügende Mengen Druckpapier usw. zur Verfügung zu haben.

Eine Besonderheit des Entwurfs der neuen Verfassung besteht darin, daß er sich nicht auf die Fixierung der formalen Rechte der Staatsbürger beschränkt, sondern den Schwerpunkt auf die Frage der Garantien dieser Rechte, auf die Frage der Mittel zur Verwirklichung dieser Rechte verlegt. Er verkündet nicht einfach die Gleichheit der Rechte der Staatsbürger, sondern sichert sie auch durch gesetzgeberische Veränderung der Tatsache, daß das Regime der Ausbeutung aufgehoben ist, daß die Staatsbürger von jeglicher Ausbeutung befreit sind. Er verkündet nicht einfach das Recht auf Arbeit, sondern sichert es auch durch gesetzgeberische Verankerung der Tatsache, daß es in der Sowjetgesellschaft keine Krisen gibt, der Tatsache, daß die Arbeitslosigkeit beseitigt ist. Er verkündet nicht einfach die demokratischen Freiheiten, sondern sichert sie auch auf gesetzgeberischem Wege durch bestimmte materielle Mittel. Es ist daher klar, daß der Demokratismus des Entwurfs der neuen Verfassung kein „gewöhnlicher" und „allgemein anerkannter" Demokratismus schlechthin, sondern ein sozialistischer Demokratismus ist.

Das sind die grundlegenden Besonderheiten des Entwurfs der neuen Verfassung der UdSSR.

So widerspiegeln sich im Entwurf der neuen Verfassung jene Verlagerungen und Veränderungen im wirtschaftlichen, gesellschaftlichen und politischen Leben der Sowjetunion, die in der Periode von 1924 bis 1936 eingetreten sind.

Einige Worte über die bürgerliche Kritik am Verfassungsentwurf.

Die Frage, wie sich die ausländische bürgerliche Presse zu dem Verfassungsentwurf verhält, ist zweifellos von gewissem Interesse. Da die ausländische Presse die öffentliche Meinung verschiedener Bevölkerungsschichten in den bürgerlichen Ländern widerspiegelt, können wir nicht an der Kritik vorübergehen, die diese Presse an dem Verfassungsentwurf geübt hat ...

Schließlich noch eine Gruppe von Kritiker. Während die vorhergehende Gruppe den Verfassungsentwurf des Verzichts auf die Diktatur der Arbeiterklasse beschuldigt, bezichtigt ihn diese Gruppe im Gegenteil, an der bestehenden Lage in der Sowjetunion nichts zu ändern, die Diktatur der Arbeiterklasse unberührt zu lassen, die Freiheit politischer Parteien nicht zuzulassen und die jetzige führende Stellung der Partei der Kommunisten in der Sowjetunion beizubehalten. Hierbei ist diese Gruppe von Kritikern der Ansicht, der Umstand, daß es in der Sowjetunion keine Freiheit der Parteien gebe, sei ein Kennzeichen dafür, daß die Grundlagen des Demokratismus verletzt würden.

Ich muß zugeben, daß der Entwurf der neuen Verfassung tatsächlich das Regime der Diktatur der Arbeiterklasse aufrechterhält, ebenso wie er die jetzige führende Stellung der Kommunistischen Partei der UdSSR unverändert beibehält. (Stürmischer Beifall.) Wenn die verehrten Kritiker dies für einen Mangel des Verfassungsentwurfs halten, so kann man dies nur bedauern. Wir Bolschewiki aber halten dies für einen Vorzug des Verfassungsentwurfs. (Stürmischer Beifall.) Was die Freiheit verschiedener politischer Parteien anbetrifft, so vertreten wir hier einigermaßen andere Ansichten. Die Partei ist ein Teil der Klasse, ihr fortgeschrittenster Teil. Mehrere Parteien und folglich auch eine Freiheit der Parteien kann es nur in einer Gesellschaft geben, wo es antagonistische Klassen gibt, deren Interessen einander feindlich und unversöhnlich sind, wo es, sagen wir, Kapitalisten und Arbeiter, Gutsbesitzer und Bauern, Kulaken und Dorfarmut usw. gibt. In der Sowjetunion gibt es aber schon keine Klassen mehr wie Kapitalisten, Gutsbesitzer, Kulaken usw. In der Sowjetunion gibt es nur zwei Klassen, die Arbeiter und die Bauern, deren Interessen einander nicht nur nicht feindlich gegenüberstehen, sondern im Gegenteil miteinander harmonieren. Folglich gibt es in der Sowjetunion keinen Boden für die Existenz mehrerer Parteien und somit auch keinen Boden für die Freiheit dieser Parteien, in der Sowjetunion gibt es Boden nur für eine Partei, die Kommunistische Partei. In der Sowjetunion kann es nur eine Partei geben, die Partei der Kommunisten, die kühn und bis zum letzten die Interessen der Arbeiter und Bauern verteidigt. Und daß sie die Interessen dieser Klassen nicht schlecht verteidigt, daran kann wohl kaum ein Zweifel bestehen. (Stürmischer Beifall.)

Man spricht von Demokratie. Was aber ist Demokratie? Die Demokratie in den kapitalistischen Ländern, wo es antagonistische Klassen gibt, ist in letzter Instanz eine Demokratie für die Starken, eine Demokratie für die besitzende Minderheit. Die Demokratie in der Sowjetunion ist im Gegenteil eine Demokratie für die Werktätigen, d. h. eine Demokratie für alle. Daraus folgt aber, daß die Grundlagen des Demokratismus nicht durch den Entwurf der neuen Verfassung der UdSSR verletzt werden, sondern durch die bürgerlichen Verfassungen. Deshalb glaube ich, daß die Verfassung der UdSSR die einzige bis zum letzten demokratische Verfassung der Welt ist.

So liegen die Dinge mit der bürgerlichen Kritik am Entwurf der neuen Verfassung der UdSSR.

Stalin, Probleme des Leninismus, S. 625 ff.

2. Zur Struktur der Herrschaftsverhältnisse in der Sowjetunion und zur „großen Reinigung"

Die Stalinsche Herrschaft hätte den Stürmen des Zweiten Weltkrieges wohl kaum so erfolgreich standgehalten, wenn sie nicht bereits in der Vorkriegszeit über eine breite und gehobene soziale Basis verfügt hätte. Diese wurde hauptsächlich durch die *neue Intelligenz* verkörpert, die sich als Ergebnis des umwälzenden sozialstrukturellen Wandels herausgebildet hatte, der durch die Planwirtschaft auf vollsozialisierter Grundlage verursacht worden war. Die autokratische Staatsführung verstand es während des Krieges in geschickter Weise, durch einen Appell an den russischen Nationalismus, die Belebung konservativer Traditionen und den Ausbau besitzbürgerlicher Vorrechte die Interessen der Funktionärsklassen in noch stärkerem Maße als bisher mit denen des Staates zu verbinden. Den Intellektuellen wurde eine größere Freiheit des geistigen Schaffens und eine freiheitlichere Gestaltung des privaten und öffentlichen Lebens in Aussicht gestellt. Vor allem der großrussische Teil der Sowjetintelligenz hat an der Spitze der Wehrmacht und Wehrwirtschaft entscheidenden Anteil an dem sowjetischen Endsieg gehabt. Diese Interessengemeinschaft ist auch in der Nachkriegszeit erhalten geblieben. Die sozialökonomische Machtstellung der Intelligenz hat sich weiter gefestigt. Sie hat die „Diktatur des Proletariats" bis auf ganz wenige Überreste beseitigt und klassenmäßig durch eine „Diktatur der Funktionäre" ersetzt ...

Die zunehmende besitz- und bildungsmäßige Differenzierung, die von der autokratischen Staatsführung bewußt gefördert wurde, hat in Verbindung mit den neuen Rangstufenordnungen die *ständischen* Züge der *hierarchisch gegliederten neuen Klassengesellschaft* klarer hervortreten lassen ... Mit den Rangordnungen, durch die heute bereits eine Vielzahl von Lebens- und Wirkungsbereichen des Staates bestimmt wird, ist das für das zaristische Rußland charakteristische Rangklassensystem erneuert worden. Die Einführung von Diensträngen mit den damit verbundenen Rangabzeichen, Uniformen und Privilegien, die von der Oktoberrevolution grundsätzlich beseitigt worden waren, bedeutete eine bemerkenswerte Wiederbelebung vorrevolutionärer Formen des Staatsdienstes.

Boris Meißner, Rußland im Umbruch. Der Wandel der Herrschaftsordnung und sozialen Struktur der Sowjetunion. Dokumente und Berichte des Europa-Archivs, Bd. 9, Frankfurt 1951 S. 3

In dem von Stalin redigierten Kurzen Lehrgang der Geschichte der KPdSU(B)
fanden die großen Schauprozesse der Jahre 1937 und 1938 folgende Darstellung:

Die Erfolge des Sozialismus in unserem Lande erfüllten nicht bloß die Partei, nicht bloß die Arbeiter und Kollektivbauern mit Freude. Sie erfüllten auch unsere gesamte Sowjetintelligenz, alle ehrlichen Bürger der Sowjetunion mit Freude.

Sie erfreuten aber nicht, sondern erbitterten immer mehr die Überreste der zerschlagenen Ausbeuterklassen.

Sie versetzten die Nachläufer der zerschlagenen Klassen, die erbärmlichen Überreste der Bucharinleute und Trotzkisten, in helle Wut.

Diese Herrschaften beurteilten die Errungenschaften der Arbeiter und Kollektivbauern nicht vom Standpunkt der Interessen des Volkes, das jede dieser Errungenschaften begrüßte, sondern vom Standpunkt der Interessen ihrer jämmerlichen, vom Leben losgerissenen und bis ins Mark verfaulten Fraktionsgruppe. Da die Erfolge des Sozialismus in unserem Lande den Sieg der Politik der Partei und den endgültigen Zusammenbruch der Politik dieser Herren bedeuteten, so begannen sie, anstatt die offensichtlichen Tatsachen anzuerkennen und sich in das gemeinsame Werk einzureihen, sich für ihren Mißerfolg, für ihren Bankrott an der Partei und am Volke zu rächen; sie begannen die Sache der Arbeiter und Kollektivbauern verbrecherisch zu schädigen, Kohlengruben zu sprengen, Fabriken in Brand zu stecken, in den Kollektivwirtschaften und Sowjetwirtschaften Schaden zu stiften, um die Errungenschaften der Arbeiter und Kollektivbauern zu zerstören und im Volke Unzufriedenheit mit der Sowjetmacht hervorzurufen. Um aber dabei ihre erbärmliche Gruppe vor der Entlarvung und Zerschlagung zu bewahren, legten sie die Maske von parteitreuen Leuten an, begannen sie immer mehr vor der Partei zu scharwenzeln, der Partei zu lobhudeln, vor ihr zu kriechen, während sie in der Tat ihre Wühlarbeit gegen die Arbeiter und Bauern im verborgenen fortsetzten.

Auf dem XVII. Parteitag hielten Bucharin, Rykow und Tomski reuige Reden; sie sangen der Partei Loblieder und hoben die Errungenschaften der Partei in den Himmel. Der Parteitag fühlte jedoch, daß ihre Reden den Stempel der Unaufrichtigkeit und Doppelzünglerei trugen, denn die Partei fordert von ihren Mitgliedern keine Lobhudelei und Verherrlichung ihrer Errungenschaften, sondern ehrliche Arbeit an der Front des Sozialismus, von der jedoch bei den Bucharinleuten schon lange nichts zu merken war. Die Partei sah, daß diese Herrschaften in Wirklichkeit in ihren heuchlerischen Reden ihren Anhängern außerhalb des Parteitags Winke gaben, sie Doppelzünglerei lehrten und dazu aufriefen, nicht die Waffen zu strecken.

Auf dem XVII. Parteitag traten auch die Trotzkisten auf – Sinowjew und Kamenew –, die sich wegen ihrer Fehler über alle Maßen geißelten und Errungenschaften der Partei – ebenso maßlos – lobpriesen. Der Parteitag konnte aber nicht übersehen, daß sowohl die ekelerregende Selbstgeißelung wie die widerlich-süßliche Lobpreisung der Partei die Kehrseite des unruhigen und bösen Gewissens dieser Herren darstellten. Die Partei wußte jedoch noch nicht, ahnte noch nicht, daß diese Herrschaften, die auf dem Parteitag mit süßlichen Reden auftraten, gleichzeitig den ruchlosen Mord an Genossen Kirow vorbereiteten ...

Der Mord an Genossen Kirow war, wie sich später herausstellte, von dieser vereinigten trotzkistisch-bucharinistischen Bande verübt worden.

Schon damals, im Jahre 1935, wurde es klar, daß die Sinowjew-Gruppe eine maskierte weißgardistische Organisation war, die es vollauf verdiente, daß man mit ihren Mitgliedern wie mit Weißgardisten verfuhr.

Ein Jahr später wurde bekannt, daß Trotzki, Sinowjew, Kamenew und ihre Komplicen die eigentlichen, direkten und wirklichen Organisatoren des Mordes an Kirow und die Organisatoren der vorbereitenden Schritte zur Ermordung anderer Mitglieder des Zentralkomitees waren. Es wurden vor Gericht gestellt: Sinowjew, Kamenew, Bakajew, Jewdokimow, Pikel, I. N. Smirnow, Mratschkowski, Ter-Waganian, Reinhold und andere. Die überführten Verbrecher mußten öffentlich, vor Gericht, eingestehen, daß sie nicht nur den Mord an Kirow organisiert hatten, sondern auch die Ermordung aller anderen Führer der Partei und der Regierung vorbereiteten. Die weitere Untersuchung ergab, daß diese verruchten Verbrecher den Weg der Organisierung von Zerstörungsakten, den Weg der Spionage betreten hatten. Der ungeheuerliche moralische und politische Fall dieser Leute, die niederträchtige Gemeinheit und Verräterei, die sich hinter doppelzünglerischen Erklärungen über die Ergebenheit gegenüber der Partei verbargen, wurden in dem im Jahre 1936 in Moskau verhandelten Prozeß aufgedeckt.

Hauptinspirator und Hauptorganisator dieser ganzen Bande von Mördern und Spionen war der Judas Trotzki. Der Helfershelfer Trotzkis, die seine konterrevolutionären Direktiven ausführten, waren Sinowjew, Kamenew und ihre trotzkistischen Nachläufer. Sie bereiteten die Niederlage der Sowjetunion für den Fall eines Angriffs der Imperialisten vor, sie waren gegenüber dem Arbeiter- und Bauernstaat zu Defaitisten, zu verabscheuungswürdigen Lakaien und Agenten der deutschen und japanischen Faschisten geworden.

Die wichtigste Lehre, die die Parteiorganisationen aus diesen Prozessen über den ruchlosen Mord an Genossen Kirow zu ziehen hatte, bestand darin, ihre eigene politische Blindheit, ihre politische Sorglosigkeit zu beseitigen und ihre Wachsamkeit, die Wachsamkeit aller Parteimitglieder zu erhöhen.

Geschichte der KPdSU. Dt. Ausgabe 1952, S. 404ff.

In seinem Buch „Hexensabbat" gibt Alexander Weißberg-Cybulski, selbst ein Opfer der großen Tschistka, eine Liste all derjenigen Gruppen, die durch Stalin und die ihm hörige Geheimpolizei verfolgt und großenteils „liquidiert" wurden, und versucht anschließend eine Deutung der Motive dieses maßlosen Vernichtungsfeldzuges:

1. Alle früheren Oppositionellen, Bucharinisten, Trotzkisten, Sinowjewisten. Die Führer der Opposition zu opfern, hatte Stalin bereits 1934 nach Überwindung des Hungers entschieden. Die Liquidierung der übrigen beschloß er aufgrund der Erfahrungen des Jahres 1936.

2. Alle alten Bolschewiki.

3. Alle roten Partisanen.

4. Alle früheren Menschewiki, Sozialrevolutionäre, Anarchisten, Bundisten und anderen Anhänger der vorrevolutionären linken Parteien.

Diese Leute waren Freiheitskämpfer gewesen: das Regime der Despotie kann sie nicht brauchen.

5. Die Leute, die das Ausland kennen und die Vorkriegszeit, die Verwandte und Freunde im Ausland haben und mit ihnen korrespondieren. Die Briefmarkensammler und Esperantisten.

6. Die heimgekehrten Emigranten und die Leute, die irgendwann einmal ins Ausland kommandiert waren.

7. Die ausländischen Kommunisten.

8. Die Angehörigen des militärischen Geheimdienstes im Ausland und die Ausland-sagenten der GPU.

Diese Leute kennen die Tatsachen und glauben nicht den Fälschungen. Sie haben die liberale Presse gelesen und die Bücher Trotzkis, sie sind gefährlich.

9. Die Angehörigen der nationalen Minderheiten.

10. Die religiösen Sekten.

Diese Leute halten wie Kletten zusammen. In ihre Kreise dringt kein GPZ-Agent ein. Sie entziehen sich unserer Kontrolle.

11. Alle irgendwann aus der Partei Ausgeschlossenen.

12. Alle Leute, denen die Sowjetmacht irgendwann unrecht getan hat.

13. Die Familienmitglieder bedeutender Oppositioneller. Diese Menschen tragen den Haß in ihrem Herzen, sie sind gefährlich.

14. Alle diejenigen, die unabhängig von Stalins Gunst Einfluß auf das Volk gewonnen haben (Tuchatschewski, Jakir und die Führer der Roten Armee).

Sie könnten die Zentren einer Volkserhebung oder zumindest eines Aufstandes der Armee werden.

15. Die Leute in den höchsten Parteiorganen, die sich vor den Grausamkeiten der Moskauer Prozesse und der großen Tschistka entsetzen und den Diktator zurückzuhal-ten versuchen (einige Mitglieder der Politbüros: Kossior, Postyschew, Eiche).

Die großen Prozesse wirken hier als Geßler-Hut. Wer die Wahrheit der Geständnisse anzweifelt, ist ein „Feind des Volkes".

16. Die Tschekisten, die die Moskauer Prozesse und die große Tschistka organisier-ten. Sie wissen zuviel. Außerdem mag es gut sein, sie als Sündenböcke für die Exzesse der Tschistka bereitzuhalten.

Stalin dachte:

Das Gedächtnis der Nation wird erlöschen. Nach dieser Tschistka wird kein Schulkind es mehr wissen, daß Trotzki ein großer Revolutionär war und daß Millionen Bauern in der Zeit des großen Hungers starben. Meine Vergangenheit wird keine dunklen Flecken zeigen; in die Geschichte werde ich eingehen als der Organisator des Sieges.

Das NKWD erfüllte den Auftrag des Diktators. Die Dossiers öffneten sich, und zehn-tausend Haftbefehle fielen heraus. Aber das war Stalin und Jeshow nicht genug.

Die GPU hatte die Erfahrung gemacht, daß ein Mann, der unter der Folter zusammen-bricht, Leute nennt, die ihm ideologisch nahestehen. Man verhaftet diese Leute und wiederholt die Prozedur. Jeder Verhaftete gibt einige neue an. So kann man das ganze Netz der Volksfeinde ausheben. Das war Stalins Leitidee. Es war eine kranke Idee. Auf dem Wege nach unten verdünnte sich der ideologische Zusammenhang. An einem be-stimmten Punkte setzte die bewußte Gegenwehr der Gefangenen ein. Sie nannten un-ter der Folter nicht mehr ihre Gesinnungsgenossen, sondern bewußte Stalinisten. Die Zahl der Verhaftungen stieg ins Maßlose. Aber die Millionen Verhafteter waren in keiner Weise dem Diktator feindlicher gesinnt als die in Freiheit Gebliebenen. Die Idee der „Werbung" versagte. Das Land kam zum zweiten Mal in einem Jahrzehnt an den Rand des Abgrunds ...

Um der Wahrheit nahezukommen, ist es nötig, vorerst die offensichtlich falschen Er-klärungen auszuschalten.

Die Notwendigkeit, Arbeitskräfte für die großen Bauten in der Arktis bereitzustellen, kann nicht die Gefangennahme der führenden Kader des Sowjetapparates rechtferti-gen. Aber mit ihr begann die große Tschistka. Man verhaftet nicht die bedeutendsten Wissenschaftler und Ingenieure des Landes, man entfernt nicht die Führer der Armee, man dezimiert nicht den Bestand der Regierungen aller Bundesrepubliken – nur um Erdarbeiter für Sibirien zu gewinnen. Es wäre eine zu kostspielige Methode der Arbeiterbeschaffung. Dieses Motiv spielte eine sekundäre Rolle. Als Hunderttausende bereits verhaftet waren, plante man große Arbeiten, um sie zu beschäftigen. Die Pläne schossen übers Ziel hinaus und verlangten neue Millionen. Die Verhaftungen folgten.

Ebenso geht der Versuch fehl, die große Tschistka als Sicherungsmaßnahme der Revolution gegen ihre Feinde in einer kritischen Periode zu erklären. Schon der Zeitpunkt, in dem sie einsetzte, spricht dagegen. Die Verhaftungen begannen nicht im Jahre 1932 oder 1933, als die Kollektivisierung und der Große Hunger das Land zutiefst erschütterten und ein Umsturz vielen als der einzige Ausweg erschien, sondern im Jahre 1936, als Stalin im Dorfe schon längst gesiegt hatte. Niemand dachte damals mehr an die Möglichkeit seines Sturzes. Niemals war die Revolution im allgemeinen und die Stalinsche Herrschaft im besonderen sicherer gewesen als damals.

Eine Analyse der Gruppen, die verhaftet wurden, zeigt eines ganz deutlich. Es ging nicht um die Feinde der sozialistischen Revolution. Es ging auch nicht um die frühere Parteiopposition allein. Es ging um alle, die die Zeit der Freiheit nicht vergessen konnten. Denn eines muß festgehalten werden: Auch die Zeit der Selbstherrschaft vor der Revolution erschien den russischen Freiheitskämpfern ebenso wie die Leninsche Ära als Fata Morgana der Freiheit, verglichen mit der Despotie Stalins.

Es ging um die Anhänger der Freiheit – das zeigte die Zusammensetzung der Gefangenen in der ersten Periode der Tschistka. Die klassischen Feinde der russischen Revolution, die Monarchisten und Weißgardisten, waren nicht darunter. Diese Anhänger einer anderen Despotie wurden geschont. Ich habe keinen einzigen Monarchisten in den Gefängnissen der großen Tschistka getroffen. Auch bei den kleinen Nationen wurden nicht etwa die reaktionären, orthodoxen Gruppen liquidiert, sondern die fortschrittlichen, demokratischen, wie zum Beispiel die armenischen Daschnaki.

Man könnte einwenden: es gab 1937 keine Monarchisten mehr in der Sowjetunion. Aber es gab auch keine Daschnaki. Die verhafteten Armenier waren analphabetische Schuhputzer gewesen und hatten bis dahin selbst den Namen Daschnak nicht gekannt. Aber man zwang sie zu gestehen, sie seien Daschnaki gewesen. Und gerade das ist entscheidend. Denn eben in diesen Erpressungen der GPU verraten sich die geheimen Absichten des Diktators. Die russischen Gefangenen zwang man, sich zu den Sozialrevolutionären, Anarchisten, Menschewiken und anderen Freiheitsparteien zu bekennen. Man verzichtete darauf, sie zu Anhängern der Autokratie des Zaren zu stempeln.

Die große Tschistka war eine Schlacht gegen die wenigen wahren Freunde der Freiheit und gegen die vielen, die es werden konnten, wie Stalin und seine GPU es befürchteten. Das ist die letzte Schlußfolgerung aus den Erfahrungen dreier Gefängnisjahre und aus der Analyse unzähliger Untersuchungsgeschichten.

Alexander Weißberg-Cybulski, Hexensabbat. 2., gek. Ausg., S. 348 ff.

Die meisten der von Weißberg-Cybulski gemachten Angaben sind inzwischen durch sowjetische Historiker selbst bestätigt worden, wenigstens soweit sie den Tod prominenter Kommunisten betreffen, die inzwischen rehabilitiert wurden. Über die Terrorjustiz der großen Reinigung von 1936/37 hinaus enthält die Geheimrede Chruschtschows eine erdrückende Fülle belastenden Materials gegen den toten Diktator, der aber noch immer als ein „großer Organisator und großer Marxist" bezeichnet wird (Suslow in seiner Rede zum 39. Jahrestag der Oktoberrevolution).

194

C. Sowjetpatriotismus und großrussischer Nationalismus

Als typisches Beispiel für den Sowjetpatriotismus sei hier ein Brief Stalins an den Schriftsteller Genossen Demjan Bjedny von 12.12.1930 zitiert. Er ist zugleich ein charakteristischer Beleg für die Maßregelung von Künstlern vom politischen Katheder aus.

Dutzende Male hat das ZK Sie gelobt, als es zu loben galt. Dutzende Male hat Sie das ZK (nicht ohne Ihnen manches nachzusehen!) gegen Angriffe einzelner Gruppen und Genossen unserer Partei geschützt. Dutzende Dichter und Schriftsteller hat das ZK zurechtgewiesen, wenn sie diesen oder jenen Fehler machten. Sie haben das alles für normal und verständlich gehalten. Aber jetzt, da das ZK sich genötigt sah, Ihre Fehler einer Kritik zu unterziehen, beginnen Sie plötzlich, zu maulen und von einer „Schlinge" zu schreien. Mit welchem Recht? Vielleicht hat das ZK nicht das Recht, Ihre Fehler zu kritisieren? Vielleicht ist der Beschluß des ZK für Sie nicht verbindlich? Vielleicht sind Ihre Gedichte über jede Kritik erhaben? Finden Sie nicht, daß Sie von einer gewissen unangenehmen Krankheit angesteckt worden sind, die „Überheblichkeit" heißt? Mehr Bescheidenheit, Genosse Demjan ...

Worin besteht das Wesen Ihrer Fehler? Es besteht darin, daß Sie sich von der Kritik an den Mängeln des Lebens und der Lebensweise in der UdSSR, einer unerläßlichen und notwendigen, von Ihnen anfangs recht treffend und geschickt entwickelten Kritik über die Maßen hinreißen ließen und daß diese Kritik, eben weil Sie sich von ihr hinreißen ließen, in Ihren Werken in eine Verleumdung der UdSSR, ihrer Vergangenheit und ihrer Gegenwart auszuarten begann. Von dieser Art sind Ihr „Komm vom Ofen herunter" und Ihr „Ohne Erbarmen". Von dieser Art ist Ihr „Gelumpe", das ich heute auf Anraten des Genossen Molotow gelesen habe.

Sie sagen, daß Genosse Molotow das Feuilleton „Komm vom Ofen herunter" gelobt hat. Wohl möglich. Ich habe dieses Feuilleton vielleicht nicht weniger gelobt als Genosse Molotow, weil es dort (wie auch in anderen Feuilletons) eine Reihe vorzüglicher Stellen gibt, die genau ins Ziel treffen. Aber es gibt dort außerdem einen Löffel voll solchen Teers, der das ganze Bild verdirbt und es in ein einziges „Gelumpe" verwandelt. Darum geht es, und das ist es, was die Musik in diesen Feuilletons macht.

Urteilen Sie selbst.

Die ganze Welt erkennt jetzt an, daß das Zentrum der revolutionären Bewegung sich aus Westeuropa nach Rußland verlagert hat. Die Revolutionäre aller Länder blicken voller Hoffnung auf die UdSSR als den Hort des Befreiungskampfes der Werktätigen der ganzen Welt und betrachten sie als ihr einziges Vaterland. Der sowjetischen Arbeiterklasse und vor allem der russischen Arbeiterklasse, der Vorhut der sowjetischen Arbeiter, zollen die revolutionären Arbeiter aller Länder einmütig Beifall als ihrem anerkannten Führer, dessen Politik die revolutionärste und aktivste Politik von allem ist, was sich die Proletarier anderer Länder jemals erträumt haben. Die Führer der revolutionären Arbeiter aller Länder studieren begierig die außerordentlich lehrreiche Geschichte der Arbeiterklasse Rußlands, deren Vergangenheit, die Vergangenheit Rußlands, denn sie wissen, daß es außer dem reaktionären Rußland noch ein revolutionäres Rußland gegeben hat, das Rußland der Radischtschew und Tschernyschewski, der Sheljabow und Uljanow, der Chalturin und Alexejew. Alles dies erfüllt (und anders kann es auch nicht sein!) die Herzen der russischen Arbeiter mit dem Gefühl revolutionären Nationalstolzes, das fähig ist, Berge zu versetzen, fähig ist, Wunder zu vollbringen.

Und Sie? Anstatt diesen in der Geschichte der Revolution gewaltigsten Prozeß zu ergreifen und sich auf die Höhe der Aufgaben eines Sängers des fortgeschrittensten Proletariats zu erheben, stiegen Sie in die Niederung hinab und, nachdem Sie sich zwischen überaus langweiligen Zitaten aus den Werken Karamsins und nicht minder langweiligen Sprüchen aus dem „Domostroi" verirrt hatten, begannen Sie vor aller Welt zu verkünden, daß Rußland im Vergangenen ein Gefäß des Greuels und der Unsauberkeit gewesen, daß das heutige Rußland ein einziges „Gelumpe" sei, daß „Faulheit" und der Drang, „auf dem Ofen zu hocken", schier ein nationaler Zug der Russen überhaupt sei und folglich auch – der russischen Arbeiter, die, nachdem sie die Oktoberrevolution vollbracht haben, natürlich nicht aufgehört haben, Russen zu sein. Und das heißt bei Ihnen bolschewistische Kritik! Nein, hochgeehrter Genosse Demjan, das ist nicht bolschewistische Kritik, sondern Verleumdung unseres Volkes, Diffamierung der UdSSR, Diffamierung des Proletariats der UdSSR und Diffamierung des russischen Proletariats.

Stalin, Werke, Bd. 13, S. 21 ff.

Stalins Trinkspruch auf das russische Volk bei der Siegesfeier am 24. Mai 1945 im Kreml:

Genossen, erlaubt mir noch einen Trinkspruch, den letzten. Ich trinke auf die Gesundheit unseres Sowjetvolkes und ganz besonders des russischen Volkes. Ich trinke ganz besonders auf die Gesundheit des russischen Volkes, weil es die hervorragendste Nation unter allen Nationen ist, die dem Verband der Sowjetunion angehören ... Ich trinke auf die Gesundheit des russischen Volkes nicht nur, weil es ein *führendes Volk* ist, sondern auch, weil es einen klaren Verstand, einen festen Charakter und Ausdauer hat ... Es hat an die Richtigkeit der Politik seiner Regierung geglaubt und Opfer gebracht, um die Zertrümmerung Deutschlands herbeizuführen ... Dank sei ihm, dem russischen Volk, für dieses Vertrauen! Auf die Gesundheit des russischen Volkes!

Wetter, Der dialektische Materialismus. 2. Aufl. Freiburg 1953, S. 292 f.

D. Auf dem Wege vom Sozialismus zum Kommunismus

1. Die Rolle des Staates nach der siegreichen sozialistischen Revolution

Um die große (diktatorische) Staatsmacht in der Sowjetunion zu rechtfertigen, entwickelte Stalin in den Linguistikbriefen die Lehre vom aktiven Überbau. „Um es mit einem amerikanischen Sprichwort auszudrücken: Die Basis war für Marx der Hund, der den Schwanz, den Überbau, wackelt. Bei Stalin aber war es nunmehr – von Marx aus gesehen – der Schwanz, der den Hund wackelt" (Klaus Mehnert).

Frage: Ist es richtig, daß die Sprache ein Überbau der Basis ist?
Antwort: Nein, das ist nicht richtig.

Die Basis ist die ökonomische Struktur der Gesellschaft in der gegebenen Etappe ihrer Entwicklung. Der Überbau – das sind die politischen, juristischen, religiösen, künstlerischen, philosophischen Anschauungen der Gesellschaft und die ihnen entsprechenden politischen, juristischen und anderen Institutionen.

Jede Basis hat ihren eigenen, ihr entsprechenden Überbau. Die Basis der Feudalordnung hat ihren Überbau, ihre politischen, juristischen und sonstigen Anschauungen und die ihnen entsprechenden Institutionen, die kapitalistische Basis hat ihren Überbau, die sozialistische den ihrigen. Ändert sich die Basis und wird sie beseitigt, so ändert sich anschließend ihr Überbau und wird beseitigt; entsteht eine neue Basis, so entsteht anschließend auch ein ihr entsprechender Überbau. Ferner. Der Überbau wird von der Basis hervorgebracht, aber das bedeutet keineswegs, daß er die Basis lediglich widerspiegelt, daß er passiv, neutral, gleichgültig ist gegenüber dem Schicksal seiner Basis, dem Schicksal der Klassen, dem Charakter der Gesellschaftsordnung. Im Gegenteil, einmal auf die Welt gekommen, wird er zu einer gewaltigen aktiven Kraft, trägt er aktiv dazu bei, daß seine Basis ihre bestimmte Form annimmt und sich festigt, trifft er alle Maßnahmen, um der neuen Gesellschaftsordnung zu helfen, der alten Basis und den alten Klassen den Rest zu geben und sie zu beseitigen.

Anders kann es auch nicht sein. Der Überbau wird von der Basis ja gerade dazu geschaffen, um ihr zu dienen, um ihr aktiv zu helfen, ihre bestimmte Form anzunehmen und sich zu festigen, um aktiv für die Beseitigung der alten, überlebten Basis samt ihrem alten Überbau zu kämpfen. Der Überbau braucht nur diese seine dienende Rolle aufzugeben, der Überbau braucht nur von der Position der aktiven Verteidigung seiner Basis auf die Position einer gleichgültigen Einstellung zu ihr, auf die Position einer undifferenzierten Einstellung zu den Klassen überzugehen, und er büßt seine Eigenschaft ein und hört auf, Überbau zu sein ...

Weiter. Der Überbau ist das Produkt *einer* Epoche, in deren Verlauf die gegebene ökonomische Basis besteht und wirkt. Daher besteht der Überbau nicht lange, er wird beseitigt und verschwindet mit der Beseitigung und dem Verschwinden der gegebenen Basis ...

Zur Kenntnis der Genossen, die für Explosionen begeistert sind, muß überhaupt gesagt werden, daß das Gesetz des Übergangs von einer alten zu einer neuen Qualität vermittels einer Explosion nicht allein auf die Entwicklungsgeschichte der Sprache unanwendbar ist – es ist auch auf andere gesellschaftliche Erscheinungen, die die Basis oder den Überbau betreffen, nicht immer anwendbar. Es ist unbedingt gültig für eine in feindliche Klassen gespaltene Gesellschaft, in der es keine feindlichen Klassen gibt. Im Laufe von acht bis zehn Jahren haben wir in der Landwirtschaft unseres Landes den Übergang von der bürgerlichen, auf Einzelbauernwirtschaften beruhenden Ordnung zur sozialistischen Kollektivwirtschaftsordnung vollzogen. Das war eine Revolution, die die alte bürgerliche Wirtschaftsordnung auf dem Lande liquidierte und eine neue, die sozialistische, Ordnung schuf. Diese Umwälzung vollzog sich jedoch nicht durch eine Explosion, das heißt nicht durch den Sturz der bestehenden Macht und die Schaffung einer neuen Macht, sondern durch den allmählichen Übergang von der alten, bürgerlichen Ordnung auf dem Lande zu einer neuen Ordnung. Das aber konnte vollzogen werden, weil es eine *Revolution von oben* war, weil die Umwälzung auf Initiative der bestehenden Macht mit Unterstützung der Hauptmassen der Bauernschaft durchgeführt wurde.

Die Frage des Sozialismus in einem Lande in Verbindung mit der besonders von Engels ausgesprochenen „Lehre" vom „Absterben des Staates" wird von Stalin in den Linguistikbriefen dahingehend beantwortet, daß die Marx-Engelssche Formel nur für ihre Zeit richtig gewesen sei.

Ihr Brief geht stillschweigend von zwei Voraussetzungen aus: Von der Voraussetzung, daß es zulässig sei, die Werke dieses oder jenes Autors *losgelöst* von jener historischen Periode zu zitieren, auf die sich das Zitat bezieht, und zweitens von der Voraussetzung, daß diese oder jene Schlußfolgerungen und Formeln des Marxismus, die aus dem Studium einer der historischen Entwicklungsperioden gewonnen wurden, für alle Entwicklungsperioden richtig sind und daher *unverändert* bleiben müssen.

Ich muß sagen, daß diese beiden Voraussetzungen grundfalsch sind.

Einige Beispiele:

1. In den vierziger Jahren des vorigen Jahrhunderts, als es noch keinen monopolistischen Kapitalismus gab, als der Kapitalismus sich mehr oder weniger stetig in aufsteigender Linie entwickelte und sich dabei auf neue, von ihm noch nicht besetzte Territorien ausdehnte und das Gesetz von der Ungleichmäßigkeit der Entwicklung noch nicht mit voller Kraft wirksam sein konnte, gelangten Marx und Engels zu der Schlußfolgerung, daß die sozialistische Revolution nicht in irgendeinem Lande allein siegen kann, daß sie nur im Ergebnis eines gemeinsamen Schlages in allen oder in der Mehrzahl der zivilisierten Länder siegen kann. Diese Schlußfolgerung wurde später zum Leitsatz für alle Marxisten.

Jedoch zu Beginn des 20. Jahrhunderts, besonders in der Periode des Ersten Weltkriegs, als es allen klar wurde, daß der vormonopolistische Kapitalismus offensichtlich in den monopolistischen Kapitalismus hinübergewachsen war, als sich der aufsteigende Kapitalismus in den sterbenden Kapitalismus verwandelt hatte, als der Krieg die unheilbaren Schwächen der imperialistischen Weltfront aufdeckte und das Gesetz von der Ungleichmäßigkeit der Entwicklung das nicht gleichzeitige Heranreifen der proletarischen Revolution in den verschiedenen Ländern vorausbestimmte, gelangte Lenin, von der marxistischen Theorie ausgehend, zu der Schlußfolgerung, daß unter den neuen Entwicklungsbedingungen die sozialistische Revolution durchaus in einem einzeln genommenen Lande siegen kann, daß der gleichzeitige Sieg der sozialistischen Revolution in allen Ländern oder in der Mehrzahl der zivilisierten Länder in Anbetracht der Ungleichmäßigkeit des Heranreifens der Revolution in diesen Ländern unmöglich ist, daß die alte Formel von Marx und Engels den neuen historischen Bedingungen schon nicht mehr entspricht.

Wie man sieht, haben wir hier zwei verschiedene Schlußfolgerungen zur Frage des Sieges des Sozialismus, die nicht nur einander widersprechen, sondern auch einander ausschließen.

Irgendwelche Buchstabengelehrten und Talmudisten, die, ohne in das Wesen der Sache einzudringen, formal, losgelöst von den historischen Bedingungen zitieren, können sagen, daß eine von diesen Schlußfolgerungen als unbedingt falsch verworfen werden und die andere Schlußfolgerung als unbedingt richtig auf alle Entwicklungsperioden ausgedehnt werden müsse. Aber Marxisten müssen selbstverständlich wissen, daß die Buchstabengelehrten und Talmudisten sich irren, müssen selbstverständlich wissen, daß beide Schlußfolgerungen richtig sind, aber nicht unbedingt, sondern jede für ihre Zeit: die Schlußfolgerung von Marx und Engels für die Periode des vormonopolistischen Kapitalismus und die Schlußfolgerung von Lenin für die Periode des monopolistischen Kapitalismus.

2. Engels sagte in seinem „Anti-Dühring", daß der Staat nach dem Siege der sozialistischen Revolution absterben muß. Auf dieser Grundlage begannen nach dem Siege der sozialistischen Revolution in unserem Lande Buchstabengelehrte und Talmudisten aus unserer Partei zu fordern, die Partei solle Maßnahmen treffen zum schnellsten

Absterben unseres Staates, zur Auflösung der Staatsorgane, zum Verzicht auf ein stehendes Heer.

Doch die sowjetischen Marxisten gelangten aufgrund des Studiums der Weltlage unserer Zeit zu dem Schluß, daß beim Vorhandensein der kapitalistischen Umkreisung, wenn die sozialistische Revolution nur in einem Lande gesiegt hat, in allen anderen Ländern aber der Kapitalismus herrscht, das Land der siegreichen Revolution seinen Staat, die Staatsorgane, die Organe des Abwehrdienstes, die Armee nicht schwächen darf, sondern sie mit allen Mitteln stärken muß, wenn dieses Land nicht durch die kapitalistische Umkreisung zertrümmert werden will. Die russischen Marxisten gelangten zu der Schlußfolgerung, daß sich die Formel von Engels auf den Sieg des Sozialismus in allen Ländern oder in der Mehrzahl der Länder bezieht, daß sie nicht anwendbar ist auf den Fall, wenn der Sozialismus in einem einzeln genommenen Lande siegt, während in allen anderen Ländern der Kapitalismus herrscht.

Wie man sieht, haben wir hier zwei verschiedene Formeln zur Frage des Schicksals des sozialistischen Staates, die einander ausschließen.

Die Buchstabengelehrten und Talmudisten können sagen, daß dieser Umstand eine untragbare Lage schaffe, daß eine der Formeln als unbedingt falsch verworfen und die andere als unbedingt richtig auf alle Entwicklungsperioden des sozialistischen Staates ausgedehnt werden müsse. Aber Marxisten müssen selbstverständlich wissen, daß die Buchstabengelehrten und Talmudisten sich irren, denn beide Formeln sind richtig, aber nicht absolut, sondern jede für ihre Zeit: die Formel der sowjetischen Marxisten für die Periode des Sieges des Sozialismus in einem Lande oder einigen Ländern und die Formel von Engels für jene Periode, in der der aufeinanderfolgende Sieg des Sozialismus in einzelnen Ländern zum Siege des Sozialismus in der Mehrzahl der Länder führt und auf diese Weise die notwendigen Bedingungen für die Anwendung der Formel von Engels geschaffen werden.

Die Zahl solcher Beispiele ließe sich vermehren ...

Die Buchstabengelehrten und Talmudisten betrachten den Marxismus, die einzelnen Schlußfolgerungen und Formeln des Marxismus, als eine Sammlung von Dogmen, die sich trotz der Veränderungen der Entwicklungsbedingungen der Gesellschaft „niemals" verändern. Sie glauben, wenn sie diese Schlußfolgerungen und Formeln auswendig lernen und sie hin und her zitieren, daß sie imstande seien, beliebige Fragen zu lösen, da sie damit rechnen, daß sie auswendig gelernten Schlußfolgerungen und Formeln ihnen für alle Zeiten und Länder, für alle Fälle des Lebens zustatten kommen werden. Aber so können nur solche Leute denken, die den Buchstaben des Marxismus, nicht aber sein Wesen sehen, die den Wortlaut der Schlußfolgerungen und Formeln des Marxismus auswendig lernen, ihren Inhalt aber nicht begreifen.

Der Marxismus ist die Wissenschaft von den Entwicklungsgesetzen der Natur und der Gesellschaft, die Wissenschaft von der Revolution der Unterdrückten und ausgebeuteten Massen, die Wissenschaft vom Siege des Sozialismus in allen Ländern, die Wissenschaft vom Aufbau der kommunistischen Gesellschaft. Der Marxismus als Wissenschaft kann nicht auf der Stelle stehen bleiben – er entwickelt und vervollkommnet sich. In seiner Entwicklung muß sich der Marxismus selbstverständlich mit neuen Erfahrungen und neuen Kenntnissen bereichern – folglich müssen sich selbstverständlich seine einzelnen Formeln und Schlußfolgerungen im Laufe der Zeit verändern, müssen durch neue Formeln und Schlußfolgerungen ersetzt werden, die den neuen historischen Aufgaben entsprechen. Der Marxismus erkennt keine unveränderlichen

Schlußfolgerungen und Formeln an, die für alle Epochen und Perioden obligatorisch wären. Der Marxismus ist ein Feind jeglichen Dogmatismus.
Stalin, Der Marxismus und die Fragen der Sprachwissenschaft. Stuttgart 1953, S. 58 ff.

Wir sind für das Absterben des Staates. Dabei setzen wir uns aber zugleich auch für die Verstärkung der Diktatur des Proletariats ein, welche die stärkste und mächtigste Staatsgewalt unter allen bisher dagewesenen Staatsgewalten darstellt. Die höchste Entfaltung der Staatsgewalt im Hinblick auf die Schaffung der Voraussetzungen für das Absterben der Staatsgewalt – das ist die marxistische Formel. Das ist „widersprüchig"? Ja, dies ist „widersprüchig". Doch ist dieser Widerspruch lebensmächtig, und er spiegelt durchaus die Marxsche Dialektik wider.
Stalin, Rechenschaftsbericht des ZK auf dem XVI. Kongreß der KPdSU (B); in: Woprosi Leninisma (Fragen des Leninismus). 9. Aufl., S. 565 f. (fehlt in der dt. Übersetzung: zit. nach: Wetter, a. a. O., S. 254)

2. Die Voraussetzungen für den Übergang vom Sozialismus zum Kommunismus

Um den wirklichen Übergang zum Kommunismus vorzubereiten, nicht aber den Übergang zu deklarieren, müssen mindestens drei grundlegende Vorbedingungen erfüllt werden.

Erstens ist es notwendig, nicht eine mystische „rationelle Organisation" der Produktivkräfte, sondern das ununterbrochene Wachstum der gesamten gesellschaftlichen Produktion bei vorwiegender Steigerung der Produktion von Produktionsmitteln stetig zu gewährleisten. Die vorwiegende Steigerung der Produktion von Produktionsmitteln ist nicht deshalb notwendig, weil durch sie sowohl die Produktionsmittel produzierenden Betriebe als auch die Betriebe aller anderen Zweige der Volkswirtschaft mit Ausrüstungen versorgt werden müssen, sondern auch deshalb, weil ohne sie eine erweiterte Reproduktion überhaupt unmöglich ist.

Zweitens ist es notwendig, das kollektivwirtschaftliche Eigentum vermittels allmählicher, den Kollektivwirtschaften und folglich der gesamten Gesellschaft zum Vorteil gereichender Übergänge auf das Niveau des allgemeinen Volkseigentums zu heben und die Warenzirkulation ebenfalls vermittels allmählicher Übergänge durch ein System des Produktenaustauschs zu ersetzen, damit die Zentralgewalt oder irgendein anderes gesellschaftlich-ökonomisches Zentrum die Gesamterzeugung der gesellschaftlichen Produktion im Interesse der Gesellschaft zu erfassen vermag.

Genosse Jaroschenko irrt sich, wenn er behauptet, im Sozialismus gebe es keinerlei Widerspruch zwischen den Produktionsverhältnissen und den Produktivkräften der Gesellschaft. Natürlich durchlaufen unsere gegenwärtigen Produktionsverhältnisse eine Periode, in der sie sich in völliger Übereinstimmung mit dem Wachstum der Produktivkräfte befinden und diese mit Riesenschritten vorwärtsbringen. Es wäre aber falsch, wollte man sich damit zufriedengeben und annehmen, daß es keinerlei Widersprüche zwischen unseren Produktivkräften und Produktionsverhältnissen gäbe. Widersprüche gibt es zweifellos und wird es zweifellos geben, da die Entwicklung der Produktionsverhältnisse hinter der Entwicklung der Produktivkräfte zurückbleibt und zurückbleiben wird. Bei einer richtigen Politik der leitenden Organe können sich diese Widersprüche nicht in einen Gegensatz verwandeln, und es kann hier nicht zu einem Konflikt zwischen den Produktionsverhältnissen und den Produktivkräften der Gesellschaft kommen. Anders liegen die Dinge, wenn wir eine falsche Politik durchführen, etwa wie sie Genosse Jaroschenko empfiehlt. In dem Falle wird ein Konflikt unvermeidlich, und unsere Produktionsverhältnisse können zu einem schwerwiegenden Hemmschuh für die weitere Entwicklung der Produktivkräfte werden.

Daher ist es die Aufgabe der leitenden Organe, die heranwachsenden Widersprüche rechtzeitig zu erkennen und durch Anpassung der Produktionsverhältnisse an das Wachstum der Produktivkräfte rechtzeitig Maßnahmen zu ihrer Überwindung zu treffen. Dies gilt vor allem für solche ökonomischen Erscheinungen wie das kollektivwirtschaftliche Gruppeneigentum und die Warenzirkulation. Natürlich werden diese Erscheinungen gegenwärtig von uns mit Erfolg zur Entwicklung der sozialistischen Wirtschaft benutzt, und sie bringen unserer Gesellschaft unbestreitbaren Nutzen. Zweifellos werden sie uns auch in nächster Zukunft Nutzen bringen. Es wäre aber unverzeihliche Blindheit, wollte man nicht sehen, daß diese Erscheinungen gleichzeitig auch schon beginnen, die gewaltige Entwicklung unserer Produktivkräfte zu hemmen, da sie Hindernisse für die vollständige Erfassung der gesamten Volkswirtschaft, besonders der Landwirtschaft, durch die staatliche Planung schaffen. Es kann kein Zweifel darüber bestehen, daß diese Erscheinungen je länger, je mehr das weitere Wachstum der Produktivkräfte unseres Landes hemmen werden. Folglich besteht die Aufgabe darin, diese Widersprüche zu beseitigen durch allmähliche Umwandlung des kollektivwirtschaftlichen Eigentums in allgemeines Volkseigentum und durch – gleichfalls allmähliche – Einführung des Produktenaustauschs an Stelle der Warenzirkulation.

Drittens ist es notwendig, ein kulturelles Wachstum der Gesellschaft zu erreichen, das allen Mitgliedern der Gesellschaft eine allseitige Entwicklung ihrer körperlichen und geistigen Fähigkeiten gewährleistet, damit die Mitglieder der Gesellschaft die Möglichkeit erhalten, ausreichende Bildung zu erwerben, um aktiv an der gesellschaftlichen Entwicklung mitzuwirken, damit sie die Möglichkeit erhalten, ihren Beruf frei zu wählen und nicht infolge der bestehenden Arbeitsteilung zeit ihres Lebens an irgendeinen Beruf gefesselt sind. Was ist dazu erforderlich?

Es wäre falsch, wollte man glauben, ein so bedeutsames kulturelles Wachstum der Mitglieder der Gesellschaft könne ohne ernste Veränderungen in der gegenwärtigen Lage der Arbeit erreicht werden. Dazu ist es vor allem notwendig, den Arbeitstag mindestens bis auf sechs und später bis auf fünf Stunden zu verkürzen. Das ist notwendig, damit die Mitglieder der Gesellschaft genügend freie Zeit erhalten, um eine allseitige Bildung zu erwerben. Dazu ist es ferner notwendig, den allgemeinen obligatorischen polytechnischen Unterricht einzuführen, damit die Mitglieder der Gesellschaft die Möglichkeit erhalten, ihren Beruf frei zu wählen, und nicht zeit ihres Lebens an irgendeinen Beruf gefesselt sind. Dazu ist weiter notwendig, die Wohnungsverhältnisse grundlegend zu verbessern und den Reallohn der Arbeiter und Angestellten mindestens um das Doppelte, wenn nicht mehr, zu erhöhen, sowohl durch direkte Erhöhung des Geldlohnes als auch besonders durch eine weitere systematische Senkung der Preise für Massenbedarfsgüter.

Das sind die Grundbedingungen für die Vorbereitung des Übergangs zum Kommunismus.

Erst nach Erfüllung *aller* dieser Vorbedingungen in ihrer Gesamtheit wird man hoffen können, daß die Arbeit in den Augen der Mitglieder der Gesellschaft aus einer Bürde „das erste Lebensbedürfnis" wird (Marx), daß die „Arbeit ... aus einer Last eine Lust" wird (Engels), daß das gesellschaftliche Eigentum von allen Mitgliedern der Gesellschaft als unerschütterliche und unantastbare Grundlage der Existenz der Gesellschaft angesehen wird.

Erst nach Erfüllung *aller* dieser Vorbedingungen in ihrer Gesamtheit wird man von der sozialistischen Formel „Jeder nach seinen Fähigkeiten, jedem nach seiner Leistung" zur kommunistischen Formel „Jeder nach seinen Fähigkeiten, jedem nach seinen Bedürfnissen" übergehen können.

Das wird ein grundlegender Übergang von einer Ökonomik, der Ökonomik des Sozialismus, zu einer anderen, höheren Ökonomik, der Ökonomik des Kommunismus, sein.

Stalin, Ökonomische Probleme des Sozialismus in der UdSSR. Stuttgart 1952, S. 66 ff.

3. Die Kritik Titos und seiner Anhänger am Stalinismus

Die größte Tragödie, nicht nur für die Arbeiterklasse, sondern für die ganze fortschrittliche Bewegung der Welt überhaupt, liegt darin, daß es den Führern einer Partei, d. h. der KPdSU (B), gelang, die zahlreichen führenden Persönlichkeiten der anderen Parteien zu sich hinüberzuziehen. Dies gelang ihnen dadurch, daß sie sich der Autorität der großen Oktoberrevolution, des Werkes des großen Lenin, bedienten ... Infolge der Schwäche der Arbeiterbewegungen [außerhalb Rußlands] sehen die führenden Leute mit immer größerer Ehrfurcht auf alles das, was die führenden Leute der Sowjetunion reden und tun. Damit schaffen sie sich unfehlbare Autoritäten und Götter, genau wie das einst die primitiven Völker taten, die in Unkenntnis der Naturgesetze in jedem Guten und Bösen die Hand irgendeiner Gottheit sahen – selbstverständlich mit dem Unterschied, daß damals diese Götter unsichtbar waren, während man sie heute sehen und hören kann. Sie erwarten die Hilfe dieser Autorität, die ihnen *auf fremden Bajonetten* gebracht werden soll. Würde man mutig beginnen, die Wurzeln dieser Schwächen zu erforschen oder zu suchen, dann wäre es sicher, daß viele Spuren zu jenen führen würden, die den Anspruch erheben, unfehlbar zu sein. Sicher würde es sich zeigen, daß die Befehlsgebung und Schablonisierung in der Vergangenheit und heute die Hauptursache für die Schwäche der fortschrittlichen Bewegungen in der Welt ist. Diese „unfehlbaren" Autoritäten sind also gerade die Bremse, die die richtige Entwicklung der fortschrittlichen Welt überhaupt hemmt, die die Menschen aus den kommunistischen Bewegungen auf den Weg des Revisionismus bringt und damit die Arbeiterbewegung in der Welt schwächt.

Marschall Tito, Die Fabriken in Jugoslawien werden von Arbeitern verwaltet. Belgrad 1950, S. 21 f.

... wie liegen die Dinge in der Sowjetunion, 31 Jahre nach der Oktoberrevolution? Die Oktoberrevolution machte es möglich, daß der Staat alle Produktionsmittel in seine Hände nahm. Aber diese Produktionsmittel befinden sich auch noch heute, nach 31 Jahren, in den Händen des Staates. Hat man dort die Losung verwirklicht: „Die Fabrik gehört den Arbeitern"? Selbstverständlich nicht. Die Arbeiter haben auch heute noch keinerlei Anteil an der Leitung der Fabriken, diese werden vielmehr von den Direktoren geleitet, die der Staat einsetzt, also von Beamten. Die Arbeiter haben nur die Möglichkeit und das Recht zu arbeiten, aber das unterscheidet sich nicht sehr von der Lage der Arbeiter in den kapitalistischen Staaten. Der Unterschied für die Arbeiter liegt nur darin, daß es in der Sowjetunion keine Arbeitslosigkeit gibt – und das ist alles. Die Leiter der Sowjetunion haben also bis heute nicht einmal einen der kennzeichnendsten Akte für ein sozialistisches Land vollzogen, wie es die Übergabe der Fabriken und anderer Wirtschaftsbetriebe aus staatlichen Händen in die Hände der Arbeiter zur Selbstverwaltung darstellt. Da die Leiter der Sowjetunion das staatliche Eigentum als höchste Form des

202

gesellschaftlichen Eigentums ansehen, ergibt sich die Nichtübergabe der Produktionsmittel in die Hände der Arbeiter zur Verwaltung wahrscheinlich gerade aus dieser Auffassung vom Staatseigentum. Außerdem steht dies völlig im Einklang mit der Verstärkung ihrer Staatsmaschine. Dies ist eine Tatsache, von der sich jeder überzeugen kann, wenn er die Wahrheit kennenlernen will.

a.a.O., S. 27f.

Was leistet denn der ungeheure bürokratische zentralistische Apparat? Sind etwa seine Funktionen nach außen gerichtet? Was tun die NKWD und die Miliz? Sind etwa ihre Funktionen nach außen gerichtet? Wer deportiert mit wessen Hilfe Millionen von Staatsangehörigen verschiedenster Nationalität nach Sibirien und in die hohen Norden? Vielleicht will man behaupten, daß dies eine Maßnahme gegen den Klassenfeind sei, vielleicht will man sagen, daß ganze Völker eine Klasse seien, die man vernichten muß? Wer stört und verhindert den Kampf der Meinungen in der Sowjetunion? Tut dies alles nicht ein einziger, äußerst zentralisierter, äußerst bürokratischer Staatsapparat, der in nichts, aber auch rein gar nichts einer Staatsmaschinerie ähnlich ist, die abstirbt? In einem hat Stalin hier recht, wenn man ihn auf die heutige Zeit anwendet, und das ist, daß in der Tat die Funktionen dieser Staatsmaschinerie *auch* nach außen gerichtet sind, aber man muß auch hinzufügen, daß sie sowohl dort, wo es notwendig ist, als auch dort, wo es nicht notwendig ist, nach außen gerichtet sind. Sie sind ausgerichtet auch auf die *Einmischung in die inneren Angelegenheiten anderer Länder.* Dies sind daher am wenigsten Funktionen eines sozialistischen absterbenden Staates, der wirklich abstirbt. Dies erinnert vielmehr an die *Funktionen einer imperialistischen Staatsmaschinerie,* die um Einflußsphären und die Unterjochung anderer Völker kämpft.

a.a.O., S. 33f.

Er beschränkt die *Rolle der Partei* darauf, daß sie den Staatsapparat leitet, der noch die Kennzeichen der Klassenherrschaft trägt. Es ist daher absolut kein Wunder, daß die Partei in der Sowjetunion immer stärker bürokratisch wird und mit dem bürokratischen Staatsapparat zu einem Ganzen verwächst, d.h. sich mit ihm identifiziert, selbst nur ein Teil des bürokratischen Apparates wird und so die Verbindung mit dem Volk und mit allem verliert.

a.a.O., S. 34

Wo liegen die Ursachen für diese unsozialistische Außenpolitik der Sowjetunion? Sie liegen in der Sowjetwirklichkeit, in der ganzen inneren politischen, wirtschaftlichen und kulturellen Struktur dieses Landes. Schon seit langem ist die Sowjetunion in ihrer inneren Entwicklung von der sozialistischen Entwicklung auf den Weg des *Staatskapitalismus* mit einem bisher noch nicht dagewesenen Bürokratensystem abgewichen. Der Bürokratismus ist in der Sowjetunion Selbstzweck geworden. Immer mehr wird er zu einer *ausbeuterischen Macht,* die sich über die Gesellschaft gesetzt hat, die nicht nur jede Weiterentwicklung der Revolution und revolutionären Denkens hemmt, sondern schrittweise die Errungenschaften der Oktoberrevolution liquidiert und immer mehr einen *konterrevolutionären Charakter* annimmt.

Tito, Kampf der Kommunisten Jugoslawiens für die sozialistische Demokratie; in: Der VI. Kongreß der KPJ. Bonn 1952, S. 20

In seinem Artikel im Bolschewik (es handelt sich um die Probleme des Sozialismus in der UdSSR) spricht Stalin von der sozialistischen Wirtschaftsform und sagt: „Die Sowjetmacht ... hat die Vergesellschaftung der Produktionsmittel durchgeführt, sie hat sie zum Eigentum des ganzen Volkes gemacht und damit das Ausbeutungssystem vernichtet, sie hat sozialistische Wirtschaftsformen geschaffen." Ist das nicht nur Phrasendrescherei und Jonglieren mit marxistischen Ausdrücken? Was zeigt demgegenüber die Sowjetpraxis? Sie zeigt, daß *in der Sowjetunion die Ausbeutung des Arbeiters nicht beseitigt* ist, denn sie leiten die Produktion nicht, sondern sind schlechtbezahlte Lohnarbeiter, sie haben *keinen Anteil an der Verteilung der Mehrarbeit* [Tito meint das Mehrprodukt], die nimmt vielmehr die *Staatsbürokratie* vollständig in der Form von *Riesengehältern* und *Prämien*. Die Praxis zeigt, daß es dort sehr wenig sozialistische Formen der Wirtschaft gibt, daß sich vielmehr staatskapitalistische Formen immer stärker entwickeln und immer mehr die scheußliche Form eines staatskapitalistischen Bürokratensystems annehmen.

a. a. O., S. 21

Die Praxis der führenden Nation, also Rußlands innerhalb der Sowjetunion, führte zu furchtbaren Folgen für die nichtrussischen Völker. Einige von ihnen, die einst, das heißt bis zur Versklavung durch die zaristischen Generale, nicht nur als Völker ein Ganzes bildeten, sondern auch als Staaten selbständig waren, sind heute vollkommen vom Antlitz der Erde ausgelöscht, und dies auf die grausamste Art, auf die auch ein Hitler neidisch sein könnte. Die Theorie der führenden Nation ist in einem Vielvölkerstaat ein Ausdruck tatsächlicher Unterwerfung, nationaler Unterdrückung und wirtschaftlicher Ausbeutung der anderen Völker dieses Landes durch die führende Nation. Selbstverständlich haben die nichtrussischen Völker gegen eine solche Theorie und Praxis Widerstand geleistet und leisten ihn auch noch heute. Einige, die zahlenmäßig schwach waren, wurden daher völlig in die sibirische Taiga umgesiedelt oder vernichtet, so zum Beispiel: die deutsche Wolgarepublik, die Republik der Krim-Tataren, die Kalmücken und Tschetschenzen, die Nord-Ostjätische Republik, die Republik Tannu-Tuwa, dann die Völker Estlands, Litauens und Lettlands, die 1939 durch die sowjetische Eroberung ihre Unabhängigkeit verloren und die heute ebenfalls zu Zehntausenden nach Sibirien geschafft und damit in ihrem Bestand als Volk, und nicht nur als Staat, vernichtet werden.

a. a. O., S. 24

Die *bürokratische Despotie sowjetischen Typs* entsteht dort, wo das Proletariat unter Ausnützung günstiger gesellschaftlicher und politischer Verhältnisse in einer siegreichen Revolution die Macht übernommen hat, aber infolge der allgemeinen Rückständigkeit des Landes ... zu schwach war, um sie halten zu können ... Die Schwäche der revolutionären Macht lag bei der sowjetischen Arbeiterklasse nicht in der Stärke der enteigneten Klassen ... sondern in der ungewöhnlich großen allgemeinen Rückständigkeit der sozial-wirtschaftlichen Struktur Rußlands. Ungewöhnlich rückständig war vor allem das sowjetische Dorf. Lenin erkannte diese Lage klar und warnte das sowjetische Proletariat, sein bewaffneter Sieg bedeute keineswegs, daß seine Macht und der Sozialismus in Rußland gesichert seien. Als Lenin die Frage stellte, „wer (schlägt) wen?", dachte er vor allem an den gewaltigen elementaren Druck des kleinen Produzentenelementes, aus dem „täglich der Kapitalismus geboren wird". Dieses Element hat zwar nicht als solches gesiegt ... aber es hat dennoch die Macht der Arbeiterklasse untergraben. Indem die Revolution einen gewaltigen Bürokratenmechanismus schaffen mußte, um dieses Element zu unterdrücken und zu unterwerfen, schuf sie zugleich auch die Kraft, die sich sowohl die Revolution selbst als auch die Arbeiterklasse unterwarf. Infolge der rückständigen Klassenstruktur ... erhielt der Vollzugsapparat eine außergewöhnliche Stärke und Macht und begann eine *selbständige Bürokratenkaste*

204

mit eigenen Gesellschaftsinteressen herauszubilden, mit Interessen, die an das Weiterbestehen staatskapitalistischer Verhältnisse gebunden waren. Nachdem sie das politische Monopol erhalten hatte, strebte diese Kaste nach dem Wirtschaftsmonopol, denn das politische Monopol ließ sich nur auf der Grundlage des Wirtschaftsmonopols aufrechterhalten. Und nachdem sie das innere Wirtschaftsmonopol erobert hatte, begann sie, wie jedes Monopol, zur imperialistischen Politik äußerer Eroberungen und der Hegemonie über die Welt überzugehen.

Edvard Kardelj, Zu den Grundlagen der sozialistischen Demokratie in Jugoslawien. Bad Godesberg o. J., S. 8

4. Der XX. Parteitag der KPdSU

Es wäre keine Übertreibung, zu sagen, daß nach dem Tode Lenins der XX. Parteitag der wichtigste Parteitag in der Geschichte unserer Partei ist. Leninscher Geist und Leninismus durchdringen unsere ganze Arbeit und alle unsere Beschlüsse, als wäre Lenin am Leben und befände sich unter uns.

A. I. Mikojan; in: Diskussionsreden auf dem XX. Parteitag der KPdSU. Berlin 1956, S. 123

a) *Das Prinzip der „friedlichen Koexistenz"*

Das Leninsche Prinzip der *friedlichen Koexistenz* von Staaten mit verschiedener sozialer Ordnung war und bleibt die Generallinie der Außenpolitik unseres Landes. Man sagt, die Sowjetunion habe das Prinzip der friedlichen Koexistenz nur aus taktischen, konjunkturbedingten Erwägungen aufgestellt. Es ist jedoch bekannt, daß wir uns mit der gleichen Beharrlichkeit auch früher, seit den ersten Jahren der Sowjetmacht, für die friedliche Koexistenz eingesetzt haben. Folglich ist das kein taktischer Schachzug, sondern das Grundprinzip der sowjetischen Außenpolitik ... Bis auf den heutigen Tag möchten die Feinde des Friedens der Welt weismachen, die Sowjetunion habe die Absicht, den Kapitalismus in den anderen Ländern durch den „Export der Revolution" zu stürzen. Selbstverständlich gibt es unter uns Kommunisten keine Anhänger des Kapitalismus. Aber das bedeutet durchaus nicht, daß wir uns in die inneren Angelegenheiten der Länder, in denen kapitalistische Zustände bestehen, eingemischt haben oder einmischen wollen ... Es wäre lächerlich zu glauben, daß Revolutionen auf Bestellung gemacht werden ... Die Ideologen der Bourgeoisie verdrehen die Tatsachen und werfen bewußt die Fragen des ideologischen Kampfes mit den Fragen der Beziehungen zwischen Staaten durcheinander, um die Kommunisten und die Sowjetunion als aggressive Leute hinzustellen.

N. S. Chruschtschow, Rechenschaftsbericht des ZK der KPdSU an den XX. Parteitag, 14. 2. 1956. Berlin 1956, S. 38 f.

– *gilt nicht für die Ideologie*

In diesem Zusammenhang darf nicht verschwiegen werden, daß einige Funktionäre versuchen, die absolut richtige These von der Möglichkeit der friedlichen Koexistenz von Ländern mit verschiedenen sozialen und politischen Systemen auf das *Gebiet der Ideologie* zu übertragen. Das ist ein schädlicher Irrtum. Aus der Tatsache, daß wir für die friedliche Koexistenz und den wirtschaftlichen Wettstreit mit dem Kapitalismus eintreten, darf keineswegs die Schlußfolgerung gezogen werden, daß der Kampf gegen die bürgerliche Ideologie, gegen die Überreste des Kapitalismus im Bewußtsein der

Menschen abgeschwächt werden kann. Unsere Aufgabe ist es, die bürgerliche Ideologie unermüdlich zu entlarven und ihren volksfeindlichen, reaktionären Charakter aufzudecken.

a.a.O., S. 154

b) *Die Möglichkeit verschiedenartiger Wege zum Sozialismus*

Es ist durchaus wahrscheinlich, daß die Formen des Übergangs zum Sozialismus immer mannigfaltiger werden. Dabei ist es nicht unbedingt notwendig, daß die Verwirlichung dieser Formen unter allen Umständen mit einem *Bürgerkrieg* verbunden sein wird. Unsere Feinde pflegen uns Leninisten immer und in allen Fällen als Anhänger der Gewalt darzustellen. Es ist richtig, daß wir die Notwendigkeit der revolutionären Umgestaltung der kapitalistischen Gesellschaft in die sozialistische Gesellschaft anerkennen. Und das unterscheidet die revolutionären Marxisten von den Reformisten, den Opportunisten. Es besteht kein Zweifel, daß *für eine Reihe kapitalistischer Staaten* der *gewaltsame Sturz* der Diktatur der Bourgeoisie und die damit verbundene schroffe Zuspitzung des Klassenkampfes unvermeidlich sind. Aber es gibt verschiedene Formen der sozialen Revolution. Und daß wir angeblich Gewalt und Bürgerkrieg als den *einzigen* Weg zur Umgestaltung der Gesellschaft anerkennen – das entspricht nicht den Tatsachen ... Der Leninismus lehrt, daß die herrschenden Klassen die Macht nicht freiwillig abtreten. Aber die größere oder geringere Schärfe des Kampfes, die Anwendung oder Nichtanwendung von Gewalt beim Übergang zum Sozialismus hängen nicht so sehr vom Proletariat als vielmehr vom *Widerstand der Ausbeuter,* von der Gewaltanwendung durch die Ausbeuterklasse ab. In diesem Zusammenhang taucht die Frage auf, ob es möglich ist, auch den *parlamentarischen* Weg für den Übergang zum Sozialismus auszunutzen. Für die russischen Bolschewiki, die erstmalig den Übergang zum Sozialismus vollzogen, war ein solcher Weg ausgeschlossen ... seitdem sind jedoch in der historischen Lage grundlegende Veränderungen vor sich gegangen, die es gestatten, an diese Frage auf neue Art und Weise heranzugehen ... Die Arbeiterklasse hat in einer Reihe kapitalistischer Länder unter den gegenwärtigen Bedingungen die reale Möglichkeit, unter ihrer Führung die übergroße Mehrheit des Volkes zu vereinigen und den Übergang der wichtigsten Produktionsmittel in die Hände des Volkes zu erreichen. Die rechten bürgerlichen Parteien und die von ihnen gebildeten Regierungen erleiden immer häufiger Bankrott. Unter diesen Umständen hat die Arbeiterklasse, indem sie die werktätige Bauernschaft, die Intelligenz und alle patriotischen Kräfte um sich schart und den opportunistischen Elementen ... eine entschiedene Abfuhr erteilt, die Möglichkeit, den reaktionären, volksfeindlichen Kräften eine Niederlage zu bereiten, eine stabile Mehrheit im Parlament zu erobern und es *aus einem Organ der bürgerlichen Demokratie in ein Werkzeug des tatsächlichen Volkswillens* zu verwandeln. In einem solchen Fall kann diese für viele hochentwickelte Länder traditionelle Institution zum Organ einer wahren Demokratie, einer Demokratie für die Werktätigen werden.

a.a.O., S. 45

c) *Ausgleich der Lohnverhältnisse*

Vor kurzem haben das ZK der Partei und der Ministerrat der UdSSR den Auftrag erteilt, den Entwurf einer Verordnung über die *Erhöhung des Arbeitslohns der niedrig bezahlten Gruppen der Werktätigen* vorzubereiten. Diese Lohnerhöhung soll neben allgemeinen Maßnahmen zur Regelung des Arbeitslohns der Arbeiter und Angestellten in den

206

verschiedenen Wirtschaftszweigen in Kraft treten. Dabei muß ein richtiges Verhältnis zwischen der Höhe des Arbeitslohns der einzelnen Gruppen von Werktätigen und ihrer Qualifikation sowie dem Schwierigkeitsgrad der Arbeit gewahrt werden ... Neben den niedrig bezahlten Werktätigen gibt es eine allerdings kleine Kategorie von Personen, bei deren Bezahlung ein durch nichts gerechtfertigtes *Übermaß* geduldet wird ... Es ist notwendig, die Formen des Arbeitslohns in allen Wirtschaftszweigen beharrlich zu verbessern und zu vervollkommnen, den *Arbeitslohn direkt von Menge und Güte der Arbeit* eines jeden Arbeiters *abhängig zu machen* und die *materielle Interessiertheit zur Steigerung der Arbeitsproduktivität als mächtigen Hebel* zu benutzen. Was die Ingenieure und Techniker sowie die leitenden Wirtschaftsfunktionäre betrifft, so muß auch bei ihnen ein Teil des Gehalts von den grundliegenden Kennziffern der Arbeit der Werkhalle, des Betriebs, den gegebenes gegebenen Industriezweigs, der Kollektivwirtschaften, der MTS und der Sowjetgüter abhängig gemacht werden. Ein solches System der Entlohnung wird den sozialistischen Prinzipien der *Bezahlung nach Arbeitsleistung* entsprechen.

    a. a. O., S. 95

Das ZK der Partei und der Ministerrat der UdSSR treffen Maßnahmen zur Regelung der mit der *Rentenversorgung* zusammenhängenden Fragen; das Ziel ist dabei, die Sätze für die *niedrigen Rentengruppen beträchtlich zu erhöhen* und *ungerechtfertigt hohe Rentensätze etwas herabzusetzen.*

    a. a. O., S. 99

Um die günstigsten Voraussetzungen für die Verwirklichung der allgemeinen Oberschulbildung zu schaffen und es der Jugend zu erleichtern, Hochschulbildung zu erwerben, wurde beschlossen, mit Beginn des neuen Schul- und Studienjahres die Unterrichts- und Studiengebühren abzuschaffen.

    a. a. O., S. 104

d) *Erweiterung des Kompetenzbereiches der Unionsrepubliken*

Früher, als es an der Peripherie wenig Fachleute gab, als in einigen Republiken die Kader schwach waren ... erfolgte die Leitung fast aller Betriebe durch die Unionsministerien [in Moskau]. Jetzt hat sich die Lage geändert: Zusammen mit der Industrie sind in allen Unionsrepubliken die Menschen gewachsen, sind *nationale Kader* entwickelt worden, und das allgemeine kulturelle Niveau aller Völker der UdSSR hat sich rapide gehoben. Unter diesen neuen Bedingungen müssen die alten Methoden der Wirtschaftsleitung ernstlich revidiert werden. Während den Unionsministerien weiterhin die allgemeine Leitung, die Festsetzung der Planauflagen, die Kontrolle ihrer Durchführung, die Versorgung mit Ausrüstungen und die Finanzierung der Investitionen obliegt, gilt es, die *Rechte der Republikministerien beträchtlich zu erweitern.* In letzter Zeit hat das ZK der Partei eine Reihe von Maßnahmen in dieser Richtung ergriffen. In diesem Zusammenhang ist vor allem zu erwähnen, daß Republikministerien gebildet worden sind, so für Hüttenwesen und Kohlenindustrie in der Ukraine, für Erdölindustrie in Kasachstan, und daß alle in den erwähnten Republiken befindlichen Betriebe des jeweiligen Industriezweiges diesen Ministerien unterstellt wurden.

    a. a. O., S. 114

Oder nehmen wir eine solche Frage wie die Aufteilung der Haushaltsmittel unter die Unionsrepubliken. Im wesentlichen werden diese Mittel richtig verteilt, obgleich man ernstlich darauf bedacht sein muß, auch hier die Rolle und Autorität der Republiken zu erhöhen. Einige Genossen klagen darüber, daß bei der Festsetzung der Mittel für das Bildungswesen, für das Gesundheitswesen, für den Bau von Wohnungen und sozialen und kulturellen Einrichtungen sowie für die Verschönerung der Städte usw. noch die notwendige Ordnung fehlt. Das hat manchmal zur Folge, daß für einige Republiken unbegründeterweise mehr Mittel zur Verfügung stehen als für andere.

Kann man eine solche Lage als normal betrachten? Natürlich nicht, und vor allem deswegen nicht, weil sie die Grundlage für gerechte Beziehungen – gleiche Bedingungen für alle – verletzt ... Eine kleinliche Bevormundung der Unionsrepubliken darf nicht geduldet werden. Im festgelegten Rahmen der Volkswirtschaftspläne der Sowjetunion müssen sie selbst die konkreten Fragen der Entwicklung dieser oder jener Zweige ihrer Wirtschaft lösen. Das wird die Souveränität einer jeden Republik und das Vertrauen der Republiken untereinander noch mehr festigen und einer jeden von ihnen helfen, bei der Erschließung der örtlichen Reserven größte Initiative zu entwickeln.

a.a.O., S. 115

e) Der „sozialistische Demokratismus"

Es muß festgestellt werden, daß in der Tätigkeit der Sowjets ernste Mängel vorhanden sind und zuweilen auch direkte Abweichungen von den Normen und Bestimmungen der sowjetischen Verfassung vorkommen. So müssen die Deputierten vor ihren Wählern Rechenschaft ablegen. Indessen hat sich in den letzten Jahren verschiedenenorts eine falsche Praxis herausgebildet, daß die Deputierten der Sowjets und die Exekutivkomitees nur von Fall zu Fall vor der Bevölkerung Rechenschaft ablegen ... In der Verfassung ist ferner vorgesehen, daß ein *Deputierter* der Sowjets, der das ihm erwiesene Vertrauen nicht gerechtfertigt hat, *von den Wählern abberufen* werden kann. Diese Bestimmung wird nicht immer jenen Deputierten gegenüber angewandt, die das Vertrauen der Wähler enttäuscht haben. Die *Tagungen der Obersten Sowjets* der Unions- und Autonomen Republiken werden *gewöhnlich nur einmal jährlich* einberufen, *anstatt zweimal, wie das in der Verfassung vorgesehen ist.*

a.a.O., S. 119

f) Abbau des bürokratischen Apparates

Entsprechend der Leninschen Organisationsprinzipien der Arbeit des Verwaltungsapparats haben das ZK der KPdSU und der Ministerrat der UdSSR in den beiden letzten Jahren wichtige Maßnahmen durchgeführt, um die Struktur zu vereinfachen, die Stellenpläne einzuschränken und die Arbeit des Verwaltungsapparats zu verbessern. Diese Maßnahmen haben ergeben, daß der Verwaltungsapparat nach vorliegenden Angaben um nahezu 750 000 Personen verringert worden ist. Es muß gesagt werden, daß der Verwaltungsapparat immer noch übermäßig groß ist; sein Unterhalt kostet den Staat riesige Summen. Die Sowjetgesellschaft ist daran interessiert, daß mehr Menschen im Bereich der materiellen Produktion – in den Werken und Fabriken, den Schächten, auf den Baustellen, in den Kollektivwirtschaften, MTS und Sowjetgütern – arbeiten, dort, wo der Reichtum des Volkes geschaffen wird.

a.a.O., S. 120

g) Die „sozialistische Gesetzlichkeit" und die Rolle der Staatssicherheitsorgane

Große Aufmerksamkeit schenkt das ZK der Partei nach wie vor der Frage der Festigung der sozialistischen Gesetzlichkeit. Die Erfahrungen haben gezeigt, daß die Feinde des Sowjetstaates schon die geringste Schwächung der sozialistischen Gesetzlichkeit für ihre niederträchtige Zersetzungsarbeit auszunutzen suchen. Diesen Weg ging die von der Partei entlarvte Berija-Bande, die versuchte, die Organe des Staatssicherheitsdienstes der Kontrolle seitens der Partei und Sowjetmacht zu entziehen, sie über die Partei und die Regierung zu stellen und in diesen Organen eine Atmosphäre der Gesetzlosigkeit und der Willkür zu schaffen. Aus ihren feindlichen Zielen heraus fabrizierte diese Bande gefälschtes Anklagematerial gegen ehrliche leitende Funktionäre und einfache Sowjetbürger.

Das ZK hat die sogenannte „Leningrader Sache" überprüft und festgestellt, daß ... [sie] jeder Grundlage entbehrte. [Danach] überprüfte es auch eine Reihe anderer zweifelhafter Sachen. Das ZK hat Maßnahmen zur Wiederherstellung der Gerechtigkeit getroffen. Auf Antrag des ZK wurden die unschuldig verurteilten Menschen rehabilitiert.

Aus all dem hat das ZK ernste Schlußfolgerungen gezogen. Die Arbeit der Staatssicherheitsorgane wurde unter die erforderliche Kontrolle der Partei und der Regierung gestellt. Es wurde eine bedeutsame Arbeit geleistet, um die Organe der Staatssicherheit, das Gerichtswesen und die Staatsanwaltschaft durch bewährte Kader zu festigen. Die Staatsanwaltschaft erhielt ihre Rechte in vollem Umfang wieder und ist verstärkt worden.

Unsere Partei-, Staats- und Gewerkschaftsorganisationen müssen wachsame Hüter der sowjetischen Gesetze sein, müssen jeden, der sich Übergriffe gegen die sozialistische Rechtsordnung zuschulden kommen läßt, entlarven und jede, auch die geringste Erscheinung von Gesetzlosigkeit und Willkür aufs strengste unterbinden.

Es muß gesagt werden, daß im Zusammenhang mit der Überprüfung und Aufhebung der in verschiedenen Verfahren gefällten Urteile bei manchen Genossen ein gewisses Mißtrauen gegenüber den Mitarbeitern der Staatssicherheitsorgane in Erscheinung getreten ist. Das ist natürlich falsch und sehr schädlich. Wir wissen, daß die Mitarbeiter unseres Staatssicherheitsdienstes in ihrer überwiegenden Mehrheit aus ehrlichen, unserer gemeinsamen Sache ergebenen Funktionären bestehen, und wir vertrauen diesen Kadern. Man darf nicht vergessen, daß die Feinde stets versucht haben und auch in Zukunft versuchen werden, die große Sache der Errichtung des Kommunismus zu stören. Die kapitalistische Umwelt hat so manchen Spion und Diversanten zu uns geschickt. Es wäre naiv, anzunehmen, die Feinde würden ihre Versuche, uns mit allen Mitteln zu schaden, jetzt aufgeben.

a.a.O., S. 122f.

h) Für kollektive Führung – gegen den Persönlichkeitskult

Die weitere Festigung der Einheit der Partei und die Hebung der Aktivität der Parteiorganisationen erforderten die Wiederherstellung der von Lenin aufgestellten Normen des Parteilebens, gegen die früher häufig verstoßen wurde. Erstrangige Bedeutung hatten die Wiederherstellung und die gründliche Verankerung des *Leninschen Prinzips der kollektiven Leitung*. Das ZK war bemüht, in dieser Hinsicht ein Beispiel zu geben. Es ist für alle offenkundig, wie sehr sich die Rolle des ZK als des kollektiven Führers unserer Partei in den letzten Jahren gehoben hat. Das *Präsidium des ZK* ist zu einem regelmäßig arbeitenden Organ geworden, in dessen Gesichtskreis sich alle wichtigen Fragen der Partei und des Landes befinden ... Das ZK trat entschieden dem *Kult der Persönlichkeit,* der dem Geist des Marxismus-Leninismus fremd ist, entgegen, denn dieser Kult verwandelt den oder jenen Funktionär in einen Heros, einen *Wundertäter,* mindert gleichzeitig die Rolle der Partei und der Volksmassen und führt zum Nachlassen ihrer schöpferischen Aktivität. Die Verbreitung des Persönlichkeitskults setzte die Rolle der kollektiven Leitung der Partei herab und führte zuweilen zu ernsten Versäumnissen in unserer Arbeit.

a. a. O., S. 132

5. Der XXII. Parteitag und das neue Parteiprogramm der KPdSU

a) Nochmals „friedliche Koexistenz" und die „Neutralen"

Noch vor einigen Jahren traten in den internationalen Beziehungen zwei entgegengesetzte Lager auf: das sozialistische und das imperialistische. Heute haben die Länder Asiens, Afrikas und Lateinamerikas, die sich vom fremdländischen Joch befreit haben oder eben erst befreien, in internationalen Angelegenheiten eine aktive Rolle zu spielen begonnen. Diese Länder werden nicht selten „neutralistisch" genannt, wenn man sie auch nur insofern als neutral ansprechen kann, als sie keinem der bestehenden militärisch-politischen Bündnisse angehören. Doch die meisten dieser Länder sind keineswegs neutral, wenn es sich um die Kardinalfrage der Gegenwart – die Frage von Frieden und Krieg – handelt. In der Regel treten sie für den Frieden, gegen den Krieg auf. Die Länder, die sich vom Kolonialismus befreit haben, werden zu einem ernst zu nehmenden Friedensfaktor, zu einem Faktor im Kampf gegen Kolonialismus und Imperialismus, die weltpolitischen Kardinalfragen können nicht mehr ohne Rücksicht auf ihre Interessen gelöst werden *(S. 25).*

Wenn die Anhänger einer mehr oder minder gemäßigten Politik unter dem Druck der Massen [in westlichen Ländern] die Oberhand gewinnen, tritt eine internationale Entspannung ein, und die Wolken des Krieges zerstreuen sich etwas. Läßt aber der Druck der Massen nach und siegen die Gruppen der Bourgeoisie, die sich am Wettrüsten bereichern und den Krieg als eine zusätzliche Profitquelle ansehen, dann tritt eine Verschärfung der internationalen Lage ein.

Die *friedliche Koexistenz* von Staaten mit verschiedener Gesellschaftsordnung kann demnach *nur durch einen opfermutigen Kampf aller Völker* gegen das aggressive Treiben der Imperialisten aufrechterhalten und gewährleistet werden ... Frieden und friedliche Koexistenz sind nicht ein und dasselbe. Friedliche Koexistenz bedeutet nicht einfach, daß kein Krieg ist, nicht einfach einen vorübergehenden, unbeständigen Waffenstillstand zwischen Kriegen; sie bedeutet die Koexistenz zweier entgegengesetzter sozialer Systeme, fußend auf dem beiderseitigen Verzicht auf einen Krieg als Mittel zur Beilegung zwischenstaatlicher Streitigkeiten.

a. a. O., S. 27

Unserer Ansicht nach sind die Kräfte des Sozialismus, sind alle Kräfte, die auf den Positionen des Friedenskampfes stehen, jetzt mächtiger als die aggressiven imperialistischen Kräfte. Doch selbst wenn man sich mit dem Präsidenten der Vereinigten Staaten einverstanden erklären wollte, der erst unlängst erklärt hat, unsere Kräfte seien gleich, so wäre es auch dann ausgesprochen unvernünftig, einen Krieg anzudrohen. Wenn eine Gleichheit anerkannt wird, müssen daraus die gebotenen Schlüsse gezogen werden. Heutzutage ist eine Politik der Stärke gefährlich.

a. a. O., S. 31

210

In diesem Zusammenhang macht Chruschtschow auch Ausführungen über den „Abschluß eines Friedensvertrages mit Deutschland" und über die Verwandlung West-Berlins in eine sogenannte „Freie Stadt".

N.S. Chruschtschow, Rechenschaftsbericht des ZK der KPdSU an den XXII. Parteitag der KPdSU am 17.10.1961. Herausgegeben als Beilage der Zeitschr. „Die Sowjetunion heute" von der Presseabteilung der Botschaft der UdSSR. Bonn 1961

b) *Der Übergang zum Kommunismus und der „Ausbau der sowjetischen Demokratie"*

Der Übergang zu den kommunistischen Prinzipien ist möglich, aber nicht eher, als die *materiell-technische* Basis geschaffen ist, als das *Bewußtsein* der Menschen ein *hohes Niveau* erreicht hat, als die Prinzipien des Sozialismus ihre progressiven Möglichkeiten voll entfaltet und restlos zur Geltung gebracht haben … In den letzten Jahren hat die Partei in allen Lebensbereichen der sowjetischen Gesellschaft umfangreiche soziale und wirtschaftliche Maßnahmen getroffen. Ihre revolutionäre Bedeutung besteht nicht nur darin, daß sie dazu beigetragen haben, die materiell-technische Basis zu stärken, sondern auch darin, daß sie bei der Entwicklung der gesellschaftlichen Verhältnisse bei der *weiteren Annäherung beider Formen des sozialistischen Eigentums* eine wichtige Rolle gespielt haben.

a.a.O., S. 73

Die *Keime des Neuen im Charakter der Arbeit,* in der Beziehung der in der Produktion Beschäftigten zueinander, werden immer deutlicher sichtbar. Die Hauptsache ist, daß sich immer stärkere Schichten der Werktätigen daran *gewöhnen, bewußt, mit aller Kraft und unter Aufbietung ihrer Fähigkeiten* zu arbeiten. Schon jetzt ist die Arbeit für viele sowjetische Menschen nicht einfach eine Erwerbsmöglichkeit, sondern *eine gesellschaftliche Berufung,* eine *moralische Pflicht.*

a.a.O., S. 73

Die Fortentwicklung des *sozialistischen Prinzips der Verteilung nach geleisteter Arbeit* (ist die) wichtigste *Voraussetzung für den Übergang zum kommunistischen Prinzip* der Verteilung nach den Bedürfnissen. Konsequent hält sich die Partei an den Grundsatz der persönlichen materiellen Interessiertheit und tritt entschieden gegen Gleichmacherei bei der Entlohnung auf … *Solange* wir noch *keinen Überfluß* an materiellen Gütern haben *und die Arbeit noch nicht* für jeden zum *vornehmsten Lebensbedürfnis* geworden ist, liegt kein Grund vor, vom sozialistischen Verteilungsprinzip abzugehen und die Kontrolle der Gesellschaft und des Staates über die Menge der Arbeit und die Menge des Verbrauchs zu lockern.

a.a.O., S. 74

Wir müssen ständig bei W.I. Lenin lernen, mit den Menschen, wie sie eben sind, zu arbeiten. In der Politik darf man kein Subjektivist sein und darf nicht nach der Regel handeln: „Was ich will, das tue ich." Man muß Augen für das Leben des Volkes haben, muß es studieren, muß auf seine Stimme hören. Die Partei sieht im *Zusammenwirken materieller und ideologischer Anreizmittel* den Weg, der zur Schaffung eines Überflusses und zur Verteilung nach den Bedürfnissen, zum Sieg der kommunistischen Arbeit führt und unbedingt zum Ziel führen wird.

a.a.O., S. 74f.

Auf der Basis des technischen Fortschritts, der Hebung des kulturellen und technischen Niveaus der Werktätigen *schwinden die wichtigsten Unterschiede zwischen geistiger und körperlicher Arbeit.* Die Arbeit des mit modernsten Maschinen und Kenntnissen gewappneten Arbeiters und Kolchosbauern vereinigt in sich Elemente der körperlichen und der geistigen Arbeit. Mittel- und Hochschulbildung haben jetzt 40 Prozent der Arbeiter und mehr als 23 Prozent der Kolchosbauern. Heute fällt es vielfach schon schwer, einen fortgeschrittenen Arbeiter von einem Ingenieur, einen fortgeschrittenen Kolchosbauern von einem Agronomen zu unterscheiden.

a.a.O., S. 75

Die proletarische Demokratie wird zur *sozialistischen Demokratie des ganzen Volkes.* Mit großer Genugtuung stellen wir fest, daß wir schon nahe vor dem von W. I. Lenin gesteckten Ziel stehen, ausnahmslos *alle Staatsbürger zu staatlichen Funktionen heranziehen.* Viele Millionen sowjetischer Menschen beteiligen sich als Mitglieder der Sowjets und ihrer Kommissionen, der wählbaren Leitungen der Genossenschaften, Gewerkschaften, Komsomol und anderen öffentlichen Organisationen an der Lenkung der Staatsgeschäfte und kommen ehrenamtlichen Aufträgen nach ... Unsere Partei betrachtet es als die wichtigste Aufgabe, die Staatsorgane zu entwickeln und *die Sowjets* der Werktätigendeputierten *zu gesellschaftlichen Selbstverwaltungsorganen zu machen,* steuert aber *zugleich* darauf hin – und wird es auch künftig tun –, *den öffentlichen Organisationen* immer mehr Staatsfunktionen zu überlassen. Wichtig ist jedoch, daß der Entwicklungsstand der öffentlichen Organisationen selbst, die Zunahme ihrer Eigeninitiative berücksichtigt werden. Was wir brauchen, ist *kein formaler Wechsel der Aushängeschilder, sondern eine wirkliche Umgestaltung ...* Die Übergabe vieler wichtiger Staatsfunktionen an die gesellschaftlichen Organisationen, die allmähliche Umwandlung der *Kraft der Überzeugung* und der Erziehung in die Hauptmethode, nach der das Leben der sowjetischen Gesellschaft geregelt werden muß, bedeutet nicht und kann auch nicht bedeuten, *daß die Kontrolle über die genaue Einhaltung der sowjetischen Rechtsnormen,* der Normen der Arbeits- und Lebensdisziplin, *gelockert werden darf.* Wir müssen die Menschen dazu erziehen, die sowjetischen Gesetze zu respektieren. In vollem Maße muß sowohl die Macht des Gesetzes als auch die Macht der öffentlichen Einwirkung, des öffentlichen Einflusses ausgeübt werden.

a.a.O., S. 76

c) *Die Moral – der Erbauer des Kommunismus*

Die Kommunisten verwerfen die Moral der bürgerlichen Gesellschaft, in der der Ich-Begriff das höchste Prinzip ist und der Reichtum der einen nur infolge des Ruins der anderen möglich ist, in der die zersetzende Mentalität des Egoismus, der Raffsucht, der Gier nach Bereicherung kultiviert wird. Die Kommunisten setzen der Welt des Privateigentums das gesellschaftliche Eigentum, dem bürgerlichen Individualismus das Prinzip der *Kameradschaft* und des *Kollektivismus* entgegen.

a.a.O., S. 75

Kommunismus und Arbeit sind untrennbar. Das große Prinzip: „Wer nicht arbeitet, soll auch nicht essen", wird auch im Kommunismus gelten und tatsächlich zum geheiligten Prinzip für alle werden. *Was den Menschen adelt,* schön macht, ist seine Arbeit, sind seine Werke, ist das, was er geschaffen, was er vollbracht hat. In der Arbeit zeigen sich die Fähigkeiten und Talente der Menschen, das Genie des Menschen, *in der Arbeit liegt die Unsterblichkeit der Menschheit.*

Vorbereitung des Menschen zur Arbeit, Stählung des Menschen durch Arbeit – *Förderung der Liebe zur Arbeit* und der Achtung vor ihr als dem ersten Lebensbedürfnis

212

– das ist es, was den Kern, was die Quintessenz der *gesamten kommunistischen Erzie-hungsarbeit* ausmacht.
a.a.O., S. 99

Die Kommunisten lehnen die Klassenmoral der Ausbeuter ab, sie stellen den ver-derbten, egoistischen Ansichten und Sitten der alten Welt die *kommunistische Moral* entgegen, *die gerechteste* und *hochsinnigste Moral,* die den Interessen und Idealen der gesamten werktätigen Menschheit Ausdruck verleiht. *Die einfachen Normen der Sitt-lichkeit und Gerechtigkeit,* die unter der Ausbeuterherrschaft bis zur Unkenntlichkeit entstellt oder schamlos mit Füßen getreten wurden, *werden im Kommunismus zu un-umstößlichen Lebensregeln* für die Beziehungen zwischen den Individuen wie auch für die Beziehungen zwischen den Völkern. Zur kommunistischen Moral gehören die *allge-meinmenschlichen moralischen Normen,* die von den Volksmassen im Laufe der Jahr-tausende im Kampf gegen soziale Knechtschaft und sittliche Laster entwickelt wurden. Besonders große Bedeutung hat für die sittliche Entwicklung der Gesellschaft die revo-lutionäre Moral der Arbeiterklasse. Beim Aufbau des Sozialismus und Kommunismus bereichert sich die kommunistische Moral durch neue Grundsätze, durch einen neuen Inhalt.

Nach Ansicht der Partei enthält der *Sittenkodex der Baumeister des Kommunismus* folgende ethische Prinzipien:

Treue zur Sache des Kommunismus, Liebe zur sozialistischen Heimat, zu den Län-dern des Sozialismus;

gewissenhafte Arbeit zum Wohle der Gesellschaft: Wer nicht arbeitet, soll auch nicht essen;

Sorge eines jeden für *Erhaltung und Mehrung des gesellschaftlichen Eigentums; ho-hes gesellschaftliches Pflichtbewußtsein,* Unduldsamkeit bei Verstößen gegen die ge-sellschaftlichen Interessen;

Kollektivgeist und kameradschaftliche Hilfe: Einer für alle, alle für einen; humanes Verhalten und *gegenseitige Achtung der Menschen;* der Mensch ist des Menschen Freund, Kamerad, Bruder;

Ehrlichkeit und Wahrheitsliebe, *sittliche Sauberkeit,* Schlichtheit und *Bescheidenheit* im gesellschaftlichen wie im persönlichen Leben;

gegenseitige Achtung in der Familie, Sorge für die Erziehung der Kinder;

Unversöhnlichkeit gegenüber Ungerechtigkeit, Schmarotzertum, Unehrlichkeit und Strebertum;

Freundschaft und Brüderlichkeit *aller Völker der UdSSR,* Unduldsamkeit gegenüber nationalen Zwist und Rassenhader;

Unversöhnlichkeit gegenüber den Feinden des Kommunismus, des Friedens und der Völkerfreiheit;

brüderliche *Solidarität* mit den Werktätigen aller Länder, mit allen Völkern.

Programm der KPdSU (1961); zit. nach: C. W. Gasteyger (Hrsg.), Perspektiven der sowjeti-schen Politik. Köln – Berlin 1962

d) *Maßnahmen zur „systematischen Erneuerung der personellen Zusammenset-zung" von Staats- und Parteiorganen*

Die allseitige *Entfaltung und Vervollkommnung der sozialistischen Demokratie,* die ak-tive Beteiligung aller Bürger an der Staatsverwaltung und an der Leitung des Wirt-schafts- und Kulturaufbaus, die Verbesserung der Arbeit des Staatsapparats und die

213

Verstärkung der Volkskontrolle über seine Tätigkeit bilden die *Hauptrichtung,* in der sich das sozialistische Staatswesen während des Aufbaus des Kommunismus entwickelt. (*S. 228*).

Damit die Sowjets besser arbeiten und ihnen neue Kräfte zuströmen, damit neue Hunderttausende, ja Millionen Werktätige durch die Schule der Staatsverwaltung gehen, ist es zweckmäßig, die personelle Zusammensetzung der *Sowjets bei jeder Wahl* mindestens *zu einem Drittel* zu erneuern.

Um zur Tätigkeit in den leitenden Organen einen größeren Kreis fähiger Menschen heranzuziehen und auch um die Möglichkeit von Amtsmißbrauch seitens einzelner Funktionäre der Staatsverwaltung auszuschalten, hält die Partei es für *notwendig, die führenden Organe in ihrer Zusammensetzung systematisch zu erneuern.* Es ist zweckmäßig festzusetzen, daß die *leitenden Funktionäre* der Unions-, der Republik- und der örtlichen Organe in der Regel *höchstens dreimal* hintereinander für je eine Amtszeit auf den betreffenden Posten gewählt werden dürfen. In den Fällen, in denen die weitere Tätigkeit eines Funktionärs im leitenden Organ aufgrund seiner persönlichen Eignung nach allgemeiner Ansicht nützlich und notwendig ist, kann er wiedergewählt werden. In diesem Fall ist die Wahl nur dann gültig, wenn sie nicht mit einfacher Mehrheit erfolgt ist, sondern mit einer Mehrheit von mindestens drei Vierteln aller abgegebenen Stimmen (*S. 229*).

Bei den Wahlen zu den *Parteiorganen* ist zu beachten, daß das *Prinzip der systematischen Erweiterung ihrer personellen Zusammensetzung* und der Kontinuität der Leitung eingehalten wird.

Bei jeder ordentlichen *Wahl des ZK* der KPdSU und seines Präsidiums wird *mindestens ein Viertel* ihres Bestandes erneuert. Mitglieder des Präsidiums werden in der Regel nicht mehr als dreimal nacheinander gewählt. *Bestimmte Parteifunktionäre können* kraft ihrer anerkannten Autorität, ihrer hervorragenden politischen, organisatorischen und sonstigen Eigenschaften *mehrere Male* nacheinander für eine längere Zeitspanne *in leitende Organe gewählt werden.* In diesem Fall gilt der betreffende Kandidat als gewählt, wenn bei der geschlossenen (geheimen) Abstimmung mindestens drei Viertel aller Stimmen für ihn abgegeben wurden.

Die personelle Zusammensetzung der ZKs der Kommunistischen Parteien der Unionsrepubliken, der Regional- und Gebietskomitees wird bei jeder ordentlichen Wahl *mindestens zu einem Drittel,* die Zusammensetzung der Bezirks-, Stadt- und Rayonkomitees, der Komitees oder Büros der Grundorganisationen zur *hälfte* erneuert ... *(S. 277f.).*

6. Der XXIII. Parteitag und die umstrittene Generallinie der Führungsgruppe Breschnew – Kossygin bis 1969

a) *Zunehmende Widersprüche in der kapitalistischen Welt*

Unabänderlich wirkt das Gesetz der ungleichmäßigen ökonomischen und politischen Entwicklung der kapitalistischen Länder, die Widersprüche zwischen kapitalistischen Staaten spitzen sich zu. Im Laufe von einigen Jahren hatten die Länder Westeuropas und Japan ein höheres wirtschaftliches Wachstumstempo als die USA. In den letzten Jahren [gemeint vor 1966] sind jedoch die Rollen vertauscht worden. Während das wirtschaftliche Wachstumstempo in den USA zunahm, sank es in Westeuropa und in Japan stark.

214

Das haben sich die USA-Monopole zunutze gemacht, um eine neue Offensive auf dem Weltmarkt zu starten. Das amerikanische Kapital ist erneut dazu übergegangen, sich besonders intensiv in der Industrie Italiens, der BRD, Englands und anderer Länder einzunisten. Allerdings haben es jetzt die amerikanischen Monopole im Gegensatz zu den ersten Nachkriegsjahren mit erstarkten Konkurrenten zu tun, die dem Dollar immer öfter Gegenschläge versetzen.

Der Konkurrenzkampf hat sich auch in Westeuropa zugespitzt, darunter innerhalb des Gemeinsamen Marktes ... Die USA können nicht mehr in gleichem Maße wie früher die Politik dieser blockgebundenen Staaten dirigieren. Kein einziger ernsthafter Politiker ... glaubt noch an die Legende von der „Gefahr einer sowjetischen Aggression", die seinerzeit beim Zustandebringen dieser Blocks herhalten mußte. Dafür ist die amerikanische Aggression eine Tatsache, die sich vor aller Augen abspielt. Die Gefahr, die sich daraus ergibt, daß man Washington blindlings folgt, wird für die Bundesgenossen der USA immer augenfälliger.

Somit bricht eine neue Phase von Widersprüchen und Rivalitäten innerhalb der kapitalistischen Welt an.

Protokoll der Referate und Resolutionen des XXIII. Parteitages 1966. Moskau 1966, S. 18f.

Die realen Tatsachen widerlegen die von bürgerlichen Ideologen verbreiteten Legenden vom sogenannten Volkskapitalismus, vom Wohlfahrtsstaat. Wie kann man von einer allgemeinen Wohlfahrt reden, wenn die USA-Monopole 1965 z. B. 45 Milliarden Dollar Reingewinn, d. h. viermal soviel wie im Jahresdurchschnitt während des Zweiten Weltkrieges, einstrichen, gleichzeitig aber 32 Millionen Amerikaner nach eignem Geständnis der USA-Regierung in Armut leben!

Die Folge der zunehmenden Ausbeutung der Werktätigen ist eine Zuspitzung, eine Verschärfung der sozialen Auseinandersetzungen in der kapitalistischen Gesellschaft. Die Proletarier Italiens und Japans, Frankreichs und Belgiens, der USA, Englands und anderer Länder wehrten während dieser Jahre in harten Streikkämpfen die Offensive der Monopole auf ihren Lebensstandard ab ...

In den Klassenkämpfen, die in den kapitalistischen Ländern ausgefochten werden, erweitert die Arbeiterklasse den Kreis ihrer sozialökonomischen und politischen Forderungen. In Italien, Frankreich und anderen Ländern fordern die Arbeiter und Angestellten immer entschiedener die Mitbestimmung der Gewerkschaften bei der Verwaltung der Betriebe, die Nationalisierung der Schlüsselbranchen in der Wirtschaft und bieten der Allmacht des Finanzkapitals die Stirn.

a. a. O., S. 22f.

b) *Der Kampf der KPdSU „für die Geschlossenheit der kommunistischen Weltbewegung"*

Die von den Bruderparteien auf ihren Beratungen 1957 und 1960 gemeinschaftlich erarbeitete Generallinie [damals war zum letzten Mal eine formale Einigung der sowjetischen und chinesischen Partei über die Generallinie zustande gekommen] der kommunistischen Bewegung ist eine Linie, die zum Sieg der Sache des Friedens und des Sozialismus führt. Sie entspricht den Interessen der ganzen Menschheit. Auf dieser Grundlage haben in den letzten Jahren die meisten Kommunistischen Parteien neue programmatische Dokumente beschlossen, in denen ihre nationalen und internationalen Interessen berücksichtigt sind ... Sie wissen, Genossen, daß die kommunistische

Weltbewegung in den letzten Jahren *ernsten Schwierigkeiten begegnet* ist ... Wir äußern unser tiefstes Bedauern darüber, daß die Meinungsverschiedenheiten, von denen nur unsere gemeinsamen Gegener profitieren, bis auf den heutigen Tag nicht beigelegt sind ... Die KPdSU ist der Meinung, daß alle Kommunisten verpflichtet sind, zum Zusammenschluß der Reihen unserer Bewegung beizutragen.

a. a. O., S. 25, 31

Internationale Beratung der Kommunistischen und Arbeiterparteien in Moskau vom 5. bis 17. Juni 1969

Ein krasses Beispiel dessen, welchen Schaden der gemeinsamen Sache der Kommunisten durch die Abkehr vom Marxismus-Leninismus, durch den Bruch mit dem Internationalismus zugefügt werden kann, ist die Haltung der *Führung der Kommunistischen Partei Chinas.*

Offen gesagt, hatten wir noch unlängst nicht die Absicht, diese Frage auf der Beratung zu berühren. Aber die Vorgänge der letzten Zeit, vor allem der Charakter der Beschlüsse, die auf dem IX. Parteitag der KP Chinas gefaßt wurden, zwingen uns, darauf einzugehen. Es hat sich eine neue Situation ergeben, die eine ernste nachteilige Wirkung auf die gesamte Weltlage und die Kampfbedingungen der antiimperialistischen Kräfte ausübt ...

Vor fast zehn Jahren begannen Mao Tse-tung und seine Anhänger die offene Attacke gegen die Prinzipien des wissenschaftlichen Kommunismus. In zahlreichen Stellungnahmen zu Fragen der Theorie revidierte die Führung der KP Chinas Schritt für Schritt die prinzipielle Linie der kommunistischen Bewegung. Sie hat ihr in allen Kardinalfragen der Gegenwart ihren besonderen Kurs entgegengestellt.

Die Führer der KP Chinas gingen von der Polemik mit Kommunistischen Parteien zu einer auf Spaltung abzielenden Wühltätigkeit, zu aktiven Versuchen, die revolutionären Kräfte der Gegenwart einander entgegenzustellen, über, von der Drosselung der Beziehungen zu den sozialistischen Ländern zu *feindlichen Aktionen* gegen sie, von der Kritik an der friedlichen Koexistenz zur *Anstiftung bewaffneter Konflikte,* zu einer Politik, die die Sache des Friedens untergräbt ...

Im neuen Statut der KP Chinas werden die Ideen Mao Tse-tungs zum *Marxismus-Leninismus der jetzigen Epoche proklamiert.* In der chinesischen Propaganda wird offen die Aufgabe proklamiert, „das Banner der Ideen Mao Tse-tungs auf dem ganzen Erdball aufzupflanzen''. Eine allseitige marxistisch-leninistische Analyse des Klasseninhalts der Vorgänge in China in den letzten Jahren und der Wurzeln des heutigen Kurses der Führer der KP Chinas ... ist eine große und ernste Aufgabe ...

Die Pekinger Führer beschuldigen alle Parteien, die sich nicht zu ihren Ansichten bekennen, des „Revisionismus''. Gegen diese Parteien werden jegliche Mittel angewandt, von verleumderischen Beschuldigungen eines „Komplotts mit dem Imperialismus'' bis zur *Organisation subversiver Spaltergruppen.* Solche Gruppen bestehen jetzt in 30 Ländern ...

Der *Kampf um die Hegemonie* in der kommunistischen Bewegung gegen die marxistisch-leninistischen Parteien steht in untrennbarem Zusammenhang mit den *Großmachtbestrebungen* der derzeitigen Pekinger Führung, mit den Ansprüchen, die diese auf Gebiete anderer Länder erhebt. Den chinesischen Arbeitern und Bauern wird eingeflößt, *China sei die Rolle des Messias beschieden.* Die Massen werden im Geiste des Chauvinismus, des gehässigen Antisowjetismus bearbeitet ...

216

Angesichts all dessen gewinnt der Kurs auf die *Militarisierung* Chinas einen besonderen Sinn. Wir können nicht umhin, die fieberhaften Kriegsvorbereitungen in eine
Reihe zu stellen mit dem Schüren chauvinistischer, den sozialistischen Ländern feind-
seliger Stimmungen, mit der ganzen Einstellung der Führer Chinas zu den Problemen
von Krieg und Frieden in der gegenwärtigen Epoche. Viele von den Anwesenden erinnern sich offenbar noch an die Rede, die Mao Tse-tung in diesem Saal, auf der Beratung
von 1957, hielt. Mit erstaunlichem Leichtsinn und Zynismus sprach er vom eventuellen
Untergang der Hälfte der Menschheit im Falle eines Atomkrieges. Die Tatsachen bezeu-
gen, daß der Maoismus *nicht zum Kampf gegen den Krieg,* sondern umgekehrt *zum
Krieg aufruft, den er als positive historische Erscheinung betrachtet.*
Referat von Leonid Breschnew, S. 195 f.

c) *Offene Gegensätze auf der Moskauer Internationalen Beratung vom Juni 1969*

Wir finden, daß es gut wäre, wenn wir bei unseren Zusammenkünften den Werktätigen mitteilen und hervorheben würden, worin wir übereinstimmen, zugleich aber auch
kein Hehl aus den Dingen machen, zu denen wir verschiedene Standpunkte vertreten.
Das würde nicht nur zu einer Erhöhung der Autorität unserer Bewegung beitragen
(heute würde uns auch niemand glauben, daß wir in allem übereinstimmen), sondern
auch den Kommunisten und Werktätigen die Möglichkeit bieten, bewußt zur Bewälti-
gung der Meinungsverschiedenheiten und zur Lösung der Probleme beizutragen ...
    Als negativ betrachten wir ... die Tendenz, diejenigen abzustempeln und ideologisch
zu verurteilen, die auf anderen Positionen stehen: Jeder *Versuch, beliebige Meinungsverschiedenheiten durch „Abweichungen" von der einen Lehre zu erklären* - wobei unbekannt ist, wer ihr Wahrer sein sollte –, bedeutet in der Tat, nicht nur diese Meinungsverschiedenheiten zu verschärfen, sondern sich auch den Weg zum Verstehen der
objektiven Ursachen und realen Interessen zu versperren, denen sie entspringen ...
    Vor allem meinen wir, daß unser freier Meinungsaustausch zu allen großen politi-
schen und theoretischen Fragen ... freimütiger werden muß ...
    Wir müssen auch in der Theorie vorankommen, weil es darum geht, *dem Marxismus
und Leninismus die Kraft seiner kulturell-theoretischen, kritischen, wissenschaftlichen
und historischen Zielsetzung wiederzugeben,* ihn von den revisionistischen Interpreta-
tionen aller Schattierungen einschließlich der positivistischen und dogmatischen zu
befreien, die für das marxistische Denken der letzten Jahrzehnte weitgehend kennzeichnend waren ...
    Ein weiterer wichtiger Aspekt betrifft den *Typ der Beziehungen, die zwischen den
Parteien bestehen müssen* ...
    Es geht im Grunde genommen darum, jede Tendenz zu einer *Konzeption der monoli-
thischen Einheit unserer Bewegung zu überwinden,* einer Konzeption, die nicht nur ir-
rig, sondern auch utopisch wäre. Wir verschließen natürlich nicht die Augen davor, daß
nationalistische Tendenzen, Fliehkrafttendenzen wie auch das Risiko einer provinziel-
len Abkapselung auftauchen können und tatsächlich auftauchen. Zum Kampf gegen
derartige Tendenzen müssen vor allem die Kontakte und die internationale Zusammenarbeit zwischen den Parteien auf den verschiedensten Gebieten und ihr Kampf für
die gemeinsamen Ziele aktiviert werden. Eben auf dieser Konzeption, die der strikten
Achtung der Unabhängigkeit und Souveränität jeder Partei und jedes Staates *grund-
sätzliche Bedeutung beimißt,* wie auch auf unserem *Interesse an der weiteren Entwick-*

lung des demokratischen Lebens in den sozialistischen Ländern beruhen unsere Positionen im Zusammenhang mit den tschechoslowakischen Ereignissen: von der Solidarität mit dem im Januar 1968 eingeschlagenen neuen Kurs bis zum *nachdrücklichen Nichteinverständnis mit dem Einmarsch der Truppen der fünf Länder des Warschauer Vertrages in die Tschechoslowakei* und schließlich bis zu den darauffolgenden Einschätzungen, die wir auf unserem Parteitag und auf dem jüngsten Plenum unseres ZK bestätigt haben und die wir auch hier bestätigen ...

Die tschechoslowakischen Ereignisse haben aber auch Aspekte, die prinzipielle Fragen betreffen und nicht nur die interessierten Länder, sondern auch unsere gesamte Bewegung angehen. Das sind die Fragen der *Unabhängigkeit und Souveränität,* und das sind auch die *Fragen der sozialistischen Demokratie und der Freiheit der Kultur ...*

Rede Enrico Berlinguers auf der Moskauer Beratung, a.a.O., S. 477 ff.

Ferner sind wir der Meinung, daß das versandte Dokument wesentliche Mängel in der Analyse und in der Darstellung der Weltlage aufweist. Man übergeht einfach eine Reihe zentraler Fragen, die zur Einschätzung der revolutionären Strategie in der „dritten Welt" gehören. Mit allgemeingehaltenen Formulierungen vertuscht man vorhandene Probleme und Widersprüche in und zwischen den sozialistischen Ländern. Das Dokument betont sowohl die Selbständigkeit der Kommunistischen Parteien als auch ihre Verantwortung gegenüber der internationalen Arbeiterbewegung, man sagt jedoch nicht klar, daß jede Partei in den Angelegenheiten des eignen Volkes das entscheidende Wort sprechen muß. Das betrachten wir als eine entscheidende Grundsatzfrage, besonders vor dem Hintergrund der kritischen Diskussion, die dem *Einmarsch der Truppen in die Tschechoslowakei am 21.8.1968 folgte, von dem wir uns, ebenso wie mehrere andere Kommunistische Parteien, distanzierten.*

Rede Lars Werners auf der Moskauer Beratung (Vertreter der Linksparteien-Kommunisten Schwedens), a.a.O., S. 551

VIERTER TEIL

Der Kommunismus in China

I. Darstellung

Einleitung: Die Eigenart des chinesischen Kommunismus

Der sowjetisch-chinesische Konflikt, der sich seit Abzug der sowjetischen Berater aus China (1960) immer weiter zugespitzt hat und in der Verurteilung des
sowjetischen Eingreifens in der ČSSR im August 1968 seinen bisherigen Höhepunkt erreichte, hat die Eigenart und die Eigenständigkeit des chinesischen
Kommunismus ins allgemeine Bewußtsein gerückt. Selbstbewußte chinesische
Kommunisten sprechen heute von den vier oder fünf Klassikern des Marxismus-Leninismus und stellen Mao Tse-tung in eine Reihe mit Marx-Engels-Le-
nin-Stalin. „Die Lehre Mao Tse-tungs ist der Höhepunkt des Marxismus-Leninismus der gegenwärtigen Epoche" (1966) und „der Marxismus-Leninismus von
höchstem Niveau in unserem Zeitalter" (1967, Lin Piao), so lauten die bekanntesten Formeln. Herausgefordert durch die sowjetische Führung, die den Marxismus-Leninismus nach ihren besonderen Bedürfnissen auszulegen begann und
1956 mit der radikalen Kritik an Stalin und der These von der Vielfalt der Wege
zum Sozialismus dem ost- und westeuropäischen Reformkommunismus den
Weg bereitete, fühlen sich die Chinesen dazu legitimiert, *ihre* Auffassung als all-
gemeinverbindlich zu proklamieren. In Wirklichkeit ist die chinesische Version
des zeitgenössischen Marxismus-Leninismus ebensosehr von den besonderen
Erfahrungen und Bedingungen des Kommunismus in China geprägt wie die sowjetische durch die russische Umwelt. Beide sich bekämpfende „Orthodoxien"
scheinen im Augenblick außerstande, die relative Berechtigung abweichender
Auffassungen beim anderen anzuerkennen. Sie charakterisieren sich wechselseitig als „kriegslüstern, reformistisch und revisionistisch" oder „abenteuerlich-
putschistisch". Beide nehmen für sich in Anspruch, die „wahren Leninisten" unserer Zeit zu sein. Dabei haben die chinesischen Kommunisten ihre Theorie
weiter ausgebaut und präziser formuliert als die sowjetischen. In der
zeitgenössischen Lehre Mao Tse-tungs werden Erfahrungen der Revolution und
des Bürgerkriegs in China verallgemeinert und auf die Situation in den Entwicklungsländern angewandt. Es ist möglich, die Eigenart des chinesischen Kommunismus in seiner heute herrschenden Form aus der Geschichte der KPCh seit
1921 abzuleiten. Dabei ergeben sich fünf wesentliche Merkmale:
    A. Die Rolle der Kommunistischen Partei in einem halbkolonialen und „halb-
feudalen" Land, das seine bürgerliche Revolution noch nicht abgeschlossen hat
und einen „nationalen Befreiungskrieg" gegen imperialistische Mächte führt (im
Falle Chinas gegen die europäischen Mächte, Amerika und vor allem Japan).

Diese Rolle wurde schon von Lenin und der Komintern definiert, konnte aber in der Folge nicht immer „programmgemäß" durchgehalten werden.

B. Die *Bedeutung der Bauern* für die revolutionäre Umwandlung Chinas. Auch wenn bereits Lenin und die Komintern auf die Wichtigkeit „des Bündnisses des Proletariats mit den Bauern" nachdrücklich hingewiesen hatten, waren es doch erst chinesische Revolutionäre – vor allem Mao Tse-tung –, welche die ausschlaggebende Rolle der armen Bauern in der chinesischen Revolution erkannten und die Partei entsprechend umorientierten.

C. Die Strategie und Taktik des *revolutionären Krieges.* Der entscheidenden Rolle der Bauern in der chinesischen Revolution entsprach die Bedeutung des *Partisanenkrieges* von einem befreiten Hinterland aus (Stützpunkt) als der für bäuerliche Revolutionäre angemessenen Kampf- und Organisationsform. Hier, auf dem Gebiet der Bildung und Erziehung von Partisanenrevolutionären, liegt die entscheidende Stärke und Originalität Mao Tse-tungs.

D. Die Klassenanalyse und die *Rolle des Bewußtseins* für die Beurteilung der Klassenverhältnisse und der revolutionären Kräfte. Im Gegensatz zu Marx und Engels, die die Klassen aus *objektiven ökonomischen Verhältnissen* ableiteten, wird in manchen Analysen Mao Tse-tungs der Hauptnachdruck auf das Bewußtsein gelegt. Auf diese Weise wird es möglich, auch Angehörige solcher sozialer Gruppen, die nach traditional-marxistischer Analyse kaum Mitträger der Revolution werden können, in die revolutionäre Armee einzugliedern.

Man hat diese überragende Rolle des Bewußtseins in Maos Theorie auf die chinesische Tradition – namentlich den Konfuzianismus – zurückführen wollen, aber es liegt zumindest ebenso nahe, sie aus der Unangemessenheit der marxistischen Theorie für die chinesische Agrargesellschaft abzuleiten. Um eine Theorie der proletarischen Revolution und des proletarischen Klassenbewußtseins auf das agrarische China anwenden zu können, mußte man von der objektiven sozialökonomischen Klassendefinition den Akzent zur Definition der „Klasse" durch das anerzogene politische Bewußtsein verlagern. Beides – chinesische Tradition und spezifische chinesische soziale Umstände – kamen offenbar zusammen.

E. In der *Kulturrevolution* (1965–1969) verbinden sich zwei unterschiedliche Momente. Einmal handelt es sich hier um eine „von oben" initiierte Massenbewegung, die der Durchsetzung der politischen Linie Mao Tse-tungs gegen seinen Widersacher Liu Tschao-tschi dienen sollte. Zum andren entwickelten sich in dieser Massenbewegung auch genuin anti-bürokratische Tendenzen, die über das „von oben gesetzte" Ziel hinausdrängten und in der Jugend wie in der Arbeiterschaft ein bis dahin ungewohntes Selbstbewußtsein geweckt haben. Die Kulturrevolution ist eine ungewöhnliche Form der Wachablösung in einem kommunistisch-bürokratischen Regime. Ihr ambivalenter Charakter hat daher auch zu widersprechenden Beurteilungen geführt. Jedenfalls stellt sie ein „demokratischeres" Mittel zur Korrektur und „Reinigung" der Parteikader dar als die Stalinschen „Säuberungen" der dreißiger Jahre, mit denen man sie oft verglichen hat. Auch in der Kulturrevolution spielt das Moment des *Bewußtseins* und der *Moral* (in politischem Handeln und in der alltäglichen Lebensführung) eine ausschlaggebende Rolle. Für China ist der Terminus Kulturrevolution keineswegs neu, spielten doch schon in den Tagen vor der „zweiten republikanischen Revolution" (1916) kulturelle Fragen – wie der Kampf gegen die konfuzianische Klassik – eine entscheidende Rolle.

A. Die Rolle der Kommunistischen Partei in einem halbkolonialen und halbfeudalen Land

Auf dem zweiten Kominternkongreß 1920 legte Lenin Thesen zur nationalen und kolonialen Frage vor, die für die Orientierung der Revolution in Ländern wie China maßgeblich blieben. Dort nannte er u. a. 1. „die Notwendigkeit einer Unterstützung der bürgerlich-demokratischen Freiheitsbewegung... durch sämtliche kommunistische Parteien"; 2. „die Notwendigkeit des Kampfes gegen die Geistlichkeit..." und 3. „die Notwendigkeit einer besonderen Unterstützung der Bauernbewegung... gegen die Gutsbesitzer, gegen den Großgrundbesitz, gegen alle Äußerungen oder Überreste des Feudalismus." Für die Orientierung der Komintern hinsichtlich Chinas wurde aber womöglich Punkt 4. noch wichtiger. In ihm heißt es: „Die Notwendigkeit eines entschiedenen *Kampfes gegen die Versuche, den bürgerlich-demokratischen Befreiungsströmungen* in den zurückgebliebenen Ländern einen solchen *Anstrich zu geben, daß sie als kommunistische erscheinen;* die Kommunistische Internationale darf die bürgerlich-demokratischen nationalen Bewegungen in den Kolonien und rückständigen Ländern nur unter der Bedingung unterstützen, daß die Elemente der künftigen proletarischen Parteien in – nicht nur dem Namen nach kommunistischen Parteien ... gesammelt werden ... und im Bewußtsein ihrer besonderen Aufgaben ... erzogen werden" *(Lenin, Studienausgabe, Bd. II., S. 354).* Damit war für die 1921 gegründete Kommunistische Partei Chinas der *Weg* gewiesen: einmal zur *Zusammenarbeit mit der Kuomintang,* der Partei, die unter Sun Yat-sens Führung die bürgerlich-demokratische Revolution in China vorantrieb, und zum andern zur organisatorischen *Selbständigkeit* im Rahmen dieser Zusammenarbeit.

Die Zusammenarbeit zwischen den chinesischen Kommunisten und der bürgerlich-demokratischen Kuomintang währte – unter heftigen Schwankungen – von 1923 bis 1927. Sie war dadurch kompliziert, daß die Kuomintang ihrerseits direkte Kontakte mit der Komintern in Moskau unterhielt und Kominternbeauftragte (u. a. Borodin, Roy, Lominadse usw.) ständig im KMT-Hauptquartier saßen. Die Kuomintang-Führung, die im eignen Lande gegen aufständische, reaktionäre Generale zu kämpfen hatte, hoffte auf diese Weise sich die Unterstützung der Sowjetunion zu sichern. Andrerseits war die KPCh auf die Zusammenarbeit mit der KMT angewiesen, wenn sie über den kleinen Kreis der Industriearbeiter (die weniger als 0,5 % der Bevölkerung ausmachten) hinauskommen wollte. Auf dem 3. Parteitag der KPCh wurde – entsprechend einem Wunsche Sun Yat-sens – der sogenannte *„innere Block"* von Kommunisten und Kuomintang beschlossen. Das heißt: möglichst *viele Kommunisten sollten zugleich der KMT angehören* und sich deren Parteidisziplin beugen. Mao Tse-tung war eine Zeitlang sowohl in Führungsgremien der KPCh als auch der KMT tätig. Die Sowjetunion revanchierte sich, indem sie eine Militärakademie in Whampoa finanzierte und mit Beratern ausstattete. Der militärische Leiter der Akademie wurde Tschiang Kai-schek, als politischer Instruktor war Tschu En-lai tätig.

Die Zusammenarbeit von KPCh und KMT wurde durch den Tod Sun Yat-sens (1925) und die Übernahme der Führung der KMT durch Tschiang Kai-schek gefährdet und brach 1927 zusammen. Tschiang war bemüht, innerhalb der KMT den Einfluß der Kommunisten zurückzudrängen. Gestützt auf seine militärischen Erfolge gegen die Bürgerkriegsgenerale im Norden und gefördert von chinesischen wie ausländischen Unternehmerkreisen, wandte sich Tschiang Kai-schek mit Waffengewalt gegen kommunistische Partei- und Gewerkschaftsführer und ließ (1927) Hunderte von ihnen erschießen. Der Bruch zwischen KPCh und KMT wurde durch die strikte Kominterndirektive, die Zusammenarbeit wenigstens mit dem *linken Flügel der KMT* aufrechtzuerhalten, verzögert. Erst als auch die linken KMT-Führer die Kommunisten zu verfolgen begannen und sich mit Tschiang einigten, erkannten die chinesischen Kommunisten die Unvermeidlichkeit des endgültigen Bruches.

Die offizielle Haltung der Komintern zur Frage der Revolutionsaussichten in China geht deutlich aus einem Gespräch zwischen dem Komintern-Vertreter Borodin und Mitgliedern der KMT-Führung hervor, das im Juni 1924 stattfand: „Borodin: das Ziel der KMT ist im höchsten Maße angemessen für China – selbst für die nächsten hundert Jahre. Ich würde nicht für eine Ersetzung der KMT durch die KPCh eintreten. Wenn das passierte, würde ich lieber meine Sachen packen und Kanton verlassen. KMT-Mitglieder: ... Mit andern Worten: die kommunistische Praxis würde in China hundert Jahre zu warten haben. Da die Kommunisten alle in die KMT eingetreten sind und die revolutionären Prinzipien der KMT praktizieren, warum brauchen sie dann einen andern Partei-Titel und eine eigene KP-Organisation?" *(zit. nach: Warren Kuo, Analytical History of Chinese Communist Party. Taipei 1966, S. 401).*

Die Periode des fast ununterbrochenen Bürgerkrieges zwischen Nationalisten (KMT) und kommunistischen Streitkräften währte von 1927 bis 1937, d. h. bis zum Ausbruch des japanisch-chinesischen Krieges, der beide Parteien abermals vorübergehend zu gemeinschaftlichem Kampf verband. Da Tschiang Kai-schek die meisten Städte mit seinen Truppen und seiner Polizei kontrollierte und die Arbeiter durch ihre blutige Niederlage demoralisiert waren, mußte sich notwendig das Schwergewicht der kommunistischen Tätigkeit auf das Land verlagern. Auf dem Land aber waren zunächst nur bürgerlich-revolutionäre Ziele zu verwirklichen. Ziele, die auch Sun Yat-sen schon gestellt hatte, die aber von der KMT nirgends energisch angegangen worden waren.

Der Zusammenbruch des Bündnisses mit der KMT und die Notwendigkeit auf dem Lande zunächst „bürgerlich-revolutionäre" Ziele durchzusetzen, führte zur Ausbildung einer „Theorie der permanenten Revolution". Es mußte kommuni-

222

stischen Führern absurd erscheinen, wenn sie bei bürgerlich-revolutionären Zielen stehenbleiben sollten. Diese wurden daher nur als notwendige Etappenziele angesehen, über die so bald als möglich hinausgegangen werden müsse. Die *Führung* wurde aber schon vom *ersten* (rein bürgerlichen) Etappenabschnitt der Revolution an von der Kommunistischen Partei beansprucht. Da die Kommunistische Partei aber als Ausdruck der politischen Bestrebungen des *Proletariats* galt, war damit – in der Theorie – das Proletariat zum Hegemon auch der bürgerlichen Revolution geworden. Es trat – in Gestalt seiner Partei – das Erbe der reaktionär gewordenen bourgeoisen Kuomintang an. So wenigstens sahen es führende chinesische Kommunisten.

Die Skepsis, die in Moskau hinsichtlich der Siegeschancen chinesischer Kommunisten herrschte, wurde auch durch deren erhebliche Erfolge im zehnjährigen Bürgerkrieg nicht überwunden. Nach wie vor arbeitete Moskau mit der republikanischen KMT-Regierung zusammen und setzte auf deren Sieg. Aus diesem Grunde forderte die sowjetische Regierung auch 1945 noch einmal eine Koalition von KPCh und KMT, die von Mao Tse-tung auch tatsächlich angeboten wurde. Die Erfahrungen, die chinesische Kommunisten mit ihrem „bürgerlichen Koalitionspartner" gemacht haben, der sie mehrfach verriet und militärisch überfiel (sogar während des japanisch-chinesischen Krieges), macht zweifellos zum Teil ihre heutige Allergie gegen jede Form des Kompromisses mit bürgerlichen Richtungen verständlich.

Aus der spezifischen chinesischen Erfahrung und den spezifischen sozialökonomischen Bedingungen Chinas ergab sich eine Auffassung von der Rolle der Kommunistischen Partei in einem halbkolonialen und halbfeudalen Lande, die heute von Mao Tse-tung allen Ländern der Dritten Welt als Muster empfohlen wird. Die Kommunistische Partei soll in solchen Ländern 1. die revolutionäre Bauernbewegung organisieren und die Besitzverhältnisse auf dem Lande umwandeln, indem sie zunächst den Bauern Kleinbesitz verschafft und sie von Pacht- und Wucherzinsenlast befreit; sie soll 2. durch allgemeine Bewaffnung der Bauern (in Guerilla-Organisationen) die *Machtverhältnisse* verwandeln, um die militärisch-polizeilichen Hindernisse gegen die Landreform zu überwinden, und sie soll 3. vom Lande her die Städte erobern, um den Sieg der Kommunistischen Partei zu vollenden. Schließlich soll die Kommunistische Partei die Führung nicht nur der bürgerlich-nationalen (anti-imperialistischen), sondern auch der sozialistischen Revolution übernehmen und kontinuierlich (permanent) vorantreiben, wobei mit der politischen Machtergreifung diese Revolution keineswegs schon abgeschlossen sei (daher die Notwendigkeit der Kulturrevolution).

B. Die Bedeutung der Bauern für die revolutionäre Umwandlung Chinas

Daß die Bauernmassen eine entscheidende Rolle in der Revolution eines rückständigen Landes spielen, hatte Lenin bereits in der russischen Revolution erfahren und in seinen Thesen auf dem zweiten Kominternkongress für die Länder der

Dritten Welt unterstrichen. Ohne ein Bündnis mit den Bauern kann die Kommunistische Partei in solchen Ländern nicht siegen, das war ein Allgemeinplatz unter internationalen Kommunisten. Die Eigenart der Lehre Mao Tse-tungs bestand nicht darin, daß er die Bedeutung der bäuerlichen Massen erkannte, sondern daß er *ihre spontanen revolutionären Bewegungen entdeckte und zu nützen lehrte.* Im Interesse der guten Zusammenarbeit mit der KMT hatte die Komintern von der KPCh noch 1926 gefordert, sie solle „gegen die Ausschreitungen der Bauern" vorgehen und die Beschlagnahme von Grundbesitz ohne politische Begründung (d. h. Besitz von „Konterrevolutionären") stoppen. Mao Tse-tung beobachtete 1926 die Bauernrevolten in der Provinz Hunan (seiner Heimat) und veröffentlichte 1927 seinen inzwischen klassisch gewordenen „Untersuchungsbericht über die Bauernbewegung in Hunan" *(Werke, Bd. I, S. 21–63).* Aus diesen Beobachtungen zog er die Folgerung, daß die KPCh sich an die Spitze der Bauernrevolution stellen und deren radikalste Forderungen sich zu eigen machen müsse. Als *Mittel* der Agrarrevolution dachte er vor allem an *direkt von den Bauern ausgehende Aktionen,* die bis zur Beschlagnahme und Neuverteilung des Landes durch die örtlichen Bauernvereinigungen gehen sollten. Mit diesem Vorschlag fand er weder bei den Landkomitees der KMT noch beim 5. Parteitag der KPCh Gehör. Als er sah, daß er sich mit seinen Vorstellungen nicht durchsetzen würde, stellte Mao sie vorübergehend zurück.

Die Beobachtung der revolutionären Bauernmassen in Hunan wurde zu einem entscheidenden Erlebnis für den chinesischen Revolutionär Mao Tse-tung. Einleitend bemerkt er kritisch gegenüber der KMT wie der KPCh-Führung: „Mit dem ganzen Gerede gegen die Bauernbewegung muß rasch Schluß gemacht werden, und alle falschen Maßnahmen der revolutionären Behörden in bezug auf diese Bewegung müssen schleunigst abgeändert werden. Nur so kann man zur zukünftigen Entwicklung der Revolution beitragen. Denn der gegenwärtige Aufschwung der Bauernbewegung ist ein gewaltiges Ereignis" *(Werke, Bd. I, S. 21 f.).* Statt sich dieser Bewegung „in den Weg zu stellen", müsse „man sich an ihre Spitze stellen" *(S. 22).* Die Dimension der Bauernbewegung geht aus den Mitgliederzahlen der Bauernvereinigungen hervor, die im September 1925 höchstens 3- bis 400 000 betragen hätten, im Verlauf des nächsten halben Jahres aber auf über 2 Millionen angewachsen seien. Damit kontrollierten diese Vereinigung eine Bevölkerung von rund 10 Millionen. In den folgenden Kapiteln beschreibt Mao sehr detailliert die Maßnahmen der Bauernvereinigungen, die im Endeffekt auf eine völlige Entmachtung der Grundherren, Beamten und Wucherer hinauslaufen. Als Methode zur Überwindung des Widerstands der Herrschenden wird auch der *Terror* empfohlen: „In jedem Dorf ist eine kurze Periode des Terrors notwendig, andernfalls ist es völlig unmöglich, die Tätigkeiten der Konterrevolutionäre auf dem Lande zu unterdrücken und die Macht der *Schenschi* zu brechen *(S. 28).* Die Bauernschaft wird soziologisch in drei Hauptschichten eingeteilt: die *Großbauern,* die *Mittelbauern* und die *armen Bauern.* Ihre Charakteristik wird sehr vorsichtig umschrieben: Die Großbauern leben in erster Linie von der Ausbeutung fremder Arbeitskräfte (als Lohnarbeiter oder

Pächter), die Mittelbauern arbeiten zwar selbst, beschäftigen aber auch Lohnarbeiter oder beziehen Rente aus Geld- (und Getreide-) Verleih. Nur die armen Bauern leben ausschließlich von ihrer eignen Arbeit und werden häufig von andern ausgebeutet. Die revolutionären Leistungen der Bauern sind ungleich auf diese drei Schichten verteilt: „In dem erbitterten und hartnäckigen Kampf, der im Dorf vor sich geht, sind stets die *armen Bauern die Hauptkraft.* Sowohl in der illegalen Periode wie in der Periode des offenen Auftretens waren und sind die armen Bauern *aktive Kämpfer.* Sie sind es, die sich am willigsten von der KP führen lassen. Sie sind Todfeinde der Tuhao (örtliche Despoten) und Liäschen (üble Vornehme), stürmen deren Lager, ohne zu zaudern" *(S. 31).* Diese armen Bauern machen z. B. im Kreis Tschangscha rund 70% der ländlichen Bevölkerung aus, während 20% Mittelbauern und 10% Großbauern und Grundbesitzer sind. Die politische Haltung dieser drei Hauptschichten der Bauern läßt sich am besten an ihrer Einstellung zu den Bauernvereinigungen ablesen: Die armen Bauern sind führend, die Mittelbauern folgen mit großem Zögern, die Großbauern sind meist feindlich. In der Bauernrevolution ist daher „die *Führung durch die armen Bauern eine absolute Notwendigkeit. Ohne die armen Bauern gäbe es keine Revolution"* *(S. 32).* Von den Mitteln, mit deren Hilfe die Bauernvereinigungen die Grundherren entmachten, nennt Mao: Rechnungskontrolle der öffentlichen Mittel, Geldbußen, Eintreibung von Zwangs-Spenden, kleine Verhöre und große Demonstrationen, „mit dem hohen Hut durchs Dorf führen" (d. h. einen der örtlichen Despoten oder üblen Vornehmen) zum Spott durchs Dorf gehen lassen, um so sein Prestige zu zerstören, ins Gefängnis werfen, vertreiben, erschießen. Zu den Erschießungen bemerkt Mao: „Die Erschießung eines solchen Tuhao oder Liäschen wühlt den ganzen Kreis auf und ist ein sehr wirksames Mittel zur Ausrottung der letzten Reste des feudalen Spuks ... Es ist auch die einzig wirksame Methode zur Unterdrückung der Reaktionäre, wenn man in jedem Kreis zumindest einige der ärgsten Schurken hinrichtet" *(a. a. O., S. 39).*

Zu den weiteren Erfolgen der Bauernbewegung rechnet Mao den Sturz der „bewaffneten Streitkräfte der Grundherren und die Schaffung der bewaffneten Kräfte der Bauern", den Sturz der politischen Institutionen der Grundherren, der Sippengewalt des Ahnentempels, der Sippenältesten, der religiösen Gewalt der Stadtgötter usw. Auch die Gewalt des Ehemanns über die Frau wird gebrochen. Als heilsame Verbote der neuen Macht erwähnt er das Verbot der Glücksspiele und des Mah-Jongg, des Opiumrauchens, Schnapsbrennens und üppiger Gelage. Auch das Bandenunwesen wird durch die Bauernverbände überwunden, einmal, indem sie für Verbesserung der wirtschaftlichen Verhältnisse und der Lebensbedingungen sorgen, zum andern, indem den „gewalttätigen Bettlern" oder „Strolchen" in den Bauernvereinigungen und in der Partisanenarmee sozial nützliche Funktionen zugewiesen wurden, die ihnen erlauben, ihre Aggressivität ohne Schaden abzureagieren. „Wenn sie die Schweine und Schafe der Tuhao und Liäschen schlachten und diese mit schweren Abgaben und Geldbußen bestrafen, können sie ihrem Zorn auf Leute, die sie unterdrücken, genügend freien Lauf lassen ..." *(a. a. O., S. 56).* Endlich gelingt es den Bauernvereinigungen auch, drükkende Steuern abzuschaffen und für bessere Straßen, Dämme und Bewässerungsanlagen zu sorgen. Im ganzen ergibt sich das plastische Bild einer erfolgreichen politischen, kulturellen (Schulen für Bauern!) und wirtschaftlichen Erneuerung des Landes unter der Führung der bäuerlichen Vereinigungen, in denen die „armen Bauern" den Ton angeben.

Die detaillierte Kenntnis der Bauernbewegung, ihrer großen Energie und ihrer verschiedenen kleinen Ziele und Aufgaben verschaffte Mao Tse-tung in den folgenden Jahren eine entscheidende Überlegenheit gegenüber andern kommunistischen Politikern Chinas. Nach dem Scheitern der „Herbsternteaufstände" 1927 gelingt es ihm, im Berggebiet von Ching-kang-shan rote Stützpunkte auszubauen und 1929 in der Provinz Kiangsi das Gebiet um Juichin zu einer kleinen Sowjetrepublik zu konsolidieren. 1931 wird Mao dort zum Vorsitzenden der ersten allchinesischen Räteregierung gewählt. Immer wieder von KMT-Truppen verfolgt, ist Mao genötigt, eine bewegliche Partisanen-Strategie zu entwickeln, die es ihm möglich macht, überlegenen Streitkräften auszuweichen und die „roten Gebiete" in die Weite des Landes zu „verlagern". Trotz seiner Betonung der Rolle der bäuerlichen Massen in der Revolution vergißt Mao Tse-tung nie, auf die *Führungsrolle des Industrieproletariats* und der *Kommunistischen Partei* hinzuweisen. In einer späteren Arbeit „Die chinesische Revolution und die KP Chinas" (1939) hebt Mao außer den allgemeinen Vorzügen des Industrieproletariats (daß es mit der fortgeschrittensten Wirtschaftsform verbunden und diszipliniert ist) drei weitere Züge hervor, die besonders dem chinesischen Proletariat zukommen und es „zur wesentlichen Triebkraft der chinesischen Revolution" gemacht haben:

1. sei das chinesische Proletariat einer *dreifachen Unterdrückung* durch den Imperialismus, die eigne Bourgeoisie und die rückständigen feudalen Kräfte ausgesetzt, daher fehle auch in China dem Reformismus jede soziale Basis;

2. werde das chinesische Proletariat fast vom Beginn seines Auftretens an durch eine radikal-revolutionäre Partei, die KPCh, geführt, und

3. „sei das chinesische Proletariat ... in seiner Mehrheit aus den Reihen der ruinierten Bauern hervorgegangen ... und durch natürliche Bande mit den breiten Massen der Bauernschaft verbunden, was ihm das enge Bündnis mit der Bauernschaft erleichtere" *(Werke, Bd. II, S. 377)*. „Ohne die Führung durch das Proletariat könne die chinesische Revolution zweifellos nicht siegen" *(a. a. O.)*. Aber umgekehrt könne es auch nur dann siegen, wenn es sich fest „mit allen Klassen und Schichten vereinige, die sich an der Revolution beteiligen können" *(S. 378)*. Hier steht dann die Bauernschaft (namentlich die armen und mittleren Bauern) an erster Stelle, gefolgt von dem städtischen Kleinbürgertum und „bis zu einem gewissen Grad" auch der nationalen Bourgeoisie.

Eine besondere Rolle spielen die sogenannten „vagierenden Elemente", das sind deklassierte „Banditen, Landstreicher, Bettler, Prostituierte und die vielen berufsmäßigen Nutznießer des Aberglaubens", von denen sich ein Teil „von den reaktionären Kräften kaufen lasse", während ein andrer sich an der Revolution beteiligen könne. „Mehr zur Zerstörung als zum Aufbau neigend, für den ihnen der Sinn fehlt, werden diese Menschen, sobald sie sich an der Revolution beteiligen, zur Quelle der Mentalität umherschweifender Rebellenhaufen und des Anarchismus. Folglich muß man sie *umzuerziehen verstehen* und vor ihrer Zerstörungswut auf der Hut sein" *(a.a.O., S. 378 f.).*

C. Die Strategie und Taktik des revolutionären Bürgerkrieges in China

Die Umstände drängten Mao Tse-tung und andere kommunistische Führer in China zum bewaffneten Partisanenkrieg. Bis zum Bruch mit der Kuomintang hatten bewaffnete Kommunisten in Kuomintang-Einheiten gekämpft und *gemeinsam mit der KMT* die bürgerliche Revolution in der Stadt und auf dem Lande vorangetrieben. Nach dem Verrat der Kuomintangführung an den Kommunisten und der Niederlage der Kommune in Shanghai und Kanton (1927) blieb den verstreuten kommunistischen Kräften im Lande nicht viel andres übrig, als sich zu Partisanenarmeen zusammenzuschließen, um wenigstens hier und da noch rote Stützpunkte zu halten. Das jedenfalls war die Schlußfolgerung, die Mao, Tschu Teh und P'eng-huai aus der Situation zogen. Maos Position unterschied sich aber sowohl von der defaitistischen Haltung der einen als auch vom radikalen Putschismus der anderen. Er isolierte die militärische Aktion nie von der politisch-sozialen Tätigkeit in den militärisch kontrollierten Gebieten und ordnete die Arbeit der bewaffneten Einheiten klar dem politischen Gesamtziel unter. Seine Strategie und Taktik des revolutionären Bürgerkriegs in China zeichnet sich durch eine klare und bis ins kleinste Detail durchdachte Konzeption aus, die auf andre Revolutionäre nach ihm, wie Ho Chi Minh, Fidel Castro und die algerische Befreiungsfront, eingewirkt hat.

Schon in seiner kleinen Schrift „Der Kampf im Djinggang-Gebirge" (Nov. 1928) betont Mao die Bedeutung des politischen Bewußtseins für die roten Streitkräfte: „Dank der politischen Erziehung besitzen alle Soldaten der Roten Armee Klassenbewußtsein, haben sie Grundkenntnisse erworben über die Bodenaufteilung, die Schaffung der politischen Macht, die Bewaffnung der Arbeiter und Bauern usw. und *wissen* sie alle, *daß sie für sich selbt,* für die *Arbeiterklasse und die Bauernschaft den Krieg führen.* Deshalb können sie ohne Murren alle Härten des Kampfes durchstehen ..." *(Werke, Bd. I, S. 89).* Neben der politischen Schulung spielt auch die *Demokratie* innerhalb der Armee eine ausschlaggebende Rolle für den Geist der Truppe: „Die Rote Armee vermochte trotz ... dürftiger materieller Lebensbedingungen (die weit schlechter waren als in den Armeen Tschiang Kai-scheks) ... deshalb durchzuhalten, weil abgesehen von der Rolle, die die Partei dabei spielt, in ihren Reihen die *Demokratie verwirklicht wurde.* Die Offiziere mißhandelten nicht die Soldaten, *Offizieren und Mannschaften genießen gleiche Behandlung,* die Soldaten haben das Recht, Versammlungen abzuhalten und ihre Meinung auszusprechen, mit lässigen Ehrenbezeigungen wurde Schluß gemacht; die Wirtschaftsführung ist öffentlich ... Das alles gefällt den Soldaten sehr. Insbesondere die Neulinge aus den Reihen der Gefangenen fühlen, daß die KMT-Armee und unsere Truppe zwei verschiedene Welten sind ... sie fühlen sich hier geistig befreit ... In China braucht nicht nur das Volk Demokratie, sondern ebenso die Armee" *(a.a.O., S. 91f.).*

Die politische Bildung und die demokratische Integration der Soldaten in die Rote Armee sind aber auch deshalb notwendig, weil es zwischen militärischer und politisch-organisatorischer wie propagandistischer Tätigkeit keine scharfe Grenze gibt. „Ein besonderes Merkmal der Revolution in China", schreibt Mao im gleichen Artikel, ist, „daß man Aufstände mit militärischen Kräften entwickelt" *(a.a.O., S. 111).* Diese militärischen Kräfte der Roten Armee und der lokalen Roten Garden unterschieden sich von Anfang an beträchtlich von den plündernden Truppen der Kuomintang und der „nördlichen Warlords". Mao stellte schon damals Disziplinregeln auf, die er in der Folge, leicht modifiziert, immer wieder propagiert hat: „*Höflich* mit den Massen sein, *ehrlich* beim Kauf und Verkauf, niemandem Zwangsarbeit auferlegen, *niemanden schlagen oder beschimpfen" (Werke, Bd. IV, S. 160).* 1929 formulierte er noch: „Nimm den Massen nicht eine Nadel, nicht einen Faden weg" und: „liefere alles Beutegut ab", „durchsuche nicht die Taschen der Gefangenen" *(a.a.O.).*

Im Dezember 1929 wandte sich Mao Tse-tung „gegen verschiedene falsche Ansichten in der Partei". Unter ihnen erwähnte er an erster Stelle „den rein militärischen Gesichtspunkt". Dagegen betont er, daß die Rote Armee nicht bloß zum Kriegführen, sondern zur Propaganda unter den Massen und zur Errichtung der revolutionären Macht in den von ihr befreiten Gebieten berufen ist. „Losgelöst von diesen Zielen, verliert der Krieg seinen Sinn und die Rote Armee ihre Existenzberechtigung" *(Bd. I, S. 120).*

Als Mao 1936 in Vorlesungen an der Akademie der Roten Armee in Nordschensi die Erfahrungen des zehnjährigen Bürgerkrieges gegen die Kuomintang-Kräfte zusammenfaßte, skizzierte er „die strategischen Probleme des revolutionären Krieges in China" im Zusammenhang mit der chinesischen und Weltrevolution. Einleitend betont er dabei die Besonderheiten des revolutionären Krieges (gegenüber dem nationalen) und des Krieges in China (im Unterschied z.B. zum Bürgerkrieg in Rußland). Sodann stellt er das Prinzip auf: „Man muß den Krieg mit dem Krieg bekämpfen, dem konterrevolutionären Krieg den revolutionären Krieg, dem konterrevolutionären nationalen Krieg den revolutionären nationalen Krieg, dem konterrevolutionären Klassenkrieg den revolutionären Klassenkrieg entgegensetzen" *(Werke, Bd. IV, S. 213f.). Endzweck* dieser „gerechten, revolutionären Kriege" ist die *Abschaffung des Krieges überhaupt.*

Die Besonderheiten des Bürgerkrieges in China erblickt Mao darin, „daß China ein großes, halbkoloniales Land ist, das in politischer und wirtschaftlicher Hinsicht ungleichmäßig entwickelt ist und die Revolution von 1924 bis 1927 durchgemacht hat" *(a.a.O., S. 229).* Die *Größe des Landes* erlaubt es den Roten Streitkräften, in die Tiefe des Raumes auszuweichen – wie 1934–1936 während des Langen Marsches nach Norden. Der *halbkoloniale Charakter* und die *Uneinigkeit unter den imperialistischen Mächten* führen zur Spaltung innerhalb der herrschenden Schicht des Landes. Weiter sei für die Lage in China charakteristisch, daß die *Kuomintang-Armee gut ausgerüstet* und stark, die Rote Armee aber schlecht ausgerüstet und schwach sei. Endlich aber – und diese Tatsache macht in Maos Augen die Schwäche der Roten Armee wieder wett – stünden die *revolutionären Kräfte* unter der einheitlichen *Führung der KPCh*, die die *Agrarrevolution* in den von ihr beherrschten Gebieten einleitet und durchführt. Siegeschancen können vor allem aus dem Unterschied zwischen der guten Beziehung von Roter Armee und Bauernschaft und der Kontaktlosigkeit zwischen Kuomintang-Armee und Bauern sowie der inneren Struktur der Roten Armee abgeleitet werden. Der Kampf werde aber *langwierig* sein, und sein *Ausgang hänge davon ab, daß er gut geführt werde (S. 233).* Eindeutiger als bei anderen Marxisten hebt Mao damit den *kontingenten Charakter* (den Zufallscharakter) der historischen Ereignisse hervor. Zwar liegt der Sieg der Revolutionäre in der „Logik der historischen Entwicklung", aber es ist keinesfalls verbürgt, daß die tatsächlichen Ereignisse immer dieser Logik folgen.

Nach Beginn der massiven Invasion Japans auf dem chinesischen Festland im Juli 1937 kam es zum erneuten Bündnis zwischen der chinesischen Räterepublik und der Kommunistischen Partei einerseits und der KMT-Regierung andrerseits. Die Räterepublik löste sich formell auf und wurde als autonome Regionalregierung von Tschiang Kai-schek anerkannt. In dem nun beginnenden gemeinsamen Kampf stellten Mao und die Rote Armee das organisatorisch und ideologisch überlegene Element. In zwei berühmt gewordenen Schriften entwarf er präzise die Kampfform für den langwierigen Krieg mit den feindlichen Invasoren *(„Strategische Probleme des Partisanenkrieges gegen die japanische Aggression", Mai 1938, und „Über den langwierigen Krieg" Mai 1938).*

In der Schrift über den *Partisanenkrieg* betont Mao, daß, auch wenn im Krieg gegen Japan die regulären Truppen die Hauptlast zu tragen hätten, doch dem Partisanenkrieg eine große Bedeutung zukomme. Partisanenkriege derartigen Maßstabs wie in der Vergangenheit und im beginnenden Krieg seien etwas völlig Neues in der Kriegsgeschichte *(Bd. II, S. 85).* Während im großen und ganzen China eine defensive Strategie verfolgen müsse, schlösse diese Strategie doch „initiativereiche, flexible und planmäßige Durchführung von offensiven Aktionen" keineswegs aus. Solche überraschenden Angriffe mit überlegenen Kräften sollten u. a. auch von Partisanen im Hinterland des Gegners durchgeführt werden. Die Größe des Landes und die zahlenmäßige Unterlegenheit des besser gerüsteten Feindes lasse die Tätigkeit von Partisanen und die Errichtung von Stützpunkten zu. Derartige Stützpunkte seien für die Führung eines länger dauernden Partisanenkrieges unentbehrlich und sollten in geographisch geeigneten Gegenden (Gebirge, Flußmündungen, Seengebiete), aber u. U. auch in der Ebene errichtet werden. Als wesentliche Voraussetzungen für die Errichtung solcher Gebiete nennt Mao 1. ausreichende Streitkräfte, die durch Mobilisierung von Einwohnern ergänzt werden, 2. enges Zusammenwirken mit den Volksmassen, um den Feind zu schlagen und ihm sein Gebiet wegzunehmen, und 3. Mobilisierung der Massen, um eine eigne, antijapanische politische Macht zu schaffen.

Bei dieser politischen Tätigkeit legt Mao jetzt – in der Epoche des gemeinsamen Kampfes mit der KMT – Wert darauf, daß *nur die Ziele der national-bürgerlichen und demokratischen Revolution verwirklicht werden.* Die Wirtschaftspolitik in den Stützpunkten besteht daher „in einer rationalen Verteilung der finanziellen Lasten und im Schutz des Handels" *(a. a. O., S. 109).* Es wird streng verboten, Läden zu beschlagnahmen, „abgesehen von jenen Fällen, in denen die Inhaber als unbestreitbar überführte Landesverräter entlarvt worden sind" *(a. a. O.).*

In der Schrift „*Über den langwierigen Krieg*", die ebenfalls aus Vorlesungen hervorgegangen ist, entwirft Mao eine Art Entwicklungsschema für den Kampf mit Japan, dem die tatsächlichen Ereignisse weithin recht gegeben haben. Er geht von der realistischen Einschätzung der Ausgangslage aus, die weder einen raschen endgültigen Sieg der Japaner noch der chinesischen Streitkräfte ermöglicht. Sodann berechnet er, wie im Laufe eines „langwierigen Krieges" sich das Kräfteverhältnis wahrscheinlich entwickeln werde, wie die materiell-technische Überlegenheit der Japaner mit der Ausdehnung des von ihnen besetzten Gebietes immer weniger zum Tragen kommt und umgekehrt die zahlenmäßige Stärke der Chinesen und die internationale moralische wie materielle Unterstützung für ihren „gerechten Abwehrkampf" zum Sieg beiträgt. Wiederum betont Mao die enge Verbindung von Krieg und Politik, wobei er sich auf Lenin beruft, der seinerseits Clausewitz zitierte. Der Satz: „Der Krieg ist eine Fortsetzung der Politik mit anderen Mitteln" wird von Mao auch mit der eignen Formel umschrieben: „*Die Politik ist Krieg ohne Blutvergießen, der Krieg ist Politik mit Blutvergießen*" *(Bd. II, S. 179).* Entsprechend dem sich allmählich verändernden Kräfteverhältnis sieht Mao auch einen Übergang von lokalen offensiven Schlägen im Rahmen der Defensive zur umfassenden Offensive mit regulären Streitkräften vor, die den Gegner schließlich schlagen werden. Partisanenkrieg, Stützpunktbildung, Agrarreform, politische Mobilisierung aller Klassen und Schichten bis hin zur nationalen Bourgeoisie – all das wird jetzt unter dem Gesichtspunkt des nationalen, antiimperialistischen Befreiungskrieges zusammengefaßt. Die Dauer des Krieges hat Mao ziemlich genau vorausgesagt. Der Erfolg hat sein Selbstvertrauen und sein Ansehen bei der eignen Partei, aber auch in weiten Kreisen der Bevölkerung gewaltig gesteigert.

Die Tatsache, daß in China die Revolution jahrzehntelang in Form eines Bürgerkrieges mit Partisanenarmeen und regulären Roten Armeen durchgeführt wurde, hat dazu geführt, daß in Äußerungen chinesischer Kommunisten militärische Termini eine überragende Rolle spielen. Losungen wie, daß *alle Macht aus Gewehrläufen* kommt oder daß eine Partei nicht ohne Rote Armee siegen könne, sind typische Verallgemeinerungen der spezifischen chinesischen Erfahrung. Auch Lin Piaos These, daß die nationalen Befreiungsbewegungen der Dritten Welt durch ihren Sieg schließlich die industriellen Metropolen ähnlich bezwingen würden wie die roten Agrargebiete Chinas die Städte, ist ohne die Erfahrung im Bürgerkrieg 1923–1927, im antijapanischen Krieg 1937–1945 und im zweiten Bürgerkrieg 1946–1949 undenkbar.

230

D. Die Klassenanalyse und die Rolle des Bewußtseins

Zu den auffallendsten Besonderheiten des chinesischen Marxismus gehört die vermehrte Betonung der Rolle des (Klassen-)*Bewußtseins* und der *Erziehung und Umerziehung* sowohl für die Revolution als auch für den „Aufbau des Sozialismus und Kommunismus". Bereits mehrfach sind uns Äußerungen Maos begegnet, in denen er auf die Notwendigkeit der Umerziehung, z. B. der „vagierenden Elemente" (d. i. der Landstreicher), hinwies. Eine ähnliche Rolle soll die Erziehung und Umerziehung auch für die Angehörigen des Kleinbürgertums und der nationalen Bourgeoisie spielen. Ihnen allen soll – auf dem Wege intensive Bildungsarbeit der Partei und andrer Organe – ein proletarisch-sozialistisches Klassenbewußtsein vermittelt werden.

Diese Überzeugung von der Möglichkeit der Umformung ganzer Gesellschaftsklassen durch politisch-moralische Erziehung läßt auch die eigenartigen „Klassenbündnisse" begreiflich erscheinen, von denen Mao Tse-tung immer wieder spricht. Wir haben schon gesehen, daß er bereits für die bürgerlich-nationale Revolution dem Proletariat (repräsentiert durch die KPCh) eine Führungsrolle zugedacht hat, während Bauern, Kleinbürger und nationale Bourgeoisie als Bundesgenossen in dieser Revolution fungieren. Noch erstaunlicher ist aber, daß dieser „*Vierklassenblock*" sogar für die *zweite* Phase der Revolution, die *proletarisch-sozialistische Revolution, beibehalten* werden soll.

Die Bedeutung der sogenannten „Bündnisse" dürfte sich freilich unter der unumstrittenen Führung der KPCh auf eine bloße Formel zur Selbstverständigung reduzieren. Theoretische Basis dieser Argumentation ist die Annahme, daß die Revolution – auch die sozialistische – im wohlverstandenen und langfristigen Interesse des *gesamten Volkes* liegt und daß es möglich ist, Angehörige der genannten Klassen durch entsprechend intensive Schulungs- und Bildungsarbeit von der Richtigkeit und moralischen Überlegenheit des sozialistischen und kommunistischen Weges zu überzeugen. Daß bei dieser Bildungsarbeit wenigstens in gewissen Stadien durchaus auch Methoden des Terrors eine Rolle spielen können, haben wir schon erwähnt. Für die chinesischen Kommunisten sind aber verfeinerte Methoden psychotechnischer Art charakteristischer, die von amerikanischen Kriegsgefangenen in Korea seinerzeit als „brainwashing" bezeichnet wurden. Als Musterbeispiel für den durchschlagenden Erfolg solcher Bemühungen galt die „Konversion" des letzten Kaisers von Mandschukuo, der in einer Autobiographie seine Verwandlung aus einem „blutsaugenden Schmarotzer" in ein nützliches Glied der sozialistischen Gesellschaft beschrieben hat. Die Betonung solchen „Geisteswandels" wird noch dadurch verstärkt, daß auch die kommunistischen Führer selbst sich von der *Pflicht zu kontinuierlicher „Selbstreform"* nicht ausnehmen. Dabei können sie übrigens an alt-chinesische Traditionen anknüpfen, auf die Liu Tschau-tschi – damals noch anerkannter zweiter Mann nach Mao Tse-tung – in einer Rede vom 7. 8. 1939 hingewiesen hat: „Für Revolutionäre, die in revolutionäre Kämpfe verwickelt sind, ist es höchst notwendig, ihren Geist zu trainieren, um Selbstreform und Fortschritte zustande zu bringen. Ein in langen Jahren revolutionären Kampfes geformter Revolutionär wird nicht von selbst zu einem ausgezeichneten und geschickten Kämpfer. Das hängt vielmehr vor allem von der Anstrengung und dem *Selbsttraining* des Revolutionärs ab ... Aus diesem Grunde sollten wir Kommunisten uns *selbst erziehen* und unseren Geist inmitten der Anstrengungen revolutionärer Kämpfe kultivieren ... damit wir *Revolutionäre mit edlem Charakter und fester politischer Überzeugung* sein können. Konfuzius sagt: ,Ich begann zu studieren mit 15 Jahren, wurde unabhängig mit 30, lernte unerschütterlich zu sein mit 40, kannte meine vom Himmel bestimmte Aufgabe mit 50, lernte auf alles zu hören mit 60 und stellte fest, daß ich so handeln konnte, wie ich wollte, ohne in Extreme zu verfallen' (Analekten). Das ist ein Lehrplan für die Selbsterziehung und Geistesbildung ..." *(zit. nach: Masamichi Inoki, Leninism and Mao Tse-tung's Ideology; in: Unity and Contradiction. Ed. Kurt London, New York 1962, S. 117).*

Zu den Mitteln intensiver Umerziehung in Lagern für ehemalige „Klassenfeinde", aber auch für Parteikader, gehört die Anfertigung selbstkritischer *Autobiographien,* die, in regelmäßigen Abständen wiederholt, als Gradmesser der Fortschritte in der Aneignung des richtigen (Klassen-)Bewußtseins gelten. Tagebücher waren schon dem Konfuzianismus als Mittel der Selbstkontrolle bekannt. Was Mao aus der konfuzianischen Tradition übernommen hat, ist vor allem die aus der *Mencius*-Schule stammende Vorstellung, daß *alle Menschen* potentiell *gut* sind und durch entsprechende Erziehung zur Entfaltung des in ihnen angelegten Guten gebracht werden können. An die Spitze des Gemeinwesens muß daher nach Konfuzius und Mencius ein moralisch überlegener Weiser treten, der die Umformung des Volkes vollbringen kann.

Neue politische Schritte der Regierung und der Parteiführung sollen – entsprechend der Hochschätzung der Bewußtseinsbildung – stets durch eine entsprechende Bewußtseinsänderung bei den Massen vorbereitet werden. In einer „Rede Mao Tse-tungs auf der Konferenz für Mitarbeiter des Kultur- und Bildungswesens im Grenzgebiet Schensi-Kansu-Ninghsia" sagte er am 30.10.1944: „Es kommt sehr oft vor, daß die Massen zwar objektiv bestimmter Reformen bedürfen, *subjektiv aber sich dessen noch nicht bewußt sind,* sich noch nicht entschlossen haben oder *noch nicht den Wunsch hegen, die Reformen vorzunehmen;* dann müssen wir *geduldig abwarten. Erst dann, wenn* durch unsere Arbeit den *Massen in ihrer Mehrheit das betreffende Bedürfnis zum Bewußtsein gekommen ist,* wenn *sie* ihren Entschluß gefaßt haben und *selbst den Wunsch hegen,* die Reform durchzuführen, können wir an diese Arbeit schreiten; sonst könnten wir uns von den Massen loslösen. Jede Tätigkeit, bei der die Teilnahme der Massen erforderlich ist, wird zu einer bloßen Formsache werden und Schiffbruch erleiden, wenn das Bewußtsein und der Wille der Massen fehlen ..." *(Werke, Bd. III, S. 217).*

Die Eigenart dieser chinesischen Einstellung besteht – um es noch einmal zu betonen – darin, daß die Methoden der Selbstreform und der Bewußtseinsveränderung auch vor dem „Klassenfeind" nicht kapitulieren, sondern prinzipiell jeden für „veränderbar" im Sinne des marxistisch-leninistischen Sozialismus und Kommunismus halten. Diese Auffassung hat vielleicht auch deshalb für die nichtchinesische Welt etwas faszinierend Modernes, weil sie sich mit den raffiniertesten Methoden der Psychotechnik und der Werbewissenschaft berührt, Manipulation in den Dienst der Revolution stellt.

E. Der Aufbau des Sozialismus in China bis zur Kulturrevolution

1. Der Aufbau der Wirtschaft

Aus dem gemeinsamen Kampf gegen die japanische Invasion ging die KPCh (1945) als der bei weitem populärere und erfolgreichere Bündnispartner hervor. Obwohl das Übergewicht an Militärpersonal und Waffen noch immer bei der Kuomintang lag, hatten die chinesischen Kommunisten inzwischen längst aufgehört, die schwachen Juniorpartner zu sein. Nach Scheitern der von Russen wie Amerikanern gewünschten Koalitionsverhandlungen zwischen KMT und KPCh begann *1946 der letzten Bürgerkrieg* und führte nach drei Jahren zum *endgültigen Sieg der Kommunisten* auf dem Kontinent (1949). Bei diesem Sieg gab die politische und moralische Überlegenheit der kommunistischen Truppen und Führer den Ausschlag gegenüber der materiellen Überlegenheit des Gegners. Überläufer und Beutewaffen waren die wichtigste Quelle wachsender Macht der Roten Armee. Am *1. Oktober 1949* proklamierte Mao Tse-tung formell in Peking die *Volksrepublik China*. Im „Politischen Volksrat" waren Vertreter der „vier fortschrittlichen Klassen: Arbeiter, Bauern, Intellektuelle und nationale Bourgeoise" vereinigt. Im Unterschied zu den meisten osteuropäischen Volksdemokratien konnte sich die KPCh aber tatsächlich auf einen breiten und allgemeinen Konsens der Bevölkerung stützen. China war zum erstenmal seit Jahrzehnten geeint und befriedet. 1950 wurde ein Vertrag mit der Sowjetunion geschlossen, 1953 der erste Fünfjahrplan verkündet. Die Sozialisierung begann nur sehr langsam und vorsichtig. In zahlreichen Betrieben arbeiteten der Staat und die ehemaligen Besitzer (als Miteigentümer) zusammen. Seit der berühmten Mao-Rede vom 31.7.1955 beschleunigt sich jedoch das Tempo der Vergesellschaftung in Stadt und Land, wo die höhere Form der agrarischen Genossenschaften eingeführt wird. Einen radikalen Einschnitt bildet die Kollektivierung (1957) und vor allem der 1958 beschlossene „große Sprung vorwärts". Unter der Initiative Mao Tse-tungs machte China damals den Versuch, durch Zusammenfassung der agrarischen Betriebe zu Großeinheiten, durch Aufbau von industriellen Betrieben (einschließlich kleiner Stahlwerke) auf dem Lande und durch Kombination von agrarischer und industrieller Arbeit mit militärischer Ausbildung China in einem großen Sprung der kommunistischen Zukunft näherzubringen.

Die „Volkskommunen", die nicht nur als eine organisatorische Übergangsmaßnahme, sondern als ideale Gesellschaftsformation des Kommunismus gepriesen wurden, erwiesen sich jedoch zum Teil als Fehlschlag. Es stellte sich heraus, daß der in kleinen ländlichen Hochöfen gefertigte Stahl von unzulänglicher

Qualität war, und auch die Steigerung der agrarischen Überschüsse blieb (z.T. infolge schlechter Wetterverhältnisse) hinter den Erwartungen zurück. Nach Anfangserfolgen setzte 1959/60 ein schwerer Rückschlag ein. Die wirtschaftlichen Schwierigkeiten Chinas wurden durch den Abzug aller sowjetischen Berater im Jahre 1960 verschärft. Der ideologische Konflikt, der zunächst nur die Interpretation des Prinzips der „friedlichen Koexistenz von Staaten unterschiedlicher Gesellschaftsordnung" betraf, weitete sich aus. Zunächst griffen die Parteien in Moskau und Peking einander nur *indirekt* an: Chruschtschow kritisierte die KP Albaniens, die auf chinesischen Kurs gegangen war, und die Chinesen hielten sich an Jugoslawien und später die KP Italiens, meinten aber die Sowjets. 1962 verschärfte sich der sowjetisch-chinesische Konflikt anläßlich der Kuba-Krise und des chinesisch-indischen Grenzkonflikts. Die Chinesen verurteilten sowohl die Entsendung von Raketen nach Kuba als Abenteuerpolitik als auch deren Abzug – gegen den Willen der kubanischen Regierung – als Intervention in die inneren Angelegenheiten eines souveränen sozialistischen Staates. Sie betrachteten die Fortsetzung sowjetischer Waffenlieferungen an Indien als einen direkten Affront.

Die erwähnten wirtschaftlichen Schwierigkeiten veranlaßten die chinesische Führung zu einer Kurskorrektur. Der Landwirtschaft wurde Vorrang eingeräumt, und von 1963 bis 1965 zeichnete sich ein Erholungsprozeß ab. Nach westlichen Schätzungen war 1965 das Produktionsniveau von 1957 (pro Kopf der inzwischen gewachsenen Bevölkerung berechnet) wieder erreicht. Dennoch blieb die Wachstumsrate noch ungenügend, während gleichzeitig in der kapitalistischen Weltwirtschaft erhebliche Fortschritte erzielt wurden. Dieses Zurückbleiben bei gleichzeitiger Steigerung des Ausbildungsniveaus und der Verstädterung (1961 = 130 Millionen, während die Wirtschaft eigentlich nur 110 Millionen aufnehmen konnte) führte zu erheblichen Spannungen. Die Propagierung der „Rückkehr aufs Dorf" wird von daher begreiflich.

In der Zeit von 1960 bis 1966 stieg die Zahl der Absolventen einfacher und höherer Lehranstalten von 3,3 Millionen auf 23 Millionen. Für ihre Beschäftigung waren aber nicht genügend geeignete Arbeitsplätze vorhanden. Auch für höhere technische Spezialberufe war das Angebot an Arbeitskräften größer als die Nachfrage.

Auf dem Lande wechselte die staatliche Wirtschaftspolitik mehrfach die Richtung. Offenbar setzten die Bauern aber im allgemeinen eine stärkere Berücksichtigung ihrer persönlichen materiellen Interessen durch. Unter den Forderungen der 1967 – in der Kulturrevolution – mobilisierten Bauern tauchte immer wieder der Wunsch nach *Verringerung des Abstandes des Lebensstandards zwischen Stadt und Land* auf. Auch die Differenzierung innerhalb der Bauernschaft war noch keineswegs endgültig überwunden und entstand vielfach neu. Die Differenzierung der Einkommen im staatlichen Apparat erreichte bei Spitzenfunktionären das Sechsundzwanzigfache der Löhne einfacher Arbeiter, blieb damit freilich hinter den Verhältnissen in der Sowjetunion noch immer ganz erheblich zurück.

Zwischen Partei- und Staatsapparat und Intellektuellen kam es zu wachsenden Spannungen. Zwar waren die Intellektuellen großenteils privilegierte Nutznießer des Gesellschaftssystems, aber als Sprecher unzufriedener Gesellschaftsschichten und als Parteigänger von Reformen im Apparat wurden sie bald das Objekt erbitterter Angriffe und scharfer Verurteilungen. An der „Kulturfront" zeigten sich Erscheinungen, die stark an den Schdanowismus der vierziger Jahre in der Sowjetunion erinnerten.

Die Erhöhung der Spannung mit der Sowjetunion und die Befürchtung, diese könne sich noch enger mit den USA verbinden, führte zusammen mit der wirtschaftlichen, kulturellen und politischen Krise im Inneren zu Mao Tse-tungs Entschluß, eine „Kulturrevolution" auszulösen. Die Kulturrevolution hat viele Aspekte. Sie ist einmal ein Kampf um die „Gerallinie der KPCh" zwischen Mao Tse-tung und seinen Anhängern (Lin Piao und Tschu En-lai vor allem) und seinen Gegnern, unter denen der Staatspräsident und alte Kampfgefährte Maos Liu Tschao-tschi der bedeutendste war. Seinen Gegnern warf Mao vor, sie wollten „den Weg des Kapitalismus" gehen. In Wirklichkeit handelte es sich vermutlich um die Propagierung einer Art „neuer ökonomischer Politik" oder auch von Maßnahmen, wie sie in der Sowjetunion und andren sozialistischen Staaten Europas zum Zwecke der Verbesserung der Planwirtschaft durch Einbeziehung von marktförmigen Regulierungsmechanismen und Benutzung der individuellen materiellen Interessen ergriffen wurden. Zugleich war die Kulturrevolution aber auch eine – von oben initiierte, aber von unten aufgegriffene – *Massenbewegung gegen die bürokratische Herrschaftsordnung*. Sie stellte – zumindest vorübergehend – diese bürokratische Herrschaft selbst in Frage und führte zur Ablösung einer ganzen Anzahl unliebsamer Politiker in den Städten und Provinzen des Landes. Offenbar war Mao genötigt, an die Massen selbst zu appellieren, weil er in den Führungsgremien der Partei keine Mehrheit mehr besaß. Zugleich lag ihm aber vermutlich diese Art des Vorgehens, weil sie der heranwachsenden Generation die *Erfahrung einer eignen revolutionären Tätigkeit* verschaffte und die bürokratische Routine erschütterte.

2. Die Kulturrevolution

Die Kulturrevolution begann im November 1965 mit Angriffen auf Intellektuelle, die meist in literarisch verschlüsselter Form die Maosche Parteiführung angegriffen hatten. Die bekanntesten Beispiele dieser (seit dem „Großen Sprung vorwärts" einsetzenden) literarisch verschlüsselten Kritiken erschienen in den *„Abendgesprächen am Yenschan"* von *Teng T'o* und im *„Dorf der drei Familien",* einer ständigen Rubrik, die Teng T'o, Liao Moscha und Wu Han gemeinsam schrieben. Im Januar 1966 gelang es Mao, mit Hilfe Lin Piaos die führenden Männer der Streitkräfte für sich zu gewinnen, und im Frühjahr des gleichen Jahres wurden die einflußreichen Parteileute um Peng Tschen in Peking, die Mao kritisiert hatten, kaltgestellt. 1968 endete die Kulturrevolution mit der Zerschlagung der alten Parteistruktur und ihrer Ersetzung durch die sogenannte *„Drei-Wege-Allianz"* von Vertretern der kulturrevolutionären Massenorganisationen, der maoistischen Parteifunktionäre und der Streitkräfte. In dem neugewählten ZK sind nur noch etwa 40 der alten Mitglieder vertreten, Liu Tschao-tschi wurde als „Verräter und Renegat" aus der Partei ausgeschlossen. Auf dem 9. Parteikongreß der KPCh im April 1969 wurde eine neue Parteiverfassung verabschiedet, in der Lin Piao als designierter Nachfolger Maos in der Parteiführung erscheint.

Träger der Kulturrevolution waren zunächst Studenten und Jugendliche, die unter den oben erwähnten Spannungen besonders litten und daher gern bereit waren, ihrem Unmut öffentlich Ausdruck zu geben und ihn auf hochgestellte, von Mao und seinen Anhängern bezeichnete Führer zu lenken. Die „Roten Garden" der Schüler und Studenten wurden mit demokratisch-egalitären Losungen mobilisiert, erhielten Gratisfahrscheine und strömten in großen Massen durchs Land. Oft war es der Parteiführung nicht möglich, diese Massenbewegung zu kontrollieren. An vielen Orten kam es zu widersprüchlichen Tendenzen, da sich zuweilen auch Angehörige der Opposition gegen Mao der Roten Garden bedienten oder persönliche Feindschaften mit ihrer Hilfe ausgetragen wurden. Die Bewegung hatte außerdem die Tendenz, eine eigne antibürokratische revolutionäre Dynamik zu entfalten.

Angesichts dieser Lage beschloß Mao Ende 1966, an die *Arbeiter* zu appellieren, von denen er vermutlich eine stabilisierende und disziplinierende Wirkung auf die Bewegung der Roten Garden erwartete. Auch die Dynamik dieses Prozesses erwies sich als stärker als erwartet und erwünscht. Zu Beginn des Jahres 1967 fanden vielfach Streiks, Demonstrationen und Gebäudebesetzungen statt, der Parteiapparat zerfiel sichtbar und war der Lage kaum noch gewachsen. Um die Streikbewegung der Arbeiter zu stoppen und auf das begrenzte Ziel Mao Tsetungs und Lin Piaos zurückzulenken, appellierte die Führung schließlich an die *Armee* und schuf die bereits erwähnten Drei-Wege-Allianzen von Massenorganisationen (Roten Garden usw.), Armee und Parteikadern. Während zu Beginn der Kulturrevolution viel vom *Pariser Kommune-Modell* die Rede gewesen war, schälten sich später die *„revolutionären Komitees"* der Drei-Wege-Allianzen als neue (nicht demokratisch gewählte und kontrollierte) Führungsorgane heraus. In diesen Komitees scheinen vielfach die alten Parteifunktionäre wieder einflußreiche Positionen einzunehmen. Nach einer 1968 ausgegebenen Losung wurden 95% der Kader als „gut" erklärt und wieder akzeptiert. Die Partei habe – so erklärten Maoisten – ihre führende Rolle behalten.

Die ideologische Selbstdarstellung der Kulturrevolution stellt diese als große theoretische Errungenschaft der „Mao-Tse-tung-Ideen" dar. Hauptbestandteil dieser Theorie ist die Lehre vom *Primat der Politik* und der *Gedanke (Maos) gegenüber der Wirtschaft.* Entschieden verurteilt werden die individuellen materiellen Anreize, mit denen die sowjetische Wirtschaft seit langem arbeitet, und die Verwendung von marktförmigen Regelungsmechanismen in der Planwirtschaft. Aus sozialistisch-moralistischen Gründen werden auch das private Hofland der Bauern und die individuelle Leistungszurechnung („Punktsystem") abgelehnt. Auf der andren Seite wird betont, daß die Kollektivierung der Produktion *nicht notwendig allgemeine Zentralisation* bedeuten müsse, da örtliche

Selbstverwaltung oft eine bessere Nutzung lokaler Möglichkeiten erlaube. Den landwirtschaftlichen Kommunen werden – wie seit Chruschtschow in der Sowjetunion und unter Gomulka in Polen – die Maschinen und Großgeräte in Eigenbesitz geliefert, nicht in staatlichen Maschinen- und Traktoren-Stationen gehalten und gegen Miete ausgeliehen wie unter Stalin.

In den Betrieben wurden schon im Frühjahr 1966 Forderungen nach einer Zusammenarbeit zwischen Direktor, Technikern und Vertretern der Arbeiter erhoben, die „Gefahr technokratischer Repression" angeprangert und der Primat der Politik betont. Profit und Rentabilitätskriterien wurden verurteilt.

3. Die systematische Kritik am sowjetischen „Revisionismus"

Deutlicher als die organisatorischen Folgen der Kulturrevolution für die chinesische Gesellschaft ist die Anklage, die gegen die sowjetische Form des Sozialismus erhoben wird. Da man annehmen kann, daß die chinesische Führung sich in allen Punkten dieser Anklage entgegengesetzt zu verhalten wünscht, kann man sie als Indiz für die eigne Zukunftsvorstellung ansehen. Der sowjetischen Führung seit Chruschtschow wird vorgeworfen:

1. Die Herausbildung einer wirtschaftlich und politisch privilegierten Schicht (neue Klasse, neue Bourgeoisie).

2. Loslösung von den Massen.

3. Vorherrschen bürgerlicher Wirtschaftsformen und ökonomischer Betrachtungsweisen (Profitmotiv, Akkumulation, Rentabilität).

4. Abbau des Leninismus-Stalinismus und Tolerierung aller möglichen Arten von Revisionismus und Reformismus (z.B. Möglichkeit des Übergangs zum Sozialismus auf demokratisch-parlamentarischem Wege).

5. „Sozialimperialismus" in der Außenpolitik, der am Beispiel des „Überfalls auf die CSSR" und an Hand der Forderung der „sozialistischen internationalen Arbeitsteilung" innerhalb des Comecon illustriert wird.

Die Fortdauer politischer Gegensätze innerhalb eines sozialistischen Landes hatte Mao Tse-tung bereits in seiner Rede „Über die richtige Lösung von Widersprüchen im Volk" (27.2.1957) anläßlich der Ungarn-Krise vom Herbst 1956 festgestellt. Er unterschied damals zwischen antagonistischen Widersprüchen zwischen „dem Volk" und „den Feinden des Volkes", die nur auf gewaltsame Weise überwunden werden können, und nichtantagonistischen „Widersprüchen im Volk", die auf gewaltlose Weise durch Kritik, Selbstkritik, lokale Streiks und ähnliche Methoden aufgehoben werden können. Überzeugung und Erziehung könnten dazu beitragen, derartige Widersprüche zu lösen. Hier gelte die 1942 entwickelte Formel „Einheit-Kritik-Einheit". Sie sei nach dem Sieg 1949 auch auf die Beziehung zwischen den vier Klassen angewandt worden und diene zur Lösung der inneren Widersprüche im Volk. Aber „wenn man (d.h. die Partei) nicht richtig handele oder wenn man die Wachsamkeit verliere, sorglos und nachlässig werde, könne (aus den nichtantagonistischen Widersprüchen) ein Antagonismus entstehen" *(Mao Tse-tung, Vier philosophische Monographien,*

Peking 1965, S. 108), wie das unlängst in Ungarn geschehen sei. Das habe dort auch dazu geführt, daß „umfangreiche antagonistische Aktionen" notwendig wurden. Damit war die Intervention der sowjetischen Streitkräfte gemeint, die Mao also in diesem Fall entschieden rechtfertigt. Der Umschlag von „Widersprüchen im Volk" in antagonistische Widersprüche entsteht in sozialistischen Gesellschaften nach Maos Auffassung allemal dann, wenn die Führungsschicht sich vom Volk loslöst und ein offenes oder verstecktes Bündnis mit den führenden kapitalistischen Kräften des Auslands schließt. Der Klassenkampf geht auch in der sozialistischen Gesellschaft weiter. Wenn die Partei „mit den Massen verbunden ist" und die Massen durch ihre Überzeugungskraft führt, dann kann dieser Kampf mit friedlichen Mitteln geführt werden; wenn aber die Führung „entartet", dann sind „antagonistische Maßnahmen" notwendig. Offenbar enthält die Kulturrevolution sowohl eine „antagonistische" – gegen die „führenden Parteileute, die den Weg des Kapitalismus einschlagen wollen", gerichtete – Spitze als auch eine nichtantagonistische (erzieherische, mobilisierende) Seite, die dem Volk zugekehrt ist.

In dem Gedenkartikel von Jenmin Jibao (Rote Fahne) zum 100. Geburtstag Lenins, der die Sowjetführung des Verrats an Lenin und des Chauvinismus und Imperialismus anklagt, wird zum Schluß das Sowjetvolk zu einer Art radikaler Kulturrevolution gegen seine gegenwärtigen Herrscher aufgerufen: „Das Sowjetvolk ist ein großes Volk, das von Lenin und Stalin erzogen wurde und eine ruhmvolle revolutionäre Tradition hat. Es wird auf keinen Fall dulden, daß ihm die neuen Zaren lange auf dem Nacken sitzen. Obwohl die Früchte der Oktoberrevolution durch die sowjetrevisionistischen Renegaten verlorengegangen sind, bleiben die Prinzipien der Oktoberrevolution ewig. Unter dem großen Banner der Oktoberrevolution wird der reißende Strom der Volksrevolution bestimmt das Eis der revisionistischen Herrschaft brechen, der Frühling des Sozialismus wird gewiß wieder in das Sowjetland einziehen ... Eine neue Geschichtsperiode des Kampfes gegen den USA-Imperialismus und gegen den Sowjetrevisionismus hat begonnen. Dem Imperialismus und dem Sozialimperialismus läutet die Totenglocke" *(Peking Rundschau vom 28. 4. 1970, S. 15, aus Jenmin Jibao).*

Ein französischer Bewunderer Mao Tse-tungs, *Charles Bettelheim,* vertritt die Auffassung, daß sich die Sowjetunion und China durch zwei entgegengesetzte Modelle der Entwicklung zur sozialistischen Gesellschaft unterscheiden. Das sowjetische Modell imitiert die ursprüngliche kapitalistische Akkumulation in Form eines von der Partei beherrschten Staatskapitalismus und finanziert daher die rasche Industrialisierung mit den aus den Bauern herausgepreßten Überschüssen. Die Folge ist eine ungleiche Entwicklung von Stadt und Land und eine übermäßige Belastung der Bauern. Das chinesische Modell verzichtet auf eine so einseitige Lastenverteilung und bemüht sich *alle* Gesellschaftsklassen gleichmäßig zu belasten und alle Sektoren der Wirtschaft möglichst gleichmäßig zu entfalten. Das hat den Verzicht auf eine einseitige Bevorzugung der Schwerindustrie und der Städte und damit in diesen Sektoren ein langsameres Entwicklungstempo zur Folge, bringt aber positiv die gleichmäßigere Entwicklung auch und gerade

238

des flachen Landes mit sich. Trotz aller Irrtümer und Fehler im Detail, die auch in China unterlaufen mußten, hält Bettelheim das chinesische Modell für das wirklich sozialistische. *(Vgl. Charles Bettelheim, Chine et URSS, deux modèles d'industrialisation; in: Tempes Modernes, 27ième année, Août-Septembre 1970, p. 193–214)*

II. Gesichtspunkte zur Kritik

A. Die Rolle der Kommunistischen Partei in einem halbkolonialen und halbfeudalen Land

Bei der Festlegung der Rolle der KPCh waren Lenins Auffassungen und die Anweisungen der Komintern ausschlaggebend. Es hatte in China vor der Oktoberrevolution praktisch keinen Sozialismus gegeben, so daß die Auseinandersetzung zwischen Reformismus und Revolutionarismus, wie sie für die europäischen Parteien typisch war, unbekannt blieb. Aus diesem Grunde und durch das Prestige der erfolgreichen russischen Partei gefördert, wurde der Marxismus von vornherein in seiner *leninistischen Form* übernommen.

Die These, daß es notwendig sei, zunächst mit der Partei der bürgerlich-nationalen Revolution (der Kuomintang = KMT) zusammenzuarbeiten, um das erste Etappenziel der revolutionären Verwandlung Chinas, die bürgerliche Demokratie, zu erreichen, war noch durchaus orthodox-marxistisch. Auch der nächste Schritt, der darin bestand, daß die Kommunistische Partei selbst die *Führung* in der bürgerlich-nationalen (antiimperialistischen und anti-feudalen) Revolution beanspruchte, ließ sich noch aus den Umständen rechtfertigen. Hier sahen chinesische Parteiführer wie Mao Tse-tung offenbar richtiger als die Komintern-Beauftragten und Stalin. Nachdem sich die KMT unter Tschiang Kai-schek als unfähig erwiesen hatte, die notwendigen Agrarreformen durchzuführen, und sich einseitig militärisch orientierte, fiel auch diese Aufgabe einer bürgerlichen Revolution den Kommunisten zu. Kritisch ist allerdings die Behauptung zu bewerten, daß es das „*Proletariat*" sei, das in dieser Revolution (vertreten durch die KPCh) *führe*. Die Führungsfunktion der Parteikader wird ideologisch verschleiert, kann aber durchaus pragmatisch mit dem Versagen der KMT-Revolutionäre gerechtfertigt werden.

Fragwürdig wird allerdings vollends, wenn die KPCh den Anspruch erhebt, die zweite Etappe der revolutionären Umwandlung Chinas – den Übergang von der bürgerlich-nationalen zur proletarisch-sozialistischen Revolution – in Gestalt einer „permanenten Revolution" in unmittelbarem Anschluß an die bürgerliche Revolution einzuleiten. Hier wird ganz offensichtlich die historische Entwicklung nach einem vorauskonzipierten Ablaufschema geleitet, ohne daß für diesen Übergang objektive sozialökonomische Notwendigkeiten vorlägen.

Aus diesem Grunde schrumpft auch die Konsolidierungsepoche der chinesischen Revolution auf wenige Jahre zusammen (1949–1957). Eine langfristige

„Neue Ökonomische Politik", wie sie Lenin seinerzeit geplant (Stalin allerdings 1929 abgebrochen) hat, hätte wahrscheinlich die wirtschaftlichen Entwicklung Chinas günstiger gestaltet. Der von Mao immer wieder betonte Primat der Politik, der diese Entwicklung ausschloß, läßt sich „marxistisch" kaum rechtfertigen.

B. Die Bedeutung der Bauern für die revolutionäre Umwandlung Chinas

Es ist zweifellos ein Verdienst Maos, die *zentrale Bedeutung der Bauern* und der Bauernaufstände für den Sieg einer (jeden!) Revolution in China erkannt und entsprechend berücksichtigt zu haben. Ebensowenig läßt sich aber bestreiten, daß er in manchen Formulierungen der Frühzeit über die bekannte marxistische Auffassung, die Bauern seien notwendige *Bundesgenossen* des Proletariats in der ersten Phase der Revolution, hinausging. Zuweilen sprach er von den armen Bauern geradezu als „der *Vorhut* der Revolution" und gab ihnen damit eine Funktion, die in der leninistischen Terminologie nur der *Partei* des Industrieproletariats zukommt. Die gelegentlich angedeutete Identifizierung von „armen Bauern" und Proletariern wird durch die chinesische Sprache nahegelegt, die kein eigenes Wort für „Proletarier" (d. h. vor allem Industriearbeiter) besitzt und diese Klasse einfach als „sehr Arme" bezeichnet.

Für die „idealistische" Abweichung des chinesischen Kommunismus ist kennzeichnend, daß Mao das „kleinbürgerlich-egoistische" Bewußtsein der bäuerlichen Massen durch *intensive Erziehungsarbeit umwandeln zu können glaubt.* Damit greift er – unmarxistisch – auf eine Voraussetzung *hinter* dem adäquaten Klassenbewußtsein der Bauern zurück. Er geht bei seiner oft wiederholten Forderung von einem potentiellen gesamtgesellschaftlichen Bewußtsein aus, das durch entsprechend gründliche Erziehung in jedermann aktualisiert werden könne. Damit verlieren die objektiven Bestimmtheiten der verschiedenen Gesellschaftsklassen ihre entscheidende Bedeutung und werden zu bloßen Ausgangsdaten, die von der Partei radikal verändert werden können. Diese Auffassung hat nichts mehr mit Marxismus zu tun.

Während *Stalin* die Agrarrevolution in der Sowjetunion euphemistisch als „*Revolution von oben*", „auf Initiative der bestehenden Macht mit Unterstützung der Hauptmasse der Bauern" bezeichnete, versuchte Mao Tse-tung die Veränderung der Eigentums- und Arbeitsverhältnisse auf dem Lande *durch vorausgehende Veränderung des Bewußtseins der Bauern zu sichern.* Die spontan auftauchenden Forderungen der bäuerlichen Bevölkerung während der Kulturrevolution machen allerdings deutlich, daß dieser Versuch keineswegs überall Erfolg hatte. Immer wieder tauchten nämlich in der bäuerlichen Bevölkerung Forderungen nach vermehrten privaten Anbauflächen und Erlaubnis von Marktproduktion auf. Maos These, daß der Klassenkampf auch im Sozialismus weitergeführt werden müsse, erklärt sich u. a. daraus, daß die Umerziehung der Bauern angesichts der *objektiven* ökonomischen und technischen Verhältnisse auf dem Dorfe eine wahre Sisyphus-Arbeit sein muß.

C. Die Strategie und Taktik des revolutionären Bürgerkrieges in China

Hier wäre vor allem zu kritisieren, daß Mao und seine Anhänger die spezifischen Erfahrungen des Bürgerkrieges und Klassenkampfes in China unzulässig *verallgemeinern* und auf die Weltbühne übertragen haben. Die Tatsache, daß sie in China zunächst auf dem Land siegten und mit Hilfe von Roten Armeen, die in den „befreiten bäuerlichen Gebieten" aufgestellt werden konnten, schließlich die Städte besiegten, läßt sich nicht ohne weiteres auf die internationale Bühne übertragen. Der Sieg wurde in China dadurch gewährleistet, daß nur und erst die chinesischen Kommunisten die seit Jahrzehnten überfällige und 1910 schon von *Sun Yat-sen* geplante Bodenreform und die Befreiung der Bauern von Aberglauben, Sippenverband, Wucherern und Beamtenherrschaft durchgeführt haben. Gestützt auf diese objektiv notwendigen Maßnahmen konnte der KPCh die bäuerlichen Massen gewinnen und mit ihnen die städtischen Zentren erobern, die wirtschaftlich schwach und, verglichen mit der Stärke der Bauernbevölkerung, unterlegen waren. Die „Dritte Welt", die Lin Piao als „bäuerliches Hinterland" der kapitalistisch-städtischen Metropolen bezeichnet, kann aber im Weltmaßstab *diese Rolle nicht spielen.* Die Analogie wird durch geographische und politische Unterschiede unmöglich gemacht. In den kapitalistischen Metropolen gibt es keine Massenarmut wie in den chinesischen Städten, und die Metropolen sind nicht auf die agrarischen Lieferungen der Dritten Welt zu ihrem schieren Überleben angewiesen, sondern produzieren vielfach selbst agrarische Überschüsse (USA, Kanada).

Andererseits war z. B. China selbst genötigt, beträchtliche Nahrungsmittelimporte aus „kapitalistischen Industrie-Staaten" zu beziehen.

Ebenso fragwürdig ist die grobe Verallgemeinerung, daß alle „Macht aus den Gewehrläufen" kommt. Die Popularität dieser Losung in Ländern der Dritten Welt erklärt sich allerdings leicht daraus, daß reformistische Versuche der Umgestaltung dieser Länder bisher noch stets gescheitert sind. In diesen Staaten (etwa Lateinamerikas) muß daher eine Formel wie die von Mao: „Die zentrale Aufgabe der Revolution und ihre höchste Form ist die bewaffnete *Machtergreifung,* die Lösung der Frage durch den Krieg. Dieses revolutionäre Prinzip ist *überall richtig,* sowohl in China wie im Ausland ..." (*Probleme des Krieges und der Strategie, 6. 11. 1938, Ausgewählte Werke, Bd. II, S. 255*) plausibel klingen. Sie steht in diametralem Gegensatz zu Chruschtschows Erklärung, daß es *vielerlei Wege* zum Sozialismus (u. a. auch den demokratisch-friedlichen) gibt, und kann von den Kommunistischen Parteien in Staaten wie Frankreich und Italien kaum akzeptiert werden.

D. Die Klassenanalyse und die Rolle des Bewußtseins

Hier liegt zweifellos die größte Originalität des Maoismus. Mit seiner faktisch angenommenen Lehre vom Primat des Bewußtseins liquidiert Mao Tse-tung den marxistischen Ausgangspunkt und radikalisiert den schon bei Lenin und vor allem Stalin feststellbaren „soziologischen Idealismus". In der Rede über „die Widersprüche im Volk" wird eine soziologische Kategorie „Volk" eingeführt und wie folgt definiert: „In der gegenwärtigen Etappe, in der Periode des Aufbaus des Sozialismus, gehören zum Volk *alle Klassen, Schichten,* gesellschaftlichen *Organisationen und Gruppen, die den Aufbau des Sozialismus billigen,* unterstützen und dafür arbeiten" *(Mao Tse-tung, Vier philosophische Monographien. Peking 1965, S. 98 f.).* Hier wird die bewußte *politische „Einstellung"* zum Aufbau des Sozialismus zum entscheidenden *soziologischen Einteilungskriterium* gemacht. Die „gesellschaftlichen Kräfte, Organisationen und Gruppen, die dem sozialistischen Aufbau feindlich *gesonnen* sind" *(a. a. O., S. 99),* gelten umgekehrt als *„Feinde des Volkes".* Bezeichnend ist es, daß in diesem zweiten Sammelbegriff gar *keine ganzen Klassen mehr enthalten sind.* Die Klasseneinteilung hat für die Definition von „Volk" und „Feinde des Volkes" offenbar keine wesentliche Relevanz mehr.

Der gleiche „idealistische" und moralisierende Gebrauch wird aber namentlich in der Kulturrevolution auch von dem Terminus „bourgeois" und „kapitalistisch" gemacht. Damit wird jetzt nicht eine Klasse von industriellen oder merkantilen Produktionsmittelbesitzern bezeichnet, wie bei Marx, sondern eine Gruppe von *Parteiführern, die mit dem „Kapitalismus" höchstens insofern etwas zu tun haben, als sie bereit sind, von ihm für Einzelheiten der Gestaltung der sozialistischen Planökonomie zu lernen.* Die Klassenanalyse des chinesischen Marxismus-Maoismus hat sich seit Maos Untersuchungsbericht über die Bauernbewegung in Hunan immer weiter von der objektiven Realität entfernt, um immer einseitiger den Akzent auf das Bewußtsein zu legen. In den jüngsten Arbeiten bezeichnen Klassen meist nur bestimmte politische Mentalitäten oder deren Unterstellung. Der Maoismus nähert sich theoretisch einem Dezisionismus Carl Schmittschen Typus an. Für Carl Schmitt war „die eigentlich politische Unterscheidung" ... „die Unterscheidung von *Freund und Feind"* und: „Der Feind war ihm in einem besonders intensiven Sinne existenziell ein anderer und Fremder, mit dem im extremen Fall *existenzielle Konflikte* möglich sind" *(Der Begriff des Politischen. Hamburg 1933, S. 8).* Mao Tse-tung hat diesen Begriff nur durch den Zusatz „des Volkes" ergänzt. Der Primat des Politischen und die Auffassung der Politik als einer „Kampfwissenschaft" führt notwendig zu ähnlichen Konsequenzen wie bei Carl Schmitt, wobei der Maosche Versuch einer totalen Bewußtseinsumbildung der *gesamten* Bevölkerung ihn allerdings von dem Anwalt rational-bürokratischer Verwaltung mit dezisionistischer Führung unterscheidet.

E. Der Aufbau des Sozialismus in China bis zur Kulturrevolution

Der Aufbau der nachrevolutionären Gesellschaft verlief in China zunächst unter weit günstigeren Bedingungen als 1917–1922 in Rußland. Während in Rußland auf den Sieg der Oktoberrevolution ein jahrelanger Bürgerkrieg folgte, fiel der Sieg der KPCh mit dem *Ende eines jahrzehntelangen Bürgerkrieges zusammen*. Die chinesischen Kommunisten waren die Friedensbringer und Konsolidierer des Reiches der Mitte. Diese Tatsache verschaffte ihnen einen weitgehenden Konsens in der Gesamtbevölkerung und ermöglichte relativ friedliche Aufbaumethoden. Die Verschärfung des innenpolitischen Klimas war die Folge der revolutionären Ungeduld Mao Tse-tungs, des Konkurrenzkampfes und des wachsenden Konflikts mit der Sowjetunion und der bis heute kaum ganz überwundenen Isolierung des Chinesischen Reiches. Die verschiedenen Kampagnen – wie der „Große Sprung nach vorwärts" mit der Bildung riesiger Volkskommunen und die „Große chinesische Kulturrevolution" – dienen sowohl organisatorischen als auch bewußtseinsverändernden Zwecken.

Durch neue, große Aufgaben sollte der revolutionäre Elan entfaltet und gesteigert werden. In beiden Fällen – wie auch anläßlich der Losung: „Laßt hundert Blumen blühen, laßt hundert Schulen miteinander wetteifern" (1957) – waren psychologische Gesichtspunkte wichtiger als ökonomische Ziele. Allerdings sind die Maoisten der Meinung, daß sowohl der „Sprung nach vorwärts" als auch die Kulturrevolution letztlich auch der Steigerung der *wirtschaftlichen* Leistungsfähigkeit diene.

Die Behauptung, die Kulturrevolution habe zu einer Demokratisierung des Landes und zum Abbau der bürokratischen Herrschaftsstrukturen geführt, läßt sich nicht ohne erhebliche Einschränkung aufrechterhalten. Zwar wurden das Selbstbewußtsein und die politische Aktivität von Massen der Studenten und Arbeiter gesteigert, aber die 1969 vollzogene Neugruppierung der Kräfte hat im Endeffekt nur zu einer Veränderung in der personellen Zusammensetzung der bürokratischen Elite geführt. Neben den Parteikadern (die auf den unteren Ebnen bis zu 95% die alten geblieben sein sollen) sind jetzt vermehrt Repräsentanten der Streitkräfte und der Roten Garden (Massenorganisationen) an der Machtausübung beteiligt. Die Annahme, es handele sich dabei um eine effektive demokratische Kontrolle „von unten", ist aber nicht gerechtfertigt. Jedesmal, wenn die Studentenbewegung oder die Arbeiterstreiks über die von der Maoschen Führung gesteckten Etappenziele hinauszugehen drohten, wurde von oben „Halt" geboten. Dennoch dürfte die Einschätzung revolutionärer Marxisten zutreffen, daß die Teilnehmer an der Kulturrevolution die Erfahrung ihrer Macht und der – vorübergehenden – Ohnmacht der Bürokratien nicht so leicht wieder vergessen werden.

Die Kritik der chinesischen Kommunisten am Sowjetmarxismus und an der sowjetischen Führung trifft zum Teil kritikwürdige Zustände. Es kann kaum geleugnet werden, daß sich die politische Führung der Sowjetunion vielfach von der Masse der Bevölkerung gelöst hat, daß sie wirtschaftliche (und andre) Privilegien genießt und – allerdings schon seit Stalin – die Arbeit andrer Kommunistischer Parteien vorwiegend im Interesse der Sowjetunion lenkt. Auf der andren Seite muß die Absage an Stalin und seine Herrschaftsmethoden und die (wenigstens verbale!) Akzeptierung unterschiedlicher Wege zum Sozialismus als eindeutiger Fortschritt gewertet werden. Für die Kommunistischen Parteien im „Westen" bedeutete diese – auf dem XX. Parteitag der KPdSU 1956 vollzogene – Wendung eine wesentliche Erleichterung.

In entwickelten Industriestaaten kann weder das russische Vorbild von 1917 noch das chinesische von 1946–1949 gelten. Dort muß der Allgemeinverbindlichkeitsanspruch sowohl sowjetischer als auch chinesischer Marxisten-Leninisten zurückgewiesen werden. Selbst Kommunisten werden daher in diesen Punkten der chinesischen Kritik am Sowjetmarxismus kaum recht geben. Mit der Zurückweisung der sogenannten (von der Sowjetunion offiziell in Abrede gestellten) Breschnew-Doktrin, die der Sowjetunion ein Interventionsrecht in die inneren Angelegenheiten andrer sozialistischer Länder zugesteht, werden auf der andren Seite selbst jugoslawische und italienische Kommunisten, die in fast allen andren Punkten die chinesischen Thesen zurückweisen, übereinstimmen. Kritisch muß aber gefragt werden, ob der Versuch des Ausbaus der eignen Vorherrschaft, wie er von der sowjetischen Elite vor allem in Osteuropa unternommen wird, notwendig aus „kapitalistischen Motiven" heraus erfolgen muß oder ob nicht auch Bürokratien solche Herrschaftsgelüste entfalten können, die sich auf Staatseigentum stützen. Die Identifizierung von Imperialismus und *Kapitalismus* fällt im Falle der Sowjetunion jedenfalls schwer. An dieser Stelle liegt der blinde Fleck der chinesischen Kritik. Auch wenn die sowjetischen Führer überzeugte anti-reformerische, orthodoxe Stalinisten oder auch Maoisten wären, müßte damit ihr Vormachtanspruch keineswegs schon verschwinden. Die Verteidigung der Souveränität der Tschechoslowakei durch die chinesischen Kommunisten hat denn auch etwas Unglaubwürdiges, wenn der tschechischen und slowakischen Bevölkerung seinerzeit geraten wurde, zugleich gegen die sowjetischen Truppen und die eigne „Verräter-Regierung" die Waffen zu ergreifen. Die Tatsache, daß diese Regierung gerade aufgrund ihrer reformkommunistischen Maßnahmen und Pläne eine breite Zustimmung im Volke gefunden hatte, wird ignoriert.

III. Texte

A. Zur Rolle der Kommunistischen Partei in einem halbkolonialen und halbfeudalen Land

Frühe Äußerungen vor dem Bündnis mit der Kuomintang Tschang Tai-lai auf dem 3. Kongreß der Kommunistischen Internationale (Juni 1921)

Jetzt ist es bei uns [in China] gerade an der Zeit, für den Kommunismus zu arbeiten. Die jungen *Studenten* revoltieren augenblicklich gegen die alte Sozialstruktur Chinas.

Viele unter ihnen stehen am Scheidewege und werden uns folgen, wenn wir ihnen Hilfe leisten. Wir müssen diese Kräfte in die richtigen Bahnen leiten und sie nicht dem Anarchismus und Reformismus ausliefern. Seit der russischen proletarischen Revolution beginnen die chinesischen *Arbeiter* auch zu erwachen. Streiks in kleinerem Maßstab kommen in China sehr häufig vor. Wir müssen diese im Werden begriffene Bewegung unter unsere rote Fahne stellen und sie nicht gelb werden lassen, späterhin wird es uns große Mühe kosten, ihre Sympathien zu gewinnen. Das *Lumpenproletariat* stellt einen ziemlich großen Prozentsatz der Bevölkerung Chinas. Obwohl es nicht klassenbewußt ist, so ist es doch *revolutionär*. Wenn wir es in unsere Partei einreihen können, so wird es unsere Sache sehr fördern. Durch die Teilnahme an dem Krieg gegen Koltschak und Denikin hat sich das chinesische (Lumpen-) Proletariat bereits als ein guter Kämpfer erwiesen. Aber es könnte uns auch gefährlich werden, wenn wir es nicht beachten würden und es von den Kapitalisten zum Kampfe gegen das Proletariat mißbraucht würde, wie es von den russischen und französischen Imperialisten zur Arbeit in den Schützengräben und von der japanischen imperialistischen Regierung zur Polizeiaufsicht über die Mandschurei und Schantung mißbraucht wird.

Bibliothek der Kommunistischen Internationale, Bd. XXIII, Protokoll des III. Kongresses der Kommunistischen Internationale. Hamburg 1921, S. 1019–1020

Erstes Programm der KPCh (1921)

1. Unsere Partei nahm den Namen Kommunistische Partei Chinas an. 2. Das Programm unserer Partei lautet wie folgt:

A. Mit Hilfe der revolutionären Armee des Proletariats die kapitalistischen Klassen niederwerfen und die Nation für die Arbeiterklasse aufbauen, bis alle Klassenunterschiede beseitigt sind.

B. Die Diktatur des Proletariats zu errichten, um den Klassenkampf siegreich zu beenden und die Klassen abzuschaffen.

C. Das Privateigentum am Kapital aufzuheben, alle Produktionsmittel zu beschlagnahmen ... und sie in gesellschaftliches Eigentum überführen.

3. Unsere Partei wird die Arbeiter, Bauern und Soldaten in Sowjets organisieren, den Kommunismus predigen und die soziale Revolution als unser Hauptziel anerkennen. Sie bricht alle Beziehungen mit den gelben Intellektuellen und andren derartigen Parteien ab.

4. Keine Diskriminierung hinsichtlich des Geschlechts oder der Nationalität.

zit. nach: Warren Kuo, Analytical History of Chinese Communist Party. Taipeh 1966, S. 346 f.

Erste Entscheidung hinsichtlich der Ziele der KPCh (1921)

Nach Hinweisen auf Arbeiter-Gewerkschaften, Propaganda-Publikationen, Arbeiter-Ergänzungsschulen usw. folgt:

5. Haltung gegenüber existierenden politischen Parteien. Gegenüber den existierenden politischen Parteien soll eine Haltung der Unabhängigkeit, Aggression und Ausschließung angenommen werden. Im politischen Kampf in Gegensatz zu Militarismus und Bürokratismus und bei der Forderung nach Rede-, Versammlungs- und Pressefreiheit soll unsere Partei in Namen des Proletariats auftreten und *keine Beziehung zu den andren Parteien und Gruppen zulassen.*

a.a.O., S. 350

Beginn des Bündnisses mit der Kuomintang (1922)

Manifest der KPCh, angenommen auf dem 2. Parteitag 1922 (Juli)

... *Dreihundert Millionen Bauern* sind der wichtigste Faktor in unserer revolutionären Bewegung. Die Bauern leben aus verschiedenen Gründen im Elend – Landmangel, Bevölkerungsdichte, Armut, Bürgerkrieg und Banditentum, Steuerlast der Militaristen, Konkurrenz durch auswärtige, steigende Lebensmittelpreise. Die Bauern können in drei Klassen unterteilt werden: (1) die reichen Bauern und Grundbesitzer; (2) die Bauern, die selbst ihr Land bestellen; (3) Pächter und Taglöhner. Nur sehr wenige gehören in die erste Klasse, die armen Bauern der zweiten und dritten Klasse machen mindestens 95% aus. Für diese armen Bauern gibt es nur eine einzige Hoffnung ihrem Elend zu entkommen: die Revolution.

    a.a.O., S. 355

Es bedeutet nicht, daß das Proletariat zur Bourgeoisie überläuft, wenn es die gegenwärtige nationale (bürgerliche) Revolution unterstützt. Das ist der notwendige (erste) Schritt des Proletariats, um seine Stärke zu fördern und das Leben des Feudalismus zu verkürzen ... Um unmittelbare Vorteile für die Arbeiter und Bauern zu erzielen, ist die KPCh genötigt, die Arbeiter zur Hilfe für die nationale revolutionäre Bewegung zu veranlassen und die Arbeiter, Bauern und Kleinbürger in der gemeinsamen Schlachtlinie mit den Nationalisten zu führen. Ihr Ziel ist dabei:

    1. den Bürgerkrieg zu beenden und die militaristische Partei zu stürzen ...

    2. den internationalen Imperialismus zu stürzen ...

    3. China selbst (einschließlich der Mandschurei) zu vereinigen usw. ...

    6. Das unbeschränkte Wahlrecht für alle Arbeiter und Bauern ... zu fordern.

    7. Gesetze zu verabschieden, die den Arbeitern, Bauern und Frauen nützlich sind ...

Die Arbeiter sollten aber aufpassen, damit sie nicht das Werkzeug der Kleinbürger im gemeinsamen nationalistischen Kampf werden, und sie müssen gleichzeitig stark genug sein, um für ihre eignen Klasseninteressen zu kämpfen. Es ist besonders wichtig, daß sich die Arbeiter in der KPCh und in Industriegewerkschaften organisieren.

    a.a.O., S. 357f.

Aus der Resolution des 3. Parteitages der KPCh hinsichtlich der nationalen Bewegung und der Kuomintang (Juni 1923)

Da die Arbeiter noch keine mächtige Klasse geworden sind, ist es nur natürlich, daß keine starke KP entwickelt werden kann, um die Bedürfnisse der Revolution in ihrem gegenwärtigen Stadium zu befriedigen. Aus diesem Grunde haben das Exukutivkomitee der Kommunistischen Internationale und das ZK der KPCh beschlossen, daß die KPCh mit der Kuomintang zusammenarbeiten soll und die *Mitglieder der KPCh in die Kuomintang-Partei eintreten sollen.* Das Zentralkomitee empfand diese Notwendigkeit, die auch vom nationalen Parteitag anerkannt wurde.

    An der Kuomintang beteiligt, sollten wir aber unsere Organisation beibehalten und versuchen, die wirklich klassenbewußten und revolutionären Elemente der verschiedenen Arbeiter-Organisationen vom linken Flügel der KMT zu absorbieren, um auf diese Weise unsere Organisation schrittweise auszudehnen, die Disziplin zu festigen und in den Massen ein festes Fundament für unsere Partei zu legen ...

    Wir müssen es verhindern, daß die KMT alle ihre Kräfte auf militärische Aktionen konzentriert und die Propaganda unter dem Volk vernachlässigt; wir müssen die Ten-

denz der KMT zu Kompromissen in der Politik und zu bloßen Reformen in der Arbeiterbewegung verhindern ...

Wir müssen uns darum bemühen, die KMT-Organisation im ganzen Lande auszudehnen und alle revolutionären chinesischen Elemente hinter ihr zusammenzufassen,
um die Erfordernisse der gegenwärtigen nationalen Revolution Chinas zu erfüllen.
a.a.O., S. 386f.

*Mao Tse-tung über die Rolle der KMT und der KPCh in der nationalen Revolu-
tion (1949):*

Sun Yat-sen rief dazu auf, „die Massen zu erwecken" beziehungsweise den „Bauern
und Arbeitern zu helfen". Wer hat die Absicht, sie zu erwecken und ihnen zu helfen?
Nach Sun Yat-sen ist es die Kleinbourgeoisie und die nationale Bourgeoisie. Aber in
der Praxis ließ sich das nicht verwirklichen. Die 40jährige revolutionäre Arbeit Sun Yat-
sens erlitt Schiffbruch. Weshalb? Weil die Kleinbourgeoisie und die nationale Bourgeoisie im Zeitalter des Imperialismus keine wirkliche Revolution erfolgreich hat leiten
können.

Unsere 28jährigen Erfahrungen sind ganz andere. Wir haben kostbare Erfahrungen
gesammelt, und in diesen Erfahrungen sind folgende drei Faktoren entscheidend:

die Partei, die diszipliniert ist, die mit der Theorie von Marx, Engels, Lenin und Stalin
gewappnet ist, die die Methode der Selbstkritik anwendet und mit den Massen eng verbunden ist,

die Armee, die von dieser Partei geführt wird,

die Einheitsfront der von dieser Partei geführten verschiedenen revolutionären
Schichten und Gruppen der Gesellschaft. Alle diese Faktoren unterscheiden uns von
unseren Vorgängern.

Mao Tse-tung, Ausgewählte Werke, Bd. IV, S. 449f.

B. Zur Bedeutung der Bauern für die revolutionäre Umwandlung Chinas

Vgl. auch den Text von 1922 unter A

*Mao Tse-tung, Untersuchungsbericht über die Bauernbewegung in Hunan
(März 1927)*

Mit dem ganzen Gerede gegen die Bauernbewegung muß rasch Schluß gemacht werden, und alle falschen Maßnahmen der revolutionären Behörden in bezug auf diese Bewegung müssen schleunigst abgeändert werden. Nur so kann man zur zukünftigen
Entwicklung der Revolution beitragen. Denn der gegenwärtige Aufschwung der Bauernbewegung ist ein gewaltiges Ereignis. Es dauert nur noch eine sehr kurze Zeit, und
in allen Provinzen Mittel-, Süd- und Nordchinas werden sich Hunderte Millionen von
Bauern erheben.
a.a.O., S. 21f.

Der Schlag der Bauern richtet sich vor allem gegen die Tuhao (= örtliche Despoten,
Grundherren, Großbauern, Beamte, die im Dorf eine zügellose Willkürherrschaft aus-
übten) und Liäschen (= üble Vornehme) sowie gegen die gewalttätigen Grundherren,

aber nebenbei werden auch verschiedene patriarchalische Vorstellungen und Einrichtungen, korrupte Beamte in der Stadt sowie schlechte Sitten und Gebräuche im Dorfe getroffen ... Mit dem Sturz der Grundherrenmacht sind die *Bauernvereinigungen* zu den einzigen Machtorganen geworden, und die populäre Losung „Alle Macht den Bauernvereinigungen!" ist Wirklichkeit geworden.

a.a.O., S. 23

Wir haben ... bereits gesagt, daß die Bauern ein revolutionäres Werk vollendet haben, das lange Jahre auf sich hatte warten lassen, daß sie eine bedeutsame Leistung für die nationale Revolution vollbracht haben. War aber diese große Revolution, diese bedeutsame revolutionäre Leistung das Werk der Bauernschaft in ihrer Gesamtheit? Nein. Es gibt dreierlei Bauern: die Groß-, die Mittel- und die armen Bauern. Alle drei Arten von Bauern leben unter verschiedenen Existenzbedingungen und haben demnach auch verschiedene Auffassungen von der Revolution.

a.a.O., S. 29

[Während die Großbauern den Bauernvereinigungen meist feindlich gegenüberstehen und die Mittelbauern schwankend sind]: „sind in dem erbitterten Kampf, der im Dorf vor sich geht, die *armen Bauern die Hauptkraft.* Sowohl in der illegalen Periode wie in der Periode des offenen Auftretens waren die Mittelbauern und die armen Bauern aktive Kämpfer. Sie sind es, die sich am willigsten von der KP führen lassen. Sie sind Todfeinde der Tuhao und Liäschen, stürmen deren Lager, ohne zu zaudern. „Wir sind längst bei der Bauernvereinigung, warum zögert ihr noch?" rufen sie den Großbauern zu. Und diese rufen ihnen hämisch zu: „Ihr habt nicht einen Dachziegel über dem Kopf und nicht eine Handbreit Boden unter den Füßen, da solltet ihr nicht dabei sein?" Und wirklich, die armen Bauern haben nichts zu verlieren ... Einer im Kreis Tschangscha vorgenommenen Untersuchung zufolge bilden die armen Bauern 70%, die Mittelbauern 20% und die Grundherren und Großbauern zusammen 10% der Dorfbevölkerung. Die 70% armen Bauern kann man in zwei Kategorien einteilen: in *die Bettelarmen* und *die etwas weniger Armen.* Die Bettelarmen, die 20% der Dorfbevölkerung ausmachen, sind Menschen ohne irgendeinen Erwerb, d.h. sie besitzen weder Boden noch Geld, ... müssen sich als Soldaten anwerben lassen oder von Gelegenheitsarbeiten leben oder bettelnd im Lande umherstreifen. Die etwas weniger Armen, also 50% der Gesamtzahl, sind nur teilweise erwerbslos, d.h. sie besitzen ein kleines Stückchen Land oder geringe Mittel ... führen jahrein, jahraus ein Leben der Mühsal und Bedrängnis; es sind dies u.a. Handwerker, Pächter ... Diese Riesenmasse armer Bauern mit insgesamt 70% der Landbevölkerung ist das Rückgrat der Bauernvereinigungen, sie bildet die *Vorhut beim Sturz der feudalen Kräfte,* es sind dies jene verdienstvollen Pionieren, die das große revolutionäre Werk vollbracht haben, das so viele Jahre ungetan geblieben war ... *Ohne die armen Bauern gäbe es keine Revolution.*

a.a.O., S. 31f.

Sobald die Bauern ihre Organisationen hatten, war ihre erste Tat, das *politische Prestige* der Grundherrenklasse, insbesondere der Tuhao und Liäschen, zu zerschlagen, d.h. die Macht der Grundherren in der dörflichen Gesellschaft zu stürzen und die der Bauern aufzurichten. Das ist ein äußerst ernster und wichtiger Kampf ... Wenn man diesen Kampf nicht siegreich besteht, kann man auch im wirtschaftlichen Kampf um die Herabsetzung des Pachtzinses und der Darlehenszinsen, um Grund und Boden sowie andere Produktionsmittel usw. nicht siegen.

a.a.O., S. 35

Mao führt sodann die Methoden der Bauernvereinigungen zur Kontrolle der Grundherren und zu ihrer Entmachtung an: Geldbußen, Eintreiben von „Spenden", kleine Verhöre, große Demonstrationen, „mit hohem Hut durchs Dorf führen", ins Kreisgefängnis werfen, Austreiben, Erschießen.

Die Erschießung eines solchen prominenten Tuhao oder Liäschen wühlt den ganzen Kreis auf und ist ein sehr wirksames Mittel zur Ausrottung der letzten Reste des feudalen Spuks. Jeder Kreis besitzt solche prominente Tuhao und Liäschen ..., und es ist auch die einzige wirksame Methode zur Unterdrückung der Reaktionäre, wenn man in jedem Kreis zumindest einige der ärgsten Schurken hinrichtet.

   a.a.O., S. 39

Weitere Mittel sind: Verbot der Reisausfuhr und Verbot der Pachterhöhung; Sturz der politischen Macht der Kreisvorsteher, der Sippengewalt des Ahnentempels, der Sippenältesten, Abschaffung der Gattengewalt des Ehemanns usw.

Von großer Bedeutung war offenbar auch die Verwandlung des Lebensstils durch Verbot aller möglichen Arten von Luxus und Müßiggang: Verbot des Hazardspiels, des Mah-Jongg und ähnlicher Spiele, des Opium-Rauchens, üppiger Gelage, des Schnapsbrennens, Beschränkung der Zahl des Geflügels, das jede Familie halten darf, Steuer bzw. erhöhte Löhne für Sänftenträger, Verbot von Landstreicherei und religiösen Zeremonien gegen Geld. Das Banditentum wird zugleich durch die Verbesserung der Lebensbedingungen für die Ärmsten und durch Aufnahme einiger tüchtiger Banditen in die Armee gelöst (S. 56).

12. Kulturbewegung. In China war die Kultur von alters her ein Privileg der Grundherren, und die Bauern hatten keinen Zutritt zu ihr. Die Grundherrenkultur ist aber von den Bauern geschaffen worden, ihre einzige Quelle ist der Bauern Schweiß und Blut. In China sind 90% der Bevölkerung ungebildet, und die überwältigende Mehrheit davon sind Bauern. In dem Augenblick, da die Macht der Grundherren auf dem Lande gestürzt war, setzte eine Kulturbewegung unter den Bauern ein. Man sehe doch nur, mit welchem Enthusiasmus die Bauern, denen Schulen stets ein Greuel waren, heute Abendschulen eröffnen!

Mao Tse-tung, Ausgew. Werke, Bd. I, S. 57.

Mao Tse-tung: Die chinesische Revolution und die KPCh (Dezember 1939)

Die Bauernschaft, die etwa 80% der Gesamtbevölkerung Chinas ausmacht, ist gegenwärtig die Hauptkraft der Volkswirtschaft des Landes.

In der Bauernschaft geht ein stürmischer Differenzierungsprozeß vor sich.

Erstens *die Großbauern* ... machen etwa 50% der Landbevölkerung aus. Sie werden als ländliche Bourgeoisie bezeichnet. Die meisten chinesischen Großbauern tragen, da sie einen Teil ihres Bodens verpachten, Wucher treiben und Landarbeiter grausam ausbeuten, einen *halbfeudalen Charakter.* Die Großbauern arbeiten aber in der Regel selbst mit, und in diesem Sinne gehören sie doch zur Bauernschaft ... Die Großbauern können im allgemeinen einen gewissen Beitrag zum Kampf der Bauernmassen gegen den Imperialismus leisten ... Deshalb dürfen wir die Großbauern nicht zu derselben Klasse wie die Grundherren zählen, wir dürfen nicht vorzeitig eine Politik der Beseitigung des Großbauerntums betreiben.

   a.a.O., S. 375

Die Mittelbauern machen etwa 20% der Landbevölkerung Chinas aus. Sie befriedigen ihre wirtschaftlichen Bedürfnisse aus eigner Produktion (wobei sie ... zuweilen auch in geringerem Umfang fremde Arbeitskraft dingen oder geringe Geldsummen als Darlehen gewähren); im allgemeinen beuten sie andere nicht aus, werden jedoch selbst von den Imperialisten, der Grundherrenklasse und der Bourgeoisie ausgebeutet ... *Die Mittelbauern können* nicht nur an der antiimperialistischen Revolution und an der Agrarrevolution teilnehmen, sondern *auch den Sozialismus akzeptieren.* Deshalb können die Mittelbauern in ihrer Gesamtheit zum zuverlässigen Verbündeten des Proletariats werden und stellen eine wichtige Triebkraft der Revolution dar. Die zustimmende oder ablehnende Einstellung der Mittelbauern zur Revolution ist ein für Sieg oder Niederlage der Revolution entscheidender Faktor.

a. a. O., S. 376

Drittens die armen Bauern. In China machen sie zusammen mit den Landarbeitern rund 70% der ländlichen Bevölkerung aus. Die armen Bauern bilden die gewaltige Masse der Bauern, die entweder überhaupt kein oder nicht genügend Land besitzen. Sie sind *das ländliche Halbproletariat,* die größte Triebkraft der chinesischen Revolution, der natürliche und zuverlässige Verbündete des Proletariats, die Hauptarmee unter den Kräften der chinesischen Revolution. Die armen Bauern und die Mittelbauern können ihre *Befreiung nur unter Führung des Proletariats* erlangen, und das Proletariat kann einzig und allein im festen Bündnis mit den armen Bauern und den Mittelbauern die Revolution zum Sieg führen, andernfalls ist der Sieg unmöglich. Wenn wir „Bauernschaft" sagen, meinen wir hauptsächlich die armen Bauern und Mittelbauern.

Ausgew. Werke, Bd. II, S. 376

C. Zur Strategie und Taktik des revolutionären Bürgerkrieges in China

1. Die soziale Zusammensetzung der Roten Armee und die politische Erziehung der Soldaten

Mao Tse-tung, Der Kampf im Djinggang-Gebirge (25. 11. 1928)

Die Rote Armee setzt sich zum Teil aus *Arbeitern* und *Bauern* zusammen sowie z. T. aus *vagierenden Proletariern.* Das Vorhandensein zu vieler vagierender Elemente in der Roten Armee ist natürlich nicht gut. Aber diese Menschen verstehen zu kämpfen, und da wir täglich im Kampf stehen und immer wieder bedeutende Verluste an Toten und Verwundeten haben, ist es für uns nicht einmal leicht, selbst unter ihnen Ergänzung zu finden. Der einzige Ausweg unter diesen Umständen besteht darin, die *politische Schulung zu verstärken.*

Die meisten Soldaten der Roten Armee kamen aus Söldnertruppen, aber mit dem Eintritt in die Rote Armee ändert sich sofort ihr Charakter. Vor allem die Abschaffung des Söldnersystems in der Roten Armee weckt in den Soldaten das *Bewußtsein, daß sie* nicht für andere, sondern *für sich selbst,* für das Volk kämpfen ...

Dank der *politischen Erziehung* besitzen alle Soldaten der Roten Armee *Klassenbewußtsein,* haben sie Grundkenntnisse erworben über die Bodenaufteilung, die Schaffung der politischen Macht, die Bewaffnung der Arbeiter und Bauern usw. und wissen sie alle, daß sie für sich selbst, für jede Arbeiterklasse und die Bauernherrschaft den Krieg führen. Deshalb können sie ohne Murren alle Härten des Kampfes durchstehen. Jede Kompanie, jedes Bataillon und jedes Regiment hat ein *Soldatenkomitee, das die Interessen der Mannschaften* vertritt und politische Arbeit sowie Massenarbeit leistet.

Die Einrichtung der *Parteivertreter* darf man, wie die Erfahrung gezeigt hat, nicht abschaffen ... Er muß das Soldatenkomitee zur Durchführung der politischen Schulung anhalten, die Massenbewegung anleiten und gleichzeitig als Sekretär der Parteizelle fungieren. Wie die Tatsachen beweisen, ist dort, wo der Parteivertreter besser ist, auch die Kompanie tüchtiger.

Ausgew. Werke, Bd. I, S. 89 f.

2. Demokratie in der Roten Armee

(Gleichheit der Lebensumstände von Mannschaft und Offizieren usw.)

Die Rote Armee vermochte trotz ... dürftiger materieller Lebensbedingungen und häufiger Kämpfe deshalb durchzuhalten, weil abgesehen von der Rolle, die die Partei spielt, *in ihren Reihen die Demokratie verwirklicht wurde.* Die Offiziere mißhandeln nicht die Soldaten; die Soldaten haben das Recht, Versammlungen abzuhalten und ihre Meinung auszusprechen, mit den lästigen Ehrenbezeigungen wurde Schluß gemacht; die Wirtschaftsführung ist öffentlich. Die Soldaten regeln selbst ihre Verpflegung und bringen es fertig, von den täglich ausgezahlten 5 Fen für Speiseöl, Salz, Brennholz und Gemüse noch etwas Geld für kleine Ausgaben einzusparen; diese Einsparung wird „Rest des Verpflegungsgeldes" genannt und macht pro Mann rund 60 bis 70 Wän aus. Das alles gefällt den Soldaten sehr. Insbesondere die Neulinge aus den Reihen der Gefangenen fühlen, daß die KMT-Armee und unsere Truppen zwei verschiedene Welten sind. Zwar sehen sie ,daß die materiellen Lebensbedingungen in der Roten Armee schlechter sind als in der weißen, aber dafür fühlen sie sich geistig befreit. Derselbe Soldat, der gestern auf seiten des Feindes noch keine Tapferkeit gezeigt hat, kämpft heute in den Reihen der Roten Armee heldenmütig, und daraus läßt sich der Einfluß der Demokratie ersehen. Die Rote Armee gleicht einem Schmelztiegel, in dem die gefangenen Soldaten sofort umgeschmolzen werden. In China braucht nicht nur das Volk die Demokratie, sondern ebenso die Armee. Die demokratische Ordnung innerhalb der Armee ist eine wichtige Waffe für die Untergrabung der feudalen Söldnerarmee.

a. a. O., S. 91 f.

Die Achte Route-Armee im Widerstandskrieg ... Nun zur Frage der politischen Arbeit. Die 8. Route-Armee hat ... noch eine äußerst wichtige und stark ausgeprägte Besonderheit – ihre politische Arbeit. Es gibt *drei Grundprinzipien* für die politische Arbeit der 8. Route-Armee, und zwar 1. das Prinzip der *Einheit zwischen Offizieren und Soldaten.* Es bedeutet die Liquidierung der feudalen Beziehungen in der Armee, die Abschaffung des Systems der Beschimpfungen und Mißhandlungen, die Herstellung einer *bewußten Disziplin* und die Einführung einer Lebensweise, bei der Offiziere und Soldaten Wohl und Wehe miteinander teilen. Dadurch ist die ganze Armee fest zusammengeschlossen.

Gespräch mit James Bertram am 25.10.1937; in: Ausgew. Werke, Bd. II, S. 53

2. das Prinzip der *Einheit von Armee und Volk.* Es bedeutet die Aufrechterhaltung der Disziplin, bei der nicht das geringste Vergehen gegen die Volksmassen geduldet wird,

251

ferner Propaganda unter den Massen, ihre Organisierung und Bewaffnung sowie die Erleichterung ihrer ökonomischen Lasten und die Niederschlagung der Landesverräter und Kollaborateure, die der Armee und dem Volk Schaden zufügen. Dadurch ist die Armee fest mit dem Volk zusammengeschlossen und wird überall von den Volksmassen willkommen geheißen. 3. das Prinzip der *Zersetzung der feindlichen Truppen und der milden Behandlung der Kriegsgefangenen*. Unser Sieg hängt nicht nur von den militärischen Operationen unserer Truppen, sondern auch von der Zersetzung der Truppen des Feindes ab ... Darüber hinaus füllt die 8. Route-Armee gemäß dem zweiten Prinzip ihre Reihen nicht durch die Methode der Zwangsaushebung unter der Bevölkerung auf, sondern durch die Methode der Agitation für den freiwilligen Einsatz an der Front.

a.a.O., S. 53

3. Hauptregeln der Disziplin und acht Punkte zur Beachtung

1. Die Hauptregeln der Disziplin und die acht Punkte zur Beachtung sind von unserer Armee schon viele Jahre befolgt worden (seit 1928) ... Sie werden hiermit in vereinheitlichter Fassung neu bekanntgegeben. Es wird erwartet, daß diese Fassung als Richtschnur für die grundlegende Erziehung dient und strikte eingehalten wird. Hinsichtlich anderer Dinge, die beachtet werden sollen, mag das Oberkommando in den verschiedenen Gebieten ... weitere Punkte festlegen ...

2. Die *drei Hauptregeln der Disziplin lauten*;
(1) Gehorche dem Kommando in allem, was du tust.
(2) Nimm den Massen nicht eine Nadel, nicht einen Faden weg.
(3) Liefere alles Beutegut ab.

3. Die *acht Punkte zur Beachtung* lauten:
(1) Sprich höflich.
(2) Sei ehrlich, wenn du was kaufst und verkaufst.
(3) Gib zurück, was du entliehen hast.
(4) Bezahle für das, was du beschädigt hast.
(5) Schlage und beschimpfe niemanden.
(6) Beschädige nicht die Ackerbaukulturen.
(7) Belästige keine Frauen.
(8) Mißhandele nicht Gefangene.

Ausgew. Werke, Bd. IV, S. 159

4. Die politische Lage Chinas und der revolutionäre Krieg

China ist ein halbkoloniales Land, um das mehrere imperialistische Staaten miteinander streiten. Hat man diese Tatsache ... begriffen, dann wird 1. klar, warum es unter allen Ländern der Welt *nur China* ist, wo solch merkwürdige Dinge wie die andauernden *Kriegswirren unter den herrschenden Klassen* bestehen, warum diese Kriegswirren sich von Tag zu Tag verschärfen und ausdehnen und warum es in China bisher nicht gelungen ist, eine einheitliche Staatsmacht zu errichten. 2. wird klar, wie *ernst die Bauernfrage* ist, und man kann folglich verstehen, warum jetzt die Bauernaufstände ein solches Ausmaß angenommen haben, daß sie sich über das ganze Land ausbreiten. 3. wird die Richtigkeit der Losung von der *demokratischen Staatsmacht der Arbeiter und Bauern* klar. 4. wird auch ein weiteres merkwürdiges Phänomen verständlich, das aus der merkwürdigen Erscheinung der andauernden Kriegswirren unter den herrschenden Klassen, die es nirgends in der Welt außer China gibt, hervorgeht, nämlich die *Existenz und Entwicklung der Roten Armee und der Partisanenabteilung* sowie die damit verbundene Existenz und Entwicklung *kleiner Roter Gebiete* inmitten des weißen Regimes ... 5. wird ebenfalls klar, daß im halbkolonialen China die Schaffung und das Wachstum der *Roten Armee, der Partisanenabteilungen und der Roten Gebiete die höchste Form des Kampfes der Bauernschaft unter Führung des Proletariats* darstellen und das unvermeidliche Ergebnis der Entwicklung der Bauernschaft in einem halbkolonialen Land sind; und daß dies zweifellos der wichtigste Faktor ist, der den revolutionären Aufschwung im ganzen Lande beschleunigt. 6. wird klar, daß die *Politik der beweglichen Partisanenaktionen* allein die Aufgabe der Beschleunigung des revolutionären Aufschwungs im ganzen Lande nicht erfüllen kann; daß hingegen die von Tschu Teh und Mao Tse-tung bzw. von Fang Dschi-min verfolgte politische Linie richtig ist, jene Linie, die darauf abzielt, *Stützpunktgebiete* zu schaffen, systematisch die politische Macht zu errichten, die *Agrarrevolution zu vertiefen,* in einem umfassenden Prozeß – angefangen mit der Aufstellung von Gemeinde-, dann Distrikts- und hierauf Kreisabteilungen der Roten Garde über die Bildung von örtlichen Truppen der Roten Armee bis zur Schaffung der regulären Roten Armee – die bewaffneten Kräfte des Volkes zu entwickeln, die politische Macht wellenförmig voranzutreiben usw. Nur so kann man den revolutionären Massen des ganzen Landes Vertrauen einflößen, wie es die Sowjetunion in der ganzen Welt getan hat. Nur so kann man die reaktionären herrschenden Klassen vor gewaltige Schwierigkeiten stellen, den Boden unter ihren Füßen ins Wanken bringen und ihren inneren Zerfall beschleunigen. Nur so kann man wirklich eine Rote Armee schaffen, die zum Hauptwerkzeug der künftigen großen Revolution werden wird. Kurz gesagt: Nur so kann man den revolutionären Aufschwung beschleunigen.

Aus einem Funken kann ein Steppenbrand entstehen, 5.1.1930. Ausgew. Werke, Bd. I, S. 134 f.

5. Strategische Probleme des Partisanenkrieges und die Bedeutung der Stützpunktgebiete

In der Geschichte der Menschheit ist ein derart ausgedehnter und langwieriger Partisanenkrieg etwas völlig Neues; und das ist nicht von der Tatsache zu trennen, daß wir uns jetzt bereits im dritten und vierten Jahrzehnt des zwanzigsten Jahrhunderts befinden und die KP und die Rote Armee haben. Hier liegt der Kern der Frage: Unser Feind gibt sich vermutlich noch immer süßen Träumen hin, dynastische Umstürze bzw. Eroberungszüge nachahmen zu können, wie sie die Mongolen gegen die Sung-Dynastie ... die Engländer gegen Nordamerika und Indien oder die Spanier und Portugiesen gegen Mittel- und Südamerika unternahmen. Doch solche Träume haben in China von heute keinen realen Wert, weil es gewisse Faktoren aufweist, die zu den Zeiten der obenerwähnten historischen Ereignisse fehlten; und einer dieser Faktoren ist eben *der Partisanenkrieg,* der etwas *völlig Neues* darstellt. Wenn unser Feind diese Tatsache übersieht, wird ihn das teuer zu stehen kommen.

Strategische Probleme des Partisanenkrieges gegen die japanische Aggression, Mai 1938. Ausgew. Werke, Bd. II, S. 85

Die Richtlinien oder Prinzipien der militärischen Operation des Partisanenkrieges gegen Japan ... sind ... die folgenden: 1. Initiativereiche, flexible, planmäßige Durchführung von *offensiven Aktionen im Rahmen der Defensive,* von Kampfhandlungen mit *rascher Entscheidung im Rahmen eines langwierigen Kampfes* und von Aktionen auf den äußeren Kampflinien im Rahmen von Operationen auf den inneren Linien; 2. *Koor-*

dination mit der regulären Kriegführung; 3. Errichtung von Stützpunktgebieten; 4. Strategische Defensive und strategische Offensive; 5. *Entwicklung des Partisanenkrieges zum Bewegungskrieg;* 6. Richtige Beziehungen zwischen den Kommandostellen. Diese 6 Punkte bilden das gesamte strategische Programm des Partisanenkrieges gegen Japan.

a. a. O., S. 87

Was sind Stützpunktgebiete des Partisanenkrieges? Es sind strategische Basen, mit deren Hilfe die Partisaneneinheiten ihre strategischen Aufgaben erfüllen und jenes Ziel – die eigenen Kräfte zu erhalten und sich zu vergrößern sowie den Feind zu vernichten und zu vertreiben – erreichen. Ohne solche strategischen Basen werden wir keine Stütze zur Ausführung aller strategischen Aufgaben und zur Verwirklichung des Kriegsziels haben. Es ist zwar eins der Merkmale des Partisanenkriegs im Hinterland des Feindes, daß die Partisanen ohne eigenes Hinterland operieren müssen, weil sie von dem allgemeinen Hinterland losgelöst sind. *Ohne Stützpunktgebiet jedoch kann ein Partisanenkrieg nicht von Dauer sein und sich auch nicht entwickeln. Die Stützpunktgebiete sind also sein Hinterland.*

Die Geschichte kennt viele Bauernkriege, die nach Methoden umherschweifender Rebellenhaufen geführt wurden, aber *keiner dieser Kriege endete mit einem Sieg.* Heute, im Zeitalter des Fortschritts von Kommunikation und Technik, ist es erst recht eine völlig unbegründete Illusion, man könne einen Sieg erringen, indem man nach Art der umherschweifenden Rebellenhaufen kämpft.

a. a. O., S. 101

Mao Tse-tung erläutert hierauf die verschiedenen Typen von Stützpunktgebieten „im Gebirge, in der Ebene und in Fluß-, Seen- und Mündungsgebieten" (S. 102–104), erläutert den Unterschied zwischen Partisanengebieten (Gebieten, in denen Partisanen Aktionen durchführen) und Stützpunktgebieten, in denen sich Werkstätten, Lebensmittelvorräte, Produktionsstätten, Lazarette usw. befinden und deren zivile Bevölkerung von den Partisanen mobilisiert und organisiert wird. Zur Wirtschaftspolitik der Stützpunktgebiete erklärt er folgendes:

Die Wirtschaftspolitik ... muß den Grundsätzen der antijapanischen nationalen Einheitsfront folgen, die darin bestehen, daß die finanziellen *Lasten rational verteilt* werden und der *Handel geschützt* wird. Weder die örtlichen Machtorgane noch die Partisaneneinheiten dürfen gegen diese Grundsätze verstoßen, da sich ein solches Verhalten zum Schaden der Errichtung von Stützpunktgebieten und der Aufrechterhaltung des Partisanenkrieges auswirken würde ... Der Schutz des Handels muß darin bestehen, daß die Partisaneneinheiten strenge Disziplin üben und daß es streng verboten ist, auch nur einen Laden zu beschlagnahmen, abgesehen von den Fällen, in denen die Inhaber als unbestreitbar überführte Landesverräter entlarvt worden sind. Das wird eine schwierige Sache sein, aber das ist unsere festgelegte Politik, die durchgeführt werden muß.

a. a. O., S. 109

6. „Militärische Prinzipien" im Bürgerkrieg (25.12.1947)

1. Erst den zersplitterten und isolierten Feind, dann den konzentrierten und starken Feind angreifen.

2. *Erst kleine* Städte, mittelgroße *Städte und ausgedehnte ländliche Gebiete, dann die Großstädte* einnehmen.

3. Das Hauptziel ist, die lebende Kraft des Feindes zu vernichten, nicht Städte und Gebiete zu halten oder einzunehmen ...

4. *Für jede Kampfhandlung* muß eine *absolut überlegene Truppenstärke zusammengezogen werden* (das Zwei-, Drei- oder Vierfache, manchmal sogar das Fünf- oder Sechsfache der feindlichen Stärke), die feindlichen Kräfte müssen lückenlos umzingelt werden, man muß sich bemühen, sie völlig zu vernichten und niemand aus dem Netz entschlüpfen zu lassen ...

5. Keine Schlacht darf ohne Vorbereitung geschlagen werden, und man darf sich auf keine Schlacht einlassen, ohne daß der Erfolg verbürgt ist ...

6. Wir müssen unseren Kampfstil voll entfalten, d.h. mutig kämpfen, keine Opfer scheuen, keine Erschöpfung fürchten und unablässig Kämpfe führen (in einem kurzen Zeitraum ohne Ruhepause ein Gefecht nach dem anderen austragen).

7. Alle Anstrengungen sind zu unternehmen, um den Feind in beweglichen Operationen zu vernichten ...

8. Was die Angriffe auf Städte betrifft, so sind alle nur schwach verteidigten Stützpunkte und Städte dem Feind entschlossen zu entreißen. Alle Stützpunkte und Städte, die vom Feind nur mit Kräften mittlerer Stärke verteidigt werden und wo die Bedingungen ihre Einnahme erlauben, sind im gegebenen Augenblick zu erobern. Bei allen vom Feind stark verteidigten Stützpunkten soll man warten, bis die Bedingungen herangereift sind, und sie dann erobern.

9. Alle Waffen, die wir dem Feind entreißen, und ein Großteil der Gefangenen dienen der Ergänzung unserer eigenen Bestände. Die wichtigste Quelle von Menschen und Kriegsmaterial für unsere Armee ist die Front.

10. Die Zeitspanne zwischen zwei Schlachten muß gut genutzt werden, um die Truppen ausruhen zu lassen, sie zu konsolidieren und auszubilden ...

Das sind die hauptsächlichen Methoden der Volksbefreiungsarmee zur Niederwerfung Tschiang Kai-scheks. Diese Methoden entstanden im Feuer der langjährigen Kämpfe der Volksbefreiungsarmee gegen die inneren und äußeren Feinde und entsprechen völlig unserer gegenwärtigen Situation.

Mao Tse-tung, Ausgew. Werke, Bd. IV, S. 165–167

7. Gedichte über den revolutionären Krieg

Mao Tse-tung hat immer wieder seine Erlebnisse in Gedichten der klassischen Schreibweise ausgedrückt. Wiederholt kamen dabei auch militärische Erfahrungen zur Sprache:

Djinggang Berge (Hier hatte Mao Tse-tung im Herbst 1928 ein Stützpunktgebiet errichtet und verteidigt.)

Unsre Fahnen standen am Fuße der Hügel, doch
Das Horn klang, die Trommel, zur Spitze der Hügel.
Der Feind zwar umschloß uns, tausendfach stärker, doch
Wir bleiben tausendfach unbeweglich.

Unsre Abwehr war hart, eine Mauer schaffend, doch
Der einende Wille schuf eine Festung.
Da: aus Huangjangdjiä scholl Geschützdonner.
Und: das Heer unsrer Feinde floh in die Nacht!
zit. nach: Mao Tse-tung, Gedichte. Deutsche Nachdichtung von Rolf Schneider. Berlin 1958, S. 7

Der Lange Marsch (1935 führt Mao Tse-tung die Kiangsi-Armee auf einem fast einjährigen Marsch von 6000 Meilen in ein neues Stützpunkt-Gebiet im Nordwesten Chinas und bewahrt auf diese Weise einen Teil der Roten Armee vor der Vernichtung durch die überlegenen Kräfte der KMT-Truppen.)

Die Rote Armee fürchtet nicht die Prüfung des weitführenden Marsches.
Und es sind ihr ein Nichts nur die tausend Berge, die zehntausend Ströme.
Und es sind ihr ein Wellenspiel nur die Wogen der mächtigen fünf Berge.
Und sie überwindet den großen Wumeng, wie ein Ball hinabrollt die Böschung.
Warm sind die wolkenumwehten Klippen, ausgewaschen vom Goldenen Sand-Fluß.
Kalt sind die eisernen Ketten, die sich ziehn über den Tatu-Fluß.
Der unendliche Schnee Minschans stimmt sie nur froher.
Und stehn sie am Ziel, wird jedes Antlitz sein: voller Lächeln.
a.a.O., S. 15

D. Zur Klassenanalyse und zur Rolle des Bewußtseins

1. Die früheste Klassenanalyse Chinas durch Mao Tse-tung (1926)

Wer sind unsere Feinde? Wer sind unsere Freunde? Das ist eine Frage, die für die Revolution erstrangige Bedeutung hat. Wenn alle bisherigen revolutionären Kämpfe in China nur sehr geringe Erfolge hatten, so lag die Grundursache darin, daß man es nicht vermochte, sich mit den wahren Freunden zusammenzuschließen, um die wahren Feinde zu bekämpfen. Eine revolutionäre *Partei* ist der *Führer der Massen,* und keine Revolution ist jemals erfolgreich gewesen, wenn die revolutionäre Partei die Massen auf einen falschen Weg geführt hat ... Um die wahren Freunde von den wahren Feinden zu unterscheiden, müssen wir *die ökonomische Lage* der verschiedenen Klassen in der chinesischen Gesellschaft *und deren jeweilige Einstellung zur Revolution in großen Zügen analysieren ...*

Die Klasse der *Grundherren und die Kompradorenklasse* (das sind solche chinesischen Bourgeois, die mit dem ausländischen Kapital zusammenarbeiten und in dessen Dienst stehen, sie sind – nach Mao – durch tausend Fäden mit den feudalen Kräften des Landes verbunden) ... Diese Klassen vertreten die rückständigsten und reaktionärsten Produktionsverhältnisse in China und verhindern die Entwicklung seiner Produktivkräfte. Ihre Existenz ist mit den Zielen der chinesischen Revolution unvereinbar. Besonders die großen Grundherren und die großen Kompradoren stehen stets auf der Seite des Imperialismus und bilden eine extrem konterrevolutionäre Gruppe. Ihre politischen Vertreter sind die Gruppe der „Etatisten" (die den faschistischen Jugendverband Chinas organisiert haben) und der rechte Flügel der KMT.

Die mittlere Bourgeoisie ... vertritt in China die kapitalistischen Produktionsverhältnisse in Stadt und Land. Unter den mittleren Bourgeoisie versteht man hauptsächlich

die *nationale Bourgeoisie*. Ihre Einstellung zur chinesischen Revolution ist widerspruchsvoll: wenn sie die Schläge des ausländischen Kapitals ... schmerzlich verspürt, fühlt sie die Notwendigkeit der Revolution und tritt für die gegen den Imperialismus und gegen die Militärmachthaber gerichtete revolutionäre Bewegung ein; wenn aber das einheimische Proletariat kühn an der Revolution teilnimmt, das internationale Proletariat ... von außen aktive Hilfe leistet und infolgedessen die mittlere Bourgeoisie spürt, daß die Verwirklichung ihres sehnlichen Wunsches ..., die Stellung der Großbourgeoisie zu erlangen, bedroht ist, beginnt sie wieder, an der Revolution zu zweifeln ... Diese Klasse ist dagegen, daß das Prinzip der KMT vom Volkswohl im Sinne der Lehre vom Klassenkampf erklärt wird, ist gegen das Bündnis der KMT mit Rußland und gegen die Aufnahme von Kommunisten und Linksgerichteten in die KMT. ... Die Konzeption der mittleren Bourgeoisie Chinas von einer ‚unabhängigen' Revolution, in der ihre Klasse die Hauptrolle spielen würde ... ist eine reine Illusion.
Mao Tse-tung, Ausgew. Werke Bd. I, S. 9–11

Das Kleinbürgertum. Zu dieser Klasse gehören die Bauern auf Eigenland, die Besitzer von Handwerksbetrieben, die unteren Schichten der Intelligenz – Schüler und Studenten, Lehrer der Mittel- und Grundschulen, kleine Beamten, kleine Büroangestellte, kleine Advokaten – und die kleinen Händler. *Das Kleinbürgertum* verdient wegen seiner zahlenmäßigen Stärke und seiner Klassennatur wegen *starke Beachtung* ... [drei Gruppen:] die erste ... besteht aus denjenigen, die Überschuß an Geld und Getreide haben ... die alljährlich einige Überschüsse erzielen. Diese Menschen sind sehr begierig, reich zu werden, und beten Marschall Daschao [den mythischen Gott des Reichtums in China] am eifrigsten an ... Wenn sie jemand sehen, der wegen seines kleinen Vermögens bei den Leuten ein Ansehen genießt, läuft ihnen vor Neid das Wasser im Mund zusammen. Menschen dieser Art sind feige, fürchten die Behörden, haben aber auch ein wenig Angst vor der Revolution. Da sie ihrer wirtschaftliche Lage nach der mittleren Bourgeoisie sehr nahestehen, glauben sie willig deren Propaganda und bringen der Revolution Mißtrauen entgegen. Diese Gruppe stellt eine Minderheit des Kleinbürgertums dar und bildet dessen rechten Flügel. Die zweite Gruppe besteht aus Menschen, die sich im großen und ganzen das erwirtschaften, was sie zum Leben brauchen ... [Aber] sie merken, daß sie heute bei gleichem Arbeitsaufwand wie früher nicht mehr imstande wären, ihren Lebensunterhalt zu bestreiten. Um ihr Dasein zu fristen, müssen sie jetzt ihren Arbeitstag verlängern ... Was die Bewegung gegen die Imperialisten und die Militärmachthaber anlangt, so zweifeln sie nur an ihrem Enderfolg ... Sie haben Bedenken, sich an ihr zu beteiligen, und beziehen eine *neutrale Position,* sie sind *jedoch keineswegs gegen die Revolution.* Diese Gruppe ... macht etwa die Hälfte des gesamten Kleinbürgertums aus. Die dritte Gruppe besteht aus Menschen, deren Lebensbedingungen sich verschlechtern. ... Da sie einst bessere Tage gesehen haben, „überläuft sie es eiskalt, wenn sie an die Zukunft denken." Diese Menschen haben wegen des Kontrastes zwischen Vergangenheit und Gegenwart seelisch stark zu leiden. Sie sind ziemlich wichtig für die revolutionäre Bewegung; ihre Zahl ist nicht gering, und sie bilden den linken Flügel des Kleinbürgertums ... In Kriegszeiten, d. h. wenn die Wogen der Revolution hochschlagen ..., beteiligt sich an der Revolution nicht nur die linke Gruppe des Kleinbürgertums, sondern auch seine mittlere Gruppe kann an ihr teilnehmen; selbst Elemente seiner rechten Gruppe werden von der mächtigen revolutionären Welle des Proletariats und der linken Gruppe des Kleinbürgertums mitgerissen ...
Das *Halbproletariat* ... [Zu ihm] gehören fünf Gruppen: 1. die überwiegende Mehrheit der Halbbesitzer, 2. *die armen Bauern;* 3. die kleinen Handwerker; 4. die Handlungsge-

hilfen; 5. die Straßenhändler. Die überwiegende Mehrheit der Halbbesitzer bildet zusammen mit den armen Bauern eine zahlenmäßig gewaltige Masse der Landbevölkerung. Und das, was als die *Bauernfrage* bezeichnet wird, ist hauptsächlich das Problem dieser Schichten … Ihre Wirtschaft … ist durch eine Kleinproduktion noch geringerer Ausmaße gekennzeichnet … Das Getreide reicht ihnen nur für etwa ein halbes Jahr, um zusätzliche Nahrungsmittel zu erhalten, sind sie gezwungen, fremden Boden hinzuzupachten oder teilweise ihre Arbeitskraft zu verkaufen oder Kleinhandel zu treiben. Zwischen Frühjahr und Sommer, wenn die alte Ernte verbraucht ist, die neue aber noch auf dem Halm steht, müssen sie gegen Wucherzinsen Geld leihen und Nahrungsmittel zu hohen Preisen kaufen … Dennoch stehen sich die Halbbesitzer besser als die armen Bauern. Denn die armen Bauern besitzen keinen eignen Boden und erhalten für ihre Arbeit nur die Hälfte oder noch weniger als die Hälfte der Ernte … Deshalb sind die Halbbesitzer revolutionärer gesinnt als die Bauern auf Eigenland, aber weniger revolutionär als die armen Bauern.

Auch die Gruppe der armen, d. h. landlosen, Bauern teilt Mao wieder in zwei Untergruppen ein, von der die erste über eignes Gerät, Vieh usw. verfügt, während die zweite nur unzulängliches Gerät, Vieh und Düngemittel etc. besitzt. Von ihr schreibt er:

Diese Gruppe der armen Bauern stellt den *elendsten Teil* der Bauernschaft dar; sie ist *für revolutionäre Propaganda überaus empfänglich.* Was die kleinen Handwerker betrifft, so werden sie deshalb als Halbproletarier bezeichnet, weil sie, obwohl sie einige primitive Produktionsmittel besitzen und überdies als Selbständige gelten, dennoch ebenfalls häufig gezwungen sind, teilweise ihre Arbeitskraft zu verkaufen … Der ewige Druck der Armut … und die ständige Furcht vor Arbeitslosigkeit bringen sie im großen und ganzen ebenfalls den armen Bauern nahe.

[Ähnliches gelte für die Handlungsgehilfen und die Straßenhändler.] Das *moderne Industrieproletariat* zählt etwa 2 Millionen Menschen. Die zahlenmäßig geringe Stärke … erklärt sich aus der wirtschaftlichen Rückständigkeit Chinas … Sie sind in der Hauptsache in fünf Zweigen – bei der Eisenbahn, im Bergbau, in der Seeschiffahrt, in der Textilindustrie und im Schiffbau beschäftigt, und ein großer Teil von ihnen schuftet unter dem Joch ausländischer Unternehmer. … Das Industrieproletariat [ist] der Repräsentant der neuen Produktivkräfte Chinas und *die fortschrittlichste Klasse* im modernen China. Es ist *zur führenden Kraft der revolutionären Bewegung geworden* … [Stärke während der Streiks in den vergangenen Jahren usw.] Der erste Grund dafür, warum die Industriearbeiter eine solche Stellung einnehmen können, ist ihre *Konzentration.* Keine andere Gruppe von Menschen ist so konzentriert. Der zweite Grund ist ihre *niedrige wirtschaftliche Stellung …,* sie haben keinerlei Hoffnung, reich zu werden … Die Kräfte der städtischen *Kulis* verdienen ebenfalls große Beachtung. In dieser Gruppe bilden die Hafenarbeiter und Rikschakulis die Mehrheit; aber zu ihnen gehören auch die Fäkaliensammler und die Straßenfeger … Ihrer wirtschaftlichen Lage nach stehen sie den Industriearbeitern nahe, doch sind sie weniger konzentriert und spielen eine geringere Rolle in der Produktion. Moderne kapitalistische Landwirtschaft gibt es in China sehr wenig. Unter dem *Dorfproletariat* versteht man Landarbeiter, die auf Jahre, Monate oder Tage gedingt werden … Im Dorf sind sie es, die die schwersten Entbehrungen leiden, und sie haben *in der Bauernbewegung eine ebenso wichtige Stellung wie die armen Bauern.*

Außerdem gibt es noch die ziemlich zahlreichen *vagierenden Proletarier.* Das sind

258

Bauern, die ihr Land verloren haben, sowie Handwerker, die der Möglichkeit beraubt sind, ihrem Beruf nachzugehen. Ihre Existenz ist ... die unsicherste ... Die Behandlung dieser Menschen ist eins der schweren Probleme, vor denen China steht. Zum mutigsten Kampfe fähig, aber zu Zerstörungsaktionen neigend, können sie, wenn man sie richtig leitet, zu einer revolutionären Kraft werden.

Zusammenfassend kann man sagen, daß alle mit den Imperialisten im Bund stehenden – die Militärmachthaber, die Bürokraten, die Kompradorenklasse und die Klasse der großen Grundherren sowie der zu ihnen gehörige reaktionäre Teil der Intelligenz – unsere Feinde sind. Das *Industrieproletariat ist die führende Kraft unserer Revolution.* Das ganze Halbproletariat und Kleinbürgertum sind unsere engsten Freunde. Was die schwankende mittlere Bourgeoisie betrifft ... so müssen wir stets auf der Hut sein, und dürfen nicht erlauben, Verwirrung zu stiften.

a.a.O., S. 16. Zur Rolle der Bauern vgl. B.

2. Zur Führungsrolle des Proletariats (d.h. der Partei) in der chinesischen Revolution

Das chinesische Proletariat muß begreifen, daß es, obwohl es die Klasse mit höchstem Bewußtsein und höchstem Sinn für Organisation ist, keinen Sieg erringen kann, wenn es sich nur auf seine eigenen Kräfte verläßt. Will es siegen, muß es sich unter den verschiedensten Bedingungen mit allen Klassen und Schichten vereinigen, die sich an der Revolution beteiligen können, und so eine revolutionäre Einheitsfront schaffen. Unter den verschiedenen Klassen der chinesischen Gesellschaft ist die *Bauernschaft der feste Verbündete* der Arbeiterklasse; das *städtische Kleinbürgertum* ist ebenfalls ihr zuverlässiger Verbündeter; *die nationale Bourgeoisie* ist ein Verbündeter in bestimmten Perioden und bis zu einem gewissen Grad.

Die chinesische Revolution und die KPCh, Dezember 1939. Mao Tse-tung, Ausgew. Werke, Bd. II., S. 378

3. Klasse an sich und Klasse für sich (Juli 1937)

Um die dialektisch-materialistische Bewegung der Erkenntnis klarzumachen, die auf der Grundlage der die Wirklichkeit verändernden Praxis entsteht – eine Bewegung der allmählichen Vertiefung der Erkenntnis –, seien nachstehend noch einige konkrete Beispiele angeführt:

In der Anfangsperiode seiner Praxis – in der Periode der Maschinenstürmerei und des spontanen Kampfes – stand das Proletariat, was die Erkenntnis der kapitalistischen Gesellschaft betrifft, noch auf der *Stufe der sinnlichen Erkenntnis.* Es erkannte nur einzelne Seiten und den äußeren Zusammenhang der Erscheinungen des Kapitalismus. Damals *war das Proletariat noch eine sogenannte „Klasse an sich".* Als es aber dann zur zweiten Periode der Praxis, zur Periode des bewußten und organisierten wirtschaftlichen und politischen Kampfes überging, war es imstande, aufgrund der Praxis, aufgrund der in langwierigen Kämpfen gesammelten vielfältigen Erfahrungen ... das Wesen der kapitalistischen Gesellschaft, das zwischen den Gesellschaftsklassen bestehende Ausbeutungsverhältnis und die historische Aufgabe des Proletariats zu verstehen. So wurde das Proletariat zur „Klasse für sich".

Ausgew. Werke, Bd. I, S. 354

4. Erziehungsarbeit in der Partei (Bewußtseinsformung)

Gewisse Parteimitglieder sind stark mit *Subjektivismus* behaftet. Das wirkt sich auf die Analyse der politischen Lage und auf die Leitung der Arbeit äußerst ungünstig aus ... führt unvermeidlich entweder zu Opportunismus oder zu Putschismus. Subjektivistische Kritik, unbegründeter Klatsch und gegenseitiger Argwohn in der Partei führen oft zu prinzipienlosen Zwistigkeiten und zum Zerfall der Parteiorganisationen ... *Methoden der Berichtigung:* Die Hauptsache ist, die Parteimitglieder so zu *erziehen,* daß ihr Denken und das innerparteiliche Leben von einem politischen und wissenschaftlichen Geist durchdrungen sind. Um dieses Ziel zu erreichen, muß man 1. die Parteimitglieder lehren, mit der marxistisch-leninistischen Methode die politische Lage zu analysieren und die Klassenkräfte einzuschätzen ... 2. die Aufmerksamkeit der Parteimitglieder auf sozial-ökonomische Untersuchungen und Forschungen lenken, damit sie davon ausgehend die Kampftaktik und die Arbeitsmethoden festlegen können; die Genossen zur Erkenntnis bringen, daß sie *ohne das Studium der praktischen Umstände* in den Abgrund der Phantasterei und des blinden Draufgängertums stürzen werden; 3. sich bei der innerparteilichen Kritik vor Subjektivismus, Willkür und Vulgarisierung der Kritik hüten; jede Meinungsäußerung muß auf Tatsachen beruhen, die Kritik muß den politischen Aspekt betonen

Über die Berichtigung falscher Ansichten in der Partei, Dezember 1929. Ausgew. Werke, Bd. I, S. 126f.

Individualistische Tendenzen in den Parteiorganisationen der Roten Armee zeigen sich in folgendem: *Rachsucht ... Gruppenwesen ... Söldnermentalität ... Genußsucht ... Passivität und Lässigkeit ...* das *Verlangen, aus der Armee auszuscheiden ... Methoden der Berichtigung:* Vor allem ist die *Erziehungsarbeit zu intensivieren* und von der Ideologie her der Individualismus zu überwinden. ... Zugleich müssen Maßnahmen zur Verbesserung der materiellen Lebensbedingungen der Roten Armee getroffen werden.

a. a. O., S. 127ff.

Da es in der Roten Armee eine große Zahl vagabundierender Elemente gibt ..., ist in der Roten Armee die politische *Mentalität umherschweifender Rebellenhaufen* entstanden ... *Methoden der Berichtigung:*

1. Die Mentalität umherschweifender Rebellenhaufen durch *verstärkte Erziehungsarbeit* und durch Kritik falscher Ansichten liquidieren.

2. Unter ... dem Stamm der Roten Armee und unter den neu aufgenommenen ehemaligen Kriegsgefangenen die Erziehungsarbeit zur Überwindung der Landstreichermentalität verstärken.

3. Kampferfahrene Aktivisten aus den Reihen der Arbeiter und Bauern in die Rote Armee eingliedern.

a. a. O., S. 129f.

5. Selbst-Umerziehung der Intellektuellen

Wenn man von den Massen verstanden werden und sich mit ihnen verschmelzen will, muß man die Entschlossenheit aufbringen, einen langen und sogar *qualvollen Umerziehungsprozeß durchzumachen.* Hier möchte ich einmal aus eigener Erfahrung erzählen, wie sich meine eigne Mentalität gewandelt hat. Ich komme aus dem Milieu der studierenden Jugend und nahm in der Schule die Gewohnheiten eines Studenten an; es kam mir unschicklich vor, in Gegenwart der anderen Studenten, die keine Last zu tragen vermochten, weder auf den Schultern noch in den Händen, auch nur die geringste körperliche Arbeit zu verrichten, beispielsweise mein eigenes Gepäck zu tragen. Damals glaubte ich, daß die Intellektuellen die einzig sauberen Menschen in der Welt, die Arbeiter und Bauern aber im Vergleich mit ihnen schmutzig wären. Ich konnte fremde Kleidung anlegen, wenn sie einem Intellektuellen gehörte ... aber ich hätte mich nicht dazu bereit gefunden, die Kleidung eines Arbeiters oder Bauern anzulegen, da ich sie für schmutzig hielt. Nachdem ich Revolutionär geworden war und unter den Arbeitern, Bauern und Soldaten der Roten Armee zu leben begonnen hatte, lernte ich diese nach und nach gut kennen, und auch sie haben mich ... kennengelernt. Dann, und erst *dann, machte ich mich restlos von der bürgerlichen und kleinbürgerlichen Mentalität* frei, die mir in der Schule anerzogen worden war. Wenn ich damals die noch nicht umgemodelten Intellektuellen mit den Arbeitern und Bauern verglich, empfand ich die Intellektuellen als unsauber, die Arbeiter und Bauern aber als die saubersten Menschen ... mochten die Hände der Arbeiter und Bauern auch schwarz sein ... *Das eben bedeutet eine Wandlung der Mentalität, die Wandlung von einer Klasse zu einer anderen hin.* Unsere Literatur- und Kunstschaffenden ... müssen *sich ummodeln,* wenn sie wollen, daß ihre Werke die Anerkennung der Massen finden. Ohne eine solche ... Ummodelung werden sie nichts Rechtes zustande bringen, werden nirgendwo hinpassen.

Reden bei der Aussprache in Yenan über Literatur und Kunst, Mai 1942. Ausgew. Werke, Bd. III, S. 79f

E. Zum Aufbau des Sozialismus in China und zur Kulturrevolution (1949–1969)

1. Kritik der Gegner Mao Tse-tungs

Der Fehlschlag des von Mao proklamierten „Großen Sprungs nach vorwärts" (1958) war Anlaß zu einem kritischen Schreiben des alten Kampfgefährten Mao Tse-tungs, Marschall Peng Te-huais. Er schreibt an Mao Tse-tung:

Die Errungenschaften, die im „Großen Sprung vorwärts" des Jahres 1958 vollbracht wurden, sind anerkannt und unzweifelhaft ... Die Normen, die für das Tempo des sozialistischen Aufbaus aufgestellt worden waren, wurden übererfüllt ... [Aber] Von heute aus gesehen, wurden die Investitionen 1958 in einigen Fällen etwas *zu hastig vorgenommen.* Man zerstreute einen Teil des Kapitals und verschob einige unerläßliche Projekte. Das war ein Fehler, und der Hauptgrund hierfür war der *Mangel an Erfahrung* ... Nun gibt es noch einige Artikel, die wir völlig vernachlässigt haben; dies macht unsere Produktionsstruktur unvollständig. Vorräte an einigen Materialien, die wir dringend benötigen, fehlen, so daß nicht rechtzeitig eingegriffen werden kann, wenn Anzeichen von Fehlentwicklungen und neuen Unausgewogenheiten sichtbar werden.

zit. nach: Joachim Glaubitz (ed.), Opposition gegen Mao. Olten 1969, S. 187f.

Im Verlauf der Stahlgewinnung durch das ganze Volk wurden viele kleine Schmelzöfen gebaut, die Ressourcen (an Material und Finanzen und Arbeitskraft) vergeudeten [Aber] obwohl eine Summe Geldes ausgegeben wurde (als Subventionen in Höhe von mehr als 2 Milliarden Yüan), hatten wir sogar in dieser Hinsicht etwas Gewinn und etwas Verlust ...

Der hervorstechende Widerspruch, dem wir uns bei der Aufbauarbeit gegenübergestellt sehen, ist die außerordentliche Belastung auf verschiedenen Gebieten, die durch
Disproportionen hervorgerufen wird ... Die Herausbildung einer solchen Situation hat
auf die Beziehungen zwischen den Arbeitern und Bauern und zwischen den verschiedenen Schichten in den Städten eingewirkt. Deshalb ist das auch ein seinem Charakter
nach *politisches Problem.* Es ist der Schlüssel dazu, ob wir in Zukunft die breiten Massen für die Fortsetzung des „Großen Sprungs vorwärts" mobilisieren können.

    a. a. O., S. 190 f.

(Probleme der Denkweise und des Arbeitsstils): 1. *Die Angewohnheit zu übertreiben,*
breitete sich ziemlich allgemein aus. Im letzten Jahr wurde die Getreideproduktion ...
zu hoch geschätzt. Das erzeugte einen falschen Eindruck ... Es gab eine ernst zu neh-
mende Oberflächlichkeit bei unserer Einschätzung der Entwicklung der Eisen- und
Stahlindustrie ... (usw.) Die Angewohnheit zu übertreiben, breitete sich in verschiedenen Gebieten und Abteilungen aus, und einige unglaubliche Wunder wurden auch in
der Presse gemeldet. Das hat dem Prestige der Partei sicherlich gewaltigen Schaden
zugefügt.

Nach den Berichten, die von allen Seiten eintrafen, schien es damals, als ob das Zeitalter des Kommunismus sehr bald anbrechen würde. Das trieb vielen Genossen das
Fieber in den Kopf ... Die Erntearbeiten im Herbst wurden grob und ohne Rücksicht auf
die Kosten ausgeführt, und wir hielten uns für reich, wo wir doch tatsächlich noch arm
waren. Was noch ernster war: In einem ziemlich langen Zeitraum war es nicht leicht,
sich ein wahres Bild von der Situation zu machen.

    a. a. O., S. 192

Diese Neigung zu übertreiben, hat ihre gesellschaftlichen Wurzeln, die ein sorgfälti-
ges Studium verdienen. Das hat etwas mit der Situation zu tun, in der es bei einigen
unserer Tätigkeiten *nur Aufgaben und Ziele*, aber keine konkreten Maßnahmen gab.

    a. a. O., S. 173

2. Kleinbürgerlicher Fanatismus bringt uns dazu, „linke" Fehler zu begehen. Im Verlauf des „Großen Sprungs vorwärts" des Jahres 1958 war ich wie viele andere Genossen ... verwirrt. Einige „linke Tendenzen" entwickelten sich ..., wir wollten immer mit
einem einzigen Schritt in den Kommunismus eintreten. Unsere Gedanken wurden
überschwenglich bei dem Gedanken, die ersten zu sein; wir vergaßen die Massenlinie
und die Methode, *die Wahrheit bei den Tatsachen zu suchen* ... Was unsere Denkme-
thode angeht, so *brachten wir oft strategische Planung mit konkreten Maßnahmen
durcheinander,* langfristige Politik mit sofortigen Schritten, das Ganze mit einem Teil
und das große Kollektiv mit dem kleinen Kollektiv.

    a. a. O., S. 193

Deshalb haben wir uns von der Wirklichkeit losgelöst, und es ist uns nicht gelungen,
die Unterstützung der Massen zu gewinnen. Das Gesetz über den *Austausch von Waren*
gleichen Wertes wurde z. B. voreilig negiert, und die freie Versorgung mit Lebensmitteln wurde zu früh eingeführt ... Einige Techniken wurden ohne Prüfung aufgegriffen
und popularisiert, und einige wirtschaftliche und wissenschaftliche Gesetzmäßigkeiten
wurden leichtfertig negiert.

    a. a. O., S. 194

262

Nach Auffassung einiger Parteigenossen konnte das alles dadurch ersetzt werden, daß man „die Politik an erste Stelle setzte" ... [das] ist aber *keineswegs ein Ersatz für wirtschaftliche Grundsätze* und noch weniger für die konkreten Maßnahmen bei der Wirtschaftstätigkeit.

a.a.O., S. 187ff.

Teng To (Ma Nan-tsu) Aus den Abendgesprächen am Yenshan (März 1961 – September 1962)

Theorie über die Erhaltung der Arbeitskraft, 30.4.1961

Die Arbeitskraft der Menschen kann den gesamten Reichtum einer Gesellschaft schaffen, ja sie ist selbst der größte Reichtum der Gesellschaft. Die Arbeitskraft zu erhalten, ist darum eine der wichtigsten Maßnahmen, um die Produktion weiterzuentwickeln und einen Staat reich und mächtig zu machen. Diesen Grundsatz kannten bereits unsere Vorfahren ... Die Erfahrungen während ihrer Herrschaft ließen sie (die herrschende Klasse der Feudalgesellschaft) die „Grenzen" der Ausnützung der Arbeitskraft des Volkes entdecken, d.h., sie fanden in der Praxis gewisse objektive Gesetze für die Zu- und Abnahme der Arbeitskraft.

Im Kapitel „Das königliche System" im „Buch der Riten" heißt es: „Die Arbeitskraft des Volkes ist nicht länger als drei Tage im Jahr in Anspruch zu nehmen." Dazu gab der Gelehrte Tschen Hao in der Yüan-Zeit folgenden Kommentar: „Die Arbeitskraft des Volkes wurde in Anspruch genommen, um Stadtmauern, Straßen, Kanäle, Paläste, Tempel und dergleichen zu bauen." Tatsächlich handelte es sich also hier, in der Sprache unserer Zeit ausgedrückt, um Arbeitskräfte, die für verschiedene Investitionsbauten eingesetzt werden. Dem damaligen Niveau der ... Produktivkräfte entsprechend setzten die Leute des Altertums eine Norm ... fest, die etwa einem Prozent der gesamten verfügbaren Arbeitskraft entsprach ... Mit dem Wachsen des Niveaus der Produktionskräfte unterliegt dieser Prozentsatz notwendig einer Veränderung.

a.a.O. S. 63

Legt man auf eine sorgsame Behandlung der Arbeitskräfte Wert, dann muß man auch mit der von ihnen geleisteten Arbeit und dem von ihnen geschaffenen gesellschaftlichen Reichtum *sparsam umgehen* und seine *Akkumulation im Auge haben.*

Das Kapitel „Das königliche System" im „Buch der Riten" erläutert in einem Absatz diesen Standpunkt glänzend: „Gibt es in einem Staat keine Vorräte auf neun Jahre, so nennt man das unzureichend; gibt es keine Vorräte auf sechs Jahre, so nennt man das bedrohlich, und gibt es keine Vorräte auf drei Jahre, so ist das kein Staat. Hat man den Boden drei Jahre gepflügt, so hat man unbedingt Nahrung für ein Jahr. Hat man ihn neun Jahre lang gepflügt, so hat man unbedingt Nahrung für drei Jahre." Dies ist ein Optimalzustand. Der Staat, der von unseren Vorfahren verwaltet wurde, hatte nicht immer so große Vorräte.

Damals waren mehr als zehn Jahre seit dem Ende des Bürgerkriegs vergangen, die Experimente mit dem Großen Sprung, Planfehler und Witterungsschäden zwangen aber die Regierung zu Getreidekäufen, um einer Hungersnot zu begegnen.

Liu Schao-tschi: Für freie Märkte

Man braucht noch freie Märkte; auf dem Lande können sie zur Entstehung gewisser kapitalistischer und bürgerlicher Elemente, den Neureichen, führen; gewisse Händler können Neureiche werden ... man soll aber das Auftauchen solcher bürgerlicher Elemente nicht fürchten, man soll nicht befürchten, von ihnen überflutet zu werden.

Direktiven auf der Sitzung „Jeden Schritt zurück verhindern". Oktober 1961
Kritik am Personenkult

Wer sich selbst für den chinesischen Marx oder Lenin hält, Marx und Lenin nachahmt, um sich in der Partei zu zeigen, wer schamlos von den Parteimitgliedern verlangt, daß sie ihn wie Marx und Lenin verehren, ihn als „Führer" unterstützen, ihm durch ihre Ergebenheit huldigen ..., er ist vielleicht nicht gerade besonders auserwählt, aber er hält sich selbst für den „Führer". Er ist selbst zu diesem Posten hinaufgeklettert. Nach Art eines Patriarchen verteilt er seine Befehle in der Partei, setzt sich in den Kopf, die Partei zu schulmeistern, und tadelt und beschimpft die einen wie die andren. Er straft und schlägt unsere Genossen nach seinem Gutdünken und verfügt über sie nach seiner Willkür. Dieses Individuum ... kämpft nicht ehrlich für die Heraufkunft des Kommunismus, sondern stiftet innerhalb der Partei ein opportunistisches Element. Es ist ein nagender Wurm (chinesisch: Mao Tsei) innerhalb der kommunistischen Bewegung.

Aus: „Wie man ein guter Kommunist wird." 1939; neu aufgelegt und mit aktuellen Zusätzen versehen 1962. Beide Texte zitiert nach: Citations du Président Liou Chao-chi. Editions Pierre Belfond, Paris 1969

2. Die Kritik der Maoisten am westeuropäischen „Revisionismus"

Die Kritik der Maoisten an der jugoslawischen, italienischen und französischen KP und schließlich auch direkt an der KPdSU war, zugleich indirekte Kritik an der Opposition innerhalb der KPCh.
Die Differenzen zwischen Genossen Togliatti und uns

Sie [die Führer der KPI] hegen die größten Illusionen dem Imperialismus gegenüber, sie leugnen den grundsätzlichen Antagonismus zwischen den beiden Weltsystemen, Sozialismus und Kapitalismus, ebenso wie den grundsätzlichen Antagonismus zwischen unterdrückten und unterdrückenden Nationen ab. An die Stelle des Klassenkampfes und antiimperialistischen Kampfes im Weltmaßstab wollen sie die *Zusammenarbeit der Klassen* im Weltmaßstab setzen und eine sogenannte „neue Weltordnung" schaffen. Sie geben sich riesigen Illusionen hinsichtlich des Monopolkapitalismus im eignen Land hin ... und treten für einen bürgerlichen Reformismus ein, sogenannte „Strukturreformen", die an die Stelle der proletarischen Revolution treten sollen.

Jenmin Jibao, 31.12.1962; in: Proletarier aller Länder, vereinigt euch gegen den gemeinsamen Feind. Erweiterte Ausgabe. Peking 1963, S. 26

Die Meinungsverschiedenheiten des Genossen Togliatti und gewisser anderer Genossen mit uns betreffen vor allem die *Frage von Krieg und Frieden* ... Die Differenzen treten in der Hauptsache in folgenden drei Fragen zutage: 1. Die KPCh ist der Ansicht, daß sich der moderne Krieg vom Imperialismus herleitet. Der USA-Imperialismus stellt

264

die Hauptkräfte für Aggression und Krieg, er ist der Todfeind der Völker der ganzen Welt. Um den Weltfrieden zu schützen, muß man die Aggressions- und Kriegspolitik des Imperialismus unablässig und konsequent entlarven, damit die Völker ihre Wachsamkeit steigern. Die Tatsache, daß die Kräfte des Sozialismus, der nationalen Befreiung, der Revolution der Völker und des Weltfriedens den Kräften des Imperialismus und des Krieges überlegen sind, ändert nichts am aggressiven Charakter des Imperialismus ...

2. ist die KPCh der Ansicht, daß der Weltfrieden erst dann völlig gewährleistet ist, wenn die Kräfte des sozialistischen Lagers, die nationale und demokratische Bewegung in Asien, Afrika und Lateinamerika, der revolutionäre Kampf der Völker aller Länder und die Bewegung zur Verteidigung des Weltfriedens unablässig verstärkt werden und der von den USA geführte Imperialismus entschlossen bekämpft wird ... Wenn man [aber] nach den Forderungen derjenigen, die die KPCh angreifen, den Imperialismus herausputzt und mit den Hoffnungen für Frieden auf den Imperialismus setzt, wenn man sich der nationalen Befreiungsbewegung und dem revolutionären Kampf der Völker gegenüber negativ oder feindlich verhält, vor dem Imperialismus auf die Knie sinkt und kapituliert, dann kann das den Völkern der Welt nur einen Scheinfrieden oder einen echten Krieg bringen.

a.a.O., S. 27–35

In der Frage der *Kernwaffen* und des nuklearen Krieges besteht die 1. Meinungsverschiedenheit zwischen uns und denjenigen, die die KPCh angreifen, darin, *ob* durch die Einführung der Kernwaffen die *Grundtheorien* des Marxismus-Leninismus über Krieg und Frieden bereits „überholt" sind. Togliatti und gewisse andre Leute vertreten die Ansicht, daß sich mit dem Auftreten von Kernwaffen „der Charakter des Krieges verändert hat" und daß „für die Definition eines gerechten Krieges andere Gesichtspunkte in Betracht gezogen werden müßten". Damit ist in Wirklichkeit gemeint, daß der Krieg nicht mehr die Fortsetzung der Politik bilde ... Damit werden die Grundtheorien des Marxismus-Leninismus über Krieg und Frieden von ihrem Kern her abgeleugnet ... Diejenigen, die den Unterschied zwischen gerechten und ungerechten Kriegen verneinen, sind in Wirklichkeit gegen einen gerechten Krieg oder weigern sich, einen gerechten Krieg zu unterstützen, sie sind in den Sumpf des bürgerlichen Pazifismus, der alle Kriege ablehnt, geraten.

a.a.O., S. 36f.

3. Die Kritik der Maoisten an der Führung der KPdSU

Zur Stalinfrage

Genosse Chruschtschow hat auf dem XX. Parteitag der KPdSU Stalin vollständig negiert. Er versäumte jedoch, sich vorher mit den Bruderparteien über eine derart prinzipielle Frage ... zu beraten, und versuchte später, die Bruderparteien zur Anerkennung der vollendeten Tatsachen zu zwingen ... Die KPCh ist konsequent der Meinung, daß man Stalins Verdienste und Fehler mit den Methoden des historischen Materialismus unter Berücksichtigung des historischen Sachverhalts allseitig, objektiv und wissenschaftlich analysieren, nicht aber nach der Methode des historischen Idealismus die Geschichte nach Belieben verdrehen und revidieren und subjektiv und willkürlich Stalin zur Gänze ablehnen soll. Der KPCh ist seither der Ansicht, daß Stalin einige Fehler begangen hat. Diese Fehler haben ihren ideologischen Ursprung, sie haben auch ihren sozial-historischen Ursprung ... Die *theoretischen Werke* Stalins sind unvergängliche Dokumente des Marxismus-Leninismus, die einen unauslöschlichen Beitrag zur internationalen kommunistischen Bewegung bilden ... In seiner Denkweise wich Stalin in einigen Fragen vom dialektischen Materialismus ab und verfiel in Metaphysik und Subjektivismus. So entfernte er sich manchmal von der Wirklichkeit und von den Massen. Im inner- und außerparteilichen Kampf verwechselte er zu gewissen Zeiten und in gewissen Fragen die zwei verschiedenen Arten von Widersprüchen – *Widersprüche zwischen dem Feind und uns und Widersprüche im Volke* sowie die verschiedenen Methoden zur Lösung dieser zwei Arten von Widersprüchen ... In Partei- und Staatsorganisationen befolgte Stalin nicht in vollem Maße den proletarischen demokratischen Zentralismus, sondern verletzte ihn in gewissem Grad. Auch in der Behandlung der Beziehungen zwischen Bruderparteien und Bruderländern beging er manchen Fehler ... Die Verdienste und Fehler im Leben Stalins sind objektive historische Tatsachen. Doch sind seine Verdienste im Vergleich mit seinen Fehlern größer. In der Hauptsache hatte Stalin recht, seine Fehler sind sekundär.

Jenmin Jibao, 13. 9. 1963, dt. Sonderdruck. Peking 1963, S. 8 f.

Wenn Stalin einen Fehler beging, so war er imstande, Selbstkritik zu üben. So z. B. hatte er in der chinesischen Revolution einige falsche Ratschläge gegeben. Nachdem die chinesische Revolution gesiegt hatte, gab er seinen Fehler zu. Auch gewisse Fehler bei der Parteisäuberung gab Stalin in seinem Bericht auf dem XVIII. Parteitag der KPdSU im Jahr 1939 zu. Chruschtschow jedoch? Er weiß überhaupt nicht, was Selbstkritik ist, er versteht nur, alle Fehler anderen in die Schuhe zu schieben und alle Verdienste auf eigne Rechnung zu buchen.

a. a. O., S. 24

Es ist ... klar, daß der sogenannte „Kampf gegen den Personenkult" der Führer der KPdSU aus der Schule von Bakunin, Kautsky, Trotzki und Tito stammt und von ihnen allen im Kampf gegen die Führer des Proletariats und zur Unterminierung der revolutionären proletarischen Bewegung benutzt wurde.

a. a. O., S. 38

Die „soziale Basis" des sowjetischen Revisionismus

Es ist gar nicht verwunderlich, daß Chruschtschows Nachfolger nach seinem Abgang seine alten Geschäfte wie er weiter betreiben. Die Marxisten-Leninisten haben seit langem darauf hingewiesen, daß das Auftauchen des Chruschtschowschen Revisionismus keineswegs die Frage einer Einzelperson ist, sondern daß er tiefe soziale Wurzeln hat. Er ist ein Produkt der Überschwemmung der Sowjetunion durch die einheimischen kapitalistischen Kräfte und der von den Imperialisten verfolgten Politik. Chruschtschow, dieser Karrierist, usurpierte nach seinem Amtsantritt allmählich die Führung der sowjetischen Partei und des sowjetischen Staates, und infolgedessen wurden die neuen bürgerlichen Elemente in der sowjetischen Gesellschaft allmählich zu einer *privilegierten bürgerlichen Schicht,* die im Gegensatz zum Sowjetvolk steht. Diese privilegierte Schicht ist die soziale Grundlage der revisionistischen Clique Chruschtschows ... Die privilegierte Schicht ... entfernte Chruschtschow, nicht weil er den Revisionismus praktizierte, sondern weil er zu dumm und zu verrufen war und weil er sich in den inneren und auswärtigen Angelegenheiten in einem Dilemma befand ... So kam es, daß

Chruschtschow selbst zu einem Hindernis für die Weiterführung des Chruschtschowschen Revisionismus wurde.

Den Kampf gegen den Chruschtschow-Revisionismus bis zum Ende führen. Jenmin Jibao, 14. 6. 1965

Die Wiederherstellung des Kapitalismus in der Sowjetunion

Seit sie an die Macht kam, hat die führende revisionistische Clique der Sowjetunion „Reformen des ökonomischen Systems" erzwungen ... Diese waren vor allem auf die Empfehlungen Libermans gestützt. Resolutionen wurden verabschiedet, Gesetze erlassen und Verordnungen auf Plenarsitzungen des ZK der KPdSU beschlossen, die das „neue System" betrafen. Dieses System setzt den Profit über alles ... Auf dem ZK-Plenum im März 1965 hielt Breschnew eine Rede über „dringende Maßnahmen" in der sowjetischen Landwirtschaft und sagte, „daß die Profitrate zur Grundlage objektiver Berechnungen der Funktion von Kolchosen und Sowchosen gemacht werden solle". Auf dem Septemberplenum ... unterstrich Kossygin, daß Profit und Profitquoten als „bestes Mittel zur Veranlassung der Produktivitätssteigerung der Unternehmungen" benützt werden sollten.

Er schlug vor, daß „wirtschaftliche Anreize" (Incentives) durch „Preise, Profite, Bonusse und Kredit" gesteigert werden sollten. Die Resolutionen der beiden Plenarsitzungen stellen die hauptsächliche Basis für die Förderung des Kapitalismus durch die sowjetische führende Revisionistenclique dar.

Hsinhua Korrespondent 29.10.1967; zit. nach: How the Soviet Revisionists Carry out All-round Restoration of Capitalism in the USSR. Peking 1968, S. 1f.

Die Verordnungen über staatseigene Fabriken, die 1966 in Kraft traten, bestimmen, daß die Firmen die Autorität haben, alles Eigentum des Betriebes zu besitzen, zu benützen und über es zu verfügen, überzählige Einrichtungen zu verkaufen (Transportmittel, Rohmaterial, Brennstoff), Warenlager usw. zeitweilig zu vermieten, auf eigne Initiative veraltete Anlagen abzuschreiben, Verfügungsfonds zu benützen ... Die Verordnungen ermächtigen die Manager, Löhne festzulegen oder zu ändern, Rangstufen und Bonusse zu bestimmen ... Arbeiter einzustellen und zu entlassen ... und die Struktur der Belegschaft festzulegen. So wurden die sozialistischen Unternehmungen in kapitalistische ... verwandelt.

a. a. O., S. 3f.

Als Ergebnis der Einführung des „neuen Systems" vergrößert sich täglich die Klassen-Polarisierung in der Sowjetunion. Die Leiter zahlreicher Industriebetriebe, Staatsgüter und Handelsunternehmungen sind zu Elementen einer neuen, hochbezahlten, hohe Bonusse beziehenden Bourgeoisie geworden, die ihre Macht schwer mißbrauchen und Arbeiter ausbeuten und unterdrücken.

a. a. O., S. 4

4. Die Kulturrevolution

Vorsitzender Mao Tse-tung lehrt uns, daß Klassen und Klassenkampf auch in einer sozialistischen Gesellschaft weiterbestehen. Er sagte: in China werde, „der Klassenkampf zwischen dem Proletariat und der Bourgeoisie, der Klassenkampf zwischen den verschiedenen politischen Kräften und der Klassenkampf auf ideologischem Gebiet zwischen dem Proletariat und der Bourgeoisie noch lang und verwickelt sein und zuweilen sogar sehr scharf werden". Der Kampf *zur Entfaltung der proletarischen Ideologie und zur Vernichtung der bürgerlichen Ideologie* an der Kulturfront ist ein wichtiger Aspekt des Klassenkampfes zwischen dem Proletariat und der Bourgeoisie, zwischen dem sozialistischen Weg und dem kapitalistischen Weg und zwischen der proletarischen Ideologie und der bürgerlichen Ideologie ... Die sozialistische Kultur muß im Dienst der Arbeiter, Bauern und Soldaten stehen, im Dienst der proletarischen Politik, im Dienst der Festigung und Entwicklung des sozialistischen Systems und seines allmählichen Übergangs zum Kommunismus. Die bürgerliche Kultur dient der Bourgeoisie, den Gutsbesitzern, Großbauern, Konterrevolutionären, dunklen Elementen und Rechten und bereitet den Weg zur Wiederherstellung des Kapitalismus.

Die große sozialistische Kulturrevolution in China, I. Peking 1966, S. 1f.

Da die Überreste der Kräfte der Bourgeoisie in unserem Land noch immer verhältnismäßig stark sind, da noch immer relativ viele Intellektuelle Bürgerliche sind, da der Einfluß der bürgerlichen Ideologie noch immer verhältnismäßig stark ist und da die Methoden, mit denen die Bourgeoisie gegen uns kämpft, immer hinterhältiger, indirekter und versteckter geworden sind, ist es schwer für uns, diesen Kampf zu erkennen, ist es möglich, daß wir den verzuckerten Giftpillen der Bourgeoisie zum Opfer fallen ..., wenn wir unsere Aufmerksamkeit ... nur im mindesten schwächen, in unserer Wachsamkeit ... nachlassen. In dieser Hinsicht ist die Frage: „Wer – wen?", ob der Sozialismus den Kapitalismus besiegt oder umgekehrt, noch nicht gelöst ... Wenn man nicht richtig vorgeht, wird der Revisionismus aufkommen.

a. a. O., S. 2f.

Seit der Gründung unserer Volksrepublik ... besteht in unseren Literatur- und Kunstkreisen eine *parteifeindliche, antisozialistische schwarze Linie,* die im Gegensatz zu Mao Tse-tungs Ideen steht. Diese schwarze Linie ist ein Konglomerat von Ideen der Bourgeoisie und des modernen Revisionismus über Literatur und Kunst und der „Literatur und Kunst der dreißiger Jahre". Diese Ansichten kommen repräsentativ zum Ausdruck in der Theorie, wonach man „die Wahrheit schreiben" müsse, in den Theorien vom „breiten Weg des Realismus" und von der „Vertiefung des Realismus".

a. a. O., S. 6f.

Unsere sozialistische Gesellschaft beruht noch immer auf Klassenantagonismus. Obwohl die Klasse der Gutsbesitzer und die Bourgeoisie gestürzt wurden, ist sie doch noch nicht völlig beseitigt. Wie haben das Eigentum der Ausbeuterklasse konfisziert, aber *wir konnten nicht ihre reaktionären Ideen beschlagnahmen.* Da die Angehörigen dieser Klassen noch leben und sich mit ihrer Niederlage nicht abfinden, versuchen sie unweigerlich eine Rückkehr ... Die spontanen Kräfte der städtischen und ländlichen Kleinbourgeoisie bringen unaufhörlich neue bürgerliche Elemente hervor. Einige ungesunde Elemente kommen in die immer stärker und größer werdende Arbeiterreihen. Es gibt auch in Partei- und Regierungsorganen Leute, die degenerieren. Außerdem versuchen Imperialisten, moderne Revisionisten und Reaktionäre aller Länder dauernd, uns auf diese oder jene Art beizukommen. All das schafft für unser Land die Gefahr einer Restauration des Kapitalismus ... Wir müssen uns unbedingt an die Anweisungen des ZK halten und dürfen niemals den Klassenkampf, die Diktatur des Proletariats, den *Vorrang der Politik* und das Hochhalten der großen roten Fahne Mao Tse-tungs vergessen ... Ohne *Zerstörung* gibt es keinen Aufbau. Zerstörung bedeutet Kritik und Revolution. Wird die Zerstörung vorangestellt, so steckt darin schon der Aufbau des Neuen. Ihr

Herren bürgerliche „Autoritäten" bezeichnet uns als „Dynamitmänner" und „Prügel-schwinger". Das stimmt. Wir wollen „proletarische Dynamitmänner" sein und alle par-teifeindlichen, antisozialistischen Räuberdörfer und -wirtshäuser in die Luft sprengen. [Anspielung auf die Essaysammlung „Dorf der drei Familien"]. Wir wollen ja nichts anderes als gerade „goldene Prügelschwinger" des Proletariats sein und alle finsteren Kräfte vernichten! Wir werden jenen, die sich gegen ... die Diktatur des Proletariats und die Ideen Mao Tse-tungs stellen, zerschlagen, ohne Rücksicht auf ihre „Autorität" und hohe Stellung [Anspielung auf den Staatspräsidenten Liu Schao-tschi, der später zum offen benannten Hauptfeind im Inneren proklamiert wurde].

Die große sozialistische Kulturrevolution. 4. Leitartikel von Jenmin Jibao, 4.6.1966, S. 74

Lin Piao: Aus dem Bericht auf dem 9. Kongreß der KPCh, 1.4.1969

Die große Proletarische Kulturrevolution ist eine große politische Revolution, die un-ter den Bedingungen der Diktatur des Proletariats ausgelöst und geleitet wurde, von unserem großen Lenker, dem Präsidenten Mao persönlich. Eine große Revolution im Bereich des Überbaus. Unser Ziel ist es, den Revisionismus zu zerschmettern und der Bourgeoisie den Teil der Macht wieder zu entreißen, den sie sich angeeignet hat, um eine vollständige proletarische Diktatur im Bereich der Kultur auszuüben ... und auf diese Weise die wirtschaftliche Basis des Sozialismus zu festigen und zu gewährleisten, daß unser Land fortfährt, mit Riesenschritten dem Sozialismus entgegenzugehen.

zit. nach: Lin Piao, Rapport au IXe Congrès du Parti Communiste Chinois. Peking 1969, S. 29

Schon 1962 auf der 10. Sitzung des Plenums des ZK der KPCh ... unterstrich Vor-sitzende Mao: „Um eine politische Machtstellung zu untergraben, beginnt man stets mit der Vorbereitung der öffentlichen Meinung und mit ideologischer Arbeit. Das gilt sowohl für eine revolutionäre Klasse wie für eine konterrevolutionäre." Diese Worte ... trafen den verwundbaren Punkt der revisionistischen, konterrevolutionären Clique Liu Schao-tschis. Wenn sich diese so sehr an den Überbau hängte, wenn sie in den von ihr kontrollierten Gebieten eine so leidenschaftliche konterrevolutionäre Diktatur über das Proletariat ausübte, ... dann geschah das mit einem einzigen Ziel: der Vorbereitung der Öffentlichkeit auf den Sturz der Diktatur des Proletariats. Um diese Clique auf politi-scher Ebene zu besiegen, mußten wir unsererseits damit beginnen, die konterrevolu-tionäre Meinung zu brechen, die von ihr geschaffen worden war, indem wir auf eine revolutionäre öffentliche Meinung zurückgriffen.

a.a.O., S. 30

Das Rundschreiben vom 16.5.1966, das unter der persönlichen Anleitung des Vorsit-zenden Mao verfaßt wurde, legte die Linie, die Prinzipien und die Orientierung der Gro-ßen Proletarischen Kulturrevolution fest. Es bildet das Programm der ganzen Bewe-gung. Das Rundschreiben kritisiert gründlich den Entwurf des Rechenschaftsberichts vom Februar, den das bürgerliche Hauptquartier Liu Schao-tschis vorgelegt hatte, um diese große Revolution zu unterdrücken ... Das Rundschreiben fordert dazu auf, „die Individuen vom Schlage Chruschtschows, die sich zur Zeit unter uns befinden, zu de-maskieren". Das war der große Mobilisierungsbefehl, der die große politische Revolu-tion auslöste ... Große revolutionäre Massen warfen sich in den Kampf. In der Universi-tät Peking erschien das erste Dazibao [Wandzeitung mit Kritiken], das die reaktionären bourgeoisen Ideen kritisierte. Wandzeitungen bedeckten bald das ganze Land. In der Folge bildeten sich Gruppen von Roten Garden in großer Zahl; die jungen Revolutionäre verwandelten sich in stürmische Pioniere. Von Panik gepackt, suchte die Clique Liu Schao-tschis erbarmungslos die revolutionäre Bewegung der Jugend und der Studenten zu unterdrücken ... Vorsitzender Mao berief das 11. Plenum des ZK der KPCh ein, und dieses nahm eine Entschließung in 16 Punkten zur Kulturrevolution an. Mao schrieb sein Dazibao [„Feuer auf das Hauptquartier"] und enthüllte damit das bourgeoise Hauptquartier Liu Schao-tschis ... Später empfing der Vorsitzende Mao achtmal insgesamt 13 Millionen Rote Garden am Tien-An-Men-Tor, die aus allen Landesteilen gekommen waren ... Die revolutionäre Bewegung der Arbeiter und Bauern und die Bewegung der revolutionären Kader in den Organisationen entwickelten sich rasch ... „Man hat recht, sich gegen die Reaktionäre zu erheben", erscholl es im ganzen Lande ... Nach dem Sturz Liu Schao-tschis ... wechselte seine revisionistische Clique ... mehrfach die Taktik und gab scheinbar „linke", in Wirklichkeit „rechte" Losungen von sich wie z. B.: „man muß allem mißtrauen" oder „alles niederreißen". Außerdem säten sie Zwietracht unter den revolutionären Massen ... Nachdem diese Manöver von den proletarischen Revolutionären durchschaut worden waren, griffen sie abermals an. Das war der Rückschlag zwischen Winter 1966 und Frühjahr 1967. Dieser Anschlag zielte auf das Hauptquartier des Proletariats, dessen Kommandant der Vorsitzende Mao ist ... Nach dem Scheitern dieses Komplotts, das die Revolution behinderte, unter dem Vorwand, „die Produktion zu erhalten", begannen die Massen endgültig zu begreifen, daß man die Verantwortlichen, die sich auf den kapitalistischen Weg gemacht hatten, nur dadurch besiegen kann, daß man ihnen die angemaßte Macht entreißt ... Die Arbeiterklasse Schanghais ... erhob sich mutig ... und entriß im Januar 1967 den Verantwortlichen, die sich auf den kapitalistischen Weg gemacht haben, die Macht im Parteikomitee und in der Stadtverwaltung.

Der Vorsitzende Mao faßte sofort die neue Erfahrung ... von Schanghai zusammen in den Appell ans ganze Land. „Proletarische Revolutionäre, schließt euch zusammen, um der Handvoll Verantwortlicher in der Partei, die sich auf den kapitalistischen Weg gemacht hat, die Macht zu entreißen". Dann gab er eine neue Direktive: „Die Nationale Befreiungsarmee soll die linken Massen unterstützen" ... Zusammenfassend ... definierte der Vorsitzende Mao dann die politischen Maßnahmen zum Zwecke der Errichtung revolutionärer Komitees der Dreier-Union aus Vertretern der revolutionären Kader, der nationalen Befreiungsarmee und der revolutionären Massen. Damit gab er den Impuls zur Machtergreifung im ganzen Lande ... Ein Kampf auf Leben und Tod. Zwischen dem revolutionären Sturm vom Januar 1967 in Schanghai und der Errichtung revolutionärer Komitees in Tibet und Sinkiang im September 1968 vergingen 8 Monate, eine Folge von Kraftproben zwischen zwei Klassen und zwei Linien, ein heftiger *Kampf zwischen den proletarischen und den nicht-proletarischen Ideen".*
a.a.O., S. 33 ff.

Literaturverzeichnis

Zusammengestellt von Günter Dill

Zum ersten Teil (Von Hegel zu Marx)

A. Quellen

a) Vor Marx

G. W. F. Hegel, Werke in 20 Bänden (Auf der Grundlage der Werke von 1832–1845 neu edierte Ausgabe. Redaktion Eva Moldenhauer und Karl Markus Michel). Frankfurt/M. 1969 ff. (= Theorie Werkausgabe – Suhrkamp-Verlag)

G. W. F. Hegel, Studienausgabe in 3 Bänden. Ausgewählt, eingeleitet und mit Anmerkungen versehen von Karl Löwith und Manfred Riedel. Frankfurt/M. 1968 (= Fischer Bücherei 876–878)

G. W. F. Hegel, Vorlesungen über Rechtsphilosophie. Edition u. Kommentar in 6 Bdn. K. H. Ilting, Stuttgart 1973 f.

Ludwig Feuerbach, Anthropologischer Materialismus. Ausgewählte Schriften I/II. Herausgegeben und eingeleitet von Alfred Schmidt. Frankfurt/M. 1967 (= Reihe: Politische Texte)

Die frühen Sozialisten. Herausgegeben von Frits Kool und Werner Krause, eingeleitet von Peter Stadler, Olten/Freiburg im Breisgau 1967 (= Reihe: Dokumente der Weltrevolution, Bd. 1)

Michael Vester (Hrsg.), Die Frühsozialisten I (1789–1848). Reinbek 1970 (= rowohlts Klassiker/Texte des Sozialismus und Anarchismus 1800–1950, Bd. 264–66)

Die Hegelsche Linke. Texte von Heine, Ruge, Moses Heß, Stirner, Bruno Bauer, Feuerbach, Marx und Kierkegaard. Herausgegeben von Karl Löwith. Stuttgart 1962

b) Marx und Engels

Karl Marx – Friedrich Engels, Werke (in 39 Bänden u. 2 Supplementbänden [Frühschriften] u. Registerband). Hrsg. vom Institut für Marxismus-Leninismus beim ZK der SED. Die Ausgabe fußt auf der vom Institut für Marxismus-Leninismus beim ZK der KPdSU besorgten 2. russ. Ausgabe. Berlin (O) 1956–1968

Einzelausgaben:

Karl Marx, Die Frühschriften. Hrsg. v. Siegfried Landshut. Stuttgart 1953

Karl Marx, Die deutsche Ideologie. Stuttgart 1953

Karl Marx, Die Heilige Familie oder Kritik der kritischen Kritik. Gegen Bruno Bauer und Konsorten. Hrsg. und eingeleitet von Iring Fetscher. Frankfurt/M. 1967 (= Reihe: Politische Texte)

Karl Marx, Das Elend der Philosophie (Misère de la philosophie, 1847). Antwort auf Proudhons „Philosophie des Elends". Berlin (O) 1960 (= Bücherei des Marxismus-Leninismus, 2)

Karl Marx, Grundrisse der Kritik der politischen Ökonomie (Rohentwurf 1857–1858). Frankfurt/M. 1967

Karl Marx, Zur Kritik der politischen Ökonomie (1859). Berlin 1947 (und spätere Ausgaben)

Das Hauptwerk der Marxschen Politökonomie

Karl Marx, Das Kapital. Kritik der politischen Ökonomie, Bd. I (1867[1]) – III. Frankfurt/M. 1967

Karl Marx, Resultate des unmittelbaren Produktionsprozesses („Das Kapital". I. Buch. Der Produktionsprozeß des Kapitals; VI. Kapitel). Frankfurt/M. 1969 (= Archiv sozialistischer Literatur 17) und 1970 (= Reihe: Theorie I)
Karl Marx, Theorien über den Mehrwert. 4. Band des „Kapitals" in 3 Teilen. Berlin (O) und Frankfurt/M. 1958

Auswahlausgaben

Karl Marx – Friedrich Engels, Studienausgabe in 4 Bänden. Herausgegeben von Iring Fetscher. Frankfurt/M. 1966 (= Fischer Bücherei 764–767)
Karl Marx, Werke-Schriften-Briefe. Neue Studienausgabe in 8 Bänden. Hrsg. von H.J.Lieber. Stuttgart, Cotta 1960ff.
Karl Marx, Texte zur Methode und Praxis, I: Jugendschriften 1835–1841; II: Pariser Manuskripte 1844; III: Der Mensch in Arbeit und Kooperation (Aus den Grundrissen der Kritik der politischen Ökonomie 1857/58). Herausgegeben von Günther Hillmann. Reinbek 1966/67 (= rowohlts Klassiker 194/95, 209/10 und 218/19)
Iring Fetscher, Der Marxismus. Seine Geschichte in Dokumenten, 3 Bde. (I. Philosophie – Ideologie; II. Ökonomie – Soziologie; III. Politik). München 1962–65. Ausgabe in einem Band, Frankfurt/M. 1967

B. Literatur

a) Zum Gesamtgebiet

Erich Thier, Etappen der Marxinterpretation; in: Marxismusstudien (erste Folge). Tübingen 1954 (= Schriften der Studiengemeinschaft der Evangelischen Akademien, Bd. 3), s. 1–38
Iring Fetscher, Karl Marx und der Marxismus. Von der Philosophie des Proletariats zur proletarischen Weltanschauung. München 1967
Jürgen Habermas, Zur philosophischen Diskussion um Marx und den Marxismus; in: ders., Theorie und Praxis. Sozialphilosophische Studien. Neuwied u. Berlin 1963 (= Reihe: Politica, Bd. 11)
H.J. Lieber und P. Ludz, Zur Situation der Marxforschung; in: Kölner Zeitschrift für Soziologie und Sozialpsychologie, 10. Jg. (1958), Heft 3 u. 4
Norbert Leser, Die Odysee des Marxismus. Auf dem Weg zum Sozialismus. Wien-München-Zürich 1971
Udo Bermbach, Franz Nuscheler (Ed.), Sozialistischer Pluralismus. Texte zur Theorie u. Praxis sozialistischer Gesellschaften. Hamburg 1973 (enthält tschechoslowakische, jugoslawische, oppositionell-sowjetische, italienische, chilenische und französische Beiträge.)

b) Biographisches und Monographien

Franz Mehring, Karl Marx. Geschichte seines Lebens. Leipzig 1933. Neuaufl. Berlin (O) 1964
Karl Korsch, Karl Marx (erstmals London 1938). Frankfurt/M.-Wien 1967
Ralf Dahrendorf, Marx in Perspektive. Die Idee des Gerechten im Denken von Karl Marx. Hannover 1952
Auguste Cornu, Karl Marx und Friedrich Engels. Leben und Werk. 1. Band (1818–1844) Berlin (O) 1954; 2. Band (1844–1845) Berlin (O) 1962; 3. Band (1845–46) Berlin (O) 1968
Isaiah Berlin, Karl Marx. Sein Leben und sein Werk. München 1959

272

Werner Blumenberg, Karl Marx in Selbstzeugnissen und Bilddokumenten. Reinbek 1962 (rowohlts monographien 76)

Mohr und General. Erinnerungen an Marx und Engels. Hrsg. vom Institut für Marxismus-Leninismus beim ZK der SED. Berlin (O) 1964

Jean-Yves Calvez, Karl Marx. Darstellung und Kritik seines Denkens. Olten und Freiburg/Br. 1964

Roger Garaudy, Karl Marx. Paris 1964

Arnold Künzli, Karl Marx – Eine Psychographie. Wien-Frankfurt/M.-Zürich 1966

Marx-Chronik. Daten zu Leben und Werk. Zusammengestellt von Maximilian Rubel. München 1968 (= Reihe Hanser 3)

John Lewis, Karl Marx – Leben und Lehre. Berlin (O) 1968

Karl Marx. Dokumente seines Lebens, 1818–1883. Zusammengestellt und erläutert von Manfred Kliem. Leipzig 1970 (= Reclams Universalbibliothek, Bd. 439)

Gustav Mayer, Friedrich Engels. Eine Biographie. 2 Bde. Den Haag 1934

H. Ullrich, Der junge Engels. 2 Bde. Berlin (O) 1961 und 1966

Helmut Hirsch, Friedrich Engels in Selbstzeugnissen und Bilddokumenten. Reinbek 1968 (rowohlts monographien 142)

Helmut Fleischer, Marx und Engels. Die philosophischen Grundlagen ihres Denkens. Freiburg und München 1970

c) Zu den Marxschen Jugendschriften

Herbert Marcuse, Neue Quellen zur Grundlegung des historischen Materialismus (verfaßt 1932); in: ders., Ideen zu einer kritischen Theorie der Gesellschaft. Frankfurt/M. 1969 (= edition suhrkamp 300), S. 7–54

Herbert Marcuse, Vernunft und Revolution. Hegel und die Entstehung der Gesellschaftstheorie (erstmals: New York 1941). Neuwied und Berlin 1962 (= Soziologische Texte 13)

Erich Thier, Das Menschenbild des jungen Marx. Göttingen 1957

Heinrich Popitz, Der entfremdete Mensch. Basel 1953 und Frankfurt/M. 1967 (2. Aufl. 1968 = Kritische Studien zur Philosophie)

Jean Hyppolite, Etudes sur Marx et Hegel. Paris 1955

D.I. Rosenberg, Die Entwicklung der ökonomischen Lehre von Marx und Engels in den vierziger Jahren des 19. Jahrhunderts. Berlin (O) 1958

Manfred Friedrich, Philosophie und Ökonomie beim jungen Marx. Frankfurter Wirtschafts- und Sozialwiss. Studien, H. 8. Berlin 1960

Marx e Engels. La formazione de loro pensiero. L'ambiente intellettuale e politico. Tendenze e figure della sinistra hegeliana e del socialismo tedesco alla vigilia della rivoluzione; in: Annali 1963 (Ed. Istituto G. Feltrinelli). Milano 1963

Erich Fromm, Das Menschenbild bei Marx. Mit den wichtigsten Teilen der Frühschriften von Karl Marx. Frankfurt/M. 1963 (3. Aufl. 1969)

Georg Lukács, Der junge Marx. Seine philosophische Entwicklung von 1840 bis 1844. Pfullingen 1965

T. Oisermann, Die Entstehung der marxistischen Philosophie. Berlin (0) 1965

Günther Hillmann, Marx und Hegel. Von der Spekulation zur Dialektik. Interpretation der ersten Schriften von Karl Marx im Hinblick auf sein Verhältnis zu Hegel (1835–1841). Frankfurt/M. 1966

Christoph Schefold, Die Rechtsphilosophie des jungen Marx von 1842 mit einer Interpretation der „Pariser Schriften" von 1844. München 1970 (= Münchner Studien zur Politik, Bd. 15)

273

d) Zum historischen Materialismus

G. Lukács, Geschichte und Klassenbewußtsein. Studie über marxistische Dialektik. Berlin 1923 und Neuwied/Berlin 1970 (= Sammlung Luchterhand, Bd. 11)
Karl Korsch, Marxismus und Philosophie (erstmals 1923). Herausgegeben und eingeleitet von Erich Gerlach. Frankfurt/M. 1966 (2. Aufl. 1969) (= Politische Texte)
Leo Kofler, Geschichte und Dialektik. Zur Methodenlehre der dialektischen Geschichtsbe- trachtung. Hamburg 1955
Alfred Schmidt, Der Begriff der Natur in der Lehre von Karl Marx. Frankfurt/M. 1962
Alfred Schmidt, Zum Verhältnis von Geschichte und Natur im dialektischen Materialismus; in: Existenzialismus und Marxismus. Eine Kontroverse zwischen Sartre, Garaudy, Hyppolite, Vigier und Orcel. Frankfurt/M. 1965 (= edition suhrkamp 116), S. 103–155
Paul Kägi, Genesis des historischen Materialismus. Karl Marx und die Dynamik der Gesell- schaft. Wien, Frankfurt/M. und Zürich 1965
Henri Lefèbvre, Der dialektische Materialismus. Frankfurt/M. 1966 (= edition suhrkamp 160)
Louis Althusser, Für Marx. Frankfurt/M. 1968 (= Reihe: Theorie 2)
Gert Schäfer, Zum Problem der Dialektik bei Karl Marx und W. I. Lenin; in: Studium Generale 21 (1968), S. 934–962
Roger Garaudy, Die Aktualität des Marxschen Denkens. Frankfurt/M. 1969 (= Kritische Stu- dien zur Philosophie)
Helmut Fleischer, Marxismus und Geschichte. Frankfurt 1969 (= edition suhrkamp 323)
Alfred Schmidt (Hrsg.), Beiträge zur marxistischen Erkenntnistheorie. (Aufsätze von G. Márkus, J. Zeleny, E. W. Iljenkow, H.-G. Backhaus, H. Lefèbvre, A. Schmidt). Frankfurt/M. 1970 (= edition suhrkamp 349)
Alfred Schmidt, Geschichte u. Struktur. Fragen einer marxistischen Historik. München 1971

e) Zur Marxschen Kritik der politischen Ökonomie und Soziologie

J. Schumpeter, Kapitalismus, Sozialismus und Demokratie. München 2. Aufl. 1950
Paul M. Sweezy, Theorie der kapitalistischen Entwicklung. Köln 1959 und Frankfurt/M. 1970 (= edition suhrkamp 433)
Eduard März, Die Marxsche Wirtschaftslehre im Widerstreit der Meinungen. Wien 1959
Louis Althusser u. a., Lire le Capital I/II. Paris 1966
Folgen einer Theorie. Essays über „Das Kapital" von Karl Marx. Frankfurt/M. 1967 (= edition suhrkamp 226)
Ernest Mandel, Marxistische Wirtschaftstheorie, Frankfurt/M. 1967
Roman Rosdolsky, Zur Entstehungsgeschichte des marxschen Kapitals. Frankfurt/M. 1968 (2., überarbeitete Neuaufl. 1969) 2 Bde.
Jindrich Zeleny, Die Wissenschaftslogik bei Marx und „Das Kapital". Frankfurt/M. 1968 (= Kritische Studien zur Philosophie)
Kritik der politischen Ökonomie heute – 100 Jahre „Kapital". Referate und Diskussionen v. Frankfurter Colloquium im Sept. 1967. Hrsg. von Walter Euchner und Alfred Schmidt. Frank- furt/M. 1968 (= Politische Ökonomie. Geschichte und Kritik)
Ernest Mandel, Entstehung und Entwicklung der ökonomischen Lehre von Karl Marx (1843–1863). Frankfurt/M. 1968 (= Reihe: Politische Ökonomie. Geschichte und Kritik)
Bruno Fritsch, Die Geld- und Kredittheorie von Karl Marx. Frankfurt 1968 (= Reihe: Politische Ökonomie. Geschichte und Kritik)
M. M. Rosenthal, Die dialektische Methode der politischen Ökonomie von Karl Marx. Berlin (O) 1968

Walter Tuchscheerer, Bevor „Das Kapital" entstand. Die Herausbildung und Entwicklung der ökonomischen Theorie von Karl Marx in der Zeit 1843–1858. Berlin (O) 1968

Joseph M. Gillmann, Das Gesetz des tendenziellen Falls der Profitrate. Frankfurt/M. 1969 (= Reihe: Politische Ökonomie. Geschichte und Kritik)

Henryk Grossmann, Marx, die klassische Nationalökonomie und das Problem der Dynamik. Frankfurt/M. 1969 (= Reihe: Politische Ökonomie. Geschichte und Kritik)

L. A. Leontjew, Engels und die ökonomische Lehre des Marxismus. Berlin (O) 1969

Helmut Reichelt, Zur Marxschen Werttheorie und deren Interpretation bei Werner Hofmann; in: Sozialistische Politik, 1. Jg. (1969) Heft 2, S. 17–25

Helmut Reichelt, Zur logischen Struktur der Kapitalbegriffs bei Karl Marx. Frankfurt/M. 1970 (= Reihe: Politische Ökonomie. Geschichte und Kritik)

Michael Mauke, Die Klassentheorie von Marx und Engels. Herausgegeben von Kajo Heymann, Klaus Meschkat und Jürgen Werth, Frankfurt/M. 1970 (= Kritische Studien zur Politikwissenschaft)

Otto Morf, Geschichte und Dialektik in der politischen Ökonomie. Zum Verhältnis von Wirtschaftstheorie und Wirtschaftsgeschichte bei Karl Marx. Frankfurt/M. 1970 (= Reihe: Politische Ökonomie. Geschichte und Kritik)

Paul Mattick, Marx und Keynes. Frankfurt/M. 1971 (= Reihe: Politische Ökonomie. Geschichte und Kritik)

Paul A. Baran / Paul M. Sweezy, Monopolkapital. Ein Essay über die amerikanische Wirtschafts- und Gesellschaftsordnung. Frankfurt/M. 1967

Paul A. Baran, Politische Ökonomie des wirtschaftlichen Wachstums. Neuwied und Berlin 1966

Paul A. Baran, Zur politischen Ökonomie der geplanten Wirtschaft. Frankfurt/M. 1968 (= edition suhrkamp 277)

Maurice Dobb, Organisierter Kapitalismus. Fünf Beiträge zur politischen Ökonomie. Frankfurt/M. 1966 (= edition suhrkamp 166)

Zum zweiten Teil (vom Marxismus zum Leninismus)

A. Quellen

a) Lenins Hauptwerke

Lenins Werk in deutscher Sprache. Bibliographie. Berlin (O) 1968

W. I. Lenin, Werke. Ins Deutsche übertragen nach der 4. russ. Ausgabe. Besorgt vom Institut für Marxismus-Leninismus beim ZK der SED. 40 Bde u. 2 Registerbände. Berlin (O) 1960–64

W. I. Lenin, Briefe in 10 Bänden. Ins Deutsche übertragen nach der vom Institut f. Marxismus-Leninismus beim ZK der KPdSU besorgten 5. russ. Ausgabe der Werke Lenins (Bd. 46–55). Berin (O) 1967 ff.

W. I. Lenin, Ausgewählte Werke in 6 Bänden. Hrsg. vom Institut für Marxismus-Leninismus beim ZK der SED. Berlin (O) 1970/1971

W. I. Lenin, Studienausgabe, 2 Bde., Hrsg. von Iring Fetscher. Frankfurt/M. 1970 (= Fischer Bücherei 6012/13)

W. I. Lenin, Für und wider die Bürokratie, Schriften und Briefe 1917–1923. Hrsg. v. Günther Hillmann. Reinbek 1970 (= Texte des Sozialismus und Anarchismus, Bd. 246–48)

W. I. Lenin, Der „linke Radikalismus", die Kinderkrankheit im Kommunismus. Frankfurt/M. 1970

W. I. Lenin, Der Imperialismus als höchstes Stadium des Kapitalismus. Berlin (O) 6. Aufl. 1962

b) Zur marxistischen Deutung des Imperialismus

J. A. Hobson, Imperialism. London 1902. Deutsche Übers. v. H. Hirsch. Köln 1968 (auf diese bürgerliche Arbeit stützt sich Lenin zum Teil)

Rudolf Hilferding, Das Finanzkapital. 1909; (letzte von H. herausgebrachte Ausgabe, 1923); jetzt Frankfurt/M. und Wien 1968 (= Politische Ökonomie. Geschichte und Kritik)

Rosa Luxemburg, Die Akkumulation des Kapitals. Ein Beitrag zur ökonomischen Erklärung des Imperialismus. Berlin 1913 (Nachdruck Frankfurt/M. 1966)

Nicolai Bucharin, Imperialismus und Weltwirtschaft. Mit einem Vorwort von W. I. Lenin. Wien 1929

Henryk Grossmann, Das Akkumulations- und Zusammenbruchsgesetz des kapitalistischen Systems. Leipzig 1929 (Nachdruck Frankfurt/M. 1970)

W. I. Lenin, Hefte zum Imperialismus. Vorarbeiten zu „Der Imperialismus als höchstes Stadium des Kapitalismus". Berlin (O) 1958

Fritz Sternberg, Der Imperialismus. Berlin 1926 (Nachdruck Frankfurt/M. 1971)

B. Literatur zum Leninismus

a) Biographisches und Monographien über Lenin

Georg von Rauch, Lenin. Grundlegung des Sowjetsystems. Göttingen 1957

Georg Lukács, Lenin. Studien über den Zusammenhang seiner Gedanken, Wien 1924 (Neuauflage: Neuwied und Berlin 1967 = Soziologische Essays)

Richard Nürnberger, Lenins Revolutionstheorie; in: Marxismusstudien (erste Folge). Tübingen 1954, S. 161–172

Dietrich Geyer, Lenin in der russischen Sozialdemokratie. Die Arbeiterbewegung im Zarenreich als Organisationsproblem der revolutionären Intelligenz. Köln 1962

Anton Pannekoek, Lenin als Philosoph. Mit einer Rezension von Karl Korsch und einer Einleitung von Paul Mattick. Herausgegeben von Alfred Schmidt u. Claudio Pozzoli. Frankfurt/M. 1969 (= Kritische Studien zur Philosophie)

Bertram D. Wolfe, Lenin, Trotzki, Stalin. Drei, die eine Revolution machten. Eine biographische Geschichte (Revidierte Übersetzung nach der 4. Auflage). Frankfurt/M. 1965 (2. Aufl. 1969)

Arnold Reisberg, Lenin im Jahre 1917. Berlin (O) 1968

Louis Althusser, Lénine et la philosophie. Paris 1969

Leo Trotzki, Der junge Lenin. Wien 1969

Louis Fischer, Das Leben Lenins. 2 Bde. München 1970 (= dtv 4045–46)

Lenin, Revolution und Politik. Aufsätze von Paul Mattick, Bernd Rabehl, Juri Tynjanow und Ernest Mandel. Frankfurt/M. 1970 (= edition suhrkamp 383)

Hermann Weber, Lenin in Selbstzeugnissen und Bilddokumenten. Reinbek 1970 (= rowohlts monographien 168)

Adam B. Ulam, Die Bolschewiki. Vorgeschichte und Verlauf der Kommunistischen Revolution in Rußland. Köln und Berlin 1967

Leo Trotzki, Über Lenin. Material für einen Biographen. Berlin 1924 (Neuauflage Frankfurt/M. 1964)

Anatoli W. Lunatscharski, Profile der Revolution. Frankfurt/M. 1968 (= sammlung „res novae" enthält Biographien über Lenin, Sinowjew, Trotzki u. a.)

Über die innerparteiliche Opposition bis zu Lenins Tod informiert sehr gut:

Frits Kool/ Erwin Oberländer (Hrsg.), Arbeiterdemokratie oder Parteidiktatur. Eingeleitet von Oskar Anweiler (mit umfangreichem Anmerkungs- und Literaturteil). Olten und Freiburg im Breisgau 1967 (= Dokumente der Weltrevolution, 2)

b) Zur Ideologie des Marxismus-Leninismus

Arthur Rosenberg, Geschichte des Bolschewismus von Marx bis zur Gegenwart. Berlin 1932 (Neuauflage Frankfurt/M. 1966)

J. M. Bochenski, Der sowjetrussische dialektische Materialismus (Diamat). München 1950, 3. umgearbeitete Auflage 1960

G. A. Wetter, Der dialektische Materialismus, seine Geschichte und sein System in der Sowjetunion. Wien 1953. 5. Auflage Freiburg 1960

Peter Scheibert, Von Bakunin zu Lenin, Geschichte der russischen revolutionären Ideologie (1840–1895), I. Bd. Leiden 1956

H. J. Lieber, Die Philosophie des Bolschewismus in den Grundzügen ihrer Entwicklung. Frankfurt/M., Berlin und Bonn 1957 (3. Aufl. 1961)

René Ahlberg, „Dialektische Philosophie" und Gesellschaft in der Sowjetunion. Wiesbaden 1960

Marxismus-Leninismus. Geschichte und Gestalt. Universitätstage 1961. Berlin 1961 (Nachdruck 1962) (= Veröffentlichungen der FU Berlin)

Gustav A. Wetter und *Wolfgang Leonhard,* Sowjetideologie heute. 2 Bde. Frankfurt/M. 1. Aufl. 1962 (= Fischer Bücherei 460/61)

Helmut Dahm, Die Dialektik im Wandel der Sowjetphilosophie. Köln 1963

Hans-Joachim Lieber und *Karl-Heinz Ruffmann,* Der Sowjetkommunismus. Dokumente, 2 Bde. Köln 1963/64

Hans Joachim Lieber, Individuum und Gesellschaft in der Sowjetideologie. Hannover 1964

Henri Lefèbvre, Probleme des Marxismus heute. Frankfurt/M. 1965 (= edition suhrkamp 99)

Helmut Fleischer, Philosophie in der Sowjetunion 1964–1965. Wiesbaden 1966 (= Berichte des Osteuropa-Instituts an der FU Berlin, Reihe Philosophie und Soziologie, Heft 74)

Wilhelm Goerdt (Hrsg.), Die Sowjetphilosophie. Wendigkeit und Bestimmtheit. Dokumente. Basel und Stuttgart 1967 (Texte aus den Jahren 1891/92 bis 1962)

Karl G. Ballestrem, Die sowjetische Erkenntnismetaphysik und ihr Verhältnis zu Hegel. Dordrecht 1968

Hermann Weber, Demokratischer Kommunismus? Zur Theorie, Geschichte und Politik der kommunistischen Bewegung. Hannover 1969

Roger Garaudy, Marxismus im 20. Jahrhundert. Reinbek 1969 (= rowohlt aktuell 1148)

P. V. Kopnin, Dialektik-Logik-Erkenntnistheorie. Lenins philosophisches Denken, Erbe und Aktualität. Berlin (O) 1970

Lelio Basso/L. Colletti/L. Cortes/L. Libertin, Fragen des Leninismus. Eine Diskussion über „Staat und Revolution". Frankfurt/M. 1970

Zum dritten Teil (Vom Stalinismus zum Neo-Leninismus)

A. Quellen zum Stalinismus

a) Stalins Hauptwerke

Stalin's Works. An annotated bibliography. Comp. by Robert H. McNeal. Stanford 1967 (= Hoover Institution bibliographical series)

J. W. Stalin, Sämtliche Werke, dt. Ausgabe. Berlin 1950–1955 (nur bis Bd. 13 erschienen, dann eingestellt)

J. W. Stalin, Ausgewählte Werke in 3 Bänden. Hrsg. und eingeleitet von Wolfgang Philipp Schmidt. Düsseldorf 1970

J. W. Stalin, Fragen des Leninismus. Berlin 1970 (= Oberbaumverlag)

J. W. Stalin, Zu den Fragen des Leninismus. Eine Auswahl. Hrsg. von Hans-Peter Gente. Frankfurt/M. 1970 (= Fischer Bücherei 6055)

J. W. Stalin, Schriften zur Ideologie der Bürokratisierung. Hrsg. v. Günther Hillmann. Reinbek 1970 (= Texte des Sozialismus und Anarchismus, Bd. 258–60)

J. W. Stalin, Über dialektischen und historischen Materialismus. Vollständiger Text und kritischer Kommentar von Iring Fetscher. Frankfurt/M. 1956

J. W. Stalin, Der Marxismus und die Fragen der Sprachwissenschaft. Berlin, (O) 1951

J. W. Stalin, Ökonomische Probleme des Sozialismus in der UdSSR. Berlin (O) 1953

b) Arbeiten von Stalins ideologischen Gegnern in der Sowjetunion

L. D. Trotzki, Mein Leben. Berlin 1930. Neuauflage Frankfurt/M. 1961

L. D. Trotzki, Die permanente Revolution. Berlin 1930, Frankfurt/M. 1969 (= Fischer Bücherei 1095)

L. D. Trotzki, Geschichte der russischen Revolution. Frankfurt/M. 1960

L. D. Trotzki, Stalin, eine Biographie. Köln 1952

L. D. Trotzki, Verratene Revolution. Zürich o. J. (1958)

L. D. Trotzki, Tagebuch im Exil. Köln und Berlin 1960

L. D. Trotzki, Ergebnisse und Perspektiven. Eingeleitet v. Richard Lorenz. Frankfurt/M. 1967

Staline contre Trotsky, 1924–26. La révolution permanente et le socialisme en un seul pays. Présenté par G. Procacci. Textes de Trotsky, Boukharine, Zinoviev et Staline. Paris 1965

N. Bucharin, Theorie des historischen Materialismus. Hamburg 1922

N. Bucharin, Ökonomik der Transformationsperiode. Hamburg 1922 (Nachdruck Reinbek 1970 = Texte des Sozialismus und Anarchismus, Bd. 261–63)

N. Bucharin, Der Weg zum Sozialismus. Wien 1925

N. Bucharin, Imperialismus und Weltwirtschaft. Wien 1929

Weitere Informationen und Dokumente in:

Günther Hillmann, Selbstkritik des Kommunismus. Texte der Opposition. Reinbek 1967 (= rde 272/73)

B. Literatur über Stalin und den Stalinismus

a) Biographien und Monographien

Ruth Fischer, Stalin und der deutsche Kommunismus. Frankfurt/M. o. J. (1948)

Leo Kofler, Marxismus und Sprache. Zu Stalins Untersuchung. „Über den Marxismus in der Sprachwissenschaft." Köln 1952

Georg v. Rauch, Geschichte des bolschewistischen Rußland. Wiesbaden 1955 (dort umfangreiche Bibliographie)

Gustav Hilger, Stalin. Aufstieg der UdSSR zur Weltmacht. Göttingen 1959 (= Reihe: Persönlichkeit und Geschichte)

Isaac Deutscher, Stalin. Eine politische Biographie. Stuttgart 1962

Isaac Deutscher, Leo Trotzki, 3 Bde. Stuttgart 1962/63

Heinz Brahm, Trotzkis Kampf um die Nachfolge Lenins. Die ideologische Auseinandersetzung 1923–1926. Köln 1964

Werner Hofmann, Stalinismus und Antikommunismus. Zur Soziologie des Ost-West-Konflikts. Frankfurt/M. 1967 (3. überarbeitete Auflage 1969; = edition suhrkamp 222)

Edward Ellis Smith, Der junge Stalin. München und Zürich 1969

Leo Kofler, Stalinismus und Bürokratie. Zwei Essays. Neuwied und Berlin 1970 (= Sammlung Luchterhand 6)

Iring Fetscher, Sowjetkommunismus II – Von der Konsolidierung des Sowjetstaates zur Weltmacht; in: I. Fetscher und G. Dill (Hrsg.), Der Kommunismus. Von Marx bis Mao Tse-tung. Texte-Bilder-Dokumente. München 1969, S. 67–100

Zur Ideologie des Stalinismus vgl. auch die unter „Zum zweiten Teil" B, b) genannte Literatur zum Leninismus.

Roy Medwedew, Let History Judge. The Origins and Consequences of Stalinism. London 1972, dt. Frankfurt 1973

b) Die sowjetische Gesellschaftsordnung

Ruth Fischer, Die Umformung der Sowjetgesellschaft. Chronik der Reformen 1953–1958. Düsseldorf und Köln 1958

Herbert Marcuse, Die Gesellschaftslehre des sowjetischen Marxismus. Neuwied und Berlin 1964; 2. Aufl. 1969

Eugen Wädekin, Zur Sozialschichtung der Sowjetgesellschaft; in: Osteuropa 15 (1965), S. 321–29

Boris Meissner (Hrsg.), Sowjetgesellschaft im Wandel. Der Weg zur Industriegesellschaft. Stuttgart 1966

B. Meissner, Die soziale Struktur der KPdSU; in: Osteuropa, 16. Jg. (1966), S. 594 ff.

Robert Conquest (Hrsg.), Industrial Workers in the USSR. London, Sydney und Toronto 1967 (= Sovietstudies Series)

Isaac Deutscher, Die unvollendete Revolution 1917–1967. Frankfurt/M. 1967 u. 1970 (= Fischer Bücherei 6000)

Harrison E. Salisbury (Hrsg.), Die Sowjetunion, Experiment des Jahrhunderts. Frankfurt/M. 1968

Alex Inkeles, Social Change in Soviet Russia. Cambridge/Mass. 1968 (= Russian Research Center studies, 57)

Boris Meissner, Totalitäre Herrschaft und sozialer Wandel in der Sowjetunion; in: Gesellschaftliche Entwicklungstendenzen in Osteuropa. Erlenbach und Zürich 1969, S. 30–54

Pierre Sorlin, The Soviet People and their Society. From 1917 to the present. London 1969

Milton C. Lodge, Soviet Elite. Attitudes since Stalin. Hemel Hempstead 1970

c) Die sowjetische Staats-, Wirtschafts- und Rechtsordnung

Merle Fainsod, Wie Rußland regiert wird. Köln 1965

Walter Grottian, Das sowjetische Regierungssystem. Die Grundlagen der Macht der kommunistischen Parteiführung. Leitfaden und Quellenbuch. Köln 1965 (= Die Wissenschaft von der Politik, 2)

László Révész, Die gesetzgebenden Körperschaften in der Sowjetunion; in: aus politik und zeitgeschichte. Beilage zur Wochenzeitung „Das Parlament" B 17/65 (28.4.1965)

Karl Heinz Ruffmann, Sowjetrußland. Struktur und Entfaltung einer Weltmacht. München 1967 (= dtv. Weltgeschichte des 20. Js. Bd. 8)

John N. Hazard, The Soviet System of Government. Chicago 1968
Richard Löwenthal und *Boris Meissner* (Hrsg.), Sowjetische Innenpolitik. Triebkräfte und Tendenzen. Stuttgart 1968
Leonard Schapiro, The Government and Politics of the Soviet Union. London 1970
Werner Hofmann, Die Arbeitsverfassung der Sowjetunion. Berlin 1956 (= Volkswirtschaftliche Schriften 22)
Werner Hofmann, Wohin steuert die Sowjetwirtschaft? Zur Deutung der Sowjetgesellschaft von heute. Berlin 1955 (= Volkswirtschaftl. Schriften 15)
Karl C. Thalheim, Grundzüge des sowjetischen Wirtschaftssystems, Köln 1962
Erik Boettcher, K. C. Thalheim u. a. (Hrsg.), Planungsprobleme im sowjetischen Wirtschaftssystem. Berlin 1964 (= Osteuropa-Institut an der FU Berlin. Wirtschaftswissenschaftl. Veröffentlichungen 22)
Hans Raupach, Geschichte der Sowjetwirtschaft, Reinbek 1964 (= rde 203/04)
Hans Raupach, System der Sowjetwirtschaft. Theorie und Praxis. Reinbek 1968 (= rde 296/97)
Georg Brunner und *Klaus Westen,* Die sowjetische Kolchosordnung. Von den Anfängen zum dritten Musterstatut 1969. Stuttgart 1970
Bettelheim Dobb/Foa/Huberman/Robinson/Mandel/Sweezy u. a., Zur Kritik der Sowjetökonomie. Eine Diskussion marxistischer Ökonomen des Westens über die Wirtschaftsreform in den Ländern Osteuropas. Hrsg. von Peter Strotmann. Berlin 1969 (= Rotbuch 11)
László Révész, Justiz im Ostblock. Richter und Strafrecht. Köln 1967
Aloys Hastrich, Alltag und Recht der UdSSR im Spiegel der Sowjetpresse. Köln 1967

a) Die KPdSU

Geschichte der KPdSU in 6 Bänden, Hrsg. Institut für Marxismus-Leninismus beim ZK der KPdSU. Band I: Die Gründung der bolschewistischen Partei 1883–1903. Moskau 1968; Band II: Die Partei der Bolschewiki im Kampf für den Sturz des Zarismus, 1904 – Februar 1917. Moskau 1969
Leonard Schapiro, Die Geschichte der Kommunistischen Partei der Sowjetunion. Frankfurt/M. 1961
Leonard Schapiro, Partei und Staat in der Sowjetunion. Köln 1965
Georg Brunner, Das Parteistatut der KPdSU 1903–1961. Köln 1965 (= Dokumente zum Studium des Kommunismus 2)
Borys Lewytzkj, Die Kommunistische Partei der Sowjetunion. Porträt eines Ordens. Stuttgart 1967
T. H. Rigby, Communist Party Membership in the USSR, 1917–1967. Princeton/N. Y. 1968
Klaus Westen, Die Kommunistische Partei der Sowjetunion und der Sowjetstaat. Köln 1968

C. Zur „jugoslawischen" Kritik am Stalinismus

Milovan Djilas, Die neue Klasse. München 1958 (3. Aufl. 1963)
Ernst Halperin, Der siegreiche Ketzer. Titos Kampf gegen Stalin. Köln 2. Aufl. 1958
Robert Bass und *Elizabeth Marburg,* The Soviet-Yugoslav controversy 1948–1958. A documentary record. New York 1959
Josip Broz Tito, Aufbau des Sozialismus und die Rolle und Aufgaben des sozialistischen Bundes der Werktätigen Jugoslawiens; in: Internationale Politik (Belgrad) 11 (1960), H. 241, S. 1–20
Curt Gasteyer (Hrsg.), Die feindlichen Brüder. Jugoslawiens neuer Konflikt mit dem Ostblock 1958. Bern 1960

Der 8. Kongreß des Bundes der Kommunisten Jugoslawiens. Praxis und Theorie des Aufbaus des Sozialismus in Jugoslawien. Belgrad 1965

Predrag Vranicki, Der augenblickliche Stand der ideologischen Diskussion in Jugoslawien; in: Marxismusstudien (Fünfte Folge). Tübingen 1968, S. 130–163

Johann G. Reißmüller, Jugoslwawien und der sowjetische Kommunismus; in: Europa-Archiv 24. Jg. (1969), Heft 21, S. 737–48

Predrag Vranicki, Kommunismus in Jugoslawien; in: I. Fetscher und G. Dill (Hrsg.), Der Kommunismus. Von Marx bis Mao Tse-tung. Texte – Bilder – Dokumente. München 1969, S. 247–267

Mihailo Markovic, Dialektik der Praxis. Frankfurt/M. 1968 (= edition suhrkamp 285)

Gajo Petrovic, Wider den autoritären Marxismus. Frankfurt/M. 1969

Revolutionäre Praxis, Jugoslawischer Marxismus. Hrsg. von Gajo Petrovic. Freiburg/Brsg. 1969

Svetozar Stojanovic, Kritik und Zukunft des Sozialismus. München 1970 (= Reihe Hanser 41)

Roger Garaudy, Die große Wende des Sozialismus. Wien 1970

Über den Stand der theoretischen Diskussion informiert vorzüglich die in Zagreb erscheinende philosophische Zeitschrift „Praxis" (1965 ff.)

D. Zum XX. Parteitag der KPdSU

N. S. Chruschtschow, Rechenschaftsbericht des ZK der KPdSU an den XX. Parteitag (gehalten am 14. 2. 1956). Berlin (O) 1956

N. S. Chruschtschow, Die Entlarvung des Stalin-Terrors. Wortlaut der Rede vom 25. 2. 1956 auf dem XX. Parteitag der KPdSU. Bonn[2] 1960

Boris Meissner, Das Ende des Stalin-Mythos. Die Ergebnisse des XX. Parteitages der Kommunistischen Partei der Sowjetunion. Parteiführung, Parteiorganisation, Ideologie. Frankfurt/M. 1956

E. Zum XXI. Parteitag der KPdSU und zur Ära Chruschtschow

Rechenschaftsbericht und Diskussionen auf dem XXI. Parteitag der KPdSU; dt.: Berlin (O) 1959

K. Mehnert, B. Meissner, D. A. Loeber, Erik Boettcher u. a., Sonderheft: Der XXI. Parteitag, Osteuropa, 9. Jg. (1959), Heft 5/6

Dokumente des XXI. Parteikongresses der KPdSU in Moskau vom 27. 1. bis zum 5. 2. 1959; in: Europa-Archiv 14 (1959), D 103-D 162

Boris Meissner, Die Ergebnisse des XXI. Parteikongresses der KPdSU; in: Europa-Archiv 14 (1959), S. 209–60

N. S. Chruschtschow, Für dauerhaften Frieden und friedliche Koexistenz. Berlin (O) 1959

N. S. Chruschtschow, Über die wichtigsten Probleme der Gegenwart. Reden – Aufsätze 1959–63. Moskau 1963

N. S. Chruschtschow, Auf dem Wege zum Kommunismus. Reden und Schriften zur Entwicklung der Sowjetunion 1962/63. Berlin (0) 1964

Boris Meissner, Rußland unter Chruschtschow. München 1960

Richard Löwenthal, Chruschtschow und der Weltkommunismus. Stuttgart 1963

E. Boettcher, H. J. Lieber und B. Meissner (Hrsg.), Bilanz der Ära Chruschtschow. Stuttgart 1966

Edward Crankshaw, Der Rote Zar. Nikita Chruschtschow. Frankfurt/M. 1967

F. Zum XXII. Parteitag der KPdSU und zum neuen Parteiprogramm

N. S. Chruschtschow, Der Triumph des Kommunismus ist gewiß. – Rechenschaftsbericht des ZK der KPdSU an den XXII. Parteitag über das Programm der KPdSU, Oktober 1961. Berlin (O) 1961

Curt W. Gasteyger, Perspektiven der sowjetischen Politik. Der XXII. Parteitag und das neue Parteiprogramm. Eine Dokumentation. Köln und Berlin 1962

Sonderheft der Zeitschrift „Osteuropa" (1/2 2962), „Der XXII. Parteikongreß der Kommunistischen Partei der Sowjetunion" mit Beiträgen von K. Mehnert, B. Meissner, H. Achminow u. a.

Boris Meissner, Das Parteiprogramm der KPdSU 1903–1961. Köln 1962 (Textedition und Kommentar)

Timur Timofejew, Das Programm der KPdSU und der Westen. Aus sowjetischer Sicht. Wien 1963

Leonard Schapiro, (ed.): The U.S.S.R. und the Future. An Analysis of the New Program of the CPSU. New York 1963

Boris Meissner, Die KPdSU vor und nach dem Sturz Chruschtschows. Die innenpolitische Entwicklung der Sowjetunion zwischen dem XXII. und XXIII. Parteikongreß der KPdSU; in: Europa-Archiv 21 (1966), S. 389–98

G. Nach dem XXIII. Parteitag der KPdSU

XXIII. Parteitag der Kommunistischen Partei der Sowjetunion. Moskau 29. März – 8. April 1966, Moskau 1966 (Rechenschaftsbericht Breschnews u. a. Dokumente)

Stephan Thomas, Perspektiven sowjetischer Macht. Der XXIII. Parteitag der KPdSU und das Parteiprogramm. Köln 1967

Wolfgang Berner, Das Karlsbader Aktionsprogramm; in: Europa-Archiv 22 (1967), H. 11, S. 393 ff.

Michel Tatu, Macht und Ohnmacht im Kreml. Von Chruschtschow zur kollektiven Führung. Berlin 1968

Heinz Brahm, Das kommunistische Vorkonzil in Budapest; in: Europa-Archiv 23 (1968), H. 10, S. 357 ff.

Internationale Beratung der Kommunistischen und Arbeiterparteien (Moskau 1969). Prag 1969 (Dokumentensammlung)

Heinz Timmermann, Das dritte Moskauer Kommunistenkonzil. Die Weltkonferenz der Kommunistischen und Arbeiterparteien im Juni 1969; in: Europa-Archiv 24 (1969), H. 19, S. 685–694

Boris Meissner, Die Breschnew-Doktrin. Das Prinzip des „proletarisch-sozialistischen Internationalismus" und die Theorie von den „verschiedenen Wegen zum Sozialismus".Köln 1969

Heinz Brahm, Der Kreml und die ČSSR, 1968/69. Stuttgart 1970

Karl Heinz Ruffmann (u. a.), Aktuelle Probleme sowjetischer Politik. Mainz 1970

Die Standard-Lehrbücher:

Politische Ökonomie. Lehrbuch. 1. Auflage Berlin 1955 (noch im Sinne Stalins). Nach der 4., überarbeiteten und ergänzten russ. Ausgabe. Berlin (O) 5. Aufl. 1964

Grundlagen der marxistischen Philosophie. Akademie der Wissenschaften der UdSSR, Institut für Philosophie. Nach der 2., überarbeiteten und ergänzten russ. Ausgabe Berlin (O) 6. Aufl. 1965

Die dogmatischen Grundlagen der sowjetischen Philosophie. (Zusammenfassung des Lehrbuchs zur Orientierung gut geeignet). Herausgegeben von J. M. Bochenski. Dordrecht 1959
Grundlagen des Marxismus-Leninismus. Lehrbuch. Nach der 2., überarbeiteten und ergänzten russ. Ausgabe. Berlin (O) 8. Aufl. 1964

Zeitschriften

Osteuropa, Zeitschrift für Gegenwartsfragen des Ostens, Stuttgart. Hrsg.: Dt. Gesellschaft für Osteuropakunde, 20. Jg. 1970, monatlich
Osteuropa-Recht, Gegenwartsfragen aus dem sowjetischen Rechtskreis. Stuttgart 1955 ff.
Soviet Survey, a quarterly review of cultural trends. London (vierteljährlich)
Problems of Communism. New York (zweimonatlich)
Studies in Soviet Thought. A Quarterly of the Institute of East-European Studies at the University of Fribourg/Switzerland. Dordrecht 1961 ff. (vierteljährlich)
Jahrbücher für Geschichte Osteuropas. München 1953 ff.
Osteuropa-Wirtschaft. Stuttgart 1956 ff. (halbjährlich)
Umfangreiche Dokumentenpublikationen finden sich regelmäßig im „Europa-Archiv". Frankfurt/M. 25. Jg. 1970 (14täglich).

Zum vierten Teil (Der Kommunismus in China)

A. Quellen

a) Kominternprotokolle und frühe Dokumente

Protokoll des 3. Kongresses der KI. Hamburg 1921 (Der Inder Roy und der Chinese Chang Tai-Lai berichten über chinesische Fragen)
Der erste Kongreß der kommunistischen und revolutionären Organisationen des Fernen Ostens (Moskau, Januar 1922). Hamburg 1922 (u. a. mit Bericht über die Aufgaben der Kommunisten im Fernen Osten und über die Arbeiterbewegung in China)
Protokoll des 6. Weltkongresses der KI (1928). Hamburg 1928 (enth. u. a. Thesen über die revolutionäre Bewegung in den Kolonien und Halbkolonien. Manifest zur chinesischen Revolution)
Weitere Dokumente zur Frühzeit; in: Warren Kuo, Analytical History of Chinese Communist Party. Taipei 1966 (Anhang)
Die chinesische Frage auf dem 8. Plenum der Exekutive der KI (Mai 1927; enthält u. a. die letzte öffentliche Auseinandersetzung in der Sowjetunion zwischen Trotzki und seinen Gegnern – damals vor allem Bucharin). Hamburg 1927
Wang Ming und Kang Hsing, Das revolutionäre China von heute. (Bericht für das 13. Plenum des EKKI, Dezember 1933). Moskau und Leningrad 1934

b) Werke Mao Tse-tungs

Mao Tse-tung, Ausgewählte Werke. 4 Bände. Peking 1968/69 (bis 16. 9. 1949 veröffentlichte Arbeiten)
Mao Tse-tung, Ausgewählte Schriften. Hrsg. v. Tilemann Grimm. Frankfurt/M. 1963 (mit umfangreicher Bibliographie)

283

Mao Tse-tung, 37 Gedichte. Übersetzt und erläutert von Joachim Schickel. Hamburg 1965
Worte des Vorsitzenden Mao Tse-tung („Das Rote Buch"). Peking 1967. Westdeutsche Aus-
gabe, eingeleitet und herausgegeben von Tilemann Grimm. Frankfurt/M. 1967 (= Fischer Bü-
cherei 857)
Mao Tse-tung, Theorie des Guerillakrieges oder Strategie der Dritten Welt. Einleitender Essay
von Sebastian Haffner. Reinbek 1966 (= rowohlt aktuell 886)
Mao Tse-tung, Über Praxis und Widerspruch („Über die Praxis", „Über den Widerspruch").
Zwei Aufsätze. Mit einem Nachwort von Hannsmartin Kuhn. Berlin 1968 (= Rotbuch 5)

c) Die Polemik mit der KPdSU und anderen europäischen Kommunistischen Parteien

Polemik über die Generallinie der internationalen kommunistischen Bewegung. Peking 1965
(Nachdruck: Berlin(W) 1970. Inhalt u. a.: Zur Stalinfrage; Über den Pseudokommunismus
Chruschtschows; Ist Jugoslawien ein sozialistischer Staat?)
Proletarier aller Länder, vereinigt euch gegen den gemeinsamen Feind! Die Kritik der KP China
an den revisionistischen KPs Westeuropas. Berlin (W) 1970

d) Dokumente zur Kulturrevolution

Citations du Président Liou Chao–chi. Paris 1969
Joachim Glaubitz (Hrsg.), Opposition gegen Mao. Abendgespräche am Yenshan und andere
politische Dokumente. Olten 1969
Joachim Schickel (Hrsg.), Mao Tse-tung. Der Große Strategische Plan. Dokumente zur Kulturrevolution (= Voltaire – Handbuch 3–5). Berlin 1969

B) Literatur

a) Zusammenfassende Darstellungen und wichtige Einzelstudien

C. Brandt, B. Schwartz und J. K. Fairbank, Der Kommunismus in China. Eine Dokumentarge-
schichte. München 1955 (enthält wichtige Dokumente aus der Frühzeit)
Edgar Snow, Roter Stern über China (Red Star over China). 1. Aufl. 1937 (Nachdruck
Darmstadt 1970)
Conrad Brandt, Stalin's Failure in China 1924-27. Harvard 1958
Roderick MacFarquhar (Hrsg.), The Hundred Flowers Campaign and the Chinese Intellektuals.
New York 1960
Bernhard Großmann, Die wirtschaftliche Entwicklung der Volksrepublik China. Stuttgart 1960
(Stand bis 1959)
Chalmers A. Johnson, Peasant Nationalism and Communist Power. Stanford 1962
R. R. Bowie und *J. K. Fairbank*, Communist China, 1955–1959. Policy Documents. Harvard
1962
Hélène Carrère d'Encausse und Stuart R. Schram, Le Marxisme et l'Asie, 1853–1964. Paris
1965
Jürgen Domes, Politik und Herrschaft in Rotchina. Stuttgart 1965
Donald M. Lowe, The function of „China" in Marx, Lenin, and Mao. Berkeley 1966
Gottfried-Karl Kindermann, Jürgen Domes und Heinrich Gerhardt, Der chinesische Kommu-
nismus. Zur Geistes- und politischen Geschichte. Bonn 1966

Robert C. North, Der chinesische Kommunismus. München 1966

Kuo Heng-yü, China und die „Barbaren". Pfullingen 1967

A. Doak Barnett, Cadres, Bureaucracy and Political Power in Communist China. Columbia 1967

C.P. Fitzgerald, Revolution in China. Frankfurt/M. 1968 (= Reihe: „dritte Welt")

Allen S. Whiting, Soviet Policies in China 1917–1924. Stanford 1968

Joachim Schickel, Große Mauer, große Methode. Annäherungen an China. Stuttgart 1968

Jean Chesneaux, The Chinese Labour Movement, 1919–1927. Stanford 1968

Iring Fetscher, Kommunismus in China; in: I. Fetscher und G. Dill (Hrsg.), Der Kommunismus. Von Marx bis Mao Tse-tung. Texte-Bilder-Dokumente. München 1969, S. 295–347

Charles Bettelheim u. a., Der Aufbau des Sozialismus in China. München 1969

M. Schwind, W. Franke, Kuo Heng-yü und T. Grimm/B. Großmann, China auf zwei Wegen. Hannover 1969 (= Das Gespräch, Heft 3)

Jacques Guillermaz, A History of the Chinese Communist Party. 1921–1949; a. d. Französ. London 1972

Ders., Le parti communiste chinois au pouvoir (1949–1972). Paris 1972 (z. Z. beste Gesamtdarstellung)

Edoardo Masi, Der Marxismus von Mao und die europäische Linke. Berlin (Merve) 1970

Rossana Rossanda, Der Marxismus von Mao Tse-tung. Berlin (Merve) 1971

Frederico Stame, Nicoletta Stame, Luca Meldolesi, Die Dialektik von Partei und Massen in der chinesischen Theorie. Bericht eines FIAT Arbeiters über die Arbeitsorganisation in der chinesischen Fabrik. Berlin (Merve) 1972

Massimo L. Salvadori, Vittorio Rieser, Rätesystem u. Maoismus. Berlin (Merve) 1972

b) Mao Tse-tung, der sowjetisch-chinesische Konflikt und die Kulturrevolution

Stuart R. Schram, Mao Tse-tung. Frankfurt/M. 1969 und 1970 (= Fischer-Bücherei 1147)

Hans Heinz Holz, Widerspruch in China. Politisch-philosophische Erläuterungen zu Mao Tse-tung. München 1969 (= Reihe Hanser 27)

Tilemann Grimm, Mao Tse-tung in Selbstzeugnissen und Bilddokumenten. Reinbek 1970 (= rowohlts monographien 141)

V. Saran, Sino-Soviet schism. A bibliography 1954–1964. London 1969

Edward Crankshaw, Moskau-Peking oder Der neue kalte Krieg. Reinbek 1963 (= rowohlt aktuell 633)

Hermann Weber, Konflikte im Weltkommunismus. Eine Dokumentation zur Krise Moskau-Peking. München 1964

Donald Zagoria, Der chinesisch-sowjetische Konflikt 1956–1961. Mit Anhang: Ernst Kux, Die feindlichen Brüder 1962–63. München 1964

Friedrich-Christian Schröder, Krieg und Koexistenz im Streit zwischen Moskau und Peking; in: Marxismusstudien. (Fünfte Folge). Tübingen 1968, S. 164–196

Wolfgang Leonhard, Die Dreispaltung des Marxismus. Ursprung und Entwicklung des Sowjetmarxismus, Maoismus und Reformkommunismus. Düsseldorf 1970

Isaac Deutscher, Russia, China, and the West. London 1970

Oskar Weggel, Der ideologische Konflikt zwischen Moskau und Peking; in: aus politik und zeitgeschichte. Beilage zur Wochenzeitung „Das Parlament", B 28/70 (11.7.1970)

Stuart R. Schram, Die permanente Revolution in China. Dokumente und Kommentar. Frankfurt/M. 1966 (= edition suhrkamp 151)

Karl A. Wittfogel, Die Rote Garde und die „Lin-Piao-Linie"; in: aus politik und zeitgeschichte. Beilage zur Wochenzeitung „Das Parlament", B 20/67 (17.5.1967)

Joachim Schickel, Dialektik in China. Mao Tse-tung und die große Kulturrevolution; in: Kursbuch 9, Frankfurt/M. 1967

Giovanni Blumer, Die chinesische Kulturrevolution 1965/67. Frankfurt/M. 1968 (2., verbesserte Aufl. 1969)

Enrica Collotti-Pischel, Die chinesische Kulturrevolution. Frankfurt/M. 1969

Dietmar Albrecht, Die Roten Garden; in: aus politik und zeitgeschichte. Beilage zur Wochenzeitung „Das Parlament", B 46/79 (15.11.1969)

Jürgen Domes, Chinas spätmaoistische Führungsgruppe. Die soziopolitische Struktur des IX. Zentralkomitees der Kommunistischen Partei Chinas; in: Politische Vierteljahresschrift 10 (1969), H. 2/3, S. 191–219

Thomas W. Robinson, (Ed.), The Cultural Revolution in China. Berkeley, Los Angeles, London 1971

Zeitschriften:

1. Peking-Rundschau, informiert laufend über den offiziellen Standpunkt der KPCH und bringt Leitartikel der „Roten Fahne", der „Volkszeitung" und Reden von Parteiführern, wöchentlich Peking.
2. The China Quarterly, an international journal for the study of China. London 1960ff., vierteljährlich (führend).
3. Europa-Archiv (Bonn) bringt laufend Informationen und Analysen, gelegentlich auch über chinesische Probleme.
4. Current History, London 1914ff., bringt in Abständen Sonderhefte über China: z.B. „Communist China after 20 years", September 1969 (monatlich)

Staat und Gesellschaft

Von Frankfurt nach Bonn

Die deutschen Verfassungen von 1849–1949.
Eingeleitet und kommentiert von F. Siebert.
IV, 136 Seiten, 1 Karte   (7361)

Das Buch enthält die Texte der Verfassungen der Frankfurter Nationalversammlung von 1849, des Deutschen Reiches von 1871 und 1919 sowie des Grundgesetzes
der Bundesrepublik von 1949. Die im Originalwortlaut wiedergegebenen Verfassungen werden in Fußnoten kommentiert und in Einführungen besprochen.
Wertvoll sind die Themenvorschläge für Lehrgespräche und Referate im Anhang,
sowie das ausführliche Sachregister und die Bibliographie.

Streifzüge durch den öffentlichen Haushalt

Dargestellt an kommunalen Beispielen und am Etat des Landes Hessen.
Von H. G. Ritzel.
VI, 90 S., zahlr. Tab.   (7365)

„Mit dieser Schrift versucht der frühere Bundestagsabgeordnete H. G. Ritzel dem
Bürger verständlich zu machen, was mit dem Teil seines Verdienstes geschieht, den
die ‚öffentliche Hand' in Form von Steuern an sich nimmt . . . Ritzel erläutert,
nach grundsätzlichen Ausführungen über das öffentliche Finanzwesen, u. a., wie
der Haushalt einer Kleinstgemeinde, einer Kreisstadt, einer Großstadt aussieht,
welche Positionen er enthält, wie er verwaltet und kontrolliert wird. Daß der
Autor für die Betrachtung einzelner Fragen die Form von Experten- und Arbeits-
gruppenberichte gewählt hat, macht seine Schrift für den wirtschaftskundlichen
Unterricht besonders wertvoll."

Das Parlament, Nr. 9/71

Diesterweg

Die russische Revolution 1917

Von H. Endlich. 43 Seiten, 1 Grafik, mehrere Tabellen (3334)
(Reihe: Politische Lektüren)
Diese Quellensammlung untersucht die Voraussetzungen und den Verlauf des Umsturzes 1917 in Rußland. Sie beleuchtet die sozialen Schichtungen und die Verhältnisse der unteren Klassen, deren langdauerndes Bemühen um Überwindung der politischen Ohnmacht, die verschiedenen Aufstände im russischen Reich bis 1917 und die Umwandlung der Februarrevolution zur bolschewistischen im Oktober 1917.

Die Sowjetunion als Wirtschaftsmacht

Von A. Karger. 131 S., 12 Abb., 8 z. T. farbige Karten, 17 Tabellen (7447)
(Reihe: Themen zur Geographie und Gemeinschaftskunde)
Der Verfasser behandelt zunächst die Landwirtschaft, schildert Kolchos und Sowchos, untersucht die landwirtschaftlichen Probleme, das Neulandprogramm Chruschtschows und die heutigen Versuche zur Steigerung der Agrarproduktion. Darauf folgt die Darstellung der Industrie mit ihren Ballungsräumen, wobei besonders auch die junge Industrie Sibiriens eingehend berücksichtigt ist. Mit einer Behandlung des Verkehrswesens und der Untersuchung über die Möglichkeit des Einholens und Überholens der EG und der USA schließt das instruktive Buch.

Die Union der Sozialistischen Sowjetrepubliken

Von W. Haseloff, W. Mitter und F. Tent. 160 S. (7559)
(Reihe: Materialien zur Gemeinschaftskunde)
Die Schrift bringt Texte, Dokumente und Material über die Erschließung des russischen Reiches seit dem 19. Jahrhundert und zeigt die geistig-kulturelle Welt, aus der die kommunistische Revolution entstand. Die marxistisch-leninistischen Theorien und der innere Neuaufbau des Landes in der Organisation, Landwirtschaft und Industrie ist Gegenstand zentraler Behandlung. Die stalinistische Epoche wie die der Nachfolger ist ebenso Gegenstand der Betrachtung wie die gegenwärtige sowjetische Gesellschaft.

Zentralverwaltungswirtschaft am Beispiel der DDR

Von J. Hoffmann. 155 S. (7503)
(Reihe: Schriften zur politischen Bildung)
Ausgehend von den ideologischen Grundlagen der Zentralverwaltungswirtschaft werden Voraussetzungen, Entwicklung, besondere Probleme der mittelständischen Wirtschaft und Veränderungen in der mitteldeutschen Wirtschaftsstruktur dargestellt.

Diesterweg